Namibie

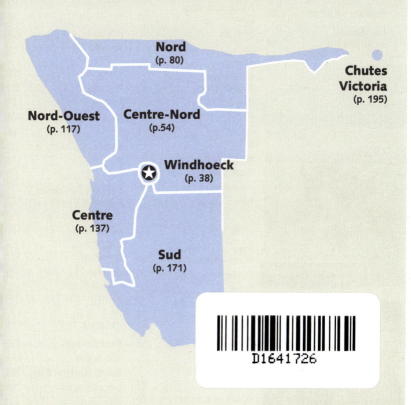

Nord
(p. 80)

Chutes Victoria
(p. 195)

Nord-Ouest
(p. 117)

Centre-Nord
(p.54)

Windhoeck
(p. 38)

Centre
(p. 137)

Sud
(p. 171)

D1641726

Anthony Ham, Trent Holden

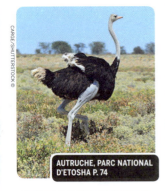

AUTRUCHE, PARC NATIONAL
D'ETOSHA P. 74

CARGE/SHUTTERSTOCK ©

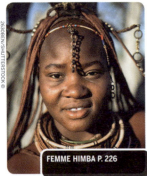

FEMME HIMBA P. 226

2630BEN/SHUTTERSTOCK ©

Sommaire

COMPRENDRE LA NAMIBIE

NAMIBIE PRATIQUE

SAFARI EN NAMIBIE P. 25

COUPS DE PROJECTEUR

Bienvenue en Namibie

Vous avez toujours voulu partir en 4x4 sur les pistes du bushveld et du désert ? Avec sa faune abondante et ses vastes étendues sauvages, la Namibie incarne l'Afrique à son meilleur.

Observation de la faune

En Namibie, les points d'eau autour de l'Etosha Pan attirent un nombre impressionnant d'animaux, en particulier à la saison sèche. Ici, l'observation de la faune est un plaisir facilement accessible : vous n'avez qu'à garer votre voiture, vous installer confortablement et retenir votre souffle en attendant que les lions, éléphants, springboks et autres créatures sauvages viennent à vous par centaines. Et si vous ne trouvez pas l'expérience assez intime, pourquoi ne pas partir à pied sur les traces des rhinocéros noirs, une espèce malheureusement menacée d'extinction ?

Paysages irréels

Les paysages de Namibie donnent parfois l'impression d'appartenir à une autre planète. La puissante entaille qui forme le Fish River Canyon est l'un des sites naturels les plus spectaculaires du continent. Les routes désertiques, elles, donnent accès à un environnement sauvage qui enivre l'esprit et imprègne l'âme. Ici et là, de gigantesques blocs de granit au sommet aplati s'élèvent d'un brouillard de sable et de poussière – créant un effet surnaturel. Alors que la route serpente vers l'horizon, vous aurez l'impression d'avancer au beau milieu d'un livre d'images.

Culture ancestrale

Les ancêtres des San, un peuple ayant un lien direct avec l'âge de la pierre, ont laissé derrière eux un héritage unique composé de peintures rupestres disséminées dans toute la région. Il est possible de rencontrer les ethnies locales du Nord, notamment les Himba du Kaokoveld (sous-groupe herero ayant participé aux premières migrations bantoues). À l'instar de leurs ancêtres, les femmes himba s'enduisent le corps d'un mélange ocre qu'elles appliquent sur leur peau et leurs cheveux, qui prennent une teinte orange foncé.

Aventure africaine

La Namibie est le meilleur pays d'Afrique australe où s'adonner aux activités à sensations fortes : vous pourrez ainsi sauter en parachute, dévaler une dune de sable, surfer sur les brisants de l'Atlantique ou encore évoluer dans le désert à dos de dromadaire vers le soleil couchant. Grâce à toutes ces expériences, vous garderez un souvenir éternel de votre périple dans la région, même une fois rentré, à des milliers de kilomètres du sable du désert. C'est à Swakopmund que vous profiterez le mieux de ces activités ; il fait bon passer quelques jours dans cette station balnéaire parée de nombreux vestiges coloniaux.

Pourquoi j'aime la Namibie

Anthony Ham, auteur

J'ai laissé mon cœur il y a bien longtemps sur les roches brûlantes du Damaraland, au sommet d'une dune du Deadvlei, près d'un trou d'eau à Etosha... Faune exceptionnelle, paysages bouleversants, vastes étendues sauvages et immense désert de sable – la Namibie offre tout cela en abondance, et j'entends régulièrement l'appel de ces lieux magiques et sauvages où vivent pratiquement tous les plus grands animaux d'Afrique.

Pour en savoir plus sur nos auteurs, voir p. 304

Namibie

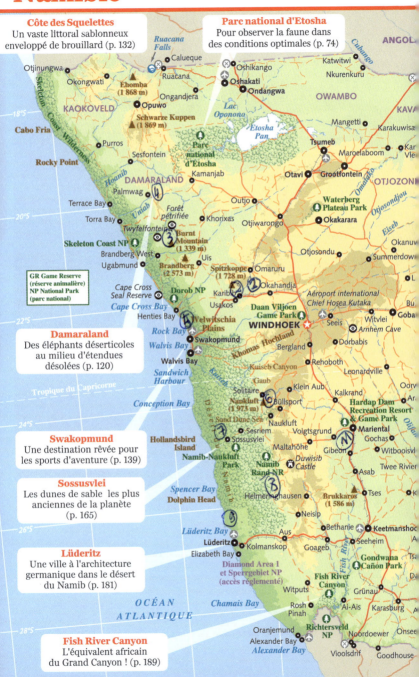

Côte des Squelettes
Un vaste littoral sablonneux
enveloppé de brouillard (p. 132)

Parc national d'Etosha
Pour observer la faune dans
des conditions optimales (p. 74)

Damaraland
Des éléphants déserticoles
au milieu d'étendues
désolées (p. 120)

Swakopmund
Une destination rêvée pour
les sports d'aventure (p. 139)

Sossusvlei
Les dunes de sable les plus
anciennes de la planète
(p. 165)

Lüderitz
Une ville à l'architecture
germanique dans le désert
du Namib (p. 181)

Fish River Canyon
L'équivalent africain
du Grand Canyon ! (p. 189)

GR Game Reserve
(réserve animalière)
NP National Park
(parc national)

N   0 ▬▬▬▬▬▬▬▬▬▬▬▬▬ 200 km

ZAMBIE

Imusho
Katima
Mulilo
Mpalila
Island
BANDE DE CAPRIVI
Chobe
Kasane
Livingstone
Andara
Mudumu
NP
Linyanti
Ville
de Victoria
Falls
Zambèze
ZIMBABWE
Bwabwata NP
Shakawe
Nkasa
Rupara
NP
go GR

Bande de Caprivi
Une langue de terre boisée,
idéale pour observer la faune
(p. 88)

Nxaunxau
Gumare
Delta
de l'Okavango
Nxai
Pan
Gweta
Nata
Bulawayo

Chutes Victoria
Merveilles de la nature,
les chutes les plus puissantes
au monde (p. 195)

Aha Hills
(1 250 m)
Maun
Matlapaneng
Ntwetwe
Pan
Kuke
Rakops
Sowa (Sua) Pan
Francistown
Mopipi
Orapa
Deception
Pan
Shashe
Okwa
tein
Tshootsha
as

Otjozondjupa
Terre d'origine des San
et des mythiques Bochimans
(p. 96)

Mmashoro
Selebi-Phikwe
BOTSWANA
Sefophe
Palapye
Désert
Kalahari
Quoxo
Mahalapye
Kang
AFRIQUE DU SUD
Tshane
Sekoma
Jwaneng
GABORONE
Kanye
Lobatse
tein
Mafikeng
PRETORIA
Bokspits
Molopo
Khawa
McCarthysrus
JOHANNESBURG
Vryburg
AFRIQUE DU SUD
Upington
Orange
Vaal
Kimberley

ALTITUDE

	2 000 m
	1 500 m
	1 200 m
	600 m
	300 m
	0

11 façons de voir la Namibie

Parc national d'Etosha

1 Peu d'endroits en Afrique australe peuvent rivaliser avec la nature sauvage de l'extraordinaire parc national d'Etosha (p. 74). Son réseau de points d'eau dispersés dans le bush et les prairies entourant le pan – désert salin d'un blanc éblouissant s'étendant à perte de vue – attirent les animaux par centaines. Un simple point d'eau peut ainsi être le théâtre de milliers de scènes au cours d'une même journée – vous y verrez notamment des lions et des rhinocéros. Etosha n'est rien de moins que l'un des meilleurs endroits au monde où observer les animaux sauvages en toute liberté.

Sossusvlei

2 Avec ses imposantes dunes rouges, Sossusvlei (p. 165) est un lieu stupéf Changeant de teintes avec la lumière, son sable fin, si doux au toucher lorsqu'il glisse entre les doigts, se forma dans le Kalahari il y a plusieurs millions d'années. La vallée de Sossusvlei est une succession de dunes massives et d'étranges *vleis* (étendues de basses terres) secs. Escalad la surface de ces dunes géantes en perpét mouvement est une expérience unique. En contemplant l'immensité qui s'étend à l'infini, on a l'impression que le temps tourne au ralenti.

PAUL MURTAGH/SHUTTERSTOCK ©

Chutes Victoria

3 Il s'agit des chutes les plus grandes et parmi les plus belles au monde. Aussi emblématiques de l'Afrique australe que le Dr David Livingstone, célèbre médecin et explorateur, les tonitruantes chutes Victoria (p. 195) vous submergeront dans tous les sens du terme. Leurs proportions en sont l'aspect le plus impressionnant. Chaque seconde, un million de litres d'eau se déverse de la chute de 108 m de haut, créant une brume aqueuse visible à des kilomètres à la ronde. Si vous visitez la Namibie, vous ne regretterez pas de remuer ciel et terre pour vous y rendre !

Fish River Canyon

4 Cette gigantesque faille à la surface de la planète, dans l'extrême sud de la Namibie, forme un paysage presque irréel. Apparaissant de manière plus nette le matin, le Fish River Canyon (p. 189) a été creusé par la capricieuse Fish River au cours des millénaires. Les affleurements rocheux et l'absence de végétation sont saisissants – submergé par un sentiment d'émerveillement, on en oublie vite de prendre des photos. Ses bords arrondis et ses angles tranchants créent une symphonie rocheuse aux proportions monumentales.

Safari/camping

5 Aiguisez vos sens et votre perception de l'Afrique en dormant à la belle étoile. C'est une expérience unique – infinité d'étoile crépitement du feu de camp et immensité de la nuit africaine. Mais sachez aussi que le vent sifflant dans les cordes de la tente, le rugisseme pas si lointain des lions, et la (très) mince toile de tente qui vous sépare d'un hippopotame font aussi partie du jeu. Une immersion totale (toujo exaltante) qui vous fera apprécier autrement les étendues sauvages d'Afrique.

uple san

En Namibie, il est possible de rencontrer des membres du peuple n – arrivés il y a 20 000 ans, ils furent tout premiers habitants de l'Afrique strale. Otjozondjupa fait partie des res ancestrales des Ju/'Hoansi-San alement appelés !Kung) et, à Tsumkwe 97), vous pourrez organiser aussi bien s randonnées dans le bush que s excursions en safari.

Lüderitz

7 Certains stéréotypes sur l'Afrique sont mis à mal en Namibie, tout particulièrement dans la ville coloniale de Lüderitz (p. 181), petit coin d'Allemagne pris en tenaille entre les eaux glaciales de la côte atlantique sud et la chaleur torride du désert du Namib. Après avoir avalé une choucroute-saucisses accompagnée d'une authentique *Weissbier*, vous partirez à la découverte de l'architecture germanique, mâtinée d'Art nouveau, de cette ville étrange et intemporelle.

Côte des Squelettes

8 Cette portion de côte qui fut le théâtre de nombreux naufrages est idéale pour un *road trip*. Dans cette région inhospitalière aux fonds sablonneux et rocheux, les bancs de brouillard et les tempêtes de sable laissent une impression de mystère et d'indomptabilité. La côte des Squelettes (Skeleton Coast ; p. 132) est l'un des endroits les plus reculés et inaccessibles de ce vaste pays. Au milieu de cette nature sauvage, installez-vous confortablement au volant, mettez votre musique préférée et laissez le paysage défier votre imagination.

Damaraland

9 Le Damaraland (p. 120) résume magnifiquement la Namibie. Les paysages, qui virent au rouille et au rouge sang au coucher du soleil, justifieraient à eux seuls votre visite. C'est une région de montagnes faites d'amoncellements de roches, de vallées sinueuses à sec et d'arbres aux formes étranges. Dans un cadre aussi somptueux, n'hésitez pas à partir sur les traces des rhinocéros noi des éléphants et des lions déserticoles, des animaux emblématiques de la faune namibienne.

euples himba/herero

0 La riche culture namibienne, avec ses touches coloniales, est carnée en grande partie par le peuple rero, dont les Himba du Kaokoveld . 128) sont un sous-groupe. La tenue aditionnelle des femmes herero s'inspire e celle des missionnaires allemands de poque victorienne. Les femmes himba, ant à elles, se badigeonnent le corps un mélange odorant de beurre, d'ocre d'herbes, qui donne à leur peau une nte orange foncé. Asseyez-vous avec x et découvrez le temps d'un après-midi ur passionnant univers.

Swakopmund

11 Avec ses promenades en bord de mer, ses maisons à colombages et ses vestiges de l'époque coloniale, cette ville plutôt chic arbore de multiples exemples d'architecture germanique. Coincée entre la côte atlantique sud et le désert, la cité balnéaire de Swakopmund (p. 139) s'élève, tel un décor de cinéma. Les activités d'aventure ne manquent pas : saut en parachute, sortie équestre ou sandboard sur une dune de 300 m... "Swakop", comme on la surnomme, est appréciée d'une clientèle huppée, mais aussi des voyageurs sac au dos.

L'essentiel

Pour plus d'informations, reportez-vous au *Carnet pratique* (p. 252)

Monnaie
Dollar namibien ($N)

Langue
Anglais

Visas
Les ressortissants de l'UE, de la Suisse et du Canada n'ont pas besoin de visa touristique pour un séjour inférieur à 3 mois. Voir p. 258.

Argent
On trouve des DAB dans toutes les villes du pays (voir aussi p. 255).

Téléphones portables
Les cartes SIM locales sont compatibles avec les téléphones européens. De vastes zones ne sont pas couvertes par le réseau.

Heure
En été (octobre-avril), la Namibie avance de 2 heures par rapport à l'heure GMT/UTC. En hiver (avril-octobre), elle recule d'une heure, mais elle a une heure de retard sur l'Afrique du Sud.

Conduite
On roule à gauche.

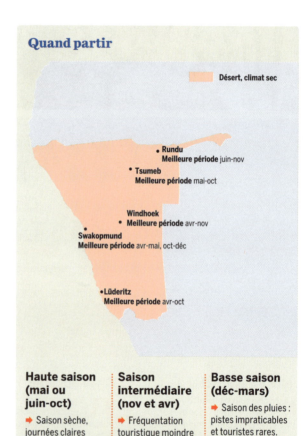

Quand partir

Désert, climat sec

Rundu
Meilleure période juin-nov

Tsumeb
Meilleure période mai-oct

Windhoek
Meilleure période avr-nov

Swakopmund
Meilleure période avr-mai, oct-déc

Lüderitz
Meilleure période avr-oct

Haute saison (mai ou juin-oct)
➡ Saison sèche, journées claires et chaudes.

➡ Les animaux s'approchent des points d'eau et se laissent observer.

➡ Juin à août : tempêtes de sable sur Swakopmund et Walvis Bay.

Saison intermédiaire (nov et avr)
➡ Fréquentation touristique moindre et bonnes conditions pour observer la faune.

➡ Fortes pluies en novembre à Windhoek.

➡ De "petites pluies" pointent leur nez en novembre.

Basse saison (déc-mars)
➡ Saison des pluies : pistes impraticables et touristes rares.

➡ Végétation des parcs souvent luxuriante.

➡ Déc à mars : chaleur écrasante et certains sentiers de randonnée fermés.

Budget quotidien

Moins de 65 €

➡ Dortoir : 8-15 €

➡ Camping : 15-25 €

➡ Deux repas : 8-15 €

➡ Bus interurbain : 20-85 €

65-130 €

➡ Chambre double en hôtel de catégorie moyenne : 45-130 €

➡ Deux repas : 20-25 €

➡ Vols intérieurs : 85-170 €

➡ Vol panoramique dans le delta de l'Okavango : environ 85 €

Plus de 130 €

➡ Chambre double en hôtel haut de gamme : à partir de 130 €

➡ Lodge en haute saison : à partir de 850 €/pers

➡ Location 4×4 : à partir de 130 €/jour

➡ Repas dans des restaurants haut de gamme : 35-45 €

Sites Internet

Lonely Planet (www. lonelyplanet.fr). Fiche pays, réservations d'hébergements, forum de voyageurs…

Namibia Tourism (www. namibiatourism.com.na). Portail touristique du gouvernement namibien couvrant tout le pays.

Namibia Wildlife Resorts (www.nwr.com.na). Renseignements et réservations pour les parcs nationaux.

Cardboard Box Travel Shop (www.namibian.org, en anglais). La meilleure agence de voyages d'aventure du pays.

Safari Bookings (www. safaribookings.com). Excellent site pour réserver votre safari

TAUX DE CHANGE

		NAMIBIE
Afrique du Sud	1 R	1 $N
Botswana	1 P	1,27 $N
Canada	1 $C	10,22 $N
États-Unis	1 $US	12,91 $N
Suisse	1 FS	13,54 $N
Zambie	1 K	1,45 $N
Zimbabwe	1 $Z	0,04 $N
Zone euro	1 €	14,90 $N

Pour connaître les derniers taux de change, consultez www.xe.com.

en Afrique australe, avec les avis d'experts et de voyageurs.

Regional Tourism Organisation of Southern Africa (www.retosa.co.za). Site institutionnel qui promeut le tourisme en Namibie.

Numéros utiles

Les indicatifs téléphoniques namibiens comportent trois chiffres.

Indicatif de la Namibie	☎264
Indicatif international	☎00
Urgences	☎10111

À emporter dans ses bagages

➡ Jumelles et guide pratique

➡ Répulsif à insectes, moustiquaire et traitement antipaludéen

➡ Vêtements de couleur neutre pour les safaris

➡ Cartes papier et GPS Tracks4Africa

➡ Assurance voyage

➡ Veste coupe-vent imperméable

➡ Certificat de vaccination contre la fièvre jaune

➡ Adaptateur pour appareils électriques

➡ Boussole et outil multifonction

Heures d'ouverture

Banques 8h ou 9h à 15h lundi-vendredi, 8h-12h30 samedi

Poste 8h-16h30 lundi-vendredi, 8h30-11h samedi

Stations-service Rares sont celles qui restent ouvertes 24h/24 ; dans les secteurs excentrés, il est difficile de trouver du carburant le soir ou le dimanche.

Arriver en Namibie

Aéroport international Chief Hosea Kutako, Windhoek (p. 267) Comptez jusqu'à 400 $N et 45 minutes à 1 heure pour rejoindre le centre de Windhoek en taxi.

Aéroport international OR Tambo, Johannesburg La principale porte d'entrée pour l'Afrique australe, avec des vols réguliers pour Windhoek.

Plus d'informations sur **Comment circuler** à la p. 270.

Envie de...

Grands félins

En Namibie, il est presque garanti d'apercevoir lions, léopards et guépards. Ces grands prédateurs compteront sûrement parmi vos meilleurs souvenirs de safari.

Parc national d'Etosha
Les lions chassent autour des points d'eau où des troupeaux de springboks ou de gemsboks sont sur le qui-vive ; c'est là toute la beauté d'Etosha. (p. 74)

Okonjima Nature Reserve
Partir sur la trace des léopards et des guépards tout en apprenant des choses essentielles sur leur sauvegarde. (p. 62)

Damaraland Des lions adaptés au désert se déplacent sur les dunes de sable, les montagnes rocheuses et les lits de rivières asséchées. (p. 120)

Bwabwata National Park Les lions font leur retour à l'extrémité nord-est du pays. (p. 88)

Éléphants

Au nord de la Namibie, on peut voir des éléphants du désert.

Damaraland Les célèbres éléphants du désert de Namibie occupent les montagnes rouge sombre, et rocheuses, au nord-ouest de la Namibie. (p. 120)

Parc national d'Etosha
Recouverts par la poussière blanche d'Etosha, ces pachydermes moins imposants qu'il n'y paraît forment des ombres grises et fantomatiques sur le lac salé. (p. 74)

Rhinocéros

La situation extrêmement précaire du rhinocéros semble être moins préoccupante en Namibie qu'ailleurs en Afrique. Les safaris d'observation des rhinocéros augmentent vos chances d'en voir, mais d'autres possibilités s'offrent à vous.

Palmwag Abrite la plus importante communauté de rhinocéros noirs en liberté ; beaucoup portent des colliers émetteurs qui permettent de les localiser. (p. 126)

Parc national d'Etosha
Rapprochez-vous de n'importe quel point d'eau la nuit, patientez un peu et vous verrez sûrement des rhinocéros s'abreuver. (p. 74)

Waterberg Plateau Park Accueille une petite communauté grandissante, mais difficile à observer, à moins d'être accompagné par un guide. (p. 66)

Oiseaux

La Namibie est une formidable destination pour les amateurs d'oiseaux, alliant espèces du littoral et, à l'intérieur des terres, espèces adaptées au désert.

Bande de Caprivi Les parcs nationaux Bwabwata et Nkasa Rupara sont les meilleurs endroits du pays pour observer des oiseaux. Nkasa Rupara compte plus de 430 espèces. (p. 88)

Walvis Bay Flamants nains et flamants roses se regroupent en grand nombre sur les bassins étendus du littoral du Namib, surtout autour de Walvis Bay et Lüderitz. (p. 154)

Parc national d'Etosha
Idéal pour observer les espèces du désert, notamment l'outarde kori et les autruches.

Art rupestre

L'art pariétal namibien donne accès à la fois à l'histoire extraordinaire d'une société ancienne et à une forme d'expression artistique surprenante, en lien avec nos lointains ancêtres. Visitez collines et grottes et découvrez des œuvres sacrées et magiques.

Musée national de Namibie
Le principal atout du musée
est sa superbe collection d'art
rupestre. Elle mérite d'être vue,
avant de vous rendre à Brandberg
ou à Twyfelfontein. (p. 40)

Twyfelfontein Une des plus
vastes galeries d'art pariétal
du continent, qui recèle encore
des trésors cachés. Ajoutons
à cela la forêt pétrifiée, toute
proche. (p. 122)

Brandberg La "montagne
de feu" est un admirable massif
de granit rose contenant, entre
autres merveilles d'art rupestre,
l'un des plus beaux vestiges
d'art préhistorique du continent
africain : la célèbre Dame
blanche du Brandberg. (p. 121)

Paysages

La Namibie possède une
époustouflante diversité
de paysages : dunes de
sable, blocs d'anciennes
montagnes de granit,
étendues lunaires de roches,
bassins salifères ou encore
savane à perte de vue.

Fish River Canyon
Aucun doute possible, c'est
vraiment l'équivalent africain
du Grand Canyon ! (p. 189)

Namib-Naukluft Park
Merveilleuses dunes de sable,
alliées à la beauté austère des
montagnes Naukluft. (p. 158)

Etosha Pan Postez-vous
au milieu du pan et contemplez
l'immensité vide et saline
qui prend vie après les pluies,
avec en toile de fond toute
la palette de couleurs de la
savane africaine. (p. 74)

Nord-Ouest Les paysages
les plus spectaculaires de
cette région incluent notamment
la côte des Squelettes (p. 132)
et le Kaokoveld, avec son vaste
horizon ouvert et ses routes
désertiques. (p. 128)

aut : Sossusvlei, Namib-Naukluft Park
as : Rhinocéros blanc, parc national d'Etosha

Aigle pêcheur d'Af

Spitzkoppe Sommet emblématique de la chaîne de montagnes rocheuses qui parcourt le pays dans toute sa longueur. (p. 120)

Sports d'aventure

La Namibie fait la part belle aux activités d'aventure, en particulier le long du littoral. Vous pourrez faire du sandboard dans le désert, sauter en parachute, surfer sur les vagues de l'Atlantique ou encore avancer à cheval vers un somptueux coucher de soleil.

Swakopmund Les amateurs de sensations fortes seront aux anges dans la capitale des activités d'aventure de la Namibie, voire de toute l'Afrique australe. (p. 139)

Pistage de rhinocéros Suivre la piste des rhinocéros noirs à pied dans la brousse relève bel et bien de l'aventure ! (p. 123)

Quadbike Idéal pour partir à l'assaut des immenses dunes de sable à proximité de Swakopmund. (p. 145)

Vols panoramiques Le littoral namibien, et en particulier la côte des Squelettes, offre des paysages époustouflants qu'il est possible de survoler en avion léger ou en hélicoptère. (p. 145)

Randonnée Les possibilités de randonnées ou de treks sur plusieurs jours ne manquent pas, bien que plusieurs sentiers soient fermés en basse saison.

Safaris

La Namibie est une excellente destination pour les safaris. Plusieurs tours-opérateurs sont spécialisés dans les safaris en avion ou intègrent une visite aérienne à leurs itinéraires. C'est le seul moyen d'atteindre certaines zones éloignées, comme la côte des Squelettes.

Skeleton Coast Wilderness Area Territoire reculé, sauvage et difficile d'accès, à moins d'y aller en avion. (p. 135)

Angle nord-ouest de la Namibie Zone isolée et à l'état sauvage, située dans l'extrémité nord-ouest du pays. (p. 131)

Conduite tout-terrain

La Namibie est un paradis pour les amateurs de 4x4 et de conduite tout-terrain. Dans de nombreux lieux reculés, le seul moyen de se déplacer est d'emprunter des pistes anciennes (et périlleuses après de fortes pluies).

Kaokoveld Cette région envoûtante, authentiquement sauvage, mettra les conducteurs de 4x4 au défi avec ses nombreuses pistes sablonneuses tracées il y a plusieurs décennies. (p. 128)

Khaudum National Park Absence quasi totale de signalisation, navigation s'effectuant essentiellement grâce aux coordonnées GPS et aux cartes topographiques : le Khaudum est un lieu tout indiqué pour des aventures tout-terrain. (p. 87)

Brandberg Terrain idéal pour les 4x4, avec pistes en gravier menant à des sentiers rocheux, pour ceux qui aiment se sentir seuls face à une nature grandiose. (p. 121)

Mois par mois

Janvier

Après un pic de fréquentation à Noël et au Nouvel An (avec des prix qui s'envolent), le mois de janvier est calme, sauf pour les amateurs d'oiseaux. Les températures sont élevées, avec une forte humidité et des pluies intermittentes.

Février

Février ressemble au mois de janvier : des journées chaudes, des nuits tempérées et des pluies fortes, quoique discontinues. Ces pluies diminuent toutefois à la fin du mois. L'observation des oiseaux au nord du pays est idéale

pendant cette période. Ailleurs, les prix sont ceux de la basse saison.

Mars

Un mois pour le moins festif ; les pluies ne sont pas terminées mais la fin des températures torrides approche. Les hébergements sont, pour la plupart, peu fréquentés.

✸✸ Independence Day

Le 21 mars, on célèbre la fête nationale namibienne en grande pompe, avec un défilé et des manifestations sportives. Une grande partie de la population garde présente à l'esprit l'indépendance, acquise en 1990 (la Namibie a été occupée plusieurs décennies par l'Afrique du Sud).

✸✸ Mbapira/Enjando Street Festival

La plus grande fête de rue de Windhoek a lieu en mars. Les habitants revêtent alors d'extravagantes tenues ethniques. Au programme : des événements culturels, des concerts et d'autres divertissements. (p. 45)

Avril

C'est encore la basse saison, les pluies s'achèvent et les températures deviennent plus agréables. Toutefois, les touristes ne sont pas encore présents en grand nombre (sauf à la fin du mois pour les vacances scolaires locales).

✸✸ Windhoek Karnival (WIKA)

Créé en 1953 par un petit groupe d'immigrants allemands, ce carnaval organisé en avril à Windhoek est l'une des grandes manifestations culturelles du pays, et se clôture par le bal royal (p. 45).

Mai

Le mois de mai est parfait pour un voyage, avec de bonnes conditions et les prix de la basse saison (et les disponibilités) à Etosha et ailleurs. Les températures sont douces en journée, plus fraîches la nuit et le ciel est généralement découvert.

Juin

La période idéale pour séjourner en Namibie. Le mois de juin présente des conditions climatiques favorables, entre les vacances scolaires du pays en mai et le début de la haute saison en juillet.

Juillet

La haute saison commence et les disponibilités se réduisent. Les journées sont chaudes et dégagées, offrant des conditions idéales (mis à part sur le littoral où il peut y avoir des tempêtes de sable).

Août

Le mois le plus prisé par les visiteurs marquant l'apogée de la haute saison : les prix sont les plus élevés, l'offre réduite. Il est essentiel de réserver. Le temps est extrêmement agréable.

 Maherero Day

L'une des plus grandes fêtes du pays, qui a lieu le week-end le plus proche du 26 août. Vêtus de leurs costumes traditionnels, les Herero au drapeau rouge se rassemblent à Okahandja pour rendre hommage à leurs chefs morts au combat lors d'affrontements contre les Khoi-Khoi et les Allemands (p. 58).

Septembre

Les températures augmentent, mais la période reste très propice au voyage dans la région, et il y a encore de nombreux touristes. Il est plus facile de se loger, mais les prix restent élevés. Les points d'eau commencent à se dessécher, l'observation de la faune est généralement satisfaisante.

 /AE//Gams Arts Festival

Le principal festival artistique de Windhoek se déroule en septembre, et est animé par des troupes de danseurs, de musiciens, de poètes et d'artistes, en lice pour différents prix. Le meilleur de la gastronomie namibienne est également à l'honneur (p. 45).

Artist's Trail

Omaruru accueille depuis 2007 ce dynamique festival de musique et de danse pendant trois jours, en septembre, avec cuisine locale, vin, bijoux, photographies et peintures, entre autres.

Octobre

Avant l'arrivée des pluies, le mois d'octobre peut être très chaud, surtout dans le Nord autour de Caprivi. La faune se concentre autour des quelques points d'eau restant et les lodges du delta sont réservés des mois à l'avance.

 Oktoberfest

La haute saison s'achève, et les pluies s'apprêtent à revenir. Pour autant, Windhoek attire comme un aimant les amateurs de bière, et cette période reste très prisée, en particulier des touristes allemands. La faune gravite autour des points d'eau asséchés, car les journées sont chaudes.

Novembre

Il fait chaud et sec. Les habitants commencent à scruter le ciel en attendant la pluie. C'est la fin de la haute saison ; l'observation de la faune est bonne, mais l'arrivée de la saison des pluies peut gâcher le séjour. Les oiseaux migrateurs peuplent le ciel.

Décembre

Les pluies battent leur plein. C'est la saison basse, avec un pic de fréquentation autour de Noël et du Nouvel An, marquant l'arrivée en masse de visiteurs venus d'Europe et d'ailleurs.

Itinéraires

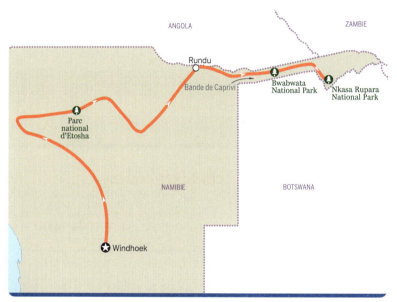

Un aperçu du Nord

Il est possible d'avoir un aperçu des plus beaux secteurs de vie sauvage lors d'un itinéraire d'une semaine bien remplie, à condition de disposer d'un 4×4.

Commencez à **Windhoek**, dont vous savourerez les charmes urbains avant de vous lancer vers les étendues sauvages. Restez au moins 3 jours dans le **parc national d'Etosha**, un des meilleurs endroits d'Afrique australe pour observer les animaux, puis rejoignez Grootfontein pour passer la nuit sur les rives de l'Okavango, au cœur de la chaleur humide de **Rundu** ; de l'autre côté du fleuve, c'est l'Angola. Partez à l'est, dans la bande de Caprivi pour profiter de vos derniers jours dans le **Bwabwata National Park** et le **Nkasa Rupara National Park**.

Du désert aux chutes Victoria

En Namibie, la beauté réside avant tout dans les détails, mais il vous faudra être patient et disposer d'un véhicule bien équipé. Au sud, le désert secret de la **Sperrgebiet**, l'un des écosystèmes désertiques les mieux préservés du globe, a récemment été ouvert au public. Le plus simple est de réserver une excursion ou de se rendre dans la "ville fantôme" de Kolmanskop, au sud de Lüderitz, car la plus grande partie de la zone reste interdite d'accès.

À quelques encablures au nord, le vaste **Namib-Naukluft Park** est composé de dunes ondoyantes où mammifères et insectes endémiques du désert luttent pour leur survie. Rejoignez la ville de Swakopmund avant de prendre la route de sel jusqu'au **Skeleton Coast Park**, sur la célèbre côte des Squelettes, à l'extrémité nord-ouest du pays, qui se targue d'être le plus grand cimetière au monde de bateaux échoués.

Dirigez-vous ensuite vers Outjo et prenez la route menant dans la région marécageuse du **Nkasa Rupara National Park** (appelé autrefois Mamili National Park), un parc national en plein essor qui contraste avec le reste du pays. Un 4×4 à garde haute est indispensable pour arriver à Nkasa Rupara. Son écosystème aquatique abrite l'une des plus grandes concentrations de faune et de flore sauvages de tout le continent, et il est aussi un paradis pour les insectes et les poissons.

Enfin, il suffit de franchir la frontière du Zimbabwe, à l'extrémité nord-est de la Namibie, pour découvrir les luxuriantes gorges du Zambèze et profiter de la meilleure vue sur les extraordinaires **chutes Victoria**, considérée comme la septième merveille de la nature.

2 SEMAINES

De la bande de Caprivi au Kaokoveld

Cet itinéraire, qui part de l'extrémité orientale du pays, ne s'adresse qu'aux plus aguerris. Si de nombreux lieux en Namibie donnent le sentiment d'avoir atteint le bout du monde, certaines destinations de ce circuit vous emmèneront dans des contrées vraiment inattendues. Le seul fait de les atteindre présente d'ailleurs un tel défi qu'une grande détermination (et une certaine somme d'argent) seront nécessaires.

La première étape de cet itinéraire est **Mpalila Island**, une luxueuse retraite loin de tout, nichée en plein cœur du Zambèze. C'est là que le Zimbabwe, le Botswana, la Namibie et la Zambie se rencontrent. Vous y accéderez facilement par avion ou par bateau depuis Kasane, au Botswana. Partez ensuite en direction de la bande de Caprivi et visitez le **Nkasa Rupara National Park**, où les pluies donnent un air de delta aux îles boisées peuplées de certains des plus beaux oiseaux du pays. Le **Bwabwata National Park** est un autre parc renaissant où vivent des lions, des lycaons (mammifères carnivores) et des hippotragues noirs. De là, rejoignez la nature sauvage intacte du **Khaudum National Park**, une destination de grandes aventures. Ici, les pistes sablonneuses mènent les visiteurs à travers le bush et dans des vallées peuplées de lycaons.

Depuis Khaudum, la route vous mènera au sud jusqu'à **Grootfontein**, d'où vous pourrez effectuer un petit détour dans le **Waterberg Plateau Park**. Ce parc est un véritable havre pour les espèces menacées telles que les antilopes des sables, les antilopes rouannes et les rhinocéros blancs, et noirs ; vous aurez peut-être la chance d'apercevoir quelques spécimens depuis les sentiers de randonnée bien balisés. Cet endroit donne l'impression d'être dans un monde perdu, avec ses paysages broussailleux – guettez les animaux sauvages aux abords des points d'eau, c'est là que vous aurez le plus de chances d'en apercevoir.

Au nord de Grootfontein, la route continue jusqu'au territoire owambo, au cœur de la culture namibienne, d'où vous pourrez découvrir le mystérieux et reculé **Kaokoveld**, terre des Himba – groupe ethnique à la culture très riche ayant conservé une apparence et une tenue caractéristiques – et lieu parmi les moins accessibles du pays.

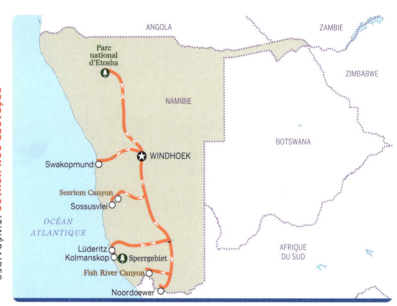

Le meilleur de la Namibie

3 SEMAINES

Ce circuit de plus de 2 500 km vous fera passer du bushveld poussiéreux à des canyons vertigineux. Il associe culture et sensations fortes, le tout accessible en véhicule à deux roues motrices. Il est desservi par les transports en commun, corrects bien que lents.

Avant de partir pour le désert, passez quelques jours à **Windhoek**, charmante capitale dont l'architecture est encore marquée par un passé allemand, pour prendre vos repères. Puis, après avoir loué une voiture (dans l'idéal) avec un groupe d'amis et fait le plein de provisions, partez vers le nord pour un safari dans le **parc national d'Etosha**, l'une des plus belles réserves animalières du continent. Vous pourrez même conduire sur le sol salin blanc du pan (lac asséché) qui s'étend à perte de vue.

Revenez sur vos pas et contournez rapidement Windhoek pour vous rendre sur la côte à **Swakopmund**, où vous pourrez vous adonner à une foule d'activités (sandboard sur les dunes, quadbike, etc.). De retour sur la route principale en direction du sud, poursuivez l'aventure en escaladant les imposantes dunes barkhanes de **Sossusvlei** ou en effectuant un trek dans le **Sesriem Canyon**. Les dunes en constante évolution du désert du Namib sont particulièrement belles au lever du jour, lorsque, éclairées par le soleil, elles se parent de couleurs extraordinaires.

Pour continuer sur le même thème, dirigez-vous vers le sud jusqu'au **Fish River Canyon**, merveille géologique monumentale perdue au milieu de nulle part. Si vous avez prévu de bonnes chaussures de marche, partez pour une randonnée de plusieurs jours dans le canyon. Dirigez-vous ensuite vers l'ouest pour découvrir **Lüderitz**, ville anachronique au fort accent germanique. Saucisses et bière allemande vous permettront de reprendre des forces avant de partir pour de nouvelles aventures. Tout près, arrêtez-vous à **Kolmanskop**, ancien centre minier diamantifère devenu ville fantôme, et explorez les étendues infiniment vides de la **Sperrgebiet**.

Terminez votre périple à **Noordoewer**, traversée par le fleuve Orange, et le point de départ d'excursions en rafting dans les rapides de canyons sauvages. Autre solution : traversez la frontière sud-africaine pour rejoindre la ville cosmopolite du Cap.

Préparer son voyage
Préparer un safari

La faune sauvage de la Namibie et les paysages grandioses qui forment son habitat offrent des conditions idéales pour entreprendre un safari. Pour profiter au mieux de ce voyage de rêve en Afrique australe, une préparation minutieuse est indispensable. Voici nos conseils pour y parvenir.

Préparer son voyage

Tour-opérateur

Le tour-opérateur est la variable la plus importante d'un safari ; consacrez du temps à faire des recherches sur les prestataires qui vous intéressent. Certains voyagistes à bas prix rognent parfois sur la qualité ; choisissez donc un prestataire ayant fait ses preuves. Les tour-opérateurs recommandés dans ce guide jouissaient d'une bonne réputation au moment de nos recherches, tout comme beaucoup d'autres que nous n'avons pas pu citer, faute de place. Cependant, il est essentiel de vérifier la situation actuelle des entreprises répertoriées et de toute autre structure dont vous entendriez parler.

Faites une enquête de terrain (Internet est un bon outil pour démarrer) avant de débarquer en Namibie. Récoltez des avis personnels, et, une fois dans la région, parlez avec un maximum de personnes ayant récemment fait un safari ou un trek avec la société qui vous intéresse.

Méfiez-vous des tarifs trop bas pour être vrais et ne vous jetez pas sur les aubaines, aussi séduisantes soient-elles.

Prenez le temps d'étudier l'itinéraire en profondeur, en étant sûr qu'il correspond à vos attentes, et vérifiez les détails de chaque étape du voyage. Assurez-vous que le nombre de sorties d'observation des animaux, ou toute autre caractéristique, soient mentionnés par écrit sur le contrat, ainsi que les dates de départ et d'arrivée et les horaires approximatifs.

Les meilleurs...

Conseils pour une randonnée dans le désert

Levez-vous avant le soleil et marchez jusqu'à ce que la chaleur devienne étouffante. Reposez-vous vers midi et repartez à partir de 15h environ. Pendant les mois les plus chauds, faites coïncider votre randonnée avec la pleine lune afin de pouvoir marcher de nuit.

Sites pour voir de grands félins

Le parc national d'Etosha

L'Okonjima Nature Reserve

Destinations pour un safari

Le parc national d'Etosha

Le Damaraland

Conseils pour un safari en indépendant

Si c'est la première fois que vous conduisez en Afrique, et à gauche, partez avec quelqu'un d'expérimenté.

Équipez-vous d'un téléphone satellite – il est facile d'en louer un à un prix raisonnable.

Types de safaris

Si le prix peut être un facteur déterminant dans l'organisation d'un safari, d'autres aspects sont tout aussi importants.

➡ **Ambiance** Dormirez-vous à l'intérieur ou à proximité du parc ? (Dans le deuxième cas, vous ne pourrez pas observer la faune à l'aube et en soirée.) Serez-vous hébergé dans un grand lodge ou dans un camp plus intimiste ?

➡ **Équipement** Des véhicules et équipements de qualité médiocre peuvent nuire à votre expérience globale. Dans des secteurs reculés, cet aspect et l'absence de dispositifs de secours peuvent même s'avérer dangereux.

➡ **Accès et activités** Si vous n'êtes pas un adepte des longs trajets sur des routes cahoteuses, optez pour un parc national et un hébergement accessibles par les airs. Pour profiter de la brousse, visez des secteurs où les safaris sont axés sur la marche à pied et le bateau.

➡ **Guides** La qualité de votre chauffeur/guide aura un impact décisif.

➡ **Engagement communautaire** Ciblez les prestataires apportant plus qu'un soutien de façade à l'écotourisme en s'engageant réellement et à long terme auprès des communautés avec lesquelles ils sont en contact. En plus d'une responsabilité accrue sur le plan culturel, c'est la garantie d'une expérience plus authentique et enrichissante.

➡ **Programme flexible** Certains chauffeurs pensent que vous avez l'intention de voir le plus de sites possible. Si vous préférez profiter un peu plus longtemps d'un endroit qui vous semble stratégique, dites-le à votre accompagnateur. En cherchant à tout prix à voir les "Big Five" (lion, léopard, buffle, rhinocéros noir et éléphant), vous pourrez passer à côté de certains aspects plus subtils de votre environnement.

➡ **Point trop n'en faut** Si vous vous joignez à un groupe, renseignez-vous sur le nombre de personnes présentes dans votre véhicule et essayez de rencontrer vos compagnons de route avant le départ.

LOUER UN 4×4

Lorsqu'il s'agit de louer un 4×4, les choix sont nombreux. Les modèles les plus courants sont des véhicules deux ou quatre places Toyota (Hilux, LandCruiser ou Fortuner), Land Rover (Defender ou Discovery, le premier étant de moins en moins courant) et Ford Ranger, tous adaptés au camping. Ils sont parfois équipés d'un toit relevable offrant un couchage pour deux, d'une tente de toit et/ou d'une tente de sol, et de tout le matériel pour camper (telle la literie, bien que certains, comme Avis, ne proposent pas de sacs de couchage), cuisiner et se chauffer, un réfrigérateur/ freezer et les outils nécessaires pour se sortir d'une mauvaise passe. Pour connaître exactement les conditions de la location, pensez à demander la liste complète de l'équipement au moment de la réservation.

Les prix vont de 80 à 190 US$ par jour.

Les agences de location de 4×4 suivantes représentent les meilleurs choix :

Avis Safari Rentals (en Afrique du Sud ☎+27 11-387 8431 ; www.avis.co.za/safari-rental)

Bushlore (en Afrique du Sud ☎+27 11-312 8084 ; www.bushlore.com)

Sur ce marché en constante expansion, on trouve aussi les entreprises suivantes :

Africamper (www.africamper.com)

Britz (à Johannesburg ☎+27 11 230 5200, en Namibie ☎+264-62-540242 ; www.britz.co.za)

En louant directement auprès d'une entreprise de location, vous ne disposerez que du véhicule et devrez organiser vous-même tout le voyage. Pour la plupart des voyageurs, il s'avère plus commode de réserver auprès d'un prestataire qui s'occupera de réserver aussi les nuitées au camping et autres hébergements, fournira un téléphone satellite et sera en mesure de prendre toutes les autres dispositions nécessaires. Vous pouvez vous adresser notamment à :

Safari Drive (☎en Grande-Bretagne 01488 71140 ; www.safaridrive.com)

Self Drive Adventures (☎686 3755 ; www.selfdriveadventures.com)

➡ **Centres d'intérêt** Si vous êtes particulièrement intéressé par un sujet (l'ornithologie par exemple), optez pour un safari privé avec un prestataire spécialisé.

Quand partir

Les déplacements sont plus faciles en saison sèche (de mai à octobre) et c'est à cette période que les animaux se regroupent le plus souvent autour des points d'eau et des rivières. Le feuillage, moins dense, permet une meilleure visibilité. Cependant, la saison sèche correspondant en partie au pic de fréquentation touristique, les hébergements sont parfois bondés et les prix sont à leur maximum.

Outre ces généralités, le moment idéal pour faire un safari dépend énormément des parcs et réserves que vous souhaitez visiter et de vos centres d'intérêt. Par exemple, la saison humide est parfaite pour les amateurs d'ornithologie dans de nombreux endroits, bien que tous les sites ne soient pas accessible par fortes pluies. Par ailleurs, les concentrations d'animaux sont clairement influencées par les saisons.

Choisir son type de safari

Les safaris s'adaptent de plus en plus à leur clientèle ; l'image du touriste en kaki se frayant un passage dans la brousse tend à disparaître. Vols en dirigeable ou excursions à cheval, treks, observation des oiseaux, pêche, routes de nuit en jeep ou balades à dos de chameau peuvent faire des composantes d'un safari aujourd'hui. Il s'agit désormais d'une expérience qui peut être sophistiquée, mais qui sait renouer avec le sens de l'aventure.

L'observation de la faune sauvage, activité reine du pays, est à la base de la plupart des safaris – ce qui se comprend aisément. La faune du parc national d'Etosha est abondante – on y trouve une population dense, un très grand nombre des animaux présents en Afrique australe et des conditions d'observation particulièrement bonnes. La beauté du relief est la cerise sur le gâteau !

Il est bon de garder à l'esprit que, s'il existe des safaris pour presque tous les budgets, en effectuer un en Namibie peut être onéreux.

Voici quelques facteurs à prendre en compte dans la préparation d'un safari. Le choix est certes nettement plus vaste parmi les options haut de gamme, où il convient d'être attentif à l'ambiance, au type de safari et à la démarche globale du prestataire. Cependant, on trouve en Namibie des agences fiables proposant des safaris petits budgets.

Safaris en avion

Si vous en avez les moyens, montez à bord d'un petit 6 places et envolez-vous vers un campement reculé ou un lodge confortable. Vous pourrez en outre profiter au maximum de votre temps en parcourant plusieurs parcs et réserves pour embrasser toute la diversité des paysages.

Vous serez peut-être tenté de surcharger votre itinéraire, ce qui vous forcerait à courir d'un point à l'autre. Mieux vaut toujours s'accorder au moins trois jours dans chaque campement ou lodge pour profiter des activités proposées.

Les safaris en avion sont toujours chers, mais tout est compris, notamment les repas, les boissons et les activités dans chaque campement ; les transferts en avion sont souvent comptés en supplément. Il faut prévoir soigneusement son itinéraire, et réserver le plus tôt possible. Beaucoup d'agences conseillent de s'y prendre au moins 6 ou 8 mois à l'avance pour avoir le choix des sites visités.

Safaris itinérants

La plupart des visiteurs préfèrent participer à un safari itinérant, qu'il s'agisse d'un programme participatif où l'on vous demandera de contribuer aux corvées du camp et d'apporter votre propre sac de couchage, ou bien d'un circuit haut de gamme avec guide privé.

La qualité des formules petits budgets étant très variable, il est utile de se renseigner pour savoir quelles sont les bonnes agences locales, via le forum des voyageurs de Lonely Planet, par exemple, à l'adresse www.lonelyplanet.fr/forum, ou en discutant avec d'autres voyageurs rencontrés sur place. Sinon, n'hésitez pas à poser le plus de questions possible à votre agent de voyages et à exposer clairement vos priorités et votre budget dès le départ.

CONDUITE ET CAMPING SAUVAGE

Voici quelques conseils éprouvés qui favoriseront la réussite et la sécurité de votre expédition en 4x4.

➡ Investissez dans un bon GPS. Cela dit, même avec un tel dispositif, vous devez toujours être capable de localiser votre emplacement sur une carte. Selon nous, la meilleure application est Tracks4Africa (en anglais).

➡ Prévoyez toujours des provisions de secours, même sur les grands axes routiers. Faites le plein à chaque fois que vous apercevez une station-service. Pour les longues expéditions, stockez la quantité nécessaire de carburant dans des réservoirs ou jerricans en métal (on consomme quasiment deux fois plus en tout-terrain que sur route). Prévoyez 5 l d'eau par personne et par jour, et quantité de nourriture de secours énergétique et non périssable.

➡ Emportez un câble de remorquage, une pelle, une courroie de ventilateur de rechange, les liquides nécessaires au fonctionnement du véhicule, des bougies d'allumage, du fil de fer, des câbles de démarrage, des fusibles, des tuyaux flexibles, un bon cric et une planche en bois (sur laquelle prendre appui dans le sable et le sel), plusieurs roues de secours et une pompe. De même, un bon couteau multifonction et un rouleau de ruban adhésif peuvent être d'un grand secours pour faire des réparations d'urgence sur votre véhicule.

➡ Pour camper, vous prévoirez obligatoirement une tente imperméable, un sac de couchage trois saisons (ou plus chaud en hiver), un tapis de sol, du matériel pour allumer un feu, du bois à brûler, une trousse de premiers soins et une lampe torche avec des piles de secours.

➡ Les sources d'eau naturelles sont vitales pour les populations locales, le bétail et les animaux sauvages : assurez-vous de ne pas utiliser les cours d'eau, sources et points d'eau propres pour vous laver ou pour nettoyer votre équipement. De même, évitez de camper près des sources et des points d'eau afin de ne pas effrayer les animaux par votre présence et les empêcher de boire. Demandez toujours l'autorisation avant de pénétrer dans un village ou de camper à proximité. N'oubliez pas que d'autres voyageurs passeront après vous dans la région que vous visitez ; pour le bien du tourisme à venir, adoptez un comportement responsable et soyez respectueux de l'environnement et de la culture qui vous entourent.

➡ Ne campez pas dans les lits de rivière ombragés, car ils sont souvent empruntés par de gros animaux et peuvent faire l'objet de crues violentes et subites, même s'il n'y a pas un nuage dans le ciel. Afin de préserver les paysages et la flore, suivez

En Namibie, la plupart des safaris sont à réserver à Windhoek. Pour réserver via une agence internationale, essayez de vous y prendre très à l'avance, surtout si vous voyagez en haute saison. Vous aurez plus de chances de pouvoir réserver les campements et les lodges de votre choix.

Safaris en bus

Étant donné le coût et l'organisation complexe d'un safari, beaucoup de voyageurs à petits budgets choisissent de participer à une excursion en bus, organisée par des spécialistes tels qu'Africa in Focus (www.africa-in-focus.com) ou Dragoman (www.dragoman.com). La plupart de ces expéditions traversent plusieurs pays – la Namibie n'étant qu'une étape –, en partant du Cap (Afrique du Sud) ou de Nairobi (Kenya). Parmi les pays traversés figurent habituellement la Namibie, le Botswana, la Zambie, le Malawi et la Tanzanie.

Le safari en bus est un sujet de débats passionnés parmi les voyageurs. Pour certains, ces gros véhicules et le grand nombre de voyageurs qu'ils transportent représentent tout ce qu'il faut fuir en les pistes ; dans l'environnement sec de la Namibie, les dégâts causés par les conduites hors pistes mettent des centaines d'années à se résorber.

→ Vous avez moins de chances d'enliser votre véhicule dans les pistes de sable le soir et le matin par temps frais. Déplacez-vous le plus rapidement possible (en respectant les limites de vitesse) et maintenez une vitesse constante, mais évitez les accélérations brusques. Rétrogradez avant les zones sablonneuses pour ne pas vous enliser et caler.

→ Lorsque vous vous engagez sur une ligne droite sur une piste pleine d'ornières, empruntez le côté le plus praticable. Anticipez les virages et tournez le volant légèrement plus tôt que vous ne le feriez sur une surface solide – cela permet au véhicule de déraper sans heurts – puis accélérez doucement à la sortie du virage.

→ La pression de vos pneus doit être légèrement inférieure à celle d'une conduite sur une voie normale – n'oubliez pas de les regonfler en revenant sur le bitume.

→ Évitez de rouler la nuit, lorsque la poussière et la distance peuvent créer des mirages déroutants.

→ Respectez les limitations de vitesse locales : 100 km/h maximum sur route asphaltée, 40 km/h sur piste.

→ Suivez les routes tracées par les autres véhicules.

→ Si la route présente des aspérités ou est ondulée, augmentez progressivement votre vitesse jusqu'à trouver le bon rythme – à savoir, quand le vacarme s'arrête.

→ En cas de crevaison, ne freinez pas brusquement ou vous perdrez le contrôle de votre voiture et ferez une embardée. Essayez d'aller le plus droit possible et laissez la voiture ralentir toute seule avant de l'arrêter complètement.

→ Par temps de pluie, les chaussées en gravier se transforment parfois en bourbiers et les ravinements peuvent devenir de vraies piscines. Si vous avez un doute, descendez, vérifiez la profondeur, et ne traversez que si votre véhicule est adapté.

→ Soyez toujours prêt à croiser des animaux.

→ Évitez les écarts ou les coups de frein brusques sur les pistes de gravier afin de ne pas perdre le contrôle de votre véhicule. Si les roues arrière commencent à déraper, tournez doucement en direction du dérapage jusqu'à retrouver le contrôle. Si les roues avant dérapent, braquez fermement dans la direction opposée au dérapage.

→ En cas de poussière importante, allumez vos phares afin d'être plus visible.

→ Il est parfois très dangereux de doubler, la visibilité pouvant être obstruée par la poussière soulevée par le véhicule de devant. Faites des appels de phares au conducteur de devant pour lui indiquer que vous voulez le doubler. Si quelqu'un derrière vous fait des appels de phares, serrez le plus possible à gauche.

voyage, notamment le fait d'arriver dans un village pour regarder les habitants comme des bêtes curieuses avant de se ruer vers les auberges de jeunesse pour y faire la fête. Bien souvent, la dynamique qui s'instaure en voyageant avec des groupes de cette taille (15 à 20 personnes au moins) crée un sentiment de cohésion agréable, mais qui tend à élever des barrières entre le groupe et les contrées traversées.

Pour d'autres personnes, ce type de formule est une excellente façon de circuler à petits prix et de découvrir de nombreux parcs et réserves tout en rencontrant des personnes issues de divers horizons. Quel que soit votre point de vue, sachez qu'il est peu probable que vous ayez la meilleure vision possible d'un pays africain en le traversant à toute vitesse et en suivant un itinéraire figé.

L'itinéraire classique à travers la Namibie comprend le Fish River Canyon, Sossusvlei, le parc national d'Etosha, Swakopmund, la côte des Squelettes (Skeleton Coast) et la bande de Caprivi jusqu'aux chutes Victoria, au Zimbabwe.

Safaris en voiture privée

Il est possible d'organiser un safari de A à Z si vous disposez de votre propre véhicule. Cette formule vous offre plusieurs avantages par rapport à un circuit organisé, à commencer par une indépendance totale et le choix de vos compagnons de voyage. Toutefois, au niveau financier, cela vous reviendra pratiquement aussi cher que de participer à un safari organisé bon marché. Sachez en outre qu'il est prudent d'effectuer toutes vos réservations de camping (et de les payer à l'avance), ce qui signifie que vous devrez vous en tenir à votre itinéraire.

Vous serez peut-être confronté à des problèmes de panne du véhicule, d'accidents, de questions de sécurité, de conditions météorologiques ou de connaissance des lieux. Il ne s'agit pas simplement de louer un 4x4, mais de se sentir capable de traverser des territoires assez rudes et de gérer tous les imprévus que cela suppose. Si cela ne vous fait pas peur, cette expédition peut être une magnifique aventure.

Votre priorité numéro un sera de trouver un 4x4 correctement équipé, comprenant tous les outils nécessaires en cas de panne.

Si vous envisagez un safari en voiture dans le nord-est de la Namibie, évitez la saison humide (décembre à mars) : certaines pistes sont complètement inondées et la conduite y est très dangereuse.

Vous trouverez à peu près tout le matériel de camping nécessaire dans les grandes chaînes de supermarchés, présentes dans toute la Namibie : tentes, sacs de couchage, matériel de cuisine, allume-feux, etc.

Safaris à pied

Dans certains parcs nationaux et réserves naturelles privées, il est possible de faire des randonnées à pied de 2 à 3 heures tôt le matin ou en fin d'après-midi. Le but est davantage d'observer des animaux que de parcourir de longues distances. Après la marche, vous reviendrez au camp ou au lodge principal.

En Namibie, vous pourrez également faire des safaris à pied pour observer des rhinocéros noirs. Une occasion unique de voir à l'état sauvage l'une des espèces les plus menacées d'Afrique. De telles expéditions ont généralement lieu dans le cadre de concessions privées.

Safaris à cheval

L'équitation est un moyen unique de profiter du paysage et de la faune – il est fréquent de pouvoir aller au petit galop parmi des troupeaux de zèbres et de gnous. Cela dit, vous devrez être expérimenté, la plupart des safaris à cheval n'étant pas adaptés aux débutants – en effet, vous pourrez être amené à devoir vous sortir de situations délicates.

Tour-opérateurs locaux

La plupart des visiteurs de la Namibie réservent leur safari auprès d'un tour-opérateur spécialisé et de nombreux prestataires locaux font le gros de leur chiffre d'affaires ainsi. Voici une sélection des meilleurs tour-opérateurs. D'autres agences sont répertoriées tout au long du guide. Reportez-vous à la p. 270 pour une liste d'agences et de voyagistes en France.

&Beyond (www.andbeyond.com). Superbe lodge en Namibie et impressionnants programmes de protection.

Great Plains Conservation (www.greatplainsconservation.com). Appartient à l'élite des organisateurs de safari, propose un choix grandissant de lodges superbes et participe à des programmes de protection d'avant-garde.

Mabaruli African Safaris (www.mabaruli.com). Basé à Windhoek, ce prestataire propose des safaris à vélo et des excursions à travers la Namibie (parc national d'Etosha), le Botswana (delta de l'Okavango) et la Zambie (Livingstone).

Namibia Horse Safari Company (www.namibiahorsesafari.com). Choix d'expéditions à cheval de plusieurs jours, notamment dans le Damaraland sur la piste des éléphants du désert et dans le Sperrgebiet sur celle des chevaux sauvages. Propose également d'autres destinations et des safaris équestres plus courts.

Safari Drive (www.safaridrive.com). Entreprise haut de gamme, chère mais professionnelle, possédant sa propre flotte de véhicules de modèle récent. Les tarifs comprennent l'équipement, les secours d'urgence, la préparation détaillée de l'itinéraire et les

LE B.A.-BA DU GUETTEUR D'ANIMAUX

La facilité apparente avec laquelle les guides professionnels repèrent les animaux est assez stupéfiante. Si peu de touristes peuvent espérer en faire autant lors d'une brève visite, voici quelques conseils pour affûter votre approche.

➡ **Moment de la journée** C'est probablement le critère qui a le plus d'incidence sur les mouvements et les comportements des animaux. C'est généralement à l'aube et au crépuscule que les mammifères et de nombreux oiseaux sont les plus actifs. Il s'agit des moments les plus frais de la journée – la lumière y est aussi idéale pour prendre des photos. À la mi-journée, bien que l'activité soit réduite du fait de la chaleur, les antilopes se sentent moins vulnérables pour s'approcher des points d'eau et il est plus facile de voir des rapaces et des reptiles.

➡ **Météo** Le temps peut aussi avoir une grande influence sur vos chances de voir des animaux. Herbivores et oiseaux cherchant à se protéger par vent fort, orientez plutôt vos recherches vers des secteurs abrités. Les orages d'été sont souvent suivis d'une grande effervescence, avec l'apparition des insectes, des grenouilles et de leurs prédateurs. Un temps couvert ou frais permet parfois aux animaux de prolonger leurs activités (les prédateurs chasseront au crépuscule), et les nuits d'hiver fraîches forcent les espèces nocturnes à être actives dès l'aube.

➡ **Eau** La plupart des animaux boivent tous les jours, quand les ressources le permettent ; les points d'eau sont donc des lieux à privilégier, en particulier à la saison sèche. Les prédateurs et les très gros herbivores s'abreuvent tôt ou à la tombée du jour, alors que les antilopes boivent du petit matin à la mi-journée. Sur la côte atlantique, la marée descendante entraîne souvent l'apparition d'échassiers, et de détritivores comme les crabes.

➡ **Sources de nourriture** Le fait de savoir ce que mangent les différentes espèces vous aidera à établir des priorités. Ainsi, si un aloès en fleur n'a pas grand intérêt de prime abord, il deviendra un élément clé si vous savez que de nombreuses espèces de passereaux souimangas (oiseau du soleil) en raffolent. Les arbres fruitiers attirent les singes, alors que les troupeaux d'herbivores accompagnés de leurs petits sont une aubaine pour les prédateurs.

➡ **Habitat** Connaître les habitats privilégiés par chaque espèce est une chose, mais encore faut-il savoir où chercher dans ces habitats. Les animaux ne se répartissent pas au hasard dans leur environnement. Ils cherchent des endroits bien précis pour s'installer – dénivellations, arbres, grottes et points hauts dans les plaines. Beaucoup de prédateurs utilisent des prairies ouvertes, mais gravitent également autour d'abris comme de grands arbres, des fourrés et même des touffes d'herbes. Les écotones – zones de fusion entre deux habitats – peuvent être particulièrement intéressants du fait du chevauchement des espèces.

➡ **Traces et indices** Même si les animaux ne sont pas visibles, ils laissent de nombreux signes indiquant leur présence. Empreintes, excréments, pelotes de réjection, nids et odeurs fournissent des informations précieuses. En voiture, examinez les pistes de terre et de sable – vous aurez vite fait de reconnaître des empreintes. Impossible de ne pas remarquer la trace d'un éléphant ou d'un grand prédateur. De même, beaucoup de chats et de lycaons utilisent les routes pour chasser ; repérez où leurs empreintes quittent la route – c'est souvent là qu'ils ont commencé une poursuite ou qu'ils sont partis se réfugier à l'ombre d'un buisson.

➡ **Équipement** Il est important d'avoir une bonne paire de jumelles. Elles vous serviront non seulement à voir les animaux, mais aussi à les identifier. Les jumelles vous permettront également d'observer des espèces et des comportements impossibles à voir de près autrement. Également indispensables : les guides de poche (souvent en anglais) décrivant les mammifères, oiseaux, fleurs, etc., avec photographies ou illustrations en couleurs. Ils contiennent aussi de bons indices d'identification et une carte de répartition pour chaque espèce.

PROXIMITÉ PÉRILLEUSE

Le risque d'une attaque dangereuse par un animal sauvage est peu élevé, mais en respectant les recommandations suivantes, vous réduirez les chances de vous faire agresser. Les cinq animaux les plus dangereux sont les Big Five : lions, léopards, buffles, éléphants et rhinocéros noirs.

➡ La nuit, dormez toujours à l'intérieur d'une tente et fermez-la complètement. Si vous entendez un grand animal à l'extérieur, restez allongé sans bruit, même s'il frôle la tente.

➡ Ne plantez jamais votre tente dans une zone dégagée en bordure de rivière car cela peut être un passage d'hippopotames.

➡ En camping, ne laissez jamais de fruits frais (surtout des oranges) dans votre tente : cela attire les éléphants.

➡ Si vous rencontrez un buffle, un lion (à plus forte raison une lionne) ou un éléphant isolé qui détecte votre présence, reculez lentement sans faire de bruit.

➡ Si vous rencontrez un léopard alors que vous êtes à pied, essayez de ne pas croiser son regard.

➡ Ne fuyez pas devant un lion en courant. Si vous vous comportez comme une proie, le lion réagira en conséquence.

➡ Tenez-vous loin des éléphantes avec des petits, et n'approchez pas un éléphant qui a des blessures apparentes.

➡ Lors d'un déplacement en bateau, soyez attentif à tout signe de présence d'hippopotames, et ne les approchez pas.

➡ Lorsqu'un hippopotame se sent menacé, il cherche à gagner l'eau : ne vous mettez pas sur son chemin !

➡ Attention à ne pas vous baigner dans des rivières ou des points d'eau peuplés de crocodiles ou d'hippopotames. Agissez toujours avec une extrême prudence en longeant une rivière ou un rivage.

➡ Les hyènes représentent un danger potentiel, mais la plupart du temps, elles n'en veulent qu'à vos provisions.

réservations, le téléphone satellite et une réserve de carburant offerte.

Skeleton Coast Safaris (www.skeletoncoastsafaris.com). Expéditions de 4 à 6 jours tout compris combinant avion léger et 4x4 pour explorer un superbe paysage côtier reculé parsemé d'épaves. Certains safaris couvrent d'autres excellentes destinations namibiennes, comme Sossusvlei et Etosha.

Wild Dog Safaris (www.wilddog-safaris.com). Ce tour-opérateur axé sur une clientèle de routards propose diverses expéditions en Namibie.

Wilderness Safaris (www.wilderness-safaris.com). Wilderness Safaris gère un vaste éventail de lodges et de camps haut de gamme en Namibie, et soutient plusieurs projets louables axés sur les communautés et la conservation. Cette entreprise possède sa propre compagnie aérienne.

2

bservation des guépards (p. 245)

uépard peut atteindre la vitesse de
km/h, mais il doit se reposer 30 minutes
e deux poursuites.

Éléphants et rhinocéros (p. 243, 244)

articipant à un safari, vous pourrez
cevoir des éléphants et des rhinocéros
ain de s'abreuver au même point d'eau.

Damaraland (p. 120)

nné de rivières et de sources d'eau,
amaraland est l'une des dernières
erves naturelles d'Afrique australe.

Les régions en un clin d'œil

Avant de vous plonger avec délice dans la beauté des paysages, l'observation de la faune et la découverte des cultures locales, rappelez-vous que la Namibie couvre des territoires immenses et souvent inhospitaliers, et que ce voyage nécessite des préparatifs soigneux. Les paysages de Namibie figurent parmi les plus somptueux du continent africain : les couleurs ocre du désert du Namib, le littoral brumeux de la côte des Squelettes, l'impressionnant Fish River Canyon ou le parc national d'Etosha et sa faune abondante ne sont que des prémices. Sur le plan culturel, le centre de la Namibie recèle des vestiges de son patrimoine germanique, tandis que le Nord est la terre des Himba. Certaines des plus belles galeries d'art pariétal san d'Afrique se trouvent en Namibie, et la capitale, Windhoek, donne l'occasion d'appréhender plus en profondeur l'histoire et la culture d'un pays envoûtant.

Windhoek

Architecture
Achats
Cuisine

Architecture coloni

Windhoek vaut le détour, ne serait-ce que pour les flèches de ses cathédrales néobaroque ses ravissants édifices coloniaux du XXe siècle et, singulièrement, ses châteaux allemands. Baladez-vous dans Independence Ave et Fidel Castro St jusqu'à la Christuskirche, monument emblématique de la capitale.

Artisanat et souven

Une promenade dans le Post St Mall donne l'occasion d'admirer de nombreuses sculptur sur bois. L'Old Breweries Craft Market est la meilleure adresse pour dénicher des tissus, de l'artisanat, des objets anciens et toutes sortes d'objets d'art.

Scène culinaire

Que vous ayez envie de pâtes ou de fruits de mer cuisinés à l'angolais de plats germaniques ou namibiens, vous les trouverez à Windhoek, comme quantité d'autres surprises.

p. 38

Centre-Nord

Vie sauvage
Safari
Culture

Etosha et le Waterberg

Le parc national d'Etosha est l'endroit idéal pour observer la vie sauvage, car son bush verdoyant recèle une faune et une flore d'une extraordinaire richesse. Des observatoires sont aménagés dans le Waterberg afin d'admirer des spécimens rares, comme l'antilope rouanne et l'hippotrague noir.

Safari

Au volant d'une voiture de location ordinaire, vous vivrez un safari inoubliable. Vous pourrez, par exemple, conduire sur les rives d'un ancien lac salé à la recherche d'un troupeau de zèbres.

Randonnées et découvertes

D'autres sites méritent que l'on s'y attarde, comme les grottes rupestres, les imposantes météorites ou les empreintes de dinosaures.

p. 54

Nord

Vie sauvage
Hors des sentiers battus
Culture

Bouts du monde

Faites l'expérience de l'Afrique sauvage dans l'immense étendue du nord de la Namibie. Le Khaudum National Park permet une réelle plongée au cœur de la nature. La réserve ne compte aucun panneau de signalisation et le seul moyen de se repérer est le GPS. Vous pourrez y voir des lions et des lycaons.

Bande de Caprivi

Cette "région du Zambèze" abrite trois parcs nationaux encore méconnus : le Bwabwata National Park, le Mudumu National Park et le Mamili National Park, où la faune, malheureusement décimée au cours des conflits passés, commence enfin à revenir.

Otjozondjupa et les San

Sur le "territoire des Bochimans", partez à la découverte des San ju/'hoansi, un ancien peuple de chasseurs-cueilleurs, et admirez leurs gravures pariétales.

p. 80

Nord-Ouest

Littoral spectaculaire
Nature sauvage
Culture

Côte des Squelettes

Ce littoral souvent noyé de brouillard compte parmi les territoires continentaux les plus inhospitaliers au monde. Il comprend le Dorob National Park et la Cape Cross Reserve, qui abrite une colonie d'otaries à fourrure de plus de 100 000 individus.

Damaraland

C'est l'un des derniers territoires d'Afrique australe où zèbres, girafes, antilopes, éléphants et rhinocéros évoluent librement, à l'extérieur d'un parc national ou d'une réserve protégée. Le Spitzkoppe attire des alpinistes chevronnés venus se mesurer à ce pic de 1 728 m.

Kaokoveld et les Himba

Le Kaokoveld est la terre ancestrale des Himba, des éleveurs nomades qui se protègent du soleil en s'enduisant le corps d'un mélange d'ocre et d'herbes.

p. 117

Centre

Activités d'aventure
Villes du littoral atlantique
Désert

Montées d'adrénaline

La Namibie est le haut lieu des sports extrêmes en Afrique australe. Vous pourrez dévaler une dune en sandboard, sauter en parachute ou randonner dans le désert, au milieu de paysages sublimes.

Plaisirs urbains

Swakopmund est une ville surprenante : vestige colonial, elle ne résisterait peut-être pas au désert si les touristes n'affluaient en masse pour profiter de ses activités, de son ambiance, de sa cuisine et de son hospitalité germaniques. Walvis Bay, à courte distance en voiture, jouit d'un front de mer en plein développement et d'excellents restaurants.

Dunes ondoyantes

Le Namib-Naukluft Park, l'un des plus grands parcs nationaux du pays, est une terre désertique dont les dunes offrent un spectacle fascinant. Elles sont l'un des joyaux de la Namibie.

p. 137

Sud

Paysages
Vestiges coloniaux
Sports nautiques

Richesses du désert

Non loin de la frontière avec l'Afrique du Sud, cette partie de la Namibie séduit par la magie de ses paysages : des monolithes de granit s'élèvent au travers de brumes de sable et de poussière soulevées par le vent. Ne manquez pas le Fish River Canyon, une véritable symphonie minérale.

Lüderitz et les châteaux

Nichée entre le désert du Namib et la côte atlantique battue par les vents, Lüderitz est un témoin du passé colonial du pays. De charmants vestiges d'autrefois, tel le Duwisib Castle, de style néobaroque, dressent leur architecture insolite dans le désert environnant.

Sports nautiques

Noordoewer se tient à cheval sur le fleuve Orange, dans l'extrême sud de la Namibie. Deux agences proposent des sorties en canoë et en rafting donnant accès à des canyons sauvages de toute beauté.

p. 171

Chutes Victoria

Paysages
Sports extrêmes
Artisanat

Chutes Victoria

Ce sont les plus grandes et les plus belles chutes d'eau de la planète, classées au patrimoine mondial de l'Unesco. Ne manquez pas ces chutes uniques, où un million de litres d'eau se déversent par seconde, dans le cadre somptueux des gorges du Zambèze.

Sports d'aventure

Rafting, saut à l'élastique, survol des chutes en hélicoptère, circuits à pied à la découverte des rhinocéros : les chutes Victoria figurent parmi les destinations les plus réputées au monde en matière de sports d'aventure.

Livingstone et Victoria Falls

La paisible Livingstone (Zambie), située à 11 km des chutes, compte de formidables restaurants. Quant à Victoria Falls (Zimbabwe), bâtie sur le site des chutes, elle est bordée d'intéressantes boutiques d'artisanat.

p. 195

Sur la route

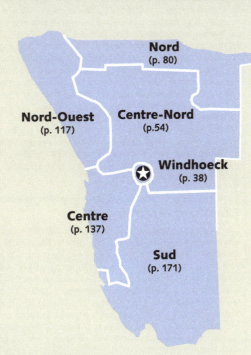

Windhoek

Le top des restaurants

➡ Joe's Beerhouse (p. 48)

➡ Stellenbosch Wine
  Bar & Bistro (p. 48)

➡ Leo's (p. 49)

➡ Restaurant Gathemann
  (p. 49)

Le top des hébergements

➡ Guesthouse Tamboti
  (p. 45)

➡ Cardboard Box
  Backpackers (p. 46)

➡ Hotel Heinitzburg (p. 47)

➡ Olive Grove (p. 48)

➡ Hotel Thule (p. 47)

Pourquoi y aller

Windhoek constitue un excellent point de chute, mais divise les voyageurs : certains adorent le répit que la ville offre, par rapport à la rudesse de la vie sur les routes africaines, d'autres la trouvent trop "occidentale". Effectivement, Windhoek est une ville moderne et bien entretenue. Les employés de bureau se rendent au Zoo Park à l'heure du déjeuner, les touristes défilent dans l'artère piétonne commerçante de Post Street Mall pour admirer l'artisanat africain, et les taxis klaxonnent vers des clients potentiels. Les flèches d'une cathédrale néobaroque, la silhouette insolite de trois châteaux de l'époque coloniale germanique et les gratte-ciel de verre et d'acier composent la ligne d'horizon.

Malgré ces paradoxes apparents, Windhoek est un point de départ tout indiqué pour entamer un périple en Namibie ou pour servir de simple ville étape. Ses possibilités d'hébergements, ses restaurants, ses sites culturels, ses boutiques et son atmosphère urbaine très africaine lui confèrent un charme unique.

Comment circuler

Les taxis des stations principales de Wernhill Park Centre empruntent des itinéraires fixes jusqu'à Khomasdal et Katutura. Dans les taxis qui partent des terminaux de bus principaux ou dans ceux qui appartiennent à une centrale, les tarifs sont calculés soit à la durée, soit en fonction du kilométrage : n'hésitez pas à négocier un prix fixe par trajet. Si vous arrivez à l'aéroport international Chief Hosea Kutako, les taxis attendent généralement à la sortie de la zone des arrivées ; attendez-vous à payer le prix fort. À l'aéroport Eros, les tarifs sont bien moins élevés. En ville, vous trouverez toujours des taxis fiables près de l'office du tourisme d'Independence Ave.

Histoire

La ville de Windhoek existe depuis à peine plus d'un siècle, mais son histoire est déjà riche. Sous l'occupation coloniale allemande, elle devint le quartier général de la Schutztruppe (armée impériale) allemande, ouvertement chargée de monnayer la paix entre les tribus rivales des Herero et des Nama, en échange des terres que ceux-ci pourraient apporter aux colons allemands. Pendant plus de dix ans, au début du XXᵉ siècle, Windhoek fut la capitale administrative du Sud-Ouest africain germanique.

En 1902, une ligne de chemin de fer à voie étroite fut construite entre Windhoek et le port de Swakopmund. La ville connut alors une croissance rapide. C'est au cours de cette période que Windhoek devint le centre économique, commercial et administratif du

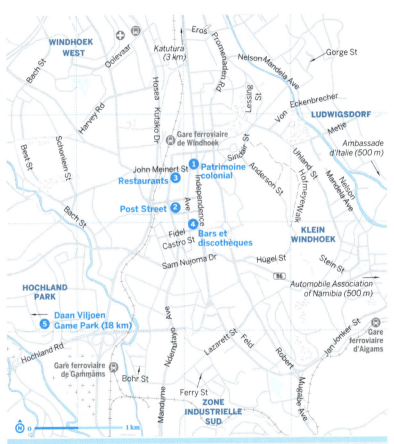

À ne pas manquer

1 Les nombreux édifices du **patrimoine colonial** (p. 40) et les musées de Windhoek

2 La rue piétonnière commerçante de **Post Street** (p. 50), où vous pourrez découvrir les fragments de la météorite de Gibeon tout en faisant votre shopping

3 Un repas dans l'un des excellents **restaurants** (p. 48) de la ville, avant de partir en excursion dans le bush

4 Une bière fraîche sur fond de musique rythmée dans un **bar** ou une **discothèque** (p. 49)

5 Un safari dans le **Daan Viljoen Game Park** (p. 40), non loin de la capitale pays, bien qu'il ait fallu attendre 1965 pour voir la création officielle de la ville moderne.

À voir

Même si Windhoek n'est pas spécialement connue pour ses sites touristiques, elle est certainement l'une des villes les plus agréables d'Afrique ; si vous y passez quelques jours, vous découvrirez une étape intéressante et facile d'accès.

Zoo Park
PARC

(carte p. 44 ; ⊙aube-crépuscule). **GRATUIT** Bien que ce parc ait été un zoo public jusqu'en 1962, c'est aujourd'hui surtout une aire idéale pour les pique-niques et un lieu ombragé, fréquenté au déjeuner par les employés de bureau. Il y a 5 000 ans, à l'âge de la pierre, le lieu était un site de chasse à l'éléphant, comme en attestent les ossements de deux pachydermes et les différents outils de quartz retrouvés ici au début des années 1960. L'imposante **colonne de l'éléphant** (carte p. 44), sculptée par l'artiste namibienne Dörte Berner, évoque ce passé lointain.

Écho anachronique à cette colonne, le Kriegerdenkmal, surmonté d'un insolite aigle impérial en or, date de 1987 et est dédié à la mémoire des soldats allemands de la Schutztruppe morts lors des guerres contre les Nama, en 1893-1894.

♥ Christuskirche
ÉGLISE

(carte p. 44 ; Fidel Castro St). **GRATUIT** Monument emblématique de Windhoek et en quelque sorte son symbole non officiel, cette église luthérienne allemande s'élève au-dessus du trafic automobile et règne sur la ville. Construit en 1907 avec du grès local, l'édifice fut dessiné par l'architecte Gottlieb Redecker dans un style qui mêle néogothique et Art nouveau. Le résultat est étonnant et évoque une maison en pain d'épice. Le retable représentant la *Résurrection de Lazare* est une copie de la célèbre œuvre de Rubens. Pour visiter l'intérieur, demandez la clé au bureau, près de l'église, dans Peter Müller Street, aux heures d'ouverture.

✗ Daan Viljoen Game Park
RÉSERVE ANIMALIÈRE

(☑061-232393 ; 40/10 $N par pers/véhicule ; ⊙aube-crépuscule). Cette belle réserve naturelle s'étend dans le Khomas Hochland, à environ 18 km à l'ouest de Windhoek. Vous pouvez arpenter comme bon vous semble les magnifiques collines désertiques peuplées de gemsboks, de koudous, de zèbres des montagnes, de springboks, de bubales, de phacochères et d'élands du Cap (grandes antilopes). La réserve de Daan Viljoen est également le refuge de nombreux oiseaux, avec plus de 200 espèces répertoriées, notamment le rare héron vert et la veuve dominicaine. Les collines du Daan Viljoen sont recouvertes d'une végétation aérée de steppe épineuse, parfaite pour observer les animaux.

Trois sentiers les traversent. Le Wag-'n-Bietjie Trail de 3 km relie le bureau du parc au barrage de Stengel (Stengel Dam), en suivant le lit asséché d'une rivière. Sur 9 km, le Rooibos Trail traverse collines et crêtes, offrant un magnifique panorama sur Windhoek dans le lointain. Les 34 km du Sweet-Thorn Trail sillonnent l'immensité de la partie est de la réserve. Le parc dispose aussi d'un hébergement haut de gamme (p. 48).

Pour vous rendre au Daan Viljoen depuis Windhoek, prenez la C28 vers l'ouest. Le Daan Viljoen est bien indiqué depuis la Bosua Pass Hwy, à environ 18 km de la ville.

Château Heinitzburg
CHÂTEAU

(carte p. 44 ; 22 Heinitzburg St). **GRATUIT** En haut de la Robert Mugabe Avenue se trouvent les trois "châteaux" de Windhoek : Heinitzburg, Schwerinsburg et Sanderburg. Datant de 1914, Heinitzburg abrite aujourd'hui un hôtel (p. 47) et un excellent restaurant (p. 49).

↗ Musée de l'Indépendance
MUSÉE

(Independence Memorial Museum ; carte p. 44 ; ☑061-302236 ; www.museums.com.na ; Robert Mugabe Ave ; ⊙9h-17h lun-ven, 10h-17h sam-dim). **GRATUIT** Ouvert en 2014, ce musée est dédié à la lutte anticolonialiste pour l'indépendance du pays. Le premier étage retrace l'histoire de la Namibie sous la domination coloniale, le deuxième rend compte du mouvement de résistance et le dernier présente le processus d'indépendance. Ne manquez pas de prendre l'ascenseur en verre extérieur pour admirer la vue sur Windhoek. Devant le musée se dresse la statue du président fondateur, Sam Nujoma.

↗ Musée national de Namibie
MUSÉE

(carte p. 44 ; ☑061-302230 ; www.museums.com.na ; Robert Mugabe Ave ; ⊙9h-18h lun-ven, 15h-18h sam-dim). **GRATUIT** Le musée d'histoire nationale comprend une excellente exposition sur l'indépendance de la Namibie, apportant un éclairage sur les épreuves traversées

Windhoek

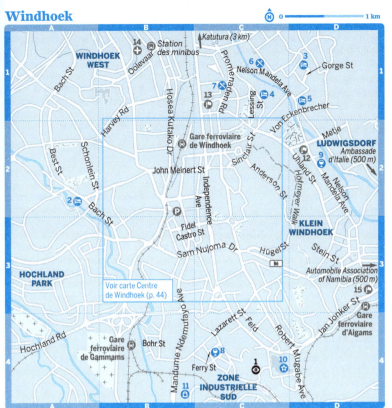

N 0 ———————— 1 km

Windhoek

👁 À voir
1 Centre d'exposition C4

🏠 Où se loger
2 Haus Ol-Ga A2
3 Hotel Thule D1
4 Olive Grove C1
5 Roof of Africa D1

✖ Où se restaurer
6 Joe's Beerhouse C1
7 Social...C1

🍷 Où prendre un verre et faire la fête
8 Club London..C4
  Joe's Beer House............................(voir 6)

9 Pharaoh Lounge..D2

✿ Où sortir
10 Ster Kinekor..C4

🔒 Achats
  Cape Union Mart ....(voir 10)
11 Safari Den...B4

ℹ Renseignements
12 Ambassade du Botswana......................D2
13 Ambassade de France............................C1
14 Rhino Park Private Hospital...................B1
15 Haut-Commissariat
   d'Afrique du Sud D3

par ce jeune pays. Mais la partie la plus intéressante est probablement celle sur l'art rupestre, dont les superbes reproductions méritent d'être vues avant la visite de Brandberg ou de Twyfelfontein.

Le reste du musée contient des objets et photos de la période coloniale, ainsi que de l'artisanat local. Le musée occupe le plus vieux bâtiment encore sur pied de Windhoek, qui date du début des années 1890 et était à l'origine le quartier général de la Schutztruppe allemande. À l'extérieur, ne manquez pas la surprenante collection de locomotives et de wagons, les tout premiers trains pour voie étroite du pays.

Musée Owela
MUSÉE

(Musée national ; carte p. 44 ; www.museums. com.na ; 4 Robert Mugabe Ave ; ☺9h-18h lun-ven, 15h-18h sam-dim). GRATUIT La seconde section du Musée national de Namibie, à environ 600 m du bâtiment principal, est connue sous le nom de musée Owela. La collection est axée sur l'histoire naturelle et culturelle de la Namibie. Le musée ferme parfois plus tôt qu'indiqué.

Musée des Transports transnamibiens
MUSÉE

(carte p. 44 ; ☎061-2982624 ; www.museums.com. na ; 5 $N ; ☺8h-13h et 14h-17h lun-ven). La magnifique gare ancienne de Windhoek, de style Cape Dutch (architecture coloniale du Cap), située dans Bahnhof Street, a été construite par les Allemands en 1912 et agrandie en 1929 par le gouvernement sud-africain. En face de l'entrée, "Poor Old Joe" vous observe : il s'agit d'une ancienne locomotive à vapeur allemande expédiée par bateau jusqu'à Swakopmund en 1899, puis réassemblée pour effectuer le voyage semé d'embûches à travers le désert jusqu'à Windhoek. À l'étage de la gare, le petit musée des Transports transnamibiens raconte de façon instructive l'histoire des transports en Namibie, et notamment celle du chemin de fer.

Gathemann's Complex
ÉDIFICE HISTORIQUE

(carte p. 44 ; Independence Ave). GRATUIT Le long d'Independence Avenue se dressent trois bâtiments coloniaux, tous signés du célèbre architecte Willi Sander. Le plus méridional d'entre eux date de 1902 et était à l'origine le Kronprinz Hotel, qui rejoignit ensuite la Gathemann House (aujourd'hui un restaurant gastronomique). Le plus remarquable des trois est le bâtiment Erkrath, édifice résidentiel et commercial construit en 1910.

KATUTURA, "L'ENDROIT OÙ NOUS NE VOULONS PAS NOUS INSTALLER"

En 1912, à l'époque du protectorat sud-africain et de l'apartheid, les Africains noirs travaillant dans la ville furent assignés à résidence par le conseil municipal de Windhoek dans la zone de Main Location, à l'ouest du centre-ville, et dans celle de Klein Windhoek, à l'est. L'anarchie régna bientôt dans les deux localités. Au début des années 1930, des rues furent tracées dans Main Location, et la zone fut divisée en secteurs. Chaque sous-division au sein de ces derniers fut attribuée à un groupe ethnique précis et baptisée d'après son nom (Herero, Nama, Owambo, Damara, etc.), se voyant par ailleurs affublée d'un numéro.

Dans les années 1950, le conseil municipal, encouragé par le gouvernement sud-africain (qui considérait la Namibie comme une province), décida de "reprendre" Klein Windhoek et de regrouper tous les résidents de ces quartiers dans une seule et même zone, au nord-ouest de la ville. Cette décision rencontra une forte opposition et, début décembre 1959, un groupe de femmes herero organisa une marche de protestation et un boycott des autorités municipales. Le 10 décembre, l'agitation dégénéra en confrontation avec la police, faisant 11 morts et 44 blessés graves. Effrayés, les 4 000 résidents de Main Location acceptèrent de s'installer dans cette nouvelle localité, qui fut baptisée Katutura (terme herero qui peut être traduit par "Nous n'avons nulle part où nous installer définitivement", ou encore "L'endroit où nous ne voulons pas nous installer").

Aujourd'hui, Katutura est une banlieue animée de Windhoek, une sorte de Soweto namibien, où pauvreté et opulence se côtoient. Le conseil municipal a fait installer l'eau courante, l'électricité et le téléphone dans une bonne partie du secteur, qui abrite par ailleurs le Soweto Market, marché pittoresque proposant des objets plus surprenants les uns que les autres. Contrairement à son homologue sud-africain, Katutura est aujourd'hui relativement sûre, à condition d'être accompagné par un guide de confiance.

Il est possible de réserver des visites du township auprès de l'office du tourisme, mais le mieux est de faire appel à **Katu Tours**, qui organise des circuits guidés à vélo. L'occasion de se faire une idée de la vie dans les townships et de rencontrer des habitants ; vous pourrez aussi découvrir le centre Penduka, où des femmes confectionnent textiles et artisanat. Les visites partent à 8h de Katutura et durent environ 3 heures 30.

Kaiserliche Realschule ÉDIFICE HISTORIQUE

(carte p. 44 ; Robert Mugabe Ave). GRATUIT La première école primaire allemande de Windhoek fut construite en 1908, et ouvrit l'année suivante avec 74 élèves. Remarquez la curieuse tourelle à lattes de bois, conçue pour assurer une meilleure ventilation aux enfants européens, peu habitués aux fortes chaleurs d'Afrique. Le bâtiment abrita plus tard le premier lycée allemand et un collège anglais. Aujourd'hui, c'est le siège administratif du Musée national de Namibie.

National Art Gallery MUSÉE D'ART

(carte p. 44 ; angle Robert Mugabe Ave et John Meinert St ; entrée libre lun-ven, 20 $N sam ; ☺8h-17h lun-ven, 9h-14h sam). Ce musée des Beaux-Arts renferme une collection permanente d'œuvres reflétant l'héritage historique et naturel de la Namibie. On peut y voir des œuvres de John Muafangejo (1943-1987), le premier artiste noir de Namibie à avoir acquis une notoriété internationale. Ses linogravures illustrent la lutte pour la libération d'un point de vue narratif et religieux.

Mémorial de la Campagne owambo MONUMENT

(carte p. 44 ; Bahnhof St). À l'entrée du parking de la gare se dresse le mémorial de la Campagne owambo, érigé en 1919 pour commémorer la campagne britannique et sud-africaine de 1917 contre le chef Mandume des Kwanyama Owambo. Face à la puissance écrasante des armées coloniales, le chef, après avoir épuisé toutes ses munitions, préféra se suicider que se rendre.

Tintenpalast ÉDIFICE NOTABLE

(carte p. 44 ; ☎061-2889111 ; www.parliament.gov.na ; ☺circuits 9h-12h et 14h-16h lun-ven). GRATUIT Cet ancien siège administratif allemand du Sud-Ouest africain héberge aujourd'hui le Parlement namibien. Clin d'œil à la bureaucratie du gouvernement colonial, le nom du bâtiment signifie "le palais de l'encre", en référence à toute l'encre utilisée par une paperasserie excessive. Le bâtiment est remarquable, principalement en raison des matériaux locaux ayant servi à sa construction.

Ses jardins, dessinés dans les années 1930, comprennent une oliveraie et une pelouse très soignée. À l'avant, remarquez le premier monument de Namibie postérieur à l'indépendance : une statue de bronze du chef herero Hosea Kutako, célèbre pour s'être opposé farouchement au joug sud-africain.

Turnhalle ÉDIFICE HISTORIQUE

(carte p. 44 ; Bahnhof St). La Turnhalle fut construite en 1909 comme salle de sport pour le Windhoek Gymnastic Club. En 1975, des travaux de rénovation la transformèrent en salle de conférences. Le 1er septembre de cette année-là, on y donna la première conférence constitutionnelle sur l'indépendance de l'Afrique du Sud-Ouest, rebaptisée plus tard conférence de la Turnhalle. Au cours des années 1980, le bâtiment accueillit plusieurs sommets et débats politiques, qui ouvrirent la voie à l'indépendance namibienne.

Il abrite aujourd'hui un tribunal de la Communauté de développement d'Afrique australe (Southern African Development Community ; SADC).

☞ Circuits organisés

Katu Tours À VÉLO

(☎081 303 2856 ; www.katutours.com ; circuit 450 $N/pers). Circuits à vélo dans Katutura, un des quartiers les plus dynamiques de Windhoek (naguère frappé par la misère).

♥ Cardboard Box Travel Shop CIRCUITS ORGANISÉS

(carte p. 44 ; ☎061-256580 ; www.namibian.org ; Johann Albrecht St). Rattachée à l'hôtel du même nom, cette agence de voyages recommandée permet de réserver des circuits, du petit budget au haut de gamme, dans tout le pays. Très bon site Internet.

♥ Chameleon Safaris SAFARI

(carte p. 44 ; ☎061-247668 ; www.chameleonsafaris.com ; Voight St). Cette agence de voyages, qui dépend de l'auberge de jeunesse du même nom, est recommandée pour tous types de safaris à travers le pays.

Kaokohimba Safaris CIRCUIT CULTUREL

(☎065-695106 ; koos.cuneneiway.na). Organise des circuits culturels à travers Kaokoveld et Damaraland ainsi que des excursions d'observation de la faune dans le parc national Etosha.

Magic Bus Safaris EN BUS

(☎081 129 8093, 061-259485 ; magicbus@iafrica.com.na). Petite agence qui propose des circuits bon marché depuis Windhoek jusqu'à Sossusvlei et Etosha, entre autres destinations.

Muramba Bushman Trails CIRCUIT CULTUREL

(☎067-220659 ; bushman@natron.net). Cette agence prisée, gérée par Reinhard Friedrich

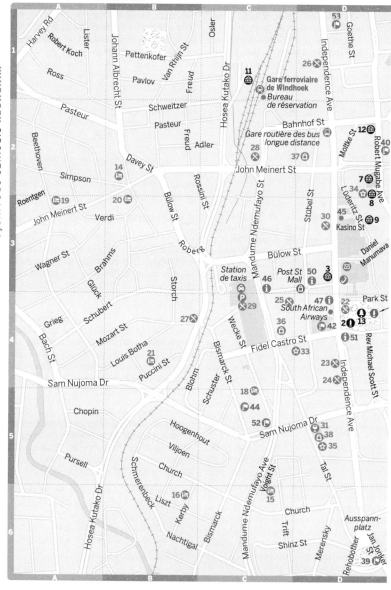

à Tsumeb, propose des rencontres uniques avec le peuple Heikum San.

Wild Dog Safaris
AVENTURE
(📞061-257642 ; www.wilddog-safaris.com). Cette agence accueillante organise différents circuits d'aventure dans le nord comme dans le sud du pays, des excursions à Etosha ou à Sossusvlei, et des safaris plus longs avec camping ou hébergement. Des circuits sur mesure et des autotours sont également proposés.

Kriegerdenkmal

Mbapira/Enjando Street Festival — CARNAVAL

(☉mars). Grande fête populaire annuelle de Windhoek. En mars, le centre-ville rassemble danseurs, danseurs et groupes folkloriques hauts en couleur.

Oktoberfest — BIÈRE

(www.windhoekoktoberfest.com ; ☉oct). Fidèle à son héritage allemand, Windhoek accueille fin octobre ce festival que les amateurs de bière ne sauraient manquer.

Independence Day — DÉFILÉ

(☉21 mars). La fête nationale est célébrée en grande pompe avec défilé et manifestations sportives.

Wild Cinema Festival — CINÉMA

Festival international du film organisé tous les ans à la fin du printemps et au début de l'été.

Windhoek Karneval (WIKA) — CARNAVAL

(windhoek-karneval.org ; ☉avr). Au programme de ce carnaval à l'allemande qui se tient fin avril : concerts, bal masqué et défilé dans Independence Avenue.

Windhoek Show — FOIRE AGRICOLE

(www.windhoek-show.com ; ☉sept-oct). Fin septembre ou début octobre, une foire agricole a lieu au **centre d'exposition** (carte p. 41), près de l'angle de Jan Jonker Street et de Centaurus Street.

/AE//Gams Arts Festival — ART

(www.facebook.com/AeGamsArtsandCulturalFestival/ ; ☉oct). Ce festival qui met l'art namibien à l'honneur se tient dans divers lieux de Windhoek.

Où se loger

Du simple dortoir au château historique, les possibilités d'hébergement ne manquent pas à Windhoek. Par rapport au reste du pays, la capitale affiche des prix relativement élevés, mais le standing est généralement à l'avenant. Attention, la ville étant de dimensions modestes, le nombre de chambres est limité : mieux vaut donc réserver, surtout si vous voyagez en haute saison, en période de fêtes ou même pendant un week-end chargé.

♥ Guesthouse Tamboti — PENSION $

(carte p. 44 ; ☎061-235515 ; www.guesthouse-tamboti.com ; 9 Kerby St ; s/d à partir de 560/820 $N ; ❄@🛜❄). Situé sur une petite colline dominant le centre-ville, le Tamboti, notre hébergement préféré à Windhoek,

✨ Fêtes et festivals

Bank Windhoek Arts Festival — ART

(www.bankwindhoek.com.na ; ☉fév-sept). Ce festival artistique, le plus important du pays, s'étend de février à septembre.

Centre de Windhoek

affiche des prix corrects et bénéficie d'une ambiance sympathique. Les hôtes se mettront en quatre pour assurer votre confort (notamment en vous amenant à l'aéroport si vous avez un avion à prendre). Les chambres sont spacieuses et bien agencées. L'endroit est prisé ; réservez.

♥ Cardboard Box Backpackers
AUBERGE DE JEUNESSE $
(carte p. 44 ; ☎061-228994 ; www.cardboardbox.com.na ; 15 Johann Albrecht St ; camping/dort 90/150 $N, s/tr/qua 450/550/660 $N ; @☎⚒). Les adresses pour les petits budgets sont difficiles à trouver dans ce pays, mais "the Box", établie depuis des années, a la réputation d'être l'une des plus festives de Windhoek. La piscine de rêve est bordée d'un bar bien garni que les voyageurs ont du mal à quitter. Le café et les pancakes le matin sont compris dans le tarif. Ramassage gratuit depuis l'arrêt de bus Intercape.

Le centre-ville est à deux pas. Sur place, une excellente agence de voyages fournit des informations utiles pour planifier la suite de votre périple.

Chameleon Backpackers Lodge & Guesthouse
AUBERGE DE JEUNESSE $
(carte p. 44 ; ☎061-244347 ; www.chameleonbackpackers.com ; 5-7 Voight St ; dort/s/d avec petit-déj à partir de 170/280/350 $N ; @☎⚒). Cette auberge de jeunesse à l'ambiance décontractée offre un grand choix de

chambres de bonne taille, à la déco ethnique chic, et des dortoirs pour les petits budgets. Si vous restez en ville pour une longue période, optez pour l'un des 3 appartements indépendants. Le bureau des safaris, sur place, propose des circuits parmi les plus abordables de Namibie.

Haus Ol-Ga
PENSION $

(carte p. 41 ; ☑061-235853 ; www.olga-namibia. de ; 91 Bach St ; s/d 450/650 $N). À Windhoek West, cette adresse sympathique, où l'hospitalité allemande est de mise, doit son nom à ses propriétaires : Gesa Oldach et Erno Gauerke. Joli jardin calme et ambiance accueillante (on s'y sent comme à la maison). Les chambres sont simples, propres et sans fioritures.

Hotel-Pension Steiner
HÔTEL $

(carte p. 44 ; ☑061-222898 ; www.natron.net/ tour/steiner/main.html ; 11 Wecke St ; s/d à partir de 660/1 020 $N ; ☎✉). Malgré son emplacement en centre-ville, à quelques minutes à pied d'Independence Avenue, ce petit hôtel-pension est préservé de l'agitation de la rue. Les chambres, basiques mais confortables, donnent sur un bar au toit de chaume et une piscine invitant à la détente.

Rivendell Guest House
PENSION $

(carte p. 44 ; ☑061-250006 ; www.rivendell-namibia.com ; 40 Beethoven St ; s 290-700 $N, d 570-1 000 $N ; ☎✉). Pension décontractée et chaleureuse jouissant d'une bonne réputation dans une banlieue ombragée facilement accessible à pied depuis le centre-ville. Les chambres lumineuses et spacieuses donnent sur un jardin luxuriant et une piscine ; les moins chères partagent une salle de bains. Une bonne adresse, en particulier si tous les autres hébergements affichent complet. Le petit-déjeuner n'est pas inclus dans le tarif.

Roof of Africa
HÔTEL $$

(carte p. 41 ; ☑061-254708 ; www.roofofafrica. com ; 124-126 Nelson Mandela Ave ; s 960-1 300 $N, d 1 250-1 590 $N ; ☀@✉). Havre de paix à 30 minutes de marche du centre-ville, le Roof of Africa offre une atmosphère plutôt rustique et des chambres bien aménagées (taille, confort et tarifs variables). Il attire une clientèle en quête de calme. Les chambres de luxe, bien plus grandes, avec lit confortable et salle de bains moderne, valent bien les quelques dollars namibiens supplémentaires. Elles ne sont pas toutes identiques ; visitez-en quelques-unes avant de faire votre choix.

Vondelhof Guesthouse
PENSION $$

(carte p. 44 ; ☑061-248320 ; www.vondelhof.com ; 2 Puccini St ; s/d/tr 830/1 190/1 440 $N ; ☀@☎✉). On apprécie les vastes chambres, le personnel sympathique et accueillant et les bons petits-déjeuners de cet établissement. Demandez à voir quelques chambres avant de choisir – la numéro 8 est superbe. Et ne vous laissez pas rebuter par la façade verte : l'intérieur est bien plus séduisant.

Casa Blanca
BOUTIQUE-HÔTEL $$

(☑061-249623 ; s/d 1038/1496 $N ; ☎✉). Cette ancienne "maison blanche" qui se présente comme un hôtel de charme propose des chambres plutôt standards – les plus jolies donnent sur le jardin. Elle s'est récemment adjoint un ravissant salon de thé de style marocain et un Jacuzzi près de la piscine. Les bruits de la rue peuvent cependant être gênants.

Hotel Thule
HÔTEL $$

(carte p. 41 ; ☑061-371950 ; www.hotelthule.com ; 1 Gorge St ; s/d à partir de 1 285/1 785 $N ; ☀@✉). Perché sur une hauteur d'Eros Park, quartier chic de Windhoek, le Thule bénéficie d'une vue splendide. Immenses chambres rehaussées d'une touche européenne, restaurant élégant et bar en plein air où siroter un cocktail tout en regardant s'allumer une à une les lumières de la ville à la tombée de la nuit. Envoyez un e-mail à l'hôtel pour bénéficier de tarifs plus avantageux.

Belvedere Boutique Hotel
BOUTIQUE-HÔTEL $$

(☑061-258867 ; www.belvedere-boutiquehotel.com ; 76 Dr Kwame Nkrumah St ; ch/ste à partir de 1 650/1 875 $N ; ☀☎✉). Vivement conseillé par les voyageurs, cet hôtel offre des chambres de style classique et un service professionnel. L'endroit convient aussi bien aux voyageurs d'affaires qu'à ceux qui recherchent un point de chute tranquille avant de rejoindre la Namibie sauvage.

♥ Hotel Heinitzburg
HÔTEL $$$

(carte p. 44 ; ☑061-249597 ; www.heinitzburg.com ; 22 Heinitzburg St ; s/d à partir de 2 137/3 154 $N ; ☀@☎). Installé dans le château de Heinitzburg, commandé en 1914 par le comte von Schwerin pour sa fiancée, Margarethe von Heinitz, l'hôtel Heinitzburg, membre du prestigieux réseau Relais & Châteaux, est de loin le meilleur hébergement haut de gamme de Windhoek. Les chambres ont été rénovées avec tout le confort (TV sat et clim), mais la pièce maîtresse de l'hôtel reste la magnifique salle à manger où l'on sert une cuisine gastronomique assortie d'un très large choix de vins.

💙 **Olive Grove**　　　　BOUTIQUE-HÔTEL **$$$**
(carte p. 41 ; ☎ 061-302640 ; www.olivegrove-namibia.com ; 20 Promenaden St ; s/d standard 995/1 610 $N, luxe 1 319/2 370 $N ; ✳@✈). Élégance et raffinement, tel est le credo de cet hôtel de charme de Klein Windhoek. Ses 10 chambres sont toutes décorées différemment, et ses 2 suites sont aménagées avec du linge délicat et du mobilier artisanal de bon goût. Côté détente, optez pour un massage ou pour un moment au coin du feu si la soirée est fraîche.

Si tout cela ne vous semble pas encore assez luxueux, préférez leur logement sélect juste à côté.

💙 **Villa Verdi**　　　　BOUTIQUE-HÔTEL **$$$**
(carte p. 44 ; ☎ 061-221994 ; 4 Verdi St ; s/d économique 860/1 400 $N, standard 1 280/2 200 $N ; ✳🛜✈). Cette adresse de style afro-méditerranéen propose des chambres originales à la décoration soignée. À mi-chemin entre les catégories moyenne et supérieure, le Villa Verdi rivalise en élégance avec les plus grandes adresses, tout en offrant des prix plus abordables.

Daan Viljoen Lodge　　　　LODGE **$$$**
(☎ 061-232393 ; www.sunkarros.com ; camping 260 $N, bungalow s/d à partir de 1 774/2 818 $N ; @). Cet hébergement en plein cœur du Daan Viljoen Game Park est une alternative revitalisante pour ceux qui ne souhaitent pas séjourner en ville. Les bungalows jouissent d'une superbe vue et sont dotés de barbecues individuels (il y a aussi un restaurant bien fourni). Des excursions en 4x4 pour observer la faune sauvage sont également proposées.

🍴 Où se restaurer

La capitale multiculturelle de la Namibie offre une scène culinaire variée. N'hésitez pas à profiter de quelques haltes gourmandes tant que vous êtes en ville, quitte à entamer un peu votre budget. Pensez à réserver les vendredis et samedis soir.

Namibia Crafts Cafe　　　　CAFÉ **$**
(carte p. 44 ; Old Breweries Complex, angle Garten St et Tal St ; plats 35-90 $N ; ⏰9h-18h lun-ven, 9h-15h30 sam-dim). Ce café-restaurant-bar est un endroit idéal pour observer les passants de Tal Street et profiter de la brise depuis la terrasse. La longue carte des boissons comprend milk-shakes et jus de fruits frais.

Côté nourriture : salades, grands pitas, plateaux de viandes froides, tartines et petits-déjeuners équilibrés et copieux.

Checkers　　　　SUPERMARCHÉ **$**
(carte p. 44 ; Gustav Voigts Centre ; ⏰8h-19h lun-ven, 8h-18h sam, 8h-15h dim). Pour les budgets serrés, Windhoek ne manque pas de commerces où faire les courses afin de préparer ses repas.

Crafter's Kitchen　　　　CAFÉ **$**
(carte p. 44 ; 109 Independence Ave ; plats 30-55 $N ; ⏰8h-14h lun-sam). Ici, vous pourrez à la fois acheter de l'artisanat et manger un morceau (croque-monsieur, hamburgers, soupes) dans la petite cuisine où se mêlent habitants et touristes (possibilité de vente à emporter). Allez-y également pour une part de gâteau et un café.

💙 **Joe's Beerhouse**　　　　CUISINE DE PUB **$$**
(carte p. 41 ; ☎ 061-232457 ; www.joesbeerhouse.com ; 160 Nelson Mandela Ave ; plats 74-179 $N ; ⏰16h30-23h lun-jeu, 11h-23h ven-dim). Cette institution de Windhoek est l'endroit consacré pour déguster – non sans un sentiment de culpabilité malgré tout – de la viande grillée de tous ces animaux extraordinaires à voir lors d'un safari : énormes filets de zèbre accompagnés de beurre à l'ail, brochettes d'autruche, steaks poivrés de springbok, médaillons d'oryx, crocodile à la plancha, et tranches de steak de koudou marinées.

💙 **Stellenbosch Wine Bar & Bistro**　　　　BISTROT **$$**
(☎ 061-309141 ; www.thestellenboschwinebar.com ; 320 Sam Nujoma Dr ; plats 81-169 $N ; ⏰12h-22h). L'adresse préférée des habitants aisés pour passer une bonne soirée avec la garantie de plats exquis. Faites comme eux : profitez du cadre élégant, de la cuisine internationale savamment élaborée (burger de bœuf au camembert, curry d'agneau du Bangladesh, poitrine de porc croustillante, cheese-cake à la vanille) et du service, impeccable.

La Marmite　　　　AFRICAIN **$$**
(carte p. 44 ; ☎ 061-240306 ; 383 Independence Ave ; plats 100 $N ; ⏰12h-14h et 18h-22h). Cette adresse ouest-africaine discrète a son lot d'habitués et mérite sa renommée de longue date. La cuisine du nord et de l'ouest de l'Afrique y est excellente. Les plats algériens, sénégalais, ivoiriens, camerounais (goûtez au curry) et nigérians sont tous préparés avec raffinement. Le riz *jolof* est particulièrement savoureux.

Café Balalaika
CAFÉ $$

(carte p. 44 ; ☎ 061-233479, 081 648 8577 ; Zoo Park, Independence Ave ; sushis 80 $N, plats 80-100 $N ; ⏱11h-2h ; ☎). Rendez-vous dans ce café avec terrasse, abrité par un hévéa géant au bord du Zoo Park, pour une assiette de sushis suivie d'un cappuccino. Bonnes bières à la pression et longue carte comprenant pizzas, salades et viandes ; idéal pour passer l'après-midi. Le soir, le Balalaika se transforme en boîte de nuit, mais continue à servir des plats jusqu'au petit matin.

Gourmet
INTERNATIONAL $$

(carte p. 44 ; ☎061-232360 ; www.thegourmet-restaurant.com ; Kaiserkrone Centre, Post St Mall ; plats 65-215 $N ; ⏱7h30-22h lun-ven, 8h-22h sam). Niché dans une jolie cour calme derrière Post St Mall, ce bistrot en plein air possède une carte impressionnante, où les ingrédients raffinés se mêlent avec délice et originalité à des plats namibiens, allemands, français et italiens.

Nice
INTERNATIONAL $$

(carte p. 44 ; ☎061-300710 ; angle Mozart St et Hosea Kutako Dr ; plats 65-130 $N ; ⏱12h-14h30 lun-ven, 18h-21h tlj). Le Namibian Institute of Culinary Education (NICE – Institut namibien d'éducation culinaire) gère ce restaurant école où les apprentis chefs testent leur savoir-faire. Comprenant plusieurs salles et une belle cour, le lieu a beaucoup de style (nappes blanches, verres à pied...). Carte limitée et thématique (les produits de la mer et le gibier y figurent souvent) ; service irréprochable.

O Pensador
ANGOLAIS, POISSON $$

(carte p. 44 ; ☎061-221223 ; angle Mandume Ndemufayo Ave et John Meinert St ; plats 130-225 $N ; ⏱18h30-22h). Restaurant servant une cuisine de fruits de mer délicieuse, ponctuée d'accents angolais et portugais. Service attentif.

Shoprite Supermarket
SUPERMARCHÉ $

(carte p. 44 ; Independence Ave ; ⏱9h-18h lun-ven, 9h-14h sam, 9h-13h dim). Un des meilleurs supermarchés de Windhoek.

Pick & Pay
SUPERMARCHÉ $

(carte p. 44 ; Wernhill Park Centre ; ⏱9h-18h lun-ven, 9h-14h sam, 9h-13h dim). Bon supermarché dans le Wernhil Park Centre.

♥ Leo's
INTERNATIONAL $$$

(carte p. 44 ; ☎061-249597 ; www.heinitzburg. com ; 22 Heinitzburg St ; plats 250 $N ; ⏱12h-15h et 18h30-21h). Installé dans le château Heinitzburg, le Leo's reçoit ses hôtes, noblesse oblige, dans une salle de banquet ayant autrefois accueilli des personnes de haut rang. Porcelaine anglaise et verres en cristal sont presque aussi extravagants que les plats eux-mêmes, qui traversent les continents et les mers du globe.

♥ Restaurant Gathemann
NAMIBIEN $$$

(carte p. 44 ; ☎061-223853 ; 179 Independence Ave ; plats 90-250 $N ; ⏱12h-22h). Située dans un bel édifice colonial surplombant Independence Avenue, cette adresse luxueuse sert une cuisine namibienne gastronomique qui fait la part belle aux divers produits du pays : truffes du Kalahari, légumes du territoire owambo, tendres pièces de gibier, huîtres de Walvis Bay, etc. Le Gathemann satisfera les palais les plus exigeants.

Social
INTERNATIONAL $$$

(carte p. 41 ; ☎061-252946 ; www.facebook. com/thesocialnamibia/ ; Liliencron St ; plats 110-230 $N). Ce nouveau venu de la scène culinaire de Windhoek, au cadre contemporain et à l'excellente cuisine, a déjà conquis de loyaux adeptes. Nous nous sommes régalés d'un steak tartare et d'un filet d'oryx et nous avions bien envie de goûter la pintade aux *linguine...* Le service est parfait, à la fois courtois et décontracté.

🍷 Où prendre un verre et faire la fête

Certains établissements restent des valeurs sûres pour boire un verre et même se trémousser un peu. Beaucoup de restaurants se transforment également en bar après le service, notamment les lieux fréquentés par les touristes tels que le Nice (ci-contre), tout indiqué pour prendre un verre. La vie nocturne est plutôt tranquille à Windhoek, mais mieux vaut se déplacer en taxi d'un établissement à l'autre.

♥ Boiler Room
@ The Warehouse Theatre
BAR

(carte p. 44 ; ☎061-402253 ; www.warehousetheatre.com.na ; 48 Tal St ; ⏱21h-tard). Lieu polyvalent parmi les plus cool de la ville pour se détendre après le travail sur fond de musique live et également pour danser. Tout porte à croire qu'il tiendra dans la durée.

♥ Joe's Beer House
PUB

(carte p. 41 ; ☎061-232457 ; www.joesbeerhouse. com ; 160 Nelson Mandela Ave ; ⏱12h-23h). Comme son nom l'indique, on peut y boire

WINDHOEK OÙ PRENDRE UN VERRE ET FAIRE LA FÊTE

toutes sortes de bières namibiennes et allemandes, et ce jusqu'au petit matin. Cette
institution de Windhoek est le pub préféré
des Afrikaners.

Wine Bar
BAR À VINS

(carte p. 44 ; ☑ 061-226514 ; www.thewinebarshop.
com ; 3 Garten St ; ☉ 16h-22h30 lun-jeu, 16h-23h30
ven, 17h-22h30 sam). Les réserves d'eau de la
ville étaient autrefois stockées dans la belle
demeure ancienne qu'occupe aujourd'hui
le Wine Bar. On y boit les meilleurs crus de
la ville, servis par un personnel expert. Les
superbes vins sud-africains s'accompagnent
de tapas à la méditerranéenne et d'en-cas
légers. Allez-y pour admirer un sublime
coucher de soleil africain. Propose également des vins à la vente.

Café Balalaika
BAR

(carte p. 44 ; ☑ 061-223479 ; Zoo Park, Independence Ave ; ☉ 9h-tard). Sur la terrasse du
Balalaika, qui fait café en journée et bar
le soir, se dresse le plus grand hévéa de la
capitale. On y vient pour les concerts, les
karaokés, le chouette bar et les bonnes
bières à la pression.

Pharaoh Lounge
BAR

(carte p. 41 ; 22 Nelson Mandela Ave). Parfait pour
un cocktail, quelques pas de danse et un
moment de détente dans un confortable
fauteuil. Situé à l'angle de Nelson Mandela
Ave et Sam Nujoma Ave.

Club London
CLUB

(carte p. 41 ; ☑ 063-225466 ; 4 Nasmith St, zone
industrielle sud ; ☉ 19h-tard mer-sam). Ancienne-
ment le La Dee Da's, ce club a été relooké
et délocalisé. Consultez le programme sur sa
page Facebook : soirée mousse, bâtonnets
luminescents, tout est bon pour inciter les
clients à se trémousser. Le fond sonore est
très varié : *kizomba* angolais (musique
luso-africaine très rythmée), hip-hop, rave,
musique traditionnelle africaine, rock et
pop commerciale, accompagnés d'effets
spéciaux.

☆ Où sortir

Warehouse Theatre
THÉÂTRE

(carte p. 44 ; ☑ 061-402253 ; www.warehou-
setheatre.com.na ; Old South-West Brewery Bldg,
48 Tal St). Cet ancien entrepôt de brasseries
a été transformé en théâtre ultramoderne.
Son intérieur industriel et sa conception
polyvalente en font un lieu idéal pour des
pièces de théâtre et des concerts de musique

africaine et européenne. Comprend aussi un
espace d'exposition et un cybercafé.

College of the Arts (COTA)
MUSIQUE CLASSIQUE

(carte p. 44 ; ☑ 061-374100 ; 41 Fidel Castro St).
Des concerts de musique classique sont
parfois programmés dans le conservatoire
de cette école d'art.

Théâtre national de Namibie
THÉÂTRE

(carte p. 44 ; ☑ 061-234633 ; www.ntn.org.na ;
Robert Mugabe Ave). Au sud de la National
Art Gallery (p. 43), le théâtre national
accueille quelques pièces occasionnelles.
Consultez le programme dans le quotidien
Namibian.

Ster Kinekor
CINÉMA

(carte p. 41 ; ☑ 083 330 0360 ; Maerua Park
Centre ; ☉ 9h-20h45 dim-jeu, 9h-23h ven-sam). En
retrait de Robert Mugabe Avenue, ce cinéma
projette des films récents. Demi-tarif le
mardi.

🔒 Achats

La plupart des objets artisanaux vendus
dans Post Street sont importés des pays
voisins, ce qui n'empêche pas la présence de
belles sculptures en bois, paniers et autres
objets africains. Il vous faudra marchander
longuement pour obtenir un prix correct :
restez calme et souriant et vous arriverez à
vos fins ! Vous trouverez aussi un bel éventail de curiosités dans Fidel Castro Street,
vers l'angle d'Independence Avenue, en
remontant la colline vers la Christuskirche.

Windhoek compte plusieurs centres
commerciaux disséminés dans le centre-ville
et les banlieues. La plupart des boutiques
suivent les standards sud-africains, qui
proposent généralement des produits de
bonne qualité pour un coût bien moindre
que celui auquel ils sont vendus chez vous.
Le **Soweto Market** de Katutura ressemble
davantage à un marché africain traditionnel ; mieux vaut le visiter avec un habitant
ou dans le cadre d'une visite guidée.

Vous trouverez tout le matériel nécessaire
à une expédition en 4x4 au **Safari Den**
(carte p. 41 ; ☑ 061-2909294 ; www.agra.com.na/
safari-den/ ; 20 Bessemer St ; ☉ 9h-17h lun-ven,
9h-14h sam, 9h-12h dim).

💙 Namibia Crafts Centre
ARTISANAT

(carte p. 44 ; ☑ 061-242222 ; Old Breweries Craft
Market, 40 Tal St ; ☉ 9h-17h30 lun-ven, 9h-15h30
sam-dim). Ce centre vend toutes sortes
d'objets artisanaux namibiens : articles en
cuir, vannerie, poterie, ouvrages à l'aiguille,

textiles peints à la main, etc. Sur chaque pièce figure le nom de l'artisan et l'origine. Très belles sculptures de racines.

♥ Penduka ARTISANAT

(☎061-257210 ; www.penduka.com ; Goreangab Dam ; ⊗8h-17h). Le centre Penduka, terme qui signifie "réveille-toi", gère un projet à but non lucratif d'ouvrages à l'aiguille exécutés par des femmes à Goreangab Dam, à 8 km au nord-ouest du centre-ville. Vous pourrez y acheter divers travaux de couture, paniers, sculptures et textiles à un prix raisonnable et avec l'assurance que l'intégralité des fonds est reversée aux artisans. Renseignez-vous sur les hébergements proposés, une alternative aux hôtels de la ville.

Pour vous y rendre, prenez la rocade ouest en direction du nord et tournez à gauche dans Monte Cristo Road, encore à gauche dans Otjomuise Road, puis à droite dans Eveline Street et de nouveau à droite dans Green Mountain Dam Road. Suivez ensuite les panneaux jusqu'à Goreangab Dam/Penduka.

Old Breweries Craft Market ARTISANAT

(carte p. 44 ; angle Garten St et Tal St ; ⊗9h-17h lun-ven, 9h-14h sam). Ce marché très prisé des touristes comprend une foule de petites et de grandes boutiques d'art et d'artisanat africains. Parmi nos magasins préférés, citons le **Woven Arts of Africa**, qui vend de superbes tentures et tapis tissés, et le **ArtiSan**, minuscule boutique proposant un artisanat authentique des Bochimans.

Cymot Greensport SPORTS ET PLEIN AIR

(carte p. 44 ; ☎061-234131 ; 60 Mandume Ndemu-fayo St ; ⊗8h-18h lun-ven, 8h-13h sam). On y trouve tout le nécessaire pour partir à l'assaut de la nature namibienne – notamment des compresseurs d'air, accessoires indispensables pour regonfler les pneus. Également du matériel de camping, de randonnée et de cyclisme de bonne qualité, ainsi que divers équipements pour véhicule.

House of Gems PIERRES PRÉCIEUSES

(carte p. 44 ; ☎061-225202 ; www.namrocks.com ; 131 Werner List St ; ⊗9h-17h lun-sam, 9h-13h dim). Boutique réputée de Windhoek proposant des minéraux et des pierres, bruts ou polis.

Post St Mall ALLÉE COMMERÇANTE

(carte p. 44 ; ☎061-257210 ; ⊗8h-17h lun-sam). Au cœur du vibrant quartier commercial de Windhoek se trouve le très coloré Post St Mall, une allée piétonne surélevée bordée

PIERRES PRÉCIEUSES

Sid Pieters, ancien propriétaire de la **House of Gems**, décédé en 2003, fut l'un des plus grands spécialistes namibiens en pierres précieuses. En 1974, l'homme découvrit sur la côte namibienne 45 cristaux de jéréméjévite, une tourmaline bleu turquoise contenant du bore et l'une des gemmes les plus rares au monde. Il n'était cependant pas le premier à mettre la main sur de tels joyaux : un homme avait fait une découverte similaire en Sibérie au milieu du XIXe siècle. La "crocidolite pietersite" (baptisée d'après son propre nom) est une autre de ses découvertes, près d'Outjo, dans le centre-nord de la Namibie. La pietersite est une sorte de jaspe parcourue de fibres d'amiante et certainement l'un des minéraux les plus beaux et les plus rares au monde. Certains pensent qu'elle dégage une énergie particulière et favoriserait le développement de la conscience. Des praticiens new age prétendent également qu'elle renfermerait les "clés du paradis"... à vérifier !

de stands de bibelots, d'objets d'art, de vêtements et de tout ce qui peut intéresser les touristes.

Au centre de l'allée sont exposés des fragments de la météorite de Gibeon. Il y a 500 millions d'années, plus de 21 tonnes de roches extraterrestres ferreuses se sont abattues en pluie autour du site de l'actuelle ville de Gibeon, au sud du pays.

Cape Union Mart SPORTS ET PLEIN AIR

(carte p. 41 ; www.capeunionmart.co.za ; Maerua Park Centre ; ⊗9h-17h30 lun-ven, 9h-14h sam, 9h-13h dim). Cette antenne de la chaîne sud-africaine vend du matériel de camping, de randonnée, de cyclisme et des équipements pour véhicule.

ⓘ Renseignements

CARTES ET PLANS

Office of the Surveyor General (Bureau du géomètre-expert) (carte p. 44 ; ☎061-245055 ; angle de Robert Mugabe Ave et Korn St). Vous pouvez acheter des cartes topographiques de presque toute la Namibie (à environ 4 $US la section) dans ce service de cartographie de la capitale.

DÉSAGRÉMENTS ET DANGERS

Restez vigilant Le centre de Windhoek est plutôt tranquille. En restant vigilant, en marchant d'un pas sûr, en gardant la main sur votre portefeuille et en évitant de porter des vêtements trop voyants, vos mauvaises rencontres devraient se limiter à quelques vendeurs de rue insistants.

Sacs Toutefois, redoublez d'attention lorsque vous vous déplacez dans les petites rues avec un sac, quel qu'il soit. Surtout, n'utilisez ni sac-banane ni sacoche vidéo, et n'affichez pas votre appareil photo dernier cri : ce sont des cibles de choix.

Voleurs Une escroquerie courante consiste à jouer avec la conscience des touristes en leur demandant "Pourquoi ne voulez-vous pas parler à un homme noir ?", attirant ainsi leur attention afin de leur dérober leurs biens. Si cela vous arrive, poursuivez votre chemin. Pour plus de prudence, déplacez-vous toujours en taxi la nuit, même dans les quartiers favorisés. Le calme tombe avec la nuit dans les rues de Windhoek : les touristes étrangers deviennent alors des cibles faciles.

Vols Les désagréments les plus fréquents rencontrés par les voyageurs sont les petits vols, qui surviennent le plus souvent dans les hôtels bon marché et les auberges de jeunesse de la ville. Utilisez les coffres-forts mis à disposition par l'hôtel, et ne laissez jamais vos objets de valeur sans surveillance.

Parking Si vous êtes en voiture, évitez de vous garer dans la rue et ne laissez jamais un objet de valeur visible dans votre véhicule. De même, verrouillez systématiquement vos portes de voiture, même si vous êtes à l'intérieur : il arrive fréquemment qu'une personne distraie le conducteur pendant que son complice ouvre une autre porte pour voler un sac avant de s'enfuir.

En journée, le parking souterrain du Wernhill Park Centre est le plus sûr et le plus pratique. La nuit, choisissez un hébergement proposant un parking sûr en retrait de la rue.

Quartier Le township de Katutura et les banlieues industrielles du Nord-Ouest (Goreangab, Wanaheda et Hakahana) ne sont pas aussi dangereux que ceux d'Afrique du Sud, et sont même assez sûrs en journée. Toutefois, si vous souhaitez visiter ces quartiers, mieux vaut être accompagné d'un habitant ou prendre part à un circuit organisé.

OFFICES DU TOURISME

Namibia Tourism Board (carte p. 44 ; ☎061-2906000 ; www.namibiatourism.com.na ; 1er étage, Channel Life Towers, 39 Post St Mall ; ◷8h-13h et 14h-17h lun-ven, 8h-13h sam-dim). L'office national du tourisme fournit des informations sur le pays.

Namibia Wildlife Resorts (NWR ; carte p. 44 ; ☎061-2857200 ; www.nwr.com.na ; Independence Ave). Cette agence semi-privée de Windhoek propose de nombreux *rest camps* (camps avec hébergement sommaire), campings et hôtels dans les parcs nationaux. Si vous n'avez pas réservé (par exemple si vous décidez de visiter un parc au dernier moment), vous aurez de bonnes chances de trouver un hébergement sur place, mais prévoyez quand même un plan B. Il est fortement conseillé de réserver pour Etosha ou Sossusvlei, qui affichent fréquemment complet.

Windhoek Information & Publicity Office (bureau principal) (carte p. 44 ; ☎061-2902092, 061-2902596 ; www.cityofwindhoek.org.na ; Independence Ave ; ◷7h30-16h30). Le personnel sympathique de ce bureau répond à vos questions et distribue cartes de la ville, brochures et publications locales telles que *What's On in Windhoek*. Autre bureau en ville (carte p. 44 ; Post St Mall ; ◷7h30-12h et 13h-16h30).

POLICE

Ministère de l'Intérieur (carte p. 44 ; ☎061-2922111 ; www.mha.gov.na ; angle de Kasino St et Independence Ave ; ◷8h-13h lun-ven)

POSTE

Poste principale (carte p. 44 ; Independence Ave ; ◷8h-16h30 lun-ven, 8-11h30 sam). Moderne, elle permet les envois postaux à l'étranger. Des cabines téléphoniques se trouvent dans le hall d'entrée.

SERVICES MÉDICAUX

Rhino Park Private Hospital (carte p. 41 ; ☎061-375000, 061-225434 ; www.hospital.com.na ; Sauer St). Excellents soins et services dans cette clinique privée, où il faut s'acquitter des frais sur place.

Mediclinic Windhoek (☎061-4331000 ; Heliodoor St, Eros ; ◷24h/24). Une clinique proposant divers soins médicaux, avec un service des urgences.

TÉLÉPHONE

Bureau des télécommunications (carte p. 44 ; Independence Ave ; ◷8h-16h30 lun-ven, 8h-11h30 sam). À côté de la poste principale. Permet de passer des appels internationaux, d'envoyer ou de recevoir des fax.

ⓘ Depuis/vers Windhoek

AVION

L'**aéroport international Chief Hosea Kutako** (p. 267), à environ 40 km à l'est du centre-ville, accueille la plupart des vols internationaux depuis/vers Windhoek. **Air Namibia** (p. 267) assure des vols quotidiens entre Windhoek, Le Cap et Johannesburg, ainsi que des vols quotidiens depuis/vers Francfort. Un service direct pour Amsterdam devrait bientôt être mis en place. Plusieurs compagnies, dont Air Namibia, proposent également des services internationaux depuis/vers Maun (Botswana) et Victoria Falls (Zimbabwe).

L'**aéroport Eros** (p. 267), au sud du centre-ville, accueille la plupart des vols intérieurs. Air Namibia propose environ 3 vols par semaine depuis/vers Katima Mulilo, Ondangwa, Rundu et Swakopmund/Walvis Bay.

Depuis Windhoek, précisez au chauffeur de taxi à quel aéroport vous désirez vous rendre.

BUS

Les bus **Intercape Mainliner** (p. 269) desservent Le Cap, Johannesburg, Victoria Falls, Swakopmund et de nombreuses localités sur le trajet depuis/vers la principale **gare routière des bus longue distance** (carte p. 44 ; angle Independence Ave et Bahnhof St). Vous pouvez acheter votre billet via votre lieu d'hébergement, ou bien au bureau Intercape Mainliner, à la gare routière ou encore sur Internet (étant donné la popularité de ces trajets, il est recommandé de réserver bien à l'avance).

Il existe des services de navette pour Swakopmund et Walvis Bay (précisions à l'office du tourisme), comme **Town Hoppers** (☎ 064-407223, 081 210 3062 ; www.namibiashuttle.com), qui propose un aller tous les jours à 14h (270 $N, 4 heures 30) et un retour à Windhoek le matin.

Des *combis* (minibus) locaux quittent la **station-service du Rhino Park** (Katutura ; carte p. 41) lorsqu'ils sont pleins et rallient la plupart des agglomération urbaines du centre et du sud du pays. Allez-y très tôt le matin. Pour rejoindre des destinations au nord comme Tsumeb, Grootfontein et Rundu, allez à la station des minibus locaux située en face de l'hôpital dans Independence Avenue (Katutura).

De façon générale, les *combis* ne desservent pas la grande majorité des destinations touristiques, situées bien au-delà des principales agglomérations. Mais ils restent un bon moyen de voyager si vous désirez visiter les plus petites villes du pays, et il est assez amusant de monter dans ces bus en compagnie des habitants.

TRAIN

La gare ferroviaire de Windhoek possède un **bureau de réservation** (carte p. 44 ; ☎ 061-2982175 ; ⊙7h30-16h lun-ven), où vous pourrez réserver des places sur n'importe quelle ligne nationale publique. Les liaisons sont variées et incluent des trajets de nuit pour Keetmanshoop, Tsumeb et Swakopmund. Toutefois, en raison des horaires irréguliers et de la durée des trajets, le train a peu d'intérêt pour la majorité des voyageurs, les bus proposant de bien meilleurs services.

VOITURE ET MOTO

Windhoek est véritablement le carrefour des transports en Namibie, puisque c'est l'endroit où se croisent la route principale nord-sud (B1) et les routes est-ouest (B2 et B6). Tous les secteurs aux abords de la ville s'ouvrent sur de superbes paysages et traversent de belles collines désertiques. Les routes sont clairement signalées, et ceux voyageant sur l'axe nord-sud peuvent éviter la ville en empruntant la rocade ouest.

ⓘ Comment circuler

Les taxis collectifs des stations principales de Wernhill Park Centre suivent des itinéraires définis jusqu'à Khomasdal et Katutura. Si votre destination se situe sur ces itinéraires, comptez entre 10 et 25 $N environ. Dans les taxis partant des terminaux de bus principaux ou appartenant à une centrale, les tarifs sont calculés soit au temps, soit au nombre de kilomètres, mais n'hésitez pas à négocier un prix fixe par trajet. Prévoyez 70 $N pour tout déplacement en ville.

Si vous arrivez à l'aéroport international Hosea Kutako, les taxis attendent généralement à la sortie de la zone des arrivées. Le trajet étant long jusqu'en ville, attendez-vous à payer entre 350 et 400 $N, selon votre destination. Pour l'aéroport Eros, les tarifs sont bien moins élevés, autour de 70 $N. En ville, vous trouverez toujours des taxis fiables vers l'office du tourisme d'Independence Avenue. Si vous en hélez un dans la rue, vous avez de fortes chances de tomber sur un amateur à l'anglais approximatif.

Centre-Nord

Le top des hébergements

➜ Erongo Wilderness Lodge (p. 59)

➜ Hadassa Guest House (p. 64)

➜ Waterberg Wilderness Lodge (p. 67)

➜ Onkoshi Camp (p. 76)

Le top des restaurants

➜ Outjo Bakery (p. 65)

➜ Purple Fig Bistro (p. 71)

➜ Main Street Cafe (p. 61)

➜ Farmhouse (p. 65)

Pourquoi y aller

Séparé du désert salin uniquement par la vitre de sa voiture, un thermos de café et un appareil photo à portée de main, le visiteur qui guette la faune du parc national d'Etosha, à l'aube, peut s'attendre à un spectacle mémorable. Grâce à son réseau de points d'eau artificiels et de sources, la lisière sud de l'Etosha Pan, un vaste lac salé asséché, rassemble une immense concentration d'animaux sauvages qui font de ce territoire l'une des plus belles réserves de la planète.

Contrairement à la vaste majorité des parcs nationaux en Afrique, Etosha possède un réseau de routes praticables en voiture de tourisme. À bord d'un simple véhicule de location, vous aurez la chance de vivre un safari inoubliable. Sans l'aide experte d'un guide, il est ainsi possible de conduire soi-même son véhicule sur la rive d'un ancien lac salé pour pister un troupeau de zèbres. Une vraie aventure !

Le fleuron des parcs naturels namibiens occupe certes une place dominante dans les circuits touristiques, mais la région compte bien d'autres sites propices à l'exploration ou à la randonnée et pourtant guère fréquentés. Si vous avez du temps devant vous, ne les négligez pas. Leur diversité est impressionnante, depuis les hauts plateaux et les grottes rupestres jusqu'aux imposantes météorites et aux empreintes de dinosaures.

Comment circuler

La majorité des sites se trouvant en dehors des agglomérations, l'utilisation d'un véhicule privé s'impose le plus souvent. Si Etosha se visite facilement dans le cadre d'un circuit organisé, un safari individuel offre davantage de frissons. Même à la saison des pluies, l'axe bitumé qui mène au parc, ainsi que les routes intérieures, demeurent aisément accessibles aux véhicules conventionnels.

Le Centre-Nord bénéficie d'un excellent réseau routier, goudronné ou en gravier, qui rend les 4×4 inutiles, même sur les routes secondaires des monts Erongo.

À ne pas manquer

1 Un safari individuel dans le **parc national d'Etosha** (p. 74), l'une des plus belles réserves animalières au monde

2 Une randonnée jusqu'au sommet du **Waterberg Plateau Park** (p. 66), pour un panorama à couper le souffle

3 L'art rupestre de la **Phillips Cave** (p. 59), dans les monts Erongo

4 La plus grosse **météorite** (p. 70) du monde, à la périphérie de Grootfontein

5 Des **empreintes de dinosaures** (p. 62), près de Kalkfeld

1 Parc national d'Etosha

2 Waterberg Plateau Park

3 Phillips Cave

4 Météorite de Hoba

5 Empreintes de dinosaures

BOTSWANA

OCÉAN ATLANTIQUE

Géographie

Bien que l'Etosha Pan soit l'élément marquant du Centre-Nord, celui-ci est avant tout une région de mines et d'élevage de bétail. L'exploitation minière de grande ampleur, surtout dans le secteur de Tsumeb, remonte au début du XXᵉ siècle, tandis que le pastoralisme, notamment chez les Herero, a précédé la colonisation allemande. Enfin, le Centre-Nord peut s'enorgueillir de paysages uniques, dont le plateau du Waterberg et les monts Erongo (Erongoberg), qui forment une toile de fond spectaculaire le long de la route reliant Windhoek à Swakopmund.

À l'est vers le Botswana

L'interminable B6 s'étire vers l'est de Windhoek jusqu'à la frontière du Botswana en passant par le cœur d'un des principaux foyers d'élevage de Namibie. Les 970 ranchs de la région d'Omaheke couvrent ensemble près de 5 millions d'hectares et produisent plus d'un tiers de la viande bovine du pays. Hormis cet aspect, la route, longue et monotone, a pour seul avantage d'être plane, goudronnée et en parfait état.

Gobabis

19 100 HABITANTS / ☎ 062

Gobabis est située sur la rivière Wit-Nossob, à 120 km de la frontière du Botswana à Buitepos. Son nom signifie "lieu de querelle" en khoïkhoï, mais une légère erreur orthographique (Goabbis) lui donne le sens de "lieu des éléphants", une appellation préférée par les gens du cru malgré l'absence évidente de pachydermes.

Bien que Gobabis soit la principale agglomération du Kalahari namibien, il n'y a pas grand-chose à voir. Le seul bâtiment historique de cette ville est le Lazarett, un vieil hôpital militaire qui faisait naguère office de musée municipal. Il n'est pas officiellement ouvert au public, mais il est plus intéressant vu de l'extérieur.

🛏 Où se loger

Des établissements en bord de route proposent des chambres et des repas acceptables – signalisés depuis la route principale. Vous trouverez les meilleures adresses dans l'arrière-pays.

Zelda Game & Guest Farm   LODGE $

(☎ 062-560427 ; www.zeldaguestfarm.com ; camping 70 $N, s/d 570/920 $N ; 🛜🍽). Les chambres affichent un mélange safari-chic (tapis zébrés) et décoration vieillotte (babioles kitsch et imprimés fleuris). Si ce style éclectique n'est pas au goût de tout le monde, ce lodge, par ailleurs très confortable, est le choix le plus économique du secteur. Des activités sont organisées, notamment des promenades dans le bush et le nourrissage des guépards et des léopards.

Harnas Wildlife Foundation & Guest Farm   SÉJOUR À LA FERME $$

(☎ 061-228545, 081 140 3322 ; www.harnas.org ; camping 270 $N, igloo s/d 1520/2500 $N, cottage s/d 1 900/3 100 $N, location tout équipée à partir de 1 800 $N ; ⏱6h-18h). Projet de développement rural, l'Harnas Wildlife Foundation & Guest Farm permet d'observer la faune de près, notamment des guépards, lions et léopards. Recueillis blessés ou abandonnés, beaucoup de ces animaux vivent en cage, mais ils seraient de toute façon incapables de subvenir à leurs besoins sans la fondation. Celle-ci propose une grande variété d'hébergements, dont une formule en pension complète, et des activités pour se divertir deux ou trois jours – les enfants adorent.

Au programme : sortie matinale en voiture pour observer lions, léopards et lycaons (mammifères carnivores), promenade l'après-midi au milieu des nombreux enclos (pour nourrir les mangoustes ou jouer avec les bébés guépards), puis détente autour d'un verre au coucher du soleil au son des rugissements de lions – une expérience inoubliable !

Pour vous y rendre, après Gobabis, roulez vers le nord sur la C22 pendant 45 km, puis tournez vers l'est sur la D1668 et parcourez à nouveau 45 km (suivez les panneaux).

Kalahari Bush Breaks   LODGE $$

(☎ 062-568936 ; www.kalaharibushbreaks.com ; s/d 900/1 630 $N ; ❄🛜🍽). À environ 26 km à l'ouest du poste-frontière de Mamuno et à 85 km à l'est de Gobabis, ce charmant établissement est tenu par Elsabe et Ronnie, qui rendront votre séjour de détente dans le Kalahari des plus chaleureux. Sur les 8 chambres conviviales et joliment agencées, 4 disposent d'une vue sur le vaste Kalahari. Superbe piscine, excellent restaurant et terrain de camping.

Les 50 km² de la ferme, qui renferment notamment d'anciennes gravures rupestres, permettent de faire de belles randonnées. Si vous avez de la chance, vous verrez peut-être un guépard en liberté sur la piste pour 4×4.

Kalahari Game Lodge LODGE **$$$**
(☑en Afrique du Sud 27-21-880 9870 ; www.kalaharigamelodge.com.na ; s/d avec demi-pension 1 250/2 050 $N ; ❄ 🛜 🖥). Dans un coin reculé du Kalahari namibien, juste au-delà de la frontière avec le Kgalagadi Transfrontier Park qui s'étend entre le Botswana et l'Afrique du Sud, ce lodge offre 8 charmants "chalets" et un terrain de camping très bien aménagé. Les chambres sont joliment décorées, avec boiseries. L'établissement a aussi un bon restaurant et un bar. Parmi les activités proposées : sortie d'observation de la faune et pistage des lions, excursions nocturnes, sans oublier une piste autoguidée pour 4×4.

SanDüne Lodge LODGE **$$$**
(☑061-259293 ; www.namibiareservations.com/sanduene_lodge_b.html ; C22 ; s 850-1 250 $N, d 1 700-2 500 $N). Au sein d'une ferme de 46 km², le lodge dispose de tentes safari haut de gamme de style meru et de chambres standards confortables dans le bâtiment principal. Bien que ce soit plus cher que la moyenne, c'est une bonne affaire par rapport à des endroits similaires au Botswana.

ℹ Depuis/vers Gobabis

Comme les transports en commun manquent de fiabilité sur l'itinéraire à l'est de Windhoek, mieux vaut opter pour un véhicule privé.

Buitepos
☑062
Telle une large tache dans le désert à la frontière de la Namibie et du Botswana, Buitepos se résume presque à une station-service, un poste de douane et un bureau de l'immigration. La frontière ouvre de 7h à minuit, mais il faut la franchir bien avant la tombée de la nuit car il reste un long trajet jusqu'à Ghanzi, la prochaine ville d'importance le long de la Trans-Kalahari Hwy au Botswana.

🛏 Où se loger

East Gate Service Station & Rest Camp CAMPING **$$**
(☑062-560405 ; www.eastgate-namibia.com ; Trans-Kalahari Hwy ; camping 120 $N, hutte sans sdb 180 $N/pers, bungalow 2 pers 750-1 400 $N ; ❄ 🖥). S'élevant du désert comme un mirage, l'endroit convient pour passer la nuit si vous

n'êtes pas trop exigeant. Le restaurant sert des plats basiques, de type hamburgers, mais l'adresse est appréciable étant la seule de part et d'autre de la frontière qui offre un repas substantiel.

ℹ Depuis/vers Buitepos

Aucun transport public ne traverse la frontière. Vous trouverez peut-être des bus ou des *combis* à destination de Gobabis ou (plus loin) Windhoek. Pour traverser la frontière, il faut marcher ou faire du stop, et trouver un moyen de transport une fois au Botswana.

Au nord vers Etosha

De Windhoek, la B1 immaculée part vers le nord et rejoint Outjo, ainsi que le "triangle d'or" d'Otavi, Tsumeb et Grootfontein. Ces trois villes d'envergure sont les points de départ des excursions dans le parc national d'Etosha voisin. S'il peut être tentant de mettre directement le cap sur le parc pour entreprendre un safari, nous conseillons d'accorder un peu de temps aux sites de cette partie moins touristique du Centre-Nord.

Okahandja
☑062
Okahandja est une petite ville animée. Elle reste toutefois plus calme et plus facile à appréhender que Windhoek, ce qui en fait une bonne étape, en particulier si vous poursuivez plus au nord vers Etosha et à l'ouest vers Swakopmund.

Du milieu du XIXᵉ siècle au début du XXᵉ siècle, la ville fut une mission allemande et un chef-lieu colonial, comme en témoignent encore certains vestiges du centre-ville.

👁 À voir

Friedenskirche ÉGLISE
(église de la Paix ; Kerk St ; ☉ aube-crépuscule). Dans le cimetière et en face de la Friedenskirche datant de 1876 se trouvent les sépultures de personnages historiques, tels le chef herero Willem Maherero, le chef nama Jan Jonker Afrikaner et le "père de l'indépendance de la Namibie" Hosea Kutako, premier homme politique à avoir interpellé les Nations unies au sujet de l'occupation sud-africaine du pays.

Fort allemand ÉDIFICE HISTORIQUE
Monument local majeur, ce fort allemand fut érigé au XIXᵉ siècle.

Okahandja

Okahandja Country Hotel (2 km)

Kusweg
Hoogenhout
Peter Brand Way
Anderson
Kaiser
Duikerweg
Ackermann
Kudu
Mangan Verbypad
Franck Waldo
Ossmann
Van Riebeeck Rd
Voortrekker St
Hospital Weg
School St
Dinter St
Bahnhof St
Gare ferroviaire
Fort allemand
Kerk St
Bruno Templin St
Main St
Kolbe
Vedder
1st Ave
2nd Ave

Okahandja

À voir

Où se loger

Où se restaurer

Moordkoppie SITE HISTORIQUE

L'antagonisme héréditaire entre les Nama et les Herero atteignit son apogée lors de la bataille de Moordkoppie ("colline du meurtre" en afrikaans) le 23 août 1850. Au cours de l'affrontement, 700 Herero sous le commandement du chef Katjihene furent exécutés par l'adversaire, dont la moitié d'enfants et de femmes démembrés pour récupérer leurs bracelets de cuivre. La tragédie se déroula sur une petite colline rocheuse proche du centre-ville, entre la B2 et la voie ferrée, à 500 m au nord de l'embranchement de Gross Barmen.

Fêtes et festivals

Maherero Day CULTUREL

(août). Le week-end le plus proche du 26 août, les Red Flag Herero se réunissent en costume traditionnel pour rendre hommage à leurs chefs tombés pendant les batailles contre les Nama et les Allemands. Les Mbanderu, ou Green Flag Herero, participent à une manifestation similaire le week-end le plus proche du 11 juin.

Où se loger et se restaurer

Sylvanette Guest House PENSION $

(062-505550 ; www.sylvanette.com ; Anderson St ; s/d à partir de 480/700 $N ; ❄@🛜). Dans un cadre suburbain paisible et verdoyant, cette petite pension douillette s'organise autour d'une piscine agrémentée de plantes en pots. Les chambres au juste prix s'inspirent de la faune namibienne, avec des imprimés animaliers – la profusion de zébrures dans certaines chambres peut lasser...

Okahandja Country Hotel HÔTEL $$

(062-504299 ; www.okahandjahotel.com ; camping 140 $N, s/d 885/1 520 $N). Cette institution, très accueillante, occupe des bâtiments en pierre aux immenses toits de chaume qui restent frais en été. Bien que vieillottes et sans trop de caractère, les chambres sont très confortables. Cette petite oasis de verdure entourée d'un paysage de poussière se trouve à 2 km au nord de la ville, en face de l'embranchement de la D2110.

Bäckerei Dekker & Café BOULANGERIE $

(Martin Neib St ; repas et en-cas 25-50 $N ; 6h30-15h30 lun-ven, 6h30-12h sam). Outre des boissons chaudes et froides, ce café-boulangerie allemand sert de savoureux petits-déjeuners et déjeuners (sandwichs classiques et toastés, petits pains, salades, tourtes, charcuterie, gibier, etc.).

Depuis/vers Okahandja

BUS

Des bus **Intercape Mainliner** (p. 269) font le trajet entre Windhoek et Okahandja (à partir de 342 $N, 1 heure, 1 ou 2/jour). Achetez vos billets à l'avance sur Internet car la ligne continue jusqu'aux chutes Victoria et les véhicules se remplissent vite.

D'Okahandja, petit nœud de transports routiers, des *combis* (minibus) desservent différentes destinations régionales. Ils parcourent également la B1 dans les deux sens à une fréquence assez régulière. Le trajet Windhoek-Okahandja ne devrait pas dépasser 160 $N.

TRAIN

Trans-Namib Railways (p. 271) assure des trains entre Windhoek et Okahandja (à partir le 155 $N, 2 heures, tlj sauf le sam), mais les départs limités, tôt le matin et tard le soir, se révèlent peu pratiques.

VOITURE

Okahandja se trouve à 70 km au nord de Windhoek sur la B1, principal axe nord-sud du pays.

Erongo Mountains (Erongoberg)

🔊 064

Les monts Erongo, souvent appelés Erongoberg, forment au nord de Karibib et d'Usakos un massif volcanique qui s'élève à 2 216 m d'altitude, comptant parmi les plus spectaculaires et les plus accessibles de la Namibie. Les monts sont surtout connus pour leurs rochers peints et leurs grottes, en particulier la Phillips Cave, d'une quinzaine de mètres de profondeur.

Des rhinocéros noirs et quelques impalas à face noire ont été relâchés dans l'Erongo Conservancy, une zone préservée au cœur du massif comprenant une trentaine de fermes, mais ces animaux sont difficiles à observer. Pour plus d'informations sur les rhinocéros, contactez **Erongo Mountain Rhino Sanctuary Trust** (EMRST ; www. foerderverein-emrst.de).

Histoire

Au terme d'une période d'éruptions, voici quelque 150 millions d'années, le volcan s'effondra sur sa chambre magmatique, remplissant le cratère de lave à refroidissement lent. Il en résulta un noyau de granit dur qui, débarrassé de ses scories rocheuses par l'érosion, donna naissance à la chaîne de montagnes. Bien plus tard, au cours de la préhistoire, le site fut occupé par les San, à l'origine d'un riche ensemble de grottes peintes et d'un art pariétal qui a remarquablement survécu au temps.

👁 À voir

Phillips Cave   GROTTE

(permis pour la journée 50 $N). Cette grotte, à 3 km de la route, contient la célèbre représentation picturale d'un éléphant blanc, entouré d'autruches et de girafes, à laquelle se superpose une grande antilope à bosse (peut-être un éland) de couleur rouge. L'abbé Breuil (1877-1961) fut le premier à étudier ces peintures de la région d'Ameib et à leur consacrer un livre intitulé *Phillips Cave*. Les spéculations du préhistorien français à propos de leur origine méditerranéenne ont cependant été infirmées depuis.

L'endroit est accessible aux excursionnistes via l'Ameib Ranch.

L'aire de pique-nique d'Ameib est adossée à des formations rocheuses très photogéniques. L'une d'elles, baptisée Bull's Party, évoque un cercle de bovins, une autre une tête d'éléphant et une troisième une femme herero en tenue traditionnelle, en compagnie de deux enfants.

Le sentier qui mène à la grotte est plutôt accidenté – il faut de 45 minutes à 1 heure pour monter et environ 30 minutes pour descendre.

🛏 Où se loger

La zone dispose de peu d'hébergements, mais il y en a pour tous les budgets, du camping au lodge luxueux.

Erongo Plateau Camp   CAMPING $

(📞 064-570837 ; www.erongo.iway.na/camp/camp.html ; camping 120 $N). Ce camping attrayant avec une belle vue sur les plaines et les montagnes comprend 4 sites, chacun avec douches chaudes et froides, toilettes, foyers pour feux de camp (25 $N le fagot) et robinets d'eau. Vous pourrez profiter des sentiers de randonnées et des excursions vers les sites d'art rupestre à proximité.

Ameib Gästehaus   PENSION $$

(📞 081 857 4639 ; www.ameib.com ; camping 150 $N, s/d à partir de 750/1 400 $N ; 🏊). Au pied des monts Erongo, le "ranch de la colline verte", une ancienne mission rhénane fondée en 1864, est devenu un gîte rural. Vous serez hébergé dans le corps de ferme ancien qui jouxte une piscine paysagée et un *lapa* (espace circulaire où l'on se réunit autour d'un feu), ainsi que sur un terrain de camping bien entretenu. L'établissement détient la concession de la Phillips Cave et dispense des permis pour la visiter. Randonnées guidées et excursions à la journée.

Camp Mara   CAMPING, PENSION $$

(📞 064-571190 ; www.campmara.com ; camping 150 $N, s/d avec demi-pension 1 025/1 750 $N). Charmant établissement à proximité d'un lit de rivière (généralement sec) qui propose des emplacements ombragés et bien entretenus ainsi que des chambres très confortables aux murs blancs et à la décoration en bois. Organise des excursions à la journée dans la montagne et des activités dans la brousse.

💙 **Erongo Wilderness Lodge**   LODGE $$$

(📞 061-239199, 064-570537 ; www.erongowilderness-namibia.com ; bungalow de toile en pension

complète s/d à partir de 2 975/5 000 $N ; ✱@✉).
Unanimement saluée, cette retraite avec vue
sur les montagnes affiche une architecture
respectueuse de l'environnement. Idéale
pour contempler la faune, notamment les
oiseaux, elle fait partie des plus beaux lodges
de Namibie. Ses 10 bungalows en toile sur
pilotis sont installés au milieu de hautes
formations granitiques peuplées de damans
des rochers. Le restaurant surplombe un
point d'eau où vous pourrez apercevoir un
koudou ou une genette.

Outre se détendre devant la cheminée
du bâtiment principal, on peut faire des
randonnées guidées (incluses dans la
pension complète) ou des safaris motorisés
(485 $N). Les passionnés d'oiseaux guette-
ront l'inséparable rosegorge, le francolin
de Hartlaub et l'engoulevent pointillé, des
espèces familières de cette zone.

Pour vous rendre sur place, gagnez
Omaruru, tournez vers l'ouest sur la D2315
qui part de la route de Karibib, à 2 km au
sud de la ville, et roulez pendant 10 km.

ⓘ Depuis/vers les Erongo Mountains

Au nord d'Ameib, la D1935 longe les monts Erongo
avant de se diriger au nord vers le Damaraland.
Autrement, la D1937 conduit vers l'est à Omaruru.
Cet itinéraire fait pratiquement le tour du massif
et donne accès à des petites routes praticables
en 4x4 qui mènent au cœur des montagnes.

Omaruru

6 300 HABITANTS / ☏ 064

Le cadre aride et poussiéreux d'Omaruru, au
bord du lit ombragé de la rivière du même
nom, lui confère une véritable atmosphère
de brousse. Idéalement située entre Erongo
et Okonjima, Omaruru est en train de se
forger une belle réputation de centre artistique et artisanal et accueille depuis peu
l'Artist's Trail (p. 60), une manifestation
artistique qui se tient chaque année en
septembre (programmes gratuits en ville).

C'est aussi un endroit accueillant abritant
quelques excellents hébergements, de bons
restaurants et l'un des rares établissements
vinicoles du pays – il est plutôt insolite de
déguster charcuteries, fromages et vins à
l'ombre des arbres de la brousse namibienne.

◉ À voir

Kristall Kellerei Winery ÉTABLISSEMENT VINICOLE
(☏ 064-570083 ; www.kristallkellerei.com ; D2328 ;
⊙ 8h-16h30 lun-ven, 8h-12h30 sam). Parmi le
petit nombre de producteurs de vin du
pays, ce charmant établissement propose le
déjeuner. Des dégustations de vin et d'autres
produits accompagnés de plats légers –
assiettes de fromages et de charcuterie – on
lieu l'après-midi. Le tout est à savourer dans
le jardin. Outre du schnaps, l'établissement
produit du colombard (vin blanc) et du
Paradise Flycatcher, vin rouge à base de
ruby cabernet, de cabernet sauvignon et de
Tinta Barroca. À 4 km à l'est de la ville sur
la D2328.

Franke Tower SITE HISTORIQUE
En janvier 1904, Omaruru fut attaquée par
les guerriers herero du chef Manassa. Le
capitaine allemand Victor Franke, occupé à
réprimer un soulèvement dans le sud de la
Namibie, demanda au gouverneur Leutwein
la permission de marcher vers le nord
pour secourir la ville assiégée. Après avoir
parcouru 900 km en 20 jours, il parvint à
Omaruru et lança une charge de cavalerie
qui eut raison des assaillants.

Le héros se vit remettre la plus haute
distinction militaire allemande et, en 1908,
les habitants reconnaissants érigèrent en
son honneur la Franke Tower. Déclarée
monument national en 1963, la tour porte
une plaque commémorative et offre une
vue panoramique sur la ville. Pour grimper
au sommet, procurez-vous la clé au Central
Hotel.

✰✰ Fêtes et festivals

Artist Trail ART
(www.facebook.com/omaruruartisttrail/ ; ⊙ sept).
Grâce à l'Artists Trail, qu'elle accueille
depuis 2007, Omaruru est devenue *la* ville
artistique du pays. Pendant 3 jours en
septembre, musique, danse, nourriture,
vin, bijoux, photographie et peinture sont à
l'honneur.

White Flag Herero Day FÊTE CULTURELLE
(⊙ oct). Le week-end le plus proche du
10 octobre, les White Flag Herero vont en
procession depuis le faubourg d'Ozonde
jusqu'au cimetière où leur chef Wilhelm
Zeraua fut enterré après sa défaite contre les
Allemands.

🛏 Où se loger

Central Hotel Omaruru HÔTEL $
(☏ 064-570030 ; www.centralhotelomaruru.com ;
Wilhelm Zeraua St ; s/d à partir de 600/900 $N ;
✱✉). C'est le bar-restaurant le plus
fréquenté de la ville. Des cases rondes au

décor tout simple avec petits lits, draps propres et belle salle de bains, se répartissent dans le vaste jardin. Le restaurant est souvent le seul endroit de la ville où il soit possible de dîner. Heureusement, la nourriture y est plutôt bonne et comprend des spécialités allemandes et du gibier local (plats 80 $N).

Kashana Hotel
HÔTEL $

(☎064-571434 ; www.kashana-namibia.com ; Dr I Scheepers St ; ch à partir de 480 $N ; ❄🖥🏊). Cet établissement propose des hébergements en bungalows et des petites chambres joliment meublées dans une grande cour ombragée. On y trouve aussi un bar et un restaurant dans le bâtiment principal, ainsi qu'un orfèvre et une boutique de produits à base de plantes.

River Guesthouse
PENSION $$

(☎064-570274 ; www.river-guesthouse.com ; 134 Dr I Scheepers St ; empl camping 120 $N, s/d 530/830/1 050 $N ; 🖥🏊). Avec ses magnifiques arbres et ses excellents équipements (dont des foyers pour faire du feu et des prises électriques), c'est le meilleur camping de la ville. Les chiens vous tiendront peut-être compagnie. Les chambres, soignées et confortables, entourent une agréable cour ombragée.

✗ Où se restaurer

Omaruru

Souvenirs & Kaffestube
CAFÉ, SOUVENIRS $

(☎064-570230 ; Wilhelm Zeraua St ; repas 20-55 $N). Installé dans un bâtiment de 1907, ce café intimiste convient bien pour commander un café fort et des viennoiseries allemandes traditionnelles, à moins de préférer une bonne pinte de Hansa fraîche et un plat de brasserie à savourer dans le jardin-terrasse. Délicieuses tartes.

♥ Main Street Cafe
CAFÉ $$

(☎064-570303 ; Wilhelm Zeraua St ; plats à partir de 35 $N ; ⏲8h-15h ; 🖥). Produits frais, mobilier en bois blanc et cadres aux murs, service de qualité… Ce petit établissement qui sert des quiches et des cheese-cakes à la noisette est l'endroit idéal pour le petit-déjeuner et le déjeuner. Le café est parfait. Et le Wi-Fi gratuit.

🔒 Achats

CmArte Gallery
ART ET ARTISANAT

(☎064-570017 ; Wilhelm Zeraua St ; ⏲9h-17h). On y trouve de très belles pièces, dont certaines réalisées par des artistes locaux, ainsi que des objets importés d'Angola et de RDC (République démocratique du Congo). Vous pourriez bien dénicher une petite merveille… Nous avons beaucoup aimé les croquis en noir et blanc sur la faune.

❶ Depuis/vers Omaruru

En voiture, la C33 goudronnée qui traverse Omaruru constitue l'itinéraire le plus rapide entre Swakopmund et Etosha.

Uis

3 600 HABITANTS / ☎064

À un peu plus d'une heure de route d'Omaruru, Uis est un petit village poussiéreux situé à un carrefour pratique si vous allez au nord via le Damaraland, ou au sud-ouest vers la côte des Squelettes ou Swakopmund.

🛏 Où se loger

White Lady B&B
B&B $

(☎064-504102 ; uiswhiteladyguesthouse.com ; camping 100 $N, s/d avec petit-déj 702/1 042 $N ; 🖥🏊). Accueillant B&B aux chambres spacieuses, simples et soignées, et petit camping ordonné à l'ombre des arbres. Possibilité de dîner sur place.

Brandberg Rest Camp
CAMPING, PENSION $

(☎064-504038 ; www.brandbergrestcamp.com ; camping 100 $N, dort/s/d 200/600/900 $N). Cet établissement basique au cœur la ville, pouvant servir de base pour explorer le massif du Brandberg, offre un hébergement standard. Loin de briller par leur décoration, les chambres sont propres et spacieuses. Le terrain de camping ne donne pas l'impression d'être au milieu de la nature namibienne, mais il est correct.

❶ Depuis/vers Uis

Il n'y a pas de transport en commun depuis/vers Uis – il faut un véhicule privé pour s'y rendre et explorer les environs.

Kalkfeld

5 000 HABITANTS / ☎067

Il y a environ 200 millions d'années, la mer peu profonde qui submergeait la Namibie se remplit progressivement de sable transporté par le vent et de limon érodé. Près de la petite bourgade de Kalkfeld, ces couches de grès portent les traces du passage d'un dinosaure sur 25 m de long : impressionnant.

👁 À voir

Empreintes de dinosaures SITE HISTORIQUE
(20 &N). Ces empreintes vieilles de quelque 170 millions d'années ont été laissées par un dinosaure à trois orteils marchant sur ses pattes antérieures dans ce qui était alors de l'argile molle – sans doute un ancêtre des oiseaux modernes. Déclarées monument national en 1951, elles se trouvent dans une ferme à 29 km de Kalkfeld, tout près de la D2414.

🛏 Où se loger

Otjihaenamparero Farm SÉJOUR À LA FERME $
(☎ 067-290153 ; www.dinosaurstracks.com/home.html ; camping 100 $N, s/d 440/760 $N). Outre ces empreintes, l'Otjihaenamparero Farm comprend une maison d'hôtes de 3 chambres avec petit-déjeuner inclus et un petit camping ; autres repas à 160 $N.

Mt Etjo Safari Lodge LODGE $$$
(☎ 067-290173 ; www.mount-etjo.com ; empl camping 4 pers 420 $N, ch/ste/villa 1 665/1 800/3 178 par pers ; ✳@✉). Ce lodge, au cœur de l'Okonjati Game Reserve, donne accès à une série d'empreintes plus modestes en bordure du bien nommé Dinosaur Camp-site. L'établissement comprend un luxueux gîte de safari dans un cadre de toute beauté et un camping onéreux, mais entièrement privatif, quelques kilomètres plus loin.

Le mont Etjo ("lieu de refuge") désigne la montagne tabulaire voisine. Il peut aussi évoquer la ferme qui recueille des lions et des guépards – vous pourrez les observer pendant qu'on les nourrit. D'autres activités sont proposées, notamment la recherche de rhinocéros ou la visite d'une école.

C'est dans ce lodge que furent signés en avril 1989 les accords de paix mettant fin à la lutte de libération de la Swapo et préparant l'indépendance de la Namibie en mars de l'année suivante.

Il se situe à 35 km de Kalkfeld par la D2414 et la D2483 ; suivez les panneaux de couleurs vives.

ⓘ Depuis/vers Kalkfeld

Juste en retrait de la C33, Kalkfeld se situe à mi-chemin environ entre Omaruru et Otjiwarongo.

Erindi Private Game Reserve

☎ 064
Bien qu'elle ne soit pas à l'échelle du parc national d'Etosha, la réserve privée d'**Erindi** (☎ 064-570800, 081 145 0000 ; www.erindi.com)

offre à de nombreux voyageurs leur plus mémorable expérience d'observation de la faune en Namibie. Avec plus de 700 km² de savane et de montagnes rocheuses, Erindi n'a pas les allures de zoo que peuvent avoir d'autres petites réserves privées du pays, et peut se targuer d'une faune luxuriante : vous verrez sûrement des éléphants et des girafes, et vous aurez des chances d'apercevoir des lions, des léopards, des guépards, des lycaons et des rhinocéros noirs. Vous pourrez aussi observer de nombreuses espèces nocturnes, lors d'un safari de nuit, ou encore participer à des randonnées guidées dans la brousse, visiter un village san, découvrir des peintures rupestres : pas étonnant qu'Erindi ait la faveur d'adeptes de plus en plus nombreux !

🛏 Où se loger

💙 Camp Elephant CAMPING, CHALET $$$
(☎ 083 333 1111 ; www.erindi.com ; camping 712 $N, chalet s/d 1 095/2 190 $N). Au cœur d'Erindi, se trouvent 15 excellents chalets qui surplombent un point d'eau éclairé la nuit et 30 emplacements de camping ombragés dotés d'un charmant coin de verdure et de bonnes installations.

💙 Old Traders Lodge LODGE $$$
(☎ 083 330 1111 ; www.erindi.com ; s avec demi-pension 3 090-4 090 $N, d avec demi-pension 5380-7180 $N ; ☎✉). Le lodge principal d'Erindi est doté de 48 chambres haut de gamme mêlant ambiance safari (toit de chaume et ton ocre) et décoration classique à l'intérieur (bois et lit à baldaquin). Malgré la frénésie qui règne lorsque toutes les chambres sont occupées, ce lodge décontracté est idéal pour séjourner dans cette superbe réserve.

ⓘ Depuis/vers Erindi

Erindi est situé à l'ouest d'Omaruru, au nord-ouest d'Okahandja et au sud-ouest d'Otjiwarongo. Il dispose de quatre entrées. Pour rejoindre l'accès principal : parcourez 48 km au nord d'Okahandja ou 124 km au sud d'Otjiwarongo sur la B1, puis prenez la direction de l'ouest sur la D2414, un chemin de gravier en bon état, pendant 40 km.

Okonjima Nature Reserve

☎ 067
Les 200 km² de la réserve naturelle Okonjima font l'objet d'un programme de conservation majeur en Namibie. Abritant la fondation

AfriCat, cette réserve protège les guépards et autres grands carnivores dans des situations de conflit entre l'homme et l'habitat sauvage dans tout le pays, et leur offre un espace pour évoluer. Outre l'excellent choix d'hébergements et les formidables programmes de sensibilisation, Okonjima permet aux visiteurs d'observer des léopards sauvages, des guépards, des lycaons et (bientôt) des lions à travers toute la réserve. Vous y trouverez aussi des sentiers pour randonner seul, et de très bons guides. C'est, enfin, l'occasion de participer à un projet unique.

La réserve peut se visiter en une journée, mais il est conseillé de rester au moins 2 nuits pour profiter pleinement des activités proposées.

🏃 Activités

En passant au moins une nuit dans un lodge ou un camping, vous pourrez déjà participer à bon nombre d'activités, notamment observer les félins. Leur coût, non inclus dans le tarif de l'hébergement, est de 670/340 $N par adulte/enfant pour partir sur les traces des léopards ou des guépards, 450/225 $N par adulte/enfant pour une excursion guidée dans la brousse.

Vous pourrez aussi faire de nombreuses randonnées sans guide, en vous procurant des cartes à l'AfriCat Day Visitors Centre, dans les lodges ou auprès des responsables du camping.

AfriCat Foundation   FAUNE
(☎ 067-687032 ; www.africat.org ; ⏱ 10h-16h). Cette fondation gère des programmes de sensibilisation et des activités dans la réserve naturelle Okonjima. Les visiteurs à la journée peuvent se joindre aux excursions qui quittent l'AfriCat Day Centre à 10h30 et 12h30 d'avril à août, et à 11h et 13h de septembre à mars (adulte/enfant 385/285 $N, gratuit pour les moins de 7 ans).

Les visites passent par l'AfriCat Care Centre : vous y découvrirez l'histoire et les programmes de la fondation et visiterez de grands enclos de guépards qui attendent d'être réintroduits dans la nature. Un déjeuner léger est compris dans le tarif.

🛏 Où se loger et se restaurer

Sur la réserve, vous trouverez plusieurs lodges exceptionnels et quelques terrains de camping de qualité. Les campeurs doivent passer par l'AfriCat Day Centre.

🖤 Omboroko Campsite   CAMPING $
(www.okonjima.com ; Okonjima Nature Reserve ; adulte/enfant 330/165 $N ; ▦). Voici l'un des meilleurs campings de Namibie. Ombragé, il dispose d'une piscine (glacée !), de douches chaudes et de toilettes. Le bois de chauffage est fourni. Les cinq sites sont parfaitement entretenus, à l'ombre des affleurements rocheux qui dominent le cœur de la réserve. Ils sont situés dans une zone grillagée de 20 km² : vous ne risquez donc pas de croiser des prédateurs.

🖤 Okonjima Plains Camp   LODGE $$$
(☎ 067-687032 ; www.okonjima.com ; ch standard avec demi-pension s/d 2 830/4 050 $N, ch avec vue et demi-pension s/d 3 955/6 300 $N ; ❄ 🛜 ▦). Ce lodge récent donnant sur les prairies d'Okonjima est doté de larges terrasses et de larges baies vitrées pour profiter au maximum de la faune. Il dispose de 14 chambres standards et de 10 chambres avec vue. Ces dernières sont très confortables, spacieuses et décorées avec goût, mêlant tons ocre et couleurs vives, et de belles photographies d'animaux.

Okonjima Bush Camp & Suites   LODGE $$$
(☎ 067-687032 ; www.okonjima.com ; s/d avec demi-pension 5 700/9 900 $N, ste 8 800-14 400 $N ; 🛜 ▦). Éloignés de la zone principale des lodges et donc plus calmes et plus discrets, le Bush Camp et le Bush Suites voisin sont très bien entretenus. Les logements, suffisamment éloignés les uns des autres, assurent un maximum d'intimité et disposent chacun de 2 petits bungalows : l'un pour dormir, l'autre faisant office de salon. Les suites, sur plusieurs niveaux, sont encore plus belles.

AfriCat Day Centre   CAFÉ $
(plats légers à partir de 40 $N ; ⏱ 11h30-14h30). Le centre sert un choix de plats basiques le midi. Le menu change régulièrement. Belle vue depuis la terrasse à l'arrière.

ℹ Depuis/vers Okonjima

À moins de visiter Okonjima dans le cadre d'un voyage organisé, vous aurez besoin d'un véhicule pour vous y rendre. À 49 km au sud d'Otjiwarongo et à 130 km au nord d'Okahandja sur la B1, un panneau – impossible à rater – signale l'embranchement pour la réserve. Vous traverserez ensuite une série de portails. Le lodge principal est situé à 10 km de la route principale, sur un chemin de gravier en bon état.

Otjiwarongo

28 250 HABITANTS / ☎ 067

Base pratique pour visiter Etosha, et notamment le plateau du Waterberg, Otjiwarongo est particulièrement agréable en septembre et octobre, lorsque la ville resplendit sous les couleurs éclatantes des jacarandas et des bougainvilliers en fleurs. C'est aussi un endroit pratique pour faire le plein d'essence et de provisions, et se ménager une pause pendant le trajet.

◉ À voir

Crocodile Farm
ÉLEVAGE

(angle Zingel St et Hospital St ; 50 $N ; ⊘8h-15h lun-ven, 8h-15h sam, 9h-15h dim). La visite du premier élevage de crocodiles de Namibie, qui produit des peaux destinées à l'exportation, vaut le détour. La boutique vend principalement des sculptures en bois et quelques bijoux et articles de ferronnerie, mais peu de choses en croco. Le restaurant dispose d'une carte complète de petits-déjeuners et de déjeuners ; goûtez à la viande de crocodile, en wrap ou en kebab.

Locomotive n°41
TRAIN

Stationnant désormais à la gare d'Otjiwarongo, la locomotive n°41 fabriquée en 1912 par la compagnie Henschel de Kassel fut acheminée d'Allemagne jusqu'en Namibie afin de transporter le minerai de Tsumeb au port de Swakopmund. Elle cessa de circuler en 1960, quand l'écartement de la voie ferrée passa de 0,6 m à 1,067 m.

🛏 Où se loger et se restaurer

Un supermarché **Spar** (9 Hage Geingob St ; ⊘8h-20h lun-ven, 8h-12h sam, 8h-19h dim) se trouve dans le centre-ville.

🖤 Bush Pillow
PENSION $$

(☎067-303885 ; bushpillow.co.za ; 47 Sonn Rd ; s/d avec petit-déj 650/850 $N ; 🛜🌀). Si cette superbe petite pension se définit comme un "hébergement d'affaires" en ciblant les professionnels, ses 7 chambres (dont 2 familiales) modernes et confortables, avec Wi-Fi, en font aussi un lieu idéal pour les touristes, et la piscine ravira les enfants. Le restaurant est charmant.

🖤 Hadassa Guest House
PENSION $

(☎067-307505 ; www.hadassaguesthouse.com ; Lang St ; s/d 640/800 $N ; 🛜🌀). Tenue par Orlande et Emmanuel, un couple de Français accueillants, cette petite pension raffinée

allie l'ambiance intimiste d'un B&B et la qualité d'un hôtel de charme. Les chambres sont impeccables et les repas excellents, tout comme le service.

Casa Forno Country Hotel
HÔTEL $

(☎067-304504 ; www.casaforno.com ; Ramblers Rd ; s/d à partir de 820/920 $N ; 🅿🌀🛜). Grande et luxueuse, Casa Forno affiche une décoration de style classique afrikaner. Située suffisamment loin de la rue principale, elle offre la garantie de nuits calmes. L'excellent restaurant sert des pâtes et des steaks, entre autres plats, dans un cadre agréable.

C'est Si Bon Hotel
HÔTEL $

(☎067-301240 ; www.cestsibonhotel.com ; Swembad Rd ; s/d à partir de 720/820 $N ; 🌀🛜). Une adresse pleine de charme qui mêle les styles namibien et européen. Après quelques plongeons dans la piscine, un cappuccino dans le solarium et un verre de vin au bar, vous comprendrez pourquoi l'hôtel s'appelle ainsi.

Out of Africa Town Lodge
LODGE $

(☎067-302230 ; www.ooafrica.com ; Long St ; s/d à partir de 680/780 $N ; 🌀🛜). Ce joli lodge chaulé, de style colonial, permet une halte appréciable sur le chemin d'Etosha. Ses chambres hautes de plafond conservent une touche ancienne malgré les fréquentes rénovations pour les mettre au goût du jour.

ℹ Depuis/vers Otjiwarongo

Les bus **Intercape Mainliner** (061-227847 ; www.intercape.co.za) assurent au moins une liaison par jour entre Otjiwarongo et Windhoek (à partir de 288 $N, 3 heures 30). Les minibus qui partent de Windhoek vers le nord s'arrêtent à la station-service Engen. Tous les trains entre Tsumeb et Windhoek ou Walvis Bay (via Swakopmund) passent aussi par là.

Outjo

8 450 HABITANTS / ☎ 067

Vu le nombre de touristes qui y transitent, cette petite ville a conservé une ambiance étonnamment rustique et rurale. Bien que sans grandes curiosités, c'est une étape de plus en plus attrayante pour passer un jour ou deux en allant ou en repartant d'Etosha. Si vous arrivez par le sud, Outjo est la dernière halte d'importance avant Okaukuejo, le centre administratif du parc et sa porte d'accès ouest.

⊙ À voir

Outjo Museum
MUSÉE

Herholt Rd ; 10 $N ; ⊙ 8h-13h et 14h-17h lun-ven). Baptisée à l'origine Kliphuis (maison de pierre), la Franke House fait partie des premiers bâtiments d'Outjo. Elle fut édifiée en 1899 à la demande du commandant Von Estorff comme résidence pour lui-même et ses successeurs allemands. Le commandant Franke qui l'occupa plus tard lui laissa son nom à titre posthume. Elle renferme désormais un petit musée essentiellement dévolu à l'histoire politique et naturelle.

Naulila Monument
MONUMENT

Ce monument commémore le massacre par les Portugais, le 19 octobre 1914, de militaires et fonctionnaires allemands près de Fort Naulila, sur le fleuve Kunene en Angola. Il rend également hommage aux soldats du commandant Franke tués le 18 décembre 1914 en venant venger des pertes antérieures.

🛏 Où se loger

Sophienhof Lodge
LODGE $

(☑ 067-312999 ; www.sophienhof-lodge.com ; sur la C39 ; camping/dort 200/300 $N, ch 440-1 650 $N/pers ; 🕾 🌊). Cet établissement situé à 12 km au sud-ouest de Outjo sur la C39 récolte toujours de bonnes critiques des voyageurs. L'hébergement se fait sur des terrains de camping herbeux bien conçus, dans de robustes bungalows ou dans le charmant corps de ferme. Il y a même un dortoir pour les petits budgets. Outre les visites guidées à pied, vous pourrez aussi assister au repas des guépards et des autruches.

Etotongwe Lodge
LODGE $

(☑ 067-313333 ; www.etotongwelodge.com ; camping 120 $N, s/d 580/960 $N ; 🕾). Sur la route d'Etosha à la lisière de la ville, ce lieu tenu avec professionnalisme dégage une ambiance d'oasis. Ses bungalows en béton et pierre avec toit de chaume sont dispersés dans un beau domaine soigné aux pelouses soignées. À l'intérieur, les chambres, bien qu'assez dépouillées, sont spacieuses, impeccables, et ornées de jolies touches africaines.

Mais leur plus grand atout reste la petite véranda meublée de tables et de chaises.

Farmhouse
PENSION $

(☑ 067-313444 ; www.farmhouse-outjo.com ; Hage Geingob Ave ; s/d 390/600 $N). Plus connue pour son restaurant (situé à l'étage du bas), cette pension propose aussi 1 chambre simple et 3 doubles, toutes très confortables.

Certaines sont spacieuses, d'autres un peu vides (mais tout dépend des goûts).

Etosha Garden Hotel
HÔTEL $

(☑ 067-313130 ; www.etosha-garden-hotel.com ; s/d avec petit-déj 450/700 $N ; ✳ 🌊). À une courte distance à pied du centre-ville, ce vieil établissement sympathique recueille des critiques mitigées pour ses chambres décorées de bibelots, autour d'une oasis de verdure et d'une piscine. S'il est désormais un peu décrépit et désorganisé, cela vaut la peine d'y passer pour essayer de bénéficier d'une ristourne de dernière minute.

🍴 Où se restaurer

Topaz Bistro Culinarium
INTERNATIONAL $

(☑ 067-313244 ; Sam Nujoma Dr ; plats à partir de 55 $N ; ⊙ 7h-16h ; 🕾). Installé dans un centre attrape-touriste, ce lieu insolite dispose d'un restaurant, d'un office du tourisme, d'un magasin de babioles et d'une réplique d'un village himba. Cet établissement manque un peu d'âme, mais il vaut le détour, au moins pour goûter aux plats alliant cuisine namibienne et internationale, et pour le Wi-Fi gratuit.

♥ Outjo Bakery
PÂTISSERIE, CAFÉ $$

(☑ 067-313055, 081 141 3839 ; Hage Geingob Ave ; petit-déj 48-120 $N, plats 65-160 $N ; ⊙ 7h-16h30 lun-ven, 7h-13h30 sam ; 🕾). Ouvert en 2016, cet établissement chic aurait tout à fait sa place à Winhoek ou dans une ville d'Afrique du Sud. On y sert une cuisine internationale classique (pâtes, steaks, hamburgers et sandwichs), mais ce sont les pâtisseries et le raffinement des plats comme du service qui en font une adresse à retenir.

Farmhouse
INTERNATIONAL $$

(www.farmhouse-outjo.com ; Hage Geingob Ave ; plats 45-105 $N ; ⊙ 7h-21h ; 🕾). Cet établissement tout en un sert des repas toute la journée et 7 jours/7. Vous pourrez vous connecter aux réseaux sociaux dans son agréable jardin-terrasse. À la carte : hamburgers, *pies*, grillades (dont du koudou, de l'éland et de l'oryx), wraps, pizzas, salades et plats du jour renouvelés régulièrement, à l'instar de l'alléchant assortiment de gâteaux. Prépare aussi le meilleur café de la ville.

Si l'ambiance séjour à la ferme n'est pas forcément au rendez-vous, l'intérieur a un petit côté rustique.

ℹ️ Depuis/vers Outjo

Des *combis* (minibus) au départ du supermarché OK desservent des villes du Centre-Nord, mais il n'y a pas de transports en commun pour Okaukuejo et l'entrée Andersson du parc national d'Etosha. En voiture, on peut en revanche suivre la route goudronnée qui continue vers le nord jusqu'à l'entrée du parc.

Ceux qui ont leur propre véhicule peuvent faire le plein à **Puma** (⊘7h-22h).

Waterberg Plateau Park

🎵 067

La nature sauvage du Waterberg offre un paysage sans égal en Namibie. Il occupe un plateau de grès qui s'étend sur 50 km de long et 16 km de large, à 150 m au-dessus de la plaine désertique. Il n'abrite pas la faune sauvage habituelle de type lions et éléphants, mais certaines espèces rares et menacées, parmi lesquelles figurent l'antilope des sables, l'antilope rouanne, le rhinocéros blanc et le rhinocéros noir. La plupart de ces animaux furent introduits et, après s'être reproduits, certains furent déplacés dans d'autres parcs. Cela dit, il est difficile de les voir : ils sont craintifs et la brousse est épaisse.

Histoire

Surtout connu des touristes comme un lieu de safari unique en son genre, le plateau du Waterberg joua cependant un rôle prépondérant dans l'histoire de la Namibie.

La mission rhénane établie là en 1873 fut ravagée en 1880 lors des guerres ethniques opposant Herero et Nama. En 1904, Waterberg fut le théâtre d'une bataille décisive entre les forces coloniales allemandes et la résistance herero. Mieux équipés en matière d'armement et de communications, les Allemands l'emportèrent, obligeant les ennemis survivants à se replier vers l'est, dans le Kalahari, où ils leur coupèrent l'accès aux rares points d'eau existants.

🏃 Activités

Sentier de randonnée du Waterberg Plateau
RANDONNÉE

(Unguided Hiking Trail ; 100 $N/pers ; ⊘9h mer). Cette randonnée sans guide de 4 jours (42 km) le long d'un sentier en forme de huit débute tous les mercredis à 9h d'avril à novembre. Le groupe comprend de 3 à 10 participants. Réservez par l'intermédiaire de Namibia Wildlife Resorts (p. 52), à Windhoek.

Les randonneurs logent dans des abris sommaires (inutile d'apporter une tente), mais ils doivent subvenir à leurs besoins. Même si les refuges sont pourvus d'eau potable, il faut transporter de quoi se désaltérer entre les étapes (au moins 3 ou 4 l par jour).

Le parcours commence au centre d'accueil des visiteurs, le Waterberg Camp, et

---

LE PARC DU WATERBERG EN UN CLIN D'ŒIL

Pourquoi y aller
Superbes randonnées, excellente observation de la faune (il faut être patient), hébergement plus que satisfaisant et panoramas époustouflants.

Ville étape
Otjiwarongo

Quand partir
Mai à octobre est la meilleure période, même s'il est possible d'y venir toute l'année. Il faut éviter de marcher au plus chaud de la journée, notamment de décembre à février.

Safaris à petit prix
Waterberg est une destination idéale pour les petits budgets – les permis de randonnée ne sont pas chers et les hébergements bon marché ne manquent pas.

Comment se déplacer
On peut rallier le Waterberg Plateau Park en voiture, mais le plateau doit être exploré à pied ou dans le cadre du safari motorisé officiel de NWR (p. 52). À l'exception des sentiers pédestres autour du Waterberg Resort, les itinéraires de randonnée, avec ou sans guide, doivent être réservés longtemps à l'avance auprès de Namibia Wildlife Resorts, à Windhoek.

Waterberg Plateau Park

suit l'escarpement sur 13 km jusqu'au refuge d'Otjozongombe. Le deuxième jour, une marche de 3 heures (7 km) mène au refuge d'Otjomapenda. Le lendemain, un itinéraire de 8 km revient à Otjomapenda pour y passer la nuit. Le quatrième et dernier jour, le retour au point de départ se fait en 6 heures (14 km).

Waterberg Wilderness Trail RANDONNÉE
(220 $N/pers ; ☺14h jeu). Ce circuit pédestre guidé de 4 jours est proposé tous les jeudis d'avril à novembre. Accompagnés de guides armés, les groupes (2 pers minimum) partent à 14h du centre d'accueil des visiteurs et rentrent le dimanche en début d'après-midi. La formule revient à 220 $N par personne ; il faut réserver auprès du NWR (p. 52) à Windhoek. Le guide choisit l'itinéraire à sa guise. Les randonneurs, hébergés dans de simples huttes, doivent apporter leurs provisions et leur sac de couchage.

Wildlife Drive SAFARIS MOTORISÉS
(forfait avec petit-déj 600 $N ; ☺6h ou 15h). Outre la randonnée, les safaris motorisés sont le seul moyen d'atteindre le plateau pour observer des animaux (les véhicules privés ne sont pas autorisés). Pendant 4 heures, vous profiterez des affûts habilement dissimulés autour des points d'eau. Les élands, antilopes des sables ou antilopes rouannes et les bubales roux sont les animaux que vous aurez le plus de chances d'apercevoir. Léopards, guépards et hyènes brunes sont également présents, mais rarement visibles.

Resort Walking Trails RANDONNÉE
Les environs du Waterberg Resort, entouré de murs de grès rose, comprennent 9 courts sentiers de randonnée, dont l'un grimpe jusqu'au bord du plateau à Mountain View. Ils constituent une promenade facile à la journée, à condition de faire attention aux serpents qui prennent le soleil sur les rochers, voire sur les chemins eux-mêmes. Pas de réservation.

🛏 Où se loger

💜**Waterberg Wilderness Lodge** LODGE, CAMPING **$$**
(☎067-687018 ; www.waterberg-wilderness.com ; près de la D2512 ; camping 170 $N, ch sous tente 690 $N, ch en demi-pension 1 150-1 480 $N ; ❄🛜📶). Le lodge occupe un vaste domaine privé à l'intérieur du parc et assure un hébergement haut de gamme. La famille Rust a transformé cette vieille ferme bovine en la repeuplant d'animaux sauvages et en laissant la nature reprendre ses droits sur les pâturages. Le lodge principal se dresse dans une prairie ensoleillée parsemée de jacarandas au bout d'une vallée, aux côtés

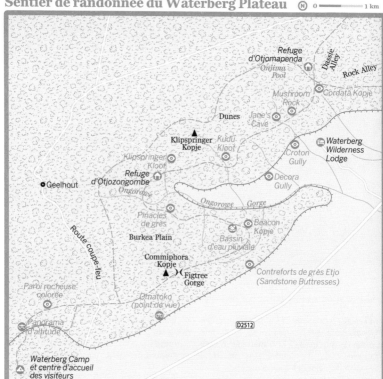

de bungalows en grès rouge garnis de beaux meubles en bois. Et si vous arrivez avant 15h, vous pourrez participer à une excursion pour voir des rhinocéros.

D'autres types d'hébergement sont aussi proposés : le Plateau Camp, avec des bungalows retirés trônant sur une terrasse rocheuse plus loin dans la propriété, un camp de tentes safari meru, face à la vallée et bénéficiant d'un beau panorama, ou encore l'Andersson Camp, sur les hauteurs du plateau, où planter sa tente.

Pour rejoindre le domaine, empruntez la D2512, gravillonneuse, à environ 100 km d'Otjiwarongo, et suivez les panneaux.

Waterberg Camp — CAMPING, LODGE $$

(☑ 067-305001 ; www.nwr.com.na ; camping 160 $N, s/d bungalow dans le bush 810/1 320 $N). Comme ses cousins d'Etosha, le Waterberg Camp appartient à la NWR Classic Collection. Les campeurs peuvent planter leur tente autour de *braai* (barbecues) et de

tables de pique-nique sur des emplacements spacieux, les équipements sont bien entretenus, et le tout donne sur le plateau et les plaines au-delà. Les chambres du lodge et les bungalows, sans grand cachet mais bien tenus, offrent un bon rapport qualité/prix.

Une boutique vend du bois, de l'alcool, des produits alimentaires de base et d'autres denrées. Sinon, le restaurant sert un bon steak d'oryx (dans un bâtiment en pierre au-dessus du terrain de camping – ardu à rejoindre à pied – orné de photographies anciennes et de lustres), que vous ferez passer en douceur au bar avec un verre de pinotage sud-africain. Avertissement : des babouins rusés sévissent dans le secteur, fermez bien chambres et tentes, et surveillez vos provisions.

Wabi Lodge — LODGE $$$

(☑ 067-306500 ; www.wabi.ch ; s/d à partir de 1 185/2 170 $N ; ☎ ⬛). Wabi est un établissement privé haut de gamme à près de 30 km du plateau du Waterberg, sur la D2512. Le patrimoine culturel des propriétaires suisses transparaît dans la conception et l'ameublement des 8 bungalows et dans la bonne cuisine. Des safaris motorisés sont organisés, dont des excursions de nuit lors desquelles vous verrez peut-être ratels (voisins du blaireau), caracals (lynx), genettes, hyènes brunes, et même guépards et léopards.

❶ Depuis/vers le Waterberg Plateau Park

Ce parc est accessible uniquement en voiture (les motos n'y sont pas autorisées). L'entrée se situe à 90 km d'Otjiwarongo par la B1, la C22 et la D512, gravillonneuse. Les véhicules à 2 roues motrices peuvent suivre cet itinéraire à condition d'avancer lentement sur le dernier tronçon défoncé par endroits après la saison des pluies. Sinon, la D2512, qui va de Waterberg à Grootfontein, est praticable en hiver, mais peut être très difficile en été, en période de fortes pluies – vous devrez alors avoir un 4x4 surélevé.

Grootfontein

23 790 HABITANTS / 📱 067

D'un caractère fortement colonial, Grootfontein ("grande source" en afrikaans) arbore des bâtiments en pierre calcaire et des avenues bordées de jacarandas fleuris en automne qui lui confèrent un air

respectable. Point de départ des excursions dans le Khaudum National Park et les villages san d'Otjozondjupa ou étape lors de votre trajet depuis/vers l'est d'Etosha, il s'agit de la dernière ville d'importance avant de s'enfoncer dans les profondeurs du bush.

Histoire

Ce fut la source qui attira à Grootfontein ses premiers arrivants. De 1885 à 1887, les colons du Dorsland ("Pays de la soif" en afrikaans, le Kalahari) venus du Transvaal y instaurèrent l'éphémère république d'Upingtonia. Six ans plus tard, la ville devint le quartier général de la Compagnie allemande du Sud-Ouest africain grâce aux abondantes ressources minières de la région. En 1896, les Schutztruppe (troupes coloniales et indigènes allemandes) érigèrent une forteresse en utilisant la main-d'œuvre locale et firent de Grootfontein une ville de garnison solidement défendue. Le fort et le cimetière colonial voisin font toujours partie des curiosités les plus visitées.

👁 À voir

Fort allemand et musée FORT, MUSÉE
(adulte/enfant 25/15 $N ; ⏰8h30-16h30 lun-ven). De passionnantes photographies en noir et blanc retracent l'histoire coloniale.

LA "RED LINE"

Entre Grootfontein et Rundu, puis à nouveau entre Tsumeb et Ondangwa, la B8 et la B1 croisent la "Red Line" (ligne rouge), qui correspond à la barrière de contrôle vétérinaire (Animal Disease Control Checkpoint) séparant les fermes d'élevage bovin du Sud de l'agriculture vivrière du Nord. Depuis les années 1960, pour empêcher la propagation de la fièvre aphteuse et de la peste bovine, celle-ci fait obstacle au mouvement nord-sud des animaux. Le bétail élevé au Nord ne peut être vendu au Sud ni exporté vers des marchés étrangers.

Cette ligne rouge marque ainsi la frontière effective entre le monde développé et le monde en voie de développement. Le paysage du Sud se caractérise par des ranchs englobant de vastes étendues de bushveld, sec et broussailleux, peuplées uniquement de bovins et de quelques fermiers éparpillés. Au Nord, le voyageur pénètre dans un bush dense émaillé de baobabs, de mopanes et de petits *kraals* (villages de cases), où la majorité des gens luttent pour produire le minimum vital.

Mais le pays devrait bientôt sortir de l'impasse. En 2012, et de nouveau en 2014, le gouvernement namibien a intensifié ses efforts afin que la communauté internationale reconnaisse la majorité de la zone "protégée" existante comme saine sur le plan vétérinaire. Cette mesure pourrait permettre le recul de la ligne rouge jusqu'à la frontière occidentale du Bwabwata National Park (la bande de Caprivi est toujours considérée comme une zone à risque élevé pour la fièvre aphteuse). Et peut-être même jusqu'à la frontière avec l'Angola. Cependant, en attendant de résoudre ce sujet compliqué – qui consiste à déplacer la ligne sans menacer le marché lucratif des exportations namibiennes, même sur une courte durée –, la "Red Line" devrait rester en place.

Grootfontein

Les collections de photographies et d'objets himba, kavango et mbanderu sont également intéressantes, tout comme les recherches menées sur les peintures rupestres des environs.

Cet immense musée occupe un fort de 1896 agrandi à plusieurs reprises au début du XXe siècle et comportant notamment une vaste aile en pierre calcaire datant de 1922. Il servit ensuite d'internat, avant d'être abandonné en 1968.

Météorite de Hoba SITE NATUREL

(adulte/enfant 20/10 $N ; aube-crépuscule). Près de la Hoba Farm, la plus grosse météorite du monde fut découverte en 1920 par le chasseur Jacobus Brits. Ce bloc de matière extraterrestre d'environ 54 tonnes contient 82% de fer, 16% de nickel, 0,8% de cobalt et des traces d'autres métaux. Il serait tombé sur terre il y a quelque 80 000 ans ; on ne peut qu'imaginer avec quel fracas.

En 1955, afin d'empêcher les gens de prélever des morceaux de roche en guise de souvenirs, le site fut classé monument national. Il y a maintenant un tableau d'information, un court sentier nature et une aire de pique-nique ombragée. Cependant, à moins d'être un passionné, une halte rapide suffira, et la pierre n'est pas si impressionnante que cela, avec moins de 3 m de côté et 1 m d'épaisseur.

De Grootfontein, empruntez la C42 en direction de Tsumeb. Au bout de 500 m, tournez à l'ouest dans la D2859 et continuez pendant 22 km ; puis suivez la signalisation.

Cimetière CIMETIÈRE

En retrait d'Okavango Road, le cimetière renferme les tombes de plusieurs soldats des Schutztruppe, morts en combattant les autochtones au tournant du XXe siècle.

Où se loger et se restaurer

Stone House Lodge PENSION $

(067-242842 ; www.stonehouse.iway.na ; 10 Toenessen St ; s/d 450/650 $N ;). Sans doute le meilleur hébergement en centre-ville. Tenue par Boet et Magda, cette pension de 6 jolies chambres dégage une atmosphère chaleureuse et familiale.

Courtyard Guesthouse PENSION $

(067-240027 ; 2 Gauss St ; s/d 430/660 $N ;). Bien que modeste, le meilleur établissement de Grootfontein loue des chambres vraiment immenses (pas toutes – demandez à en voir plusieurs) où vous pourrez allègrement déballer votre équipement pour inventaire. Idéal pour profiter d'une piscine et d'un peu de confort avant de s'aventurer dans le bush. Le restaurant (plats 60-80 $N, 7h-22h) sert poisson, salades, pâtes et grillades de toutes sortes.

Roy's Rest Camp CAMPING, BUNGALOW **$$**
(☎ 067-240302 ; www.roysrestcamp.com ; camping 110 $N, s/d 865/1 470 $N ; ☷). Avec ses paisibles bungalows coiffés de chaume sous de grands arbres et ses meubles en bois artisanaux très originaux, cette excellente adresse offre un décor de conte de fées. Entre autres activités : randonnée sur un sentier de 2,5 km, visite motorisée de la vaste exploitation, et excursion d'une journée dans un village san traditionnel. Situé sur la route de Rundu à 55 km de Grootfontein.

♥ **Purple Fig Bistro** INTERNATIONAL **$$**
(☎ 081 124 2802 ; www.facebook.com/purplefigbistro ; 19 Hage Geingob St ; plats 40-120 $N ; ◷ 7h-21h). Situé au cœur de la ville, Purple Fig est très apprécié des voyageurs. Il sert des repas légers – salade, wraps et sandwichs chauds –, mais aussi des hamburgers, des steaks et des pancakes, à déguster sous le figuier ou dans le café. Avec ses portions généreuses et son personnel affable, c'est, de loin, le plus agréable restaurant de Grootfontein.

❶ Depuis/vers Grootfontein

Des minibus desservent **Rundu et Oshakati**, d'autres **Tsumeb et Windhoek** depuis des arrêts différents le long d'Okavango Road ; tous partent une fois pleins. Le bus **Intercape Mainliner** (p. 269) qui circule entre Windhoek et les chutes Victoria traverse aussi Grootfontein (à partir de 772 $N, 6 heures) le lundi, le mercredi et le vendredi. Dans l'autre sens, il passe le lundi, le jeudi et le samedi.

Une voiture s'impose pour rallier Tsumkwe. La route en gravier est praticable en véhicule de tourisme, mais il faut une voiture à garde au sol élevé pour atteindre les différents villages d'Otjozondjupa, voire un 4x4 à la saison des pluies. Le trajet jusqu'à Khaudum nécessite un 4x4 robuste et un convoi bien équipé.

Tsumeb

19 280 HABITANTS / ☎ 067

Même s'il n'y a peu de choses à faire sur place, Tsumeb vaut la peine qu'on s'y arrête, en particulier si vous souhaitez vous imprégner de la vie urbaine namibienne. La ville animée, relativement compacte, est faite de rues très agréables bordées d'arbres, dans lesquelles vous croiserez sûrement quelques visages souriants.

MERVEILLES MINÉRALES

La prospérité de Tsumeb repose sur la présence de 184 minéraux répertoriés, dont 10 n'existent qu'à cet endroit. Ses gisements de minerai de cuivre et sa gamme phénoménale d'autres métaux (plomb, argent, germanium, cadmium...) ramenés à la surface par une cheminée kimberlitique (volcanique naturelle), sans oublier la mine de plomb la plus productive d'Afrique, lui confèrent le statut de véritable merveille de minéralogie. On retrouve des spécimens provenant de la région dans bien des musées de la planète, à commencer par celui de la ville.

◉ À voir

St Barbara's Church ÉGLISE
(angle Main St et Sam Nujoma Dr). Cette église catholique romaine fut consacrée en 1914 et dédiée à sainte Barbe (Barbara, en anglais), patronne des mineurs. Décorée de jolies peintures murales de l'époque coloniale, elle comporte un curieux clocher qui l'apparente davantage à un petit édifice municipal allemand.

Tsumeb Mining Museum MUSÉE
(☎ 067-220447 ; angle Main St et 8th Rd ; adulte/enfant 40/10 $N ; ◷ 9h-17h lun-ven, 9h-12h sam). Si vous avez tendance à fuir les musées, faites une exception pour celui-ci. Ce musée, qui occupe un bâtiment colonial de 1915 ayant servi d'école et d'hôpital pour les troupes allemandes, raconte l'histoire de Tsumeb. Outre une remarquable collection de minéraux, il contient des machines d'extraction minière, des oiseaux naturalisés, des objets himba et herero, et des armes repêchées dans le lac Otjikoto. À noter aussi un vaste ensemble d'équipements militaires abandonnés par les Allemands avant leur reddition aux Sud-Africains en 1915.

Helvi Mpingana Kondombolo Cultural Village MUSÉE
(☎ 067-220787 ; 60 $N ; ◷ 8h-16h lun-ven, 8h-13h sam-dim). Ce village musée, situé à 3 km de la ville sur la route de Grootfontein présente des habitations, des traditions culturelles et des objets des principales ethnies namibiennes. L'endroit est un peu délabré et le personnel manque d'enthousiasme, mais il vaut le détour.

Tsumeb

Tsumeb

◉ À voir

🛏 Où se loger

🛍 Achats

ℹ Renseignements

🛏 Où se loger et se restaurer

Mousebird
Backpackers & Safaris
AUBERGE DE JEUNESSE **$**

(☎067-221777 ; angle 533 Pendukeni Iivula-Ithana St et 4th St ; camping 120 $N, dort/lits jum 160/460 $N ; @). Ce repaire de routards continue d'offrir un hébergement économique sans sacrifier son caractère – il y règne une excellente ambiance. Dans une petite maison, vous trouverez des espaces communs très corrects, dont une cuisine. Si la chambre avec lits jumeaux à l'extérieur a sa propre salle de bains, ce sont celles avec salle de bains commune à l'intérieur qui sont les meilleures. Le dortoir de 4 lits est également très satisfaisant.

Olive Tree Court
APPARTEMENT **$**

(☎081 122 5846 ; www.facebook.com/olive-treetsb/ ; app à partir de 650 $N). Les logements avec chambres modernes, salle de séjour spacieuse et cuisine sont un excellent refuge pour les voyageurs qui traversent Tsumeb. Neuf et bien entretenu, cet établissement confirme que la ville est bien la meilleure étape sur la route vers Etosha et Caprivi.

Kupferquelle Resort
RESORT **$$**

(☎067-220139 ; www.kupferquelle.com ; Kupfer St ; camping 115 $N, s/d 1 110/1 530 $N ; ⛱). Cet établissement moderne de type complexe hôtelier possède de belles chambres contemporaines avec haut plafond, tableaux modernes aux murs et terrasse calme – et cuisine pour certaines. L'espace, lumineux, est très bien agencé. Piscine et grand terrain. Un excellent choix.

Makalani Hotel
HÔTEL **$$**

(☎067-221051 ; www.makalanihotel.com ; angle Ndilimani Cultural Troupe St et 3rd St ; s/d/f à partir de 590/870/1 200 $N ; ⛱🛜⛱). Cet établissement haut de gamme et assez criard du centre-ville fait à la fois office de petit hôtel et de mini-complexe avec casino. Difficile dans ce cas de se forger une vraie identité. On apprécie cependant ses excellentes chambres, idéales si vous recherchez un confort légèrement supérieur à la moyenne.

Travel North Namibia
Guesthouse
PENSION **$**

(☎067-220728 ; www.travelnorthguesthouse.com/index.htm ; Sam Nujoma Dr ; s/d 450/580 $N ; ⛱@🛜). Cette pension très accueillante ravira les budgets serrés avec ses chambres correctes d'un bon rapport qualité/prix.

Un peu désuètes et démodées, celles-ci sont mises en valeur par des touches de couleurs. Les lits, de taille modeste, sont encore en état d'assurer de bonnes nuits aux voyageurs.

Spar SUPERMARCHÉ
(☏067-222840 ; Hage Geingob Dr ; ⊗8h-18h lun-sam). Le meilleur supermarché de Tsumeb.

🛍 Achats

Tsumeb Arts & Crafts Centre ART ET ARTISANAT
(☏067-220257 ; 18 Main St ; ⊗9h-17h lun-ven, 9h-13h sam). Ce centre d'artisanat vend des objets en bois capriviens, de l'art san, des vanneries ovambo et san, des articles en cuir d'inspiration européenne, des tissages en laine de mouton karakul et d'autres produits traditionnels du nord de la Namibie. Une sélection réduite mais digne d'intérêt, supervisée par une dame joviale et très serviable.

❶ Renseignements

Office du tourisme de Travel North Namibia (☏067-220728 ; 1 551 Sam Nujoma Dr ; 📠). À l'intérieur de la pension du même nom. Fournit des renseignements sur tout le pays, diverses prestations (hébergements, transports, location de voitures, réservations pour Etosha) et un accès à Internet. Pas de cartes disponibles.

❶ Depuis/vers Tsumeb

BUS

Des bus **Intercape Mainliner** (p. 269) font le trajet entre Windhoek et Tsumeb (à partir de 340 \$N, 5 heures 30, 2 bus/semaine). Achetez vos billets à l'avance sur Internet, car la ligne continue jusqu'aux chutes Victoria et les places partent vite.

Des *combis* (minibus) sillonnent aussi la B1 dans les deux sens à une fréquence assez régulière. Le trajet Windhoek-Tsumeb ne devrait pas excéder 280 \$N. Si vous continuez vers le parc national d'Etosha, sachez qu'aucun service de transport en commun ne dessert l'itinéraire.

VOITURE

À une journée de Windhoek par des routes goudronnées, Tsumeb constitue le point de départ pour Namutoni et l'entrée Von Lindequist du parc national d'Etosha. Bien que la chaussée soit recouverte d'asphalte jusqu'à l'entrée du parc, il convient de rouler lentement, car il y a souvent des animaux au bord de la route.

CENTRE-NORD AU NORD VERS ETOSHA

LE LAC OTJIKOTO

En mai 1851, les explorateurs Charles Andersson et Francis Galton tombèrent sur l'insolite **lac Otjikoto** (25 \$N ; ⊗8h-18h en été, 8h-17h en hiver), "trou profond" en langue herero, qui occupe un chaudron calcaire de 100 m de long sur 150 m de large et d'une profondeur de 55 m. Il constitue avec son voisin, le lac Guinas, les deux seuls plans d'eau naturels de Namibie et l'unique habitat connu du cichlidé, dont les couleurs éclatantes allant du vert au rouge, au jaune et au bleu vif seraient dues à l'absence de prédateurs dans cet environnement isolé. Les biologistes pensent que ce poisson serait une évolution d'une espèce de brème, le tilapia, apportée par d'anciennes crues.

En 1915, l'armée allemande battant en retraite jeta un stock d'armes dans le lac pour éviter qu'il ne tombe aux mains des Sud-Africains. La rumeur veut qu'elle se soit ainsi débarrassée de 5 canons, de 10 affûts de canon, de 3 mitrailleuses Gatling et de munitions équivalant au chargement de 300 à 400 chariots. Une partie fut récupérée à grands frais en 1916 par l'armée sud-africaine, la Tsumeb Corporation et le National Museum of Namibia. Un chariot de munitions Krupp découvert par des plongeurs à 41 m de fond en 1970 est désormais exposé au musée Owela de Windhoek (p. 42). Deux autres, repêchés en 1977 et en 1983, ainsi qu'un gros canon, se trouvent au Tsumeb Mining Museum (p. 71).

Pour toute infrastructure, le site ombragé possède une billetterie, un parking et plusieurs petits kiosques de boissons fraîches et d'en-cas. Si des chasseurs de trésors ont bien tenté de fouiller le lac de nuit, sachez que la plongée et même la baignade sont actuellement interdites.

Le lac Otjikoto se situe à 25 km au nord de Tsumeb sur la B1 ; des panneaux indiquent l'embranchement. L'entrée du lac n'est qu'à une centaine de mètres après le panneau l'annonçant en venant d'Etosha.

Parc national d'Etosha

⏵ 067

Le **parc national d'Etosha** (80 $N/jour/pers et 10 $N/véhicule ; ☉ aube-crépuscule), qui s'étend sur plus de 20 000 km², est considéré comme l'une des plus belles réserves animalières au monde. Il occupe l'immense **Etosha Pan**, un désert salin plat qui, chaque année pendant quelques jours à la saison des pluies, se transforme en une lagune peu profonde peuplée de pélicans et de flamants. En revanche, à la fin de la saison sèche, le parc en entier – même les éléphants – se couvre d'une poussière blanche, ce qui lui donne un aspect fantomatique.

Contrairement à d'autres parcs africains que les visiteurs peuvent parcourir des jours durant à la recherche d'animaux, à Etosha, ces derniers viennent à vous. Garez votre voiture à côté d'un des nombreux points d'eau et attendez en retenant votre souffle que lions, éléphants, springboks, gemsboks et autres créatures se présentent, non pas par petits groupes mais par centaines ! Dans ce domaine, Etosha offre l'un des spectacles les plus fascinants d'Afrique.

Histoire

Les premiers Européens à fouler le sol d'Etosha furent le Suédois Charles John Andersson et le Britannique Francis Galton, des marchands et explorateurs arrivés en chariot à Namutoni en 1851. Le négociant américain G. McKeirnan, qui leur emboîta le pas en 1876, observa que "les animaux libérés de toutes les ménageries du monde ne parviendraient pas à égaler ce qu'il avait vu en un jour à cet endroit".

Pourtant, le site ne suscita pas l'intérêt des touristes et des défenseurs de l'environnement avant le tournant du XXᵉ siècle. Constatant une diminution de la faune, le gouverneur du Sud-Ouest africain allemand, le Dr Von Lindequist, fonda une réserve de 99 526 km² englobant l'Etosha Pan.

À l'époque, le territoire n'était pas encore clôturé et les espèces pouvaient accomplir leurs migrations naturelles. Par la suite, le périmètre du parc connut plusieurs modifications jusqu'à sa superficie actuelle fixée en 1970.

🏃 Activités

Les bosquets de mopanes (*Colophospermum mopane*) qui bordent le pan forment environ 80% de la végétation. De décembre à mars, l'*Acacia tortilis* et d'autres variétés d'arbres appréciés des herbivores colorent le bush clairsemé d'un joli ton de vert.

Selon la saison, vous pourrez observer éléphants, girafes, zèbres de Burchell, springboks, bubales roux, gnous bleus, gemsboks (oryx), élands, koudous, antilopes rouannes, autruches, chacals, hyènes, lions, et même guépards et léopards. Parmi les espèces en danger, citons l'impala à face noire et le rhinocéros noir.

Etosha est le plus important bastion des lions en Namibie : il abrite plus de la moitié des lions sauvages du pays – 450 à 500, selon les dernières estimations de **NGO Panthera** (www.panthera.org).

La densité de la faune dépend des différents écosystèmes. Fidèle à son nom afrikaans, Oliphantsbad (près d'Okaukuejo) attire les éléphants, tandis que le point d'eau éclairé d'Okaukuejo a la préférence des rhinocéros. Nous avons pu aussi les observer de nuit aux points d'eau d'Olifantsrus et de Halali. En règle générale, plus on avance vers l'est, plus des bubales, koudous et impalas se mêlent aux springboks et gemsboks. Le secteur de Namutoni, qui reçoit en moyenne quelque 443 mm de pluie chaque année (contre 412 mm à Okaukuejo), est l'endroit qui se prête le mieux à l'observation de l'impala à face noire et du dik-dik de Damara, la plus petite des antilopes africaines. Des espèces plus petites, comme la mangouste jaune, la mangouste svelte, le ratel et les iguanes, se cachent également à l'intérieur du parc.

Les animaux se rassemblent autour des points d'eau durant la saison sèche hivernale et passent la journée dissimulés dans le bush à la saison des pluies estivale. L'après-midi, même en saison sèche, guettez soigneusement ceux qui se reposent sous les arbres, en particulier les lions. En été, les températures peuvent atteindre 44°C, des conditions pénibles lorsqu'on est confiné dans un véhicule. Il s'agit en revanche de la période de mise bas ; qui donne parfois l'occasion d'apercevoir de fragiles bébés zèbres et springboks.

Les oiseaux abondent, notamment les calaos à bec jaune. Sur le sol, essayez de repérer l'énorme outarde kori, qui pèse 15 kg et vole rarement (c'est l'oiseau volant le plus lourd du monde). Vous verrez peut-être aussi des autruches, des outardes korhaan, des marabouts, des vautours africains et d'autres volatiles plus petits.

Parc national d'Etosha

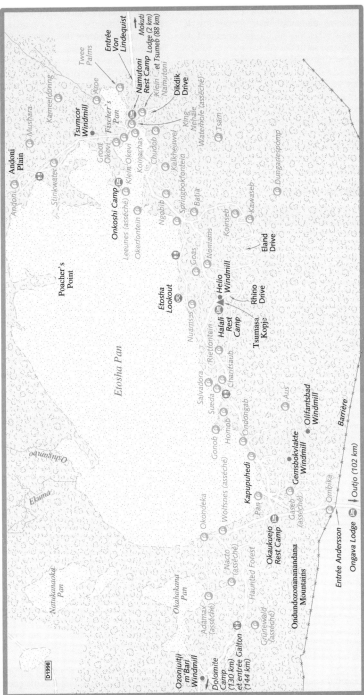

D1998

0 ——————— 20 km

Entrée Von Lindequist

Mokuti Lodge (2 km)
Namutoni
Klein . et Tsumeb (88 km)

Twee Palms

Aroe

Kameeldoring

Mushara

Tsumcor Windmill

Namutoni Rest Camp

Dikdik Drive

Groot Okevi

Fischer's Pan

Klein Okevi

Koinachas

King Nehale Waterhole (asséché)

Chudob

Kalkheuwel

Tsam

Andoni Plain

Stinkwater

Andoni

Springbokfontein

Batia

Kawaseb

Dungaresnomp

Onkoshi Camp

Leeunes (asséché)

Okerfontein

Ngobib

Noatams

Goas

Eland Drive

Kongseb

Poacher's Point

Etosha Lookout

Nuamses

Rietfontein

Halali Rest Camp

Hello Windmill

Rhino Drive

Tsumasa Kopje

Etosha Pan

Salvadora

Sueda

Charitsaub

Aus

Gonob

Homob

Ondongab

Olifantsbad Windmill

Barrière

Oshigambo

Ekuma

Kapupuhedi

Gaseb (asséché)

Gemsbokvlakte Windmill

Ombika

→ Outjo (102 km)

Natukanaoka Pan

Okahakana Pan

Okondeka

Wolfnes (asséché)

Pan

Entrée Andersson

Ongava Lodge

Ozonjuitji m'Bari Windmill

Dolomite Camp (130 km) et entrée Galton (144 km)

Adamax (asséché)

Nacto (asséché)

Haunted Forest

Okaukuejo Rest Camp

Ondundozonanandana Mountains

Grünewald (asséché)

L'aube et le crépuscule constituent les meilleurs moments pour surprendre les animaux. Les visiteurs n'ont cependant pas le droit de sortir des camps après la tombée du jour. Ceux qui ont un véhicule ont intérêt à profiter du crépuscule, quand les animaux sont les plus actifs. Les safaris guidés de nuit en voiture (600 $N/pers) proposés par les principaux camps offrent le maximum de chances d'apercevoir des lions en train de chasser, et autres espèces aux mœurs nocturnes. Dans chaque camp, un livre d'or recueille les témoignages concernant les animaux aperçus dans les parages.

🛏 Où se loger

Les principaux camps à l'intérieur du parc sont ouverts toute l'année et comprennent restaurants, bars, magasins, piscines, aires de pique-nique, stations-service, kiosques et points d'eau éclairés attirant les animaux à la nuit tombée. Bien qu'il soit parfois possible de réserver une place à l'une ou l'autre des entrées du parc, mieux vaut contacter le bureau de NWR à Windhoek (p. 52) longtemps à l'avance, en particulier pour une visite le week-end, et d'autant plus pendant la saison sèche.

🏨 Dans le parc

Olifantsrus Rest Camp CAMPING $
(☎061-2857200 ; www.nwr.com.na ; camping 280 $N). Situé à l'ouest du parc dans une zone ouverte depuis peu au public, le camp le plus récent d'Etosha occupe le territoire d'un ancien abattoir d'éléphants – on peut encore voir le sinistre matériel. Dans l'espace clôturé d'Olifantsrus se trouvent un petit kiosque, de bons emplacements de camping et un merveilleux affût surplombant un point d'eau. Le matin, vous pourrez y observer divers animaux, notamment des envolées de gangas namaqua. Nous avons vu des rhinocéros noirs s'y désaltérer la nuit.

Halali Rest Camp LODGE, CAMPING $
(☎067-229400, 061-2857200 ; www.nwr.com.na ; empl camping 250 $N, plus 150 $N/pers, s/d à partir de 1 150/2 040 $N, bungalow s/d à partir de 1 530/2 800 $N ; ❄ 🏊). Le camp intermédiaire d'Etosha se niche entre plusieurs affleurements dolomitiques incongrus. Un camping très bien entretenu y côtoie un ensemble de bungalows plutôt luxueux. À 10 minutes de marche du camp, un point d'eau éclairé, à l'abri d'un vallon planté d'arbres et parsemé

d'énormes rochers, est l'élément le plus intéressant de Halali.

Le court sentier de randonnée de Tsumasa gravit Tsumasa Kopje, la colline la plus proche, d'où l'on peut prendre de magnifiques photos panoramiques du parc. Moins spectaculaire qu'Okakuejo, il ménage un cadre merveilleusement intime pour savourer un verre de vin en scrutant le bush à la recherche des rhinocéros et des lions qui viennent fréquemment s'abreuver en fin de soirée.

Les safaris en voiture de jour/nuit coûtent 500/600 $N par personne. Réservez longtemps à l'avance les excursions de nuit.

Namutoni Rest Camp LODGE, CAMPING $$
(☎067-229300, 061-2857200 ; www.nwr.com.na ; empl camping 200 $N, plus 110 $N/pers, s/d à partir de 850/1 500 $N, bungalow s/d à partir de 1 000/1 800 $N ; ❄ 🏊). Le camp le plus à l'est se distingue par son fort allemand blanchi à la chaux. Un camping impeccable (le seul du parc disposant d'herbe) jouxte quelques bungalows de luxe en lisière de bush – les chambres pourvues de murs blanchis à la chaux, de bois sombre et d'une décoration afro-chic sont les plus jolies du réseau NWR.

À côté du fort, une source coule au milieu des roches calcaires et le point d'eau éclairé de King Nehale, rempli de bouquets de roseaux, résonne du coassement des grenouilles. Les bancs sont agréables pour déjeuner ou contempler la rive, mais l'endroit attire curieusement peu d'animaux en quête d'eau.

Les safaris de jour/nuit coûtent 500/600 $N par personne. Réservez bien à l'avance les excursions de nuit. À noter que la faune y est moins abondante que dans d'autres camps.

♥ Onkoshi Camp LODGE $$$
(☎067-687362, 061-2857200 ; www.nwr.com.na ; 2 750 $N/pers en demi-pension, transfert depuis Namutoni incl ; ❄ 🏊). En arrivant à Onkoshi depuis Namutoni, vous serez conduit en voiture dans une enclave retirée au bord du pan et l'on vous remettra la clé d'un des 15 bungalows de toile et de chaume sur pilotis, très loin des logements touristiques habituels. Le décor intérieur est une riche combinaison de bois précieux, de bambou, de métal travaillé, de mobilier raffiné, d'objets d'art et de porcelaine fine.

Hormis se prélasser dans ce cadre royal, les hôtes ont la possibilité d'entreprendre des safaris personnalisés (à partir de

500 $N/pers) en compagnie des meilleurs guides d'Etosha et de déguster des dîners élaborés à la lueur des bougies.

Okaukuejo Rest Camp LODGE, CAMPING $$$

(☎ 067-229800, 061-2857200 ; www.nwr.com.na ; empl camping 250 $N, plus 150 $N/pers, s/d 1 400/2 540 $N, bungalow s/d à partir de 1 470/2 680 $N ; P ❄ ☎). Le site de l'Etosha Research Station fait office de siège du parc et de principal centre d'accueil. Le point d'eau d'Okaukuejo (prononcez "o-ka-kui-yo") est sans doute le meilleur endroit d'Etosha pour observer des rhinocéros, surtout entre 20h et 22h. Parfois bondé, le terrain de camping dispose d'excellentes installations communes telles que postes de lavage, *braai* (barbecues), toilettes et douches chaudes.

Les logements indépendants se composent de chambres anciennes (rénovées) et de bungalows. Le remarquable bungalow "point d'eau" sur 2 niveaux offre, depuis sa terrasse centrale, une vue incomparable sur les animaux qui se désaltèrent. Son seul inconvénient : le va-et-vient des gens autour du point d'eau à quelques mètres de votre porte jusque tard dans la nuit.

Les safaris de jour/nuit coûtent 500/600 $N par personne. Pensez à réserver les excursions de nuit.

Dolomite Camp LODGE $$$

(☎ 061-2857200, 065-685119 ; www.nwr.com.na ; s/d en demi-pension à partir de 2 040/3 580 $N ; ❄ ☎). Ce camp nouvellement installé dans une ancienne zone en accès restreint, à l'ouest du parc, s'intègre merveilleusement bien dans son cadre rocailleux. Les clients dorment dans des bungalows à toit de chaume (plus exactement des tentes de luxe), dont 2 avec piscine privative. La vue sur les plaines environnantes est superbe et il y a même un point d'eau permettant d'observer la faune sans trop s'écarter de son lit.

L'environnement, exempt de toute activité humaine depuis un demi-siècle, permet de voir des animaux dans un cadre idéal. Les safaris guidés de 3 heures jour/nuit coûtent 500/650 $N.

🛏 En dehors du parc

Toshari LODGE $$

(☎ 067-333440 ; www.etoshagateway-toshari.com ; camping 125 $N, s/d 900/1 320 $N ; ☎ ☎). À l'extérieur du parc, à 25 km d'Etosha au

bord de la C38, vous trouverez des bungalows dénués de charme, de type cellules, mais néanmoins confortables et situés en plein dans le bush. Le camping possède de superbes emplacements (3 seulement) herbeux – chose rare en Namibie –, une salle de bains privative, un *braai* (barbecue), un banc en pierre et de l'ombre.

Les campeurs ont accès aux installations du lodge, notamment le thé et le café en libre-service, un bar bien fourni et un espace commun à l'ambiance décontractée qui plaît beaucoup à une mangouste apprivoisée.

Mokuti Lodge LODGE $$

(☎ 061-2075360 ; www.mokutietoshalodge.com ; 1 065 $N/pers avec petit-déj ; ❄ @ ☎ ☎). Ce vaste lodge, à 2 km seulement de l'entrée Von Lindequist du parc, se compose de chambres, de bungalows et de luxueuses suites, ainsi que de plusieurs piscines, d'un spa et de courts de tennis, mais ses bâtiments discrets donnent une impression d'intimité. Les hébergements allient élégamment confort moderne et style africain. Les bungalows sont équipés de canapés confortables et de plateaux de bienvenue.

Grâce à son lodge à l'ambiance détendue (avec *boma*, foyer et soirées contes), c'est un endroit idéal si vous voyagez avec des enfants. Ne manquez pas le parc de reptiles attenant : certains, plutôt inquiétants, ont été capturés dans les environs.

♥ Ongava Lodge LODGE $$$

(☎ 061-225178 ; www.wilderness-safaris.com ; s/d en demi-pension 4 771/7 632 $N ; ❄ @ ☎). Le lodge le plus sélect de la région d'Etosha, non loin au sud de l'entrée Andersson, fait partie de l'Ongava Game Reserve, qui protège plusieurs groupes de lions et des rhinocéros blancs et noirs, en plus des habituels troupeaux d'herbivores. Il se divise en deux parties : l'Ongava Lodge proprement dit, un ensemble de bungalows chics de style safari autour d'un petit point d'eau, et l'Ongava Tented Camp, composé de 8 tentes en toile plus avant dans le bush. La réserve dispose de deux autres sites d'hébergement.

Onguma Etosha Aoba Lodge LODGE $$$

(☎ 067-229100 ; www.etosha-aoba-lodge.com ; s/d en demi-pension à partir de 2 020/3 340 $N ; ❄ @ ☎). Sur l'Onguma Game Reserve, domaine privé de 70 km², à 10 km à l'est de l'entrée Von Lindequist, ce lodge tranquille se dresse dans une forêt de tamboti (santal africain) près d'une rivière asséchée. Ses

LE PARC NATIONAL D'ETOSHA EN UN CLIN D'ŒIL

Pourquoi y aller

Côté chiffres : Etosha abrite 114 espèces de mammifères, 340 espèces d'oiseaux, 16 espèces de reptiles et d'amphibiens, 1 espèce de poisson et d'innombrables espèces d'insectes. Côté paysages : la nature désolée du pan, ses paysages ouverts et, bien sûr, ses points d'eau en font l'un des meilleurs endroits du continent où observer les animaux. C'est aussi l'un des sites d'Afrique australe qui se prête le mieux à l'observation des rhinocéros noirs, une espèce gravement menacée.

Villes étapes

La plupart des voyageurs venant du Sud font une halte à Outjo – qui se situe à 100 km environ, par une bonne route goudronnée, de l'entrée Andersson d'Etosha. Vous pourrez y faire des provisions au supermarché, utiliser Internet et profiter des bons restaurants. Si vous rejoignez le parc par l'est (depuis la bande de Caprivi ou Rundu, par exemple), vous passerez par Tsumeb, autre étape pratique avant le parc, à environ 110 km de l'entrée Von Lindequist.

Faune

Les rhinocéros noirs sont les vedettes du parc. Bien qu'ils soient généralement bien cachés, vous n'aurez aucun mal à en voir autour des points d'eau à proximité des camps la nuit. Il y a aussi des lions, des guépards, des éléphants, des chacals à chabraque, des girafes, des autruches, des gemsboks et plusieurs espèces d'antilopes.

Conseils de l'auteur

➡ Si vous prévoyez de pique-niquer, apportez vos provisions, car le choix dans les magasins du parc est très limité.

➡ Dans les camps, allez jeter un coup d'œil tard le soir autour des points d'eau éclairés, après que la plupart des visiteurs sont partis se coucher. C'est ce que nous avons fait à Halali et Okaukuejo, et nous avons pu observer des rhinocéros noirs : l'une de nos plus belles rencontres d'animaux en Afrique.

Safaris à petit prix

➡ Vous pouvez faire des économies sur la location d'un véhicule, en constituant un groupe. Sinon, participez à des safaris bon marché (demandez à Swakpmund) ou louez un emplacement sur un camping du parc et joignez-vous aux safaris organisés par les autorités du parc.

Conseils pratiques

➡ Vous trouverez des cartes du parc dans tout le pays et dans les magasins à la plupart des entrées du parc. La carte en anglais et en allemand *Map of Etosha* (à partir de 40 $N) de **NWR** (p. 52) est la plus répandue et l'une des plus pratiques. Elle contient également des informations sur le parc et des fiches d'identification de mammifères et d'oiseaux.

➡ Les quatre entrées principales d'Etosha sont Von Lindequist (Namutoni), à l'ouest de Tsumeb ; King Nehale, au sud-ouest d'Ondangwa ; Andersson (Okaukuejo), au nord d'Outjo ; et Galton, au nord-ouest de Kamanjab.

10 cottages se fondent parfaitement dans le paysage et son bâtiment principal invite à une détente conviviale.

La réserve d'Onguma dispose d'autres lodges affiliés et d'excellents camping (à partir de 220 $N/pers). Certains, notamment le Tamboti Luxury Campsite, sont dotés d'équipements privatifs, d'un restaurant et d'une piscine. Pour plus d'informations, voir le site www.onguma.com.

Taleni Etosha Village   CAMP DE BROUSSE **$$$**
(☎ 067-333413, en Afrique du Sud 27-21-930 4564 ; www.taleni-africa.com ; camping 150 $N, s/d pension complète haute saison 1 951/2 928 $N ;

❄🕿). Ce petit havre de paix à quelques kilomètres du parc abrite des tentes safari indépendantes (possibilité de demi-pension et de pension complète), avec espace pour s'asseoir à l'extérieur, *braai* (barbecues), parquet, prises électriques et quantité de petits détails appréciables. Les tentes sont nichées dans le bush au milieu des mopanes et le sympathique personnel peut se charger des provisions si vous préférez cuisiner vous-même. Situé 2 km avant l'entrée Andersson.

Etosha Village offre aussi de bons campings, bien que peu ombragés.

Mushara Lodge   LODGE $$$
(🖋061-241880 ; www.mushara-lodge.com ; s/d à partir de 1 850/3 700 $N ; 🕿❄). Appartenant à Mushara Collection, groupe hôtelier élégant qui compte trois autres propriétés, ce lodge offre des chambres spacieuses et très confortables, ornées de bois, de chaume et d'osier.

Epacha Game Lodge & Spa   LODGE $$$
(🖋061-375300 ; www.epacha.com ; s/d pension complète 3 500/5 800 $N). Dans Epacha Game Reserve, réserve privée de 21 km², ce magnifique lodge est réputé pour ses superbes chambres. Situé sur les hauteurs d'une colline, il bénéficie d'une belle vue, et baigne dans une ambiance raffinée et tranquille. Outre les safaris de nuit, il est le seul à proposer du tir au pigeon. La réserve compte aussi un lodge sous tente et des villas privées de luxe.

Emanya Lodge   LODGE $$$
(🖋061-222954 ; www.emanya.com ; s/d 1 730/3 068 $N ; 🕿❄). Élégance et distinction se dégagent de ce lodge atypique et moderne. Ses chambres sobres aux tons ocre sont très plaisantes. La cave à vin et les bains de pieds (spa) sortent de l'ordinaire à Etosha.

Etosha Safari Camp   CAMPING, LODGE $$$
(🖋061-230066 ; www.gondwana-collection.com ; camping 175 $N, bungalow s/d 1 211/2 264 $N ; ❄🕿❄). En optant pour ce vaste terrain doté de très beaux emplacements herbeux, vous augmentez vos chances d'avoir une place même sans avoir réservé. L'endroit ressemble à un petit village et comprend un bar *shebeen* (débit de boissons informel), mais aussi quantité d'éléments insolites, comme une boutique installée dans un wagon. Des safaris motorisés dans le parc sont proposés.

À 9 km du parc sur la C38, juste en retrait de la route et bien indiqué. L'**Etosha Safari Lodge**, juste à côté, appartient aussi au groupe Gondwana.

Hobatere Lodge   LODGE $$$
(🖋061-228104, 067-330118 ; www.hobatere-lodge.com ; s/d demi-pension 1 944/3 240 $N ; 🕿❄). Près de la lisière ouest d'Etosha, à 65 km au nord-ouest de Kamanjab, Hobatere est situé sur les 88 km² d'une concession privée où vous pourrez observer de grands félins, des éléphants et l'habituelle faune des plaines. Le lodge collabore avec la communauté locale, et propose des safaris en voiture de jour et de nuit. Les bungalows aux toits en chaume qui ont été rénovés sont bien entretenus.

ℹ️ Depuis/vers le parc national d'Etosha

Il n'y a pas de transports en commun pour rejoindre le parc et circuler à l'intérieur, d'où la nécessité de disposer d'une voiture ou de participer à un safari organisé.

La plupart des routes d'Etosha sont praticables avec une voiture de tourisme. La vitesse dans le parc est limitée à 60 km/h afin de protéger la faune et d'éviter les nuages de poussière.

L'axe entre Namutoni et Okaukuejo longe l'Etosha Pan, procurant de superbes perspectives sur ses vastes étendues. On ne peut pas rouler à travers le pan, mais un réseau de routes gravillonneuses sillonne la savane et les bosquets de mopanes environnants pour rejoindre l'Etosha Lookout, un point de vue au milieu du désert de sel.

Nord

Le top des hébergements

➡ N'Kwazi Lodge (p. 85)

➡ Nambwa Tented Lodge (p. 90)

➡ Livingstone's Camp (p. 95)

➡ Protea Hotel Ondangwa (p. 81)

Se loger et observer la faune

➡ Protea Hotel Zambezi Lodge (p. 92)

➡ Chobe Savannah Lodge (p. 93)

➡ Nkasa Lupala Lodge (p. 96)

Pourquoi y aller

Région la plus densément peuplée et véritable cœur culturel du pays, le Nord est l'endroit tout indiqué pour vivre une aventure africaine authentique. Le ciel infini rejoint des horizons lointains, créant une impression d'immensité. L'espace ne manque pas pour méditer, et l'on se retrouve à chanter à tue-tête sur une route de terre, agrippé à son volant tout en contemplant le paysage.

La région prend forme à partir de la bande de Caprivi où, à côté de villages traditionnels, un ensemble de parcs nationaux se repeuple petit à petit d'animaux, après des décennies de guerre et de conflit. Durant cette période trouble, les animaux avaient tristement été décimés par les braconniers. Depuis, grâce à une prise en charge évolutive de la faune, le nord de la Namibie figure de nouveau au programme des circuits de safari.

Comment circuler

Le territoire owambo est relativement bien desservi par les *combis* (minibus). Les routes C46 et B1 sont goudronnées et en bon état. En dehors de ces axes, les routes sont cahoteuses et un 4×4 est souvent nécessaire, surtout après de fortes précipitations.

Si vous comptez traverser la bande de Caprivi pour rejoindre les chutes Victoria, sachez que la compagnie Intercape Mainliner relie Windhoek à Livingstone (Zambie). La route est goudronnée ou en gravier, et praticable par les véhicules de tourisme. Toutefois, une voiture à garde haute, de préférence un 4×4, est indispensable pour visiter les parcs nationaux.

La ville de Tsumkwe, dans l'Otjozondjupa, est accessible en voiture, mais il vous faudra un véhicule plus robuste pour rallier les villages san les plus éloignés. Si vous poussez jusqu'au Khaudum National Park, préférez un 4×4 parfaitement équipé et tâchez de vous déplacer en convoi d'au moins deux véhicules.

Géographie

Appelé la terre des Rivières, le Nord est encadré par le Kunene et l'Okavango le long de la frontière angolaise, à l'est par le Zambèze ainsi que par le réseau fluvial formé par le Kwando, le Mashe, la Linyanti et le Chobe. Dans le Nord-Est, la région vallonnée du Kavango est dominée par le fleuve Okavango. À l'est du Kavango s'étire la longue bande de Caprivi, territoire sans relief aux vastes forêts d'acacias. Longeant la frontière botswanaise, l'Otjozondjupa est une contrée sauvage peu peuplée dont les forêts de broussailles abritent plusieurs villages san épars.

Pays des Owambo et ses environs

Les régions d'Omusati, d'Oshana, d'Ohangwena et d'Otjikoto forment le territoire des Owambo, peuple majoritaire de la Namibie. Bien que dépourvu de curiosités, le pays des Owambo abrite une société rurale prospère et dynamique. La région est réputée pour la qualité de sa vannerie et de ses objets en fibres de canne à sucre ; vous apercevrez de nombreux étals vendant les articles au bord des routes. Ceux-ci présentent généralement de jolis motifs géométriques marron, sur le fond jaune pâle de la fibre naturelle.

Ondangwa

22 822 HABITANTS / 🖰 065

La deuxième ville owambo est connue pour être un petit centre de transit, d'où partent des *combis* à destination des autres villes et bourgades du Nord. Elle abrite de nombreux entrepôts, qui alimentent les 6 000 minuscules *cuca* (petites boutiques baptisées du nom de la bière angolaise qu'elles vendaient autrefois) où s'approvisionnent les habitants des campagnes de la région.

◉ À voir

Lac Oponono LAC

Principale attraction de la région, le lac Oponono est une vaste zone humide alimentée par les *oshanas* (des chenaux souterrains) de Culevai. Après une forte saison des pluies, une avifaune variée (jabirus d'Afrique, grues couronnées, flamants roses et pélicans) s'installe sur les rives du lac, à 27 km au sud d'Ondangwa.

Nakambale Museum MUSÉE

(15 $N ; ⊙ 8h-13h et 14h-17h lun-ven, 8h-13h sam, 12h-17h dim). Nakambale, bâtie à la fin des années 1870 par le missionnaire finlandais Martti Rauttanen, serait la plus ancienne construction du nord du pays. Elle abrite aujourd'hui un petit musée consacré à l'histoire et à la culture owambo. Nakambale fait partie du village d'Olukonda, à 20 km au sud d'Ondangwa par la D3629.

🛏 Où se loger

Nakambale Campsite CAMPING $

(☑ 065-245668 ; camping 50 $N, cases 100 $N/pers). Voici l'occasion de dormir dans une case rudimentaire, qui a pu appartenir à un chef owambo ou à l'une de ses épouses – une expérience insolite, mais le confort est limité. À la périphérie du village d'Olukonda, à 20 km au sud d'Ondangwa par la D3629.

♥ Protea Hotel Ondangwa HÔTEL $$

(☑ 065-241900 ; www.marriott.com/hotels/travel/ondon-protea-hotel-ondangwa ; s/d à partir de 1 038/1 215 $N ; ❄ 🛜 🛏). Cet hôtel d'affaires chic dispose de chambres lumineuses ornées de jolies œuvres d'art et de mobilier moderne. Son restaurant, le Chatters, prépare une cuisine correcte d'inspiration européenne. Petit café avec vente à emporter dans le vestibule.

❶ Depuis/vers Ondangwa

AVION

Air Namibia assure des vols quotidiens depuis/vers l'aéroport Eros de Windhoek. La piste d'atterrissage d'Oshakati est réservée aux vols privés. Ondangwa constitue la principale porte d'entrée dans le Nord pour les voyageurs arrivant par avion.

BUS

Les *combis* circulent dans les deux sens sur la B1, selon une fréquence relativement régulière. Le trajet de Windhoek à Ondangwa ne devrait pas dépasser 200 $N. D'Ondangwa, un réseau complexe d'itinéraires relie les différentes agglomérations du Nord ; comptez moins de 40 $N par trajet.

VOITURE

La B1 est goudronnée de Windhoek à Ondangwa, ainsi que jusqu'à Oshakati.

À Oshikango, le passage frontalier menant à Santa Clara, en Angola, est à 60 km au nord d'Ondangwa ; un visa angolais autorisant un déplacement par voie terrestre est nécessaire pour poursuivre vers le nord.

Oshakati

36 541 HABITANTS / ☎ 065

Nœud commercial sans attrait, la capitale de l'Owambo n'est guère plus qu'une succession de vilaines constructions implantées le long de la route. Il est néanmoins intéressant de passer une heure ou deux dans le grand marché couvert, qui propose aussi bien des vêtements et des vanneries que des vers de mopane et de la *tambo* (bière) fraîchement brassée.

🛏 Où se loger

Oshakati
Guest House   PENSION $

(☎ 065-224659 ; www.oshakatiguesthouse.com ; Sam Nujoma Rd ; ch 400-700 $N ; ❄). Les chambres avec salle de bains privatives, sans prétention mais joliment aménagées, font de cette pension une excellent point de chute dans le secteur. Le restaurant peut parfois être bruyant.

Oshandira Lodge   LODGE $

(☎ 065-220443 ; oshandira@iway.na ; s/d 550/ 800 $N ; ❄). Si vous devez passer la nuit sur place, ce lodge, à côté de la piste d'atterrissage, propose des chambres basiques, mais spacieuses, aménagées autour d'une piscine avec jardin et d'un restaurant en plein air avec toit de chaume. Chambres correctes pour une nuit.

Oshakati Country Lodge   LODGE $$

(☎ 065-222380 ; Robert Mugabe Rd ; s/d à partir de 880/1 320 $N ; ❄ @ ❄). Ce lodge est l'adresse privilégiée des dignitaires étrangers et des hommes d'affaires. Un bon choix si le confort moderne vous est indispensable.

ℹ Renseignements

Actuellement, le meilleur endroit pour faire une demande de visa angolais est le **consulat d'Angola** (☎ 065-221799 ; Dr Agostinho Neto Rd).

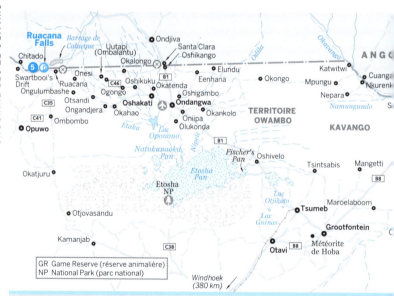

```
GR  Game Reserve (réserve animalière)
NP  National Park (parc national)
```

À ne pas manquer

❶ La découverte d'un mode de vie ancestral auprès des San de l'**Otjozondjupa** (p. 96)

❷ L'exploration des réserves fauniques encore méconnues de la **bande de Caprivi** (p. 88)

❸ La mise à l'épreuve de votre 4x4 lors d'une expédition sur les pistes sablonneuses du **Khaudum National Park** (p. 87)

❶ Depuis/vers Oshakati

De la gare routière située sur le marché, des *combis* partent régulièrement vers le nord.

Uutapi (Ombalantu) et ses environs

🎵 065

S'étirant le long de la C46 entre Oshakati et Ruacana, les environs d'Uutapi (également appelée Ombalantu) recèlent des sites intéressants appartenant au patrimoine national. Ils méritent une halte si vous disposez d'un véhicule et que vous traversez la région.

◉ À voir

Fort   FORT
Le lieu le plus réputé d'Uutapi est l'ancienne base de la Force de défense sud-africaine (SADF). Un gigantesque baobab, appelé *omukwa*, domine le site. Cet arbre protégea le bétail de la convoitise des envahisseurs. Il servit ensuite de tourelle lors des embuscades tendues aux tribus s'aventurant dans la région. Il ne permit toutefois pas de repousser les forces sud-africaines qui s'installèrent et réservèrent au géant toutes sortes d'usages, le transformant notamment en chapelle puis en café.

Pour rejoindre le fort, prenez à gauche au poste de police, à 350 m au sud de la station-service, et cherchez la vague piste herbeuse qui serpente entre les bâtisses disparates jusqu'à l'incontournable baobab.

Ongulumbashe   VILLE
La bourgade d'Ongulumbashe est considérée, à juste titre, comme le lieu de naissance de la Namibie moderne. Le 26 août 1966, les premiers coups de feu de la guerre d'indépendance furent tirés de cette parcelle de brousse. C'est aussi sur ce site que l'Armée de libération du peuple de Namibie remporta sa première victoire sur les troupes sud-africaines, qui avaient reçu l'ordre de démanteler et de réprimer toute activité de guérilla. L'endroit abrite encore quelques bunkers reconstruits ainsi que l'"aiguille",

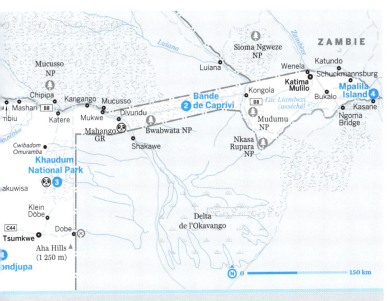

❹ Une nuit de rêve dans l'un des luxueux lodges de **Mpalila Island** (p. 92), à l'extrémité est du pays

❺ Un aperçu de l'Angola en franchissant la frontière aux **Ruacana Falls** (p. 84)

monument commémorant l'affrontement. Une eau-forte à l'arrière du mémorial rend hommage au Pistolet-Pulemyot Shpagina (PPSh), fusil automatique russe qui joua un rôle décisif dans le conflit.

La région est considérée comme sensible sur le plan politique – pour visiter le site, vous devrez obtenir une autorisation auprès du bureau de la Swapo (☎065 251 038), à Uutapi.

Ongandjera
VILLE

Dans un souci d'hommage patriotique (dans le sens namibien), vous pouvez visiter la bourgade d'Ongandjera, ville natale de l'ancien président Sam Nujoma. Le kraal (village traditionnel) rose où il passa son enfance constitue désormais un lieu de pèlerinage national. Un drapeau, bien visible, de la Swapo le distingue des kraals voisins. Ce lieu demeure une résidence privée et n'est pas ouvert au public ; vous devrez vous contenter de l'observer à distance.

Ruacana

2 985 HABITANTS / ☎ 065

Située sur la rivière Kunene, la minuscule bourgade de Ruacana (du herero *orua hakahana*, les rapides) est le point de départ pour visiter les Ruacana Falls. La Kunene se divise ici en plusieurs bras avant de s'élancer au-dessus d'un escarpement spectaculaire de 85 m de haut, puis de serpenter sur 2 km dans une longue gorge creusée par le fleuve. La bourgade doit sa seule existence à l'entreprise NamPower, qui y a fait édifier une centrale hydroélectrique souterraine d'une puissance de 320 mégawatts. Cette construction permet aujourd'hui d'assurer plus de la moitié de la demande énergétique nationale.

⊙ À voir

Ruacana Falls
CHUTES

Les chutes de Ruacana étaient une merveille naturelle avant d'être transformées par la construction du barrage de Calueque en Angola, à 20 km en amont, et de la centrale électrique de Ruacana par NamPower. Le filet d'eau s'écoulant du premier barrage est collecté par un déversoir, à 1 km au-dessus des chutes, qui le conduit jusqu'à l'usine hydroélectrique pour faire fonctionner les turbines. Les chutes de Ruacana ne renouent avec leur splendeur passée que les rares fois où l'eau coule en abondance. Lors des années particulièrement pluvieuses, il n'est pas exagéré de comparer les Ruacana aux chutes Victoria – si vous apprenez que les eaux coulent à flots, vous ne regretterez pas cette excursion (qui est aussi l'occasion de s'approcher de très près de l'Angola).

Pour rejoindre les chutes, obliquez vers le nord à 15 km à l'ouest de Ruacana et suivez les panneaux indiquant le poste-frontière. Pour visiter la gorge, vous devez quitter provisoirement la Namibie après avoir signé le registre de l'immigration. Après le passage de la frontière namibienne, prenez à gauche (sur la droite se trouve le poste-frontière angolais, relativement délabré) jusqu'au bout de la route. De là, vous pouvez observer les ruines de l'ancienne centrale électrique, détruite par les forces de libération namibiennes. Les bâtisses portent des traces de tirs de mortier et d'artillerie, une image qui contraste vivement avec le cadre paisible.

🛏 Où se loger

Hippo Pools Camp Site
CAMPING $

(☎065-270120 ; camping 60 $N). Également appelé Otjipahuriro, ce camping d'initiative locale situé le long du fleuve dispose d'emplacements ombragés et relativement isolés les uns des autres. Il possède des *braai* (barbecues), des douches chaudes et des toilettes écologiques creusées dans le sol. Les membres de la communauté locale organisent des excursions jusqu'aux Ruacana Falls ou aux villages himba voisins moyennant une petite participation.

Ruacana Eha Lodge
LODGE $$

(☎065-271500 ; www.ruacanaehalodge.com.na ; Springbom Ave ; camping 90 $N, cases 250 $N/pers, s/d 775/1 100 $N ; ❄@≋). Ce lodge haut de gamme est à la portée de toutes les bourses avec ses sites de camping bien entretenus, ses cases rustiques et ses chambres impeccables. Havre de paix au cœur de Ruacana, il possède des jardins luxuriants et un petit bassin rafraîchissant. Des excursions sont organisées dans les villages himba des environs et aux chutes de Ruacana.

ℹ Depuis/vers Ruacana

Ruacana se trouve à proximité de l'embranchement des routes pour Opuwo et le territoire owambo et de la piste chaotique pour 4×4 située le long du Kunene jusqu'au Swartbooi's Drift. Attention : les indications kilométriques sur la C46 confondent la ville de Ruacana avec la centrale électrique, située 15 km plus loin. Toutes deux sont signalées par des pancartes "Ruacana".

Pour les voyageurs se dirigeant vers l'ouest, la station-service ouverte 24h/24 est la dernière avant l'océan Atlantique ; c'est aussi le terminus des minibus circulant l'après-midi depuis/vers Oshakati et Ondangwa (environ 40 $N).

Kavango

Le Kavango, région vallonnée et fortement boisée, est dominé par l'Okavango et ses vastes plaines fluviales. La plupart des voyageurs le visitent en même temps que la bande de Caprivi et le Khaudum National Park. Avec l'intérêt suscité par le renouveau des parcs nationaux de Caprivi, la région est en train de devenir une destination prisée pour observer la faune.

Les sols fertiles et les bancs de pêche assurent la subsistance d'importantes communautés mbukushu, sambiyu et des peuples de la bande de Caprivi. Tous sont réputés pour la qualité de leurs sculptures sur bois – animaux, masques, chopes à bière, cannes et boîtes sont creusés dans du *dolfhout* (teck sauvage), un arbre peu épais, et constituent de superbes souvenirs.

Rundu

63 430 HABITANTS / 🖉 066

Avant-poste tropical situé sur les à-pics surplombant l'Okavango, Rundu représente un grand centre d'activité pour la communauté angolaise, en pleine expansion. Bien que cette ville à la chaleur étouffante n'offre guère de véritable attrait pour les visiteurs,

la région abrite un certain nombre de lodges merveilleux, où vous pourrez paresser le long du fleuve en guettant crocodiles et hippopotames. De fait, elle constitue une bonne étape sur la route entre la bande de Caprivi et Grootfontein ou Etosha.

🛏 Où se loger

Les lodges de Rundu et de ses alentours proposent un large choix d'excursions : croisières au coucher du soleil, canoë, pêche, etc.

💙 N'Kwazi Lodge   LODGE $

(🖉 081 242 4897 ; www.nkwazilodge.com ; camping par adulte/enfant 100/50 $N, s/d 600/1 000 $N). Sur les berges de l'Okavango, à 20 km environ du centre-ville de Rundu, cette retraite paisible se fond dans la forêt environnante et les chambres sont joliment agrémentées de touches personnelles. Le camping est agréable, bien que parfois un peu envahi par les 4×4 de safaris. Ce lodge offre un excellent rapport qualité/prix : pas de supplément pour les chambres simples et buffet du soir à 260 $N très apprécié, à juste titre.

Valerie et Weynand Peyper, les propriétaires, défendent activement le tourisme responsable et travaillent en lien étroit avec la communauté locale. Ils ont de nombreux projets en cours, comme l'aide aux orphelins du secteur. Les hôtes peuvent visiter les villages locaux (circuit dans un village : 50 $N).

NORD KAVANGO

POSTE FRONTALIER DE RUNDU-ANGOLA

Le passage de la frontière ne se fait ici quasiment que dans un sens : les Angolais arrivent par dizaines en Namibie pour faire des achats dans les magasins, bénéficier de soins médicaux et rendre visite à des proches. En revanche, des Namibiens nous ont expliqué qu'il n'est pas si facile pour eux de pénétrer en Angola. Quant aux touristes, ils sont synonymes d'argent facile pour les autorités angolaises, qui n'hésitent pas à demander des pots-de-vin ou à procéder à des arrestations. L'anglais n'étant pas très répandu, des connaissances de base en portugais vous seront d'une grande aide. Obtenir un visa angolais (100 $US) à Windhoek n'est pas chose facile et il faudra vous armer de temps et de patience. Tout peut dépendre de la manière dont vous négocierez avec l'ambassade angolaise et, bien sûr, de votre nationalité. Votre demande de visa devra comprendre la lettre d'invitation d'une personne vivant en Angola et la copie de sa carte d'identité. Au moment où nous écrivons, Oshakati est le meilleur endroit en Namibie pour déposer une demande de visa pour l'Angola.

Quelques agences de voyages proposent des circuits organisés basiques en Angola, comprenant les services d'un guide, un véhicule et du matériel de camping ; Namib-i (p. 153), à Swakopmund, fournit de bons renseignements. L'avantage avec les agences est que votre demande de visa sera prise en charge, lettre d'invitation incluse.

Certains lodges comme N'Kwazi Lodge à Rundu organisent des croisières sur l'Okavango et s'arrêtent du côté angolais afin de permettre aux visiteurs de fouler le sol de ce pays.

Rundu

Sarasungu River Lodge
LODGE **$**

(☎066-255161 ; camping 170 $N, ch à partir de 996 $N ; ❄☎☀). Dans une clairière isolée sur la rive du fleuve, à 4 km du centre-ville. De beaux chalets au toit de chaume ont été aménagés autour d'un jardin avec piscine, et un camping herbeux de taille correcte offre des équipements de base… et de beaux couchers de soleil. On trouve également un bar-restaurant. Même si les excursions sur la rivière (parfois annulées) sont plutôt destinées aux groupes namibiens, ce lodge reste une bonne adresse.

Tambuti Lodge
LODGE **$**

(☎066-255711 ; www.tambuti.com.na ; camping 100 $N, s/d avec petit-déj 700/900 $N ; ☎☀). À moins de 1 km de la ville, les murs de pierre et les sols dallés de ce lodge établi de longue date dégagent une impression de splendeur passée. Les chambres, spacieuses, sont équipées de grandes baignoires sur pied, de moustiquaires et de petites vérandas. Le lodge propose également des croisières sur l'Okavango.

Hakusembe Lodge
LODGE **$$**

(☎061-427200, 066-257010 ; www.gondwana-collection.com ; camping 140 $N, chalets en demi-pension à partir de 1 450 $N/pers ; ❄☀). Désormais membre de la prestigieuse chaîne Gondwana Collection, ce lodge isolé, situé au milieu d'un luxuriant jardin en bord de rivière, se compose de chalets de luxe (dont un flottant) dotés de parquet et de meubles de fabrication locale. Les activités sont tournées vers la rivière : observation des oiseaux et des crocodiles, et plaisantes croisières à la tombée du jour. Pour vous y rendre, roulez pendant 17 km sur Nkurenkuru Road, puis sur 2 km vers le nord et la berge.

Taranga Safari Lodge
LODGE **$$**

(☎066-257010 ; www.taranganamibia.com ; près de B10 ; camping 250 $N, chalet 1 400-1 750 $N ; ❄☎☀). Intime et relativement nouveau à Kavango, cet établissement dispose de 6 chalets haut de gamme en toile (dont 2 "deluxe"). La plupart des chambres sont très spacieuses, avec parquet, baignoire sur pieds et lit à baldaquin. À environ 35 km à l'ouest de Runu, après Kapako et tout près de la B10 au bord de la rivière.

🔒 Achats

Marché couvert
MARCHÉ

Déambulez dans le grand marché couvert, l'un des plus élaborés d'Afrique. De juillet à septembre, ne manquez pas les papayes fraîches, vendues aussitôt cueillies.

Ncumcara Community Forestry Craft Centre
ART ET ARTISANAT

(B8 ; ☺lun-sam, dim après la messe). Cette boutique d'artisanat propose des sculptures à prix très raisonnable en bois, issu d'une exploitation responsable. La qualité est au rendez-vous et les bénéfices sont reversés à la communauté locale. À 35 km au sud de Rundu ; s'il n'y a personne, attendez que quelqu'un se montre et poussez la porte.

ℹ Depuis/vers Rundu

BUS

Plusieurs bus **Intercape Mainliner** (p. 269) circulent chaque semaine entre Windhoek et Rundu (à partir de 780 $N ; 7 heures). Réservez vos billets en ligne, car le service dessert ensuite les chutes Victoria et affiche vite complet.

Les *combis* assurent la liaison Windhoek-Rundu à une fréquence relativement régulière ; un trajet ne devrait pas dépasser 600 $N. De Rundu, des services sont proposés vers différentes villes et bourgades du Nord, à des tarifs inférieurs à 60 $N le trajet. Les bus et les *combis* partent de la station-service Engen et y font halte.

VOITURE ET MOTO

Les automobilistes ralliant Grootfontein à Rundu (B8) devront faire preuve de patience. Bien qu'en bon état, cette route passe devant de nombreuses écoles à proximité desquelles la vitesse est soudainement limitée – attention aux radars.

Khaudum National Park

S'étendant sur 384 000 ha de terres largement inexploitées, le **Khaudum National Park** (adulte/enfant/véhicule 80/gratuit/10 $N ; ☉ aube-crépuscule) offre une remarquable plongée au cœur de la nature. Des pistes de sable serpentent à travers une brousse intacte et des *omiramba* (vallées fluviales fossilisées), qui s'étirent parallèlement aux dunes du Kalahari, elles-mêmes orientées d'est en ouest. La signalisation étant quasi inexistante, on se repère essentiellement grâce aux coordonnées GPS et aux cartes topographiques. Aussi, les visiteurs sont peu nombreux à explorer la réserve. Celle-ci accueille pourtant des populations de lions et de lycaons parmi les plus importantes de Namibie.

Outre ces deux espèces parfois difficiles à observer, le parc abrite de nombreux éléphants, zèbres, girafes, gnous, koudous et oryx, et également des mouches tsé-tsé. Vous aurez aussi de grandes chances de voir des troupeaux d'antilopes rouannes. Pour les amateurs d'ornithologie, Khaudum recèle 320 espèces d'oiseaux, dont des migrateurs d'été comme la cigogne, le râle, le butor, le loriot, l'aigle et le faucon.

🛏 Où se loger

Le Namibia Wildlife Resorts (NWR) administrait jadis deux campings officiels dans le parc – l'un au nord, l'autre au sud –, mais il a décidé de les fermer après de trop nombreux épisodes avec des éléphants incontrôlables. Vous pouvez toujours y camper, mais ces deux sites sont à l'abandon depuis longtemps : ne vous attendez pas à grand-chose.

Khaudum Camp CAMPING
(GPS : S 18°30.234', E 20°45.180'). GRATUIT Le site évoque le Kalahari en miniature, mais ici vous ferez du camping de brousse – l'ombre est rare et les équipements inexistants. Le coucher de soleil est tout simplement féerique.

Sikereti Camp CAMPING
(GPS : S 19°06.267', E 20°42.300'). GRATUIT Dans le sud du parc, le camp "cigarette" est installé

LE KHAUDUM NATIONAL PARK EN UN CLIN D'ŒIL

Pourquoi y aller

C'est une des destinations les plus sous-estimées d'Afrique australe. Une contrée sauvage peu fréquentée qui abrite des lions et des lycaons.

Localités voisines

Rundu et Tsumkwe.

Quand partir

La meilleure période pour l'observation de la faune se situe de juin à octobre, lorsque les troupeaux se rassemblent autour des points d'eau et le long des *omiramba*. De novembre à avril, la période est plus propice à l'ornithologie, mais vous devrez être prêt à avancer péniblement sur des pistes boueuses.

Safaris petits budgets

Étant donné qu'il faut un 4×4 surélevé, des provisions de vivres et tout le matériel pour être autonome, ce n'est pas vraiment une destination économique, mais on peut réduire le coût en constituant un groupe.

Détails pratiques

Emportez un téléphone satellite. Les autorités du parc exigent que les véhicules s'aventurant dans le parc partent au moins à deux. Procurez-vous la carte *Kavango-Zambezi National Parks*, disponible dans certains lodges et en ligne sur www.thinkafricadesign.com. Elle n'est pas très détaillée, mais les coordonnées GPS des principales intersections entre les pistes peuvent vous sauver la vie. Les pompes à essence les plus proches se trouvent à Rundu, à Divundu et (parfois) à Tsumkwe.

CONFLIT DANS LA BANDE DE CAPRIVI

Caprivi n'a enfin retrouvé la paix que récemment. Le 2 août 1999, des rebelles appartenant pour la plupart à la minorité lozi, menée par Mishake Muyongo, ancien vice-président de la Swapo et militant de longue date pour l'indépendance de Caprivi, tentèrent de s'emparer de la ville de Katima Mulilo. Peu entraînés, les assaillants ne parvinrent à s'emparer d'aucune de leurs cibles et furent maîtrisés en l'espace de quelques heures par l'armée régulière.

Cette même année, Sam Nujoma dépêcha des troupes en Angola afin de soutenir le gouvernement de Luanda dans sa guerre contre les rebelles de l'Unita. Les combats et le chaos ne tardèrent pas à se propager sur le sol namibien, dans la bande de Caprivi, où les habitants connurent ensuite des années de troubles. Après que la presse internationale eut rapporté le drame ayant frappé une famille de touristes français, attaqués et assassinés alors qu'ils circulaient en voiture entre Kongola et Divundu, le nombre de visiteurs chuta brusquement et resta au plus bas jusqu'à la fin du conflit, en 2002.

dans un bosquet d'arbres *terminalia*. Pour apprécier les lieux, il faut être sensible à ses charmes subtils, à savoir isolement et silence. Un vrai camp de brousse, rudimentaire à souhait.

❶ Depuis/vers le Khaudum National Park

Du nord, empruntez la piste de sable au départ de Katere sur la B8 (suivez la pancarte "Khaudum"), à 120 km à l'est de Rundu. Au bout de 45 km, vous atteindrez le Cwibadom Omuramba, où vous devrez prendre vers l'est pour gagner le parc.

Du sud, vous pouvez rejoindre le Sikereti Camp via Tsumkwe. De Tsumkwe, comptez 20 km jusqu'à Groote Döbe, puis 15 km supplémentaires jusqu'à l'embranchement pour Dorslandboom. Le Sikereti Camp se trouve à 25 km au nord.

Bande de Caprivi

Appendice long et étroit à l'extrémité nord-est de la Namibie, la bande de Caprivi, renommée récemment région du Zambèze (appellation qui peine à entrer dans les mœurs) ou Zambezi, se caractérise par de vastes forêts de feuillus – mopanes et *terminalia* – ponctuées de *shona*, des dunes fossiles parallèles qui témoignent d'un climat jadis plus sec. Pour la plupart des voyageurs, Caprivi constitue la voie d'accès la plus commode entre le cœur de la Namibie et les chutes Victoria ou le Chobe National Park, au Botswana.

Pourtant Caprivi est une destination idéale pour observer la faune d'Afrique australe. Après des décennies de braconnage, la région s'est enfin repeuplée d'animaux, et les visiteurs dotés de temps et de patience pourront s'aventurer hors des sentiers battus pour découvrir des merveilles naturelles, tels les parcs nationaux de Nkasa Rupara et de Bwabwata.

Bwabwata National Park
♪ 066

Reconnu depuis peu en tant que parc national, **Bwabwata** (par jour 10 $N/pers, 10 $N/véhicule ; ☉ aube-crépuscule) a été créé dans le but de réadapter des espèces animales locales. Avant le cessez-le-feu conclu en Angola en 2002, la faune de cette région délaissée par les visiteurs avait presque été intégralement décimée par le braconnage endémique dû au conflit. Depuis plus d'une décennie, la paix est revenue et les animaux réapparaissent, petit à petit, mais de façon spectaculaire. Si vous vous attendez à découvrir un autre Etosha, vous serez déçu, mais vous verrez certainement des lions, des éléphants, des lycaons, ou même des hippotragues noirs et de superbes oiseaux – et vous les aurez peut-être pour vous seul !

◉ À voir

Mahango Game Reserve RÉSERVE NATURELLE
(40/10 $N par pers/véhicule ; ☉ aube-crépuscule). D'une superficie de 25 000 ha, ce petit parc aux paysages diversifiés occupe une vaste plaine alluviale au nord de la frontière du Botswana et à l'ouest de l'Okavango. Il attire de grandes concentrations d'éléphants et des troupeaux d'animaux en quête d'eau, en particulier à la saison sèche. L'après-midi, une halte au bord de la rivière est l'occasion

le regarder les éléphants se baigner et s'abreuver, au milieu des hippopotames et des crocodiles.

Avec une voiture de tourisme, vous pouvez filer sur la route de transit du Mahango ou suivre la route panoramique (Scenic Loop Drive) en dépassant l'aire de pique-nique de Kwetche, à l'est de la route principale. Au volant d'un 4×4, vous pourrez, de plus, explorer les 20 km de la route panoramique circulaire (Circular Drive Loop), qui suit les *omiramba* et offre des perspectives remarquables sur la faune et la flore.

Popa Falls
CASCADES

(80/10 $N par pers/véhicule ; ⊙ aube-crépuscule). À proximité de Bagani, l'Okavango plonge en formant une série de cascades appelées Popa Falls. Ces chutes n'ont rien de spectaculaire, surtout si vous avez vu les chutes Victoria. Elles sont à peine plus impressionnantes que de gros rapides, bien que, en période de basses eaux, elles présentent une dénivellation de 4 m. Outre ces cascades, le secteur se prête idéalement à la randonnée et à l'observation de l'avifaune. Compte tenu de la présence de crocodiles, la baignade est considérée comme dangereuse.

🛏 Où se loger

Les concessions privées ont leur propre système de réservation. Le camping des Popa Falls est géré par le NWR (p. 52) et les réservations doivent être effectuées auprès du siège, à Windhoek. On trouve aussi plusieurs hébergements à l'extrémité est du parc. Sinon, les lodges et les campings sont nombreux sur la rive est du Kwando, la rive opposée à la Kwando Core Area.

Ngepi Camp
LODGE $

(📞 066-259903 ; www.ngepicamp.com ; camping 140 $N, cases/cabanes dans les arbres à partir de 770 $N/pers). Les visiteurs raffolent de ce camp, sans doute l'un des meilleurs lodges du pays pour les voyageurs sac au dos. Vous pourrez dormir dans une case ou dans une cabane dans les arbres, ou planter votre tente sur l'herbe au bord de la rivière. Le soir, laissez-vous bercer par le son des hippopotames qui s'éclaboussent.

Paressez dans le plaisant jardin et les espaces communs ombragés en journée et liez connaissance le soir dans le bar animé. Le camp propose un large choix d'excursions peu coûteuses, dont des circuits pour découvrir la faune de Mahango en voiture

Bwabwata National Park (secteur ouest)

(420 $N, 3 heures), des sorties en canoë, des croisières festives et des excursions en *mokoro* (pirogue traditionnelle) dans l'Okavango Panhandle. Sinon, faites un circuit à pied dans un village local. Le camp se trouve à 4 km de la route principale, mais la piste de sable y menant peut se révéler délicate pour les véhicules non surélevés. Téléphonez au lodge si vous souhaitez que l'on vienne vous chercher à Divundu.

Mavunje Campsite
CAMPING $

(📞 081 461 9608 ; mashirisafaris.com/campsites.html ; camping 185 $N, tente safari 400 $N/pers). Le long du Kwando, sur la rive opposée au Kwando Core Area du Bwabwata National Park, ce camping dispose de bons emplacements avec douche et toilettes individuelles, d'une cuisine, d'un espace couvert pour les repas, et de quelques tentes rudimentaires de type safari. Les éléphants ont l'habitude de traverser le camp.

Mukolo Campsite
CAMPING $

(📞 081 124 7542, 081 124 0403 ; mukolocamp@mtcmobile.com.na ; camping 150 $N ; 🖃). Surplombant un bras du Kwando, ce camping tout simple est une bonne base pour partir en excursion dans le secteur ; on peut y organiser des sorties de pêche. Trois des emplacements sont au bord de l'eau, tous ont l'électricité et un bloc sanitaire avec toilettes, chasse d'eau et eau chaude. L'embranchement pour s'y rendre est à 8,6 km au sud de Kongola sur la C49, à 1,3 km du camping.

Des chalets avec cuisine sont en projet.

Nunda River Lodge   LODGE $

(☏ 066-259093 ; www.nundaonline.com ; camping/tentes safari 150/780 $N/pers, chalets 875 $N). Ce lodge très accueillant se compose de beaux bâtiments en pierre avec toit de chaume et terrasses en bois au bord de la rivière. Très bien agencé, il comprend des espaces communs relaxants donnant sur l'eau et exposés à la brise. Les superbes emplacements de camping (les meilleurs sont les n^{os}6 et 7) disposent tous d'électricité, de plaques de *braai* (barbecue) et de poubelles. Des tentes safari sont disposées sur la berge, et une petite table et une chaise permettent d'admirer la vue sur l'eau depuis la terrasse. Les chalets sont agencés comme les tentes safari, mais possèdent plus d'espace et des salles de bains plus grandes – si vous recherchez la vue, optez pour une tente safari. Les tarifs sont souvent réduits si l'établissement n'est pas plein.

♥ Nambwa Tented Lodge   LODGE, CAMPING $$$

(www.africanmonarchlodges.com/nambwa-luxury-tented-lodge ; camping 195 $N, s/d juil-oct 6 415/9 930 $N, avr-juin et nov 5 045/7 790 $N, déc-mars 3 195/6 390 $N ; ☎). À 14 km au sud de Kongola, ce site est l'un des rares hébergement à l'intérieur du parc. Il comprend un très bon camping et, parmi des passerelles surélevées, un lodge haut de gamme à la décoration intérieure originale (troncs d'arbres et lustres anciens), possédant une superbe vue sur les plaines inondables. Situé à proximité de quelques-uns des meilleurs sites d'observation de la réserve, le lodge surplombe aussi un point d'eau très apprécié des animaux à la fin de la saison sèche. Les éléphants sont probablement les visiteurs les plus fréquents.

Pour rejoindre ce lodge, suivre la piste de 4×4 vers le sud, sur la rive ouest du Kwando. Transferts possibles depuis Kongola, entre autres.

Namashashe Lodge   LODGE $$$

(☏ 061-427200 ; www.gondwana-collection. com/the-zambezi-experience/accommodation/namushasha-river-lodge/ ; s/d avec petit-déj 1 710/2 748 $N ; ☒). Membre de la prestigieuse chaîne Gondwana Collection, ce lodge se trouve sur la rive opposée, et juste en face,

---

LE BWABWATA NATIONAL PARK EN UN CLIN D'ŒIL

Pourquoi y aller

De plus en plus d'animaux sauvages mais encore peu de visiteurs : une aubaine pour observer la faune dans un parc naturel émergent d'Afrique australe avant que le secret ne s'ébruite.

Localités voisines

Divundu, Kongola, Katima Mulilo.

Quand partir

La période que nous préférons court de mai à août ; septembre et octobre sont bien également, mais une chaleur oppressante y règne pendant les heures précédant la pluie. La saison des pluies s'étend généralement de novembre à mars ; elle peut rendre la circulation difficile, mais c'est le meilleur moment pour observer les oiseaux.

Safaris petits budgets

Ce n'est pas vraiment une destination pour les petits budgets. Si vous avez déjà loué un véhicule, vous pouvez camper en dehors du parc et y faire des excursions à la journée.

Détails pratiques

L'aéroport le plus proche est à Katima Mulilo ; par la route, on accède au parc depuis Divundu, Kongola et Katima Mulilo. Il faut organiser sa visite à l'avance car le parc est divisé en zones distinctes et la faune la plus intéressante est concentrée aux extrémités est et ouest. Aussi, la Mahango Game Reserve et la Kwando Core Area sont, pour le moment, les meilleurs secteurs.

du Bwabwata National Park ; il permet donc de voir les animaux de la réserve. Donnant directement sur le Kwando, la propriété se prête aussi particulièrement à l'observation des oiseaux et des hippopotames. Charmantes et spacieuses, les chambres offrent la fraîcheur de leur sol carrelé quand il fait très chaud.

Camp Kwando   LODGE **$$$**

(☑081 206 1514 ; www.campkwando.cc.na ; camping 150 $N, s en demi-pension 1 130-1 840 $N, d en demi-pension 2 020-2 520 $N ; ☀). Sur une superbe propriété que visitent régulièrement les éléphants et de nombreux oiseaux, de luxueux bungalows en toile et chaume offrent une vue splendide sur le Kwando. La décoration intérieure – hauts plafonds, bois omniprésent et lits à baldaquin – compose une belle harmonie. Des emplacements de camping herbeux et ombragés sont aussi disponibles.

❶ Depuis/vers le Bwabwata National Park

La route goudronnée Trans-Caprivi Highway, entre Rundu et Katima Mulilo, est parfaitement praticable par une voiture de tourisme, tout comme la route gravillonnée entre Divundu et Mohembo (à la frontière botswanaise). Les voitures peuvent traverser le parc gratuitement, mais vous devrez vous acquitter des frais d'entrée si vous empruntez la Loop Drive dans le parc.

Katima Mulilo

28 360 HABITANTS / ☑066

Isolée à l'extrémité est de la bande de Caprivi, Katima Mulilo est le point le plus éloigné de Windhoek (1 200 km) de toute la Namibie. Autrefois connue pour ses éléphants qui déboulaient dans les rues du village, Katima s'est développée comme petit centre de commerce frontalier – la Zambie n'est qu'à 4 km et le Botswana à moins de 100 km au sud-ouest.

🛏 Où se loger

Mukusi Cabins   BUNGALOW **$**

(☑066-253255 ; www.mukusi.com ; station-service Engen, près de B8 ; empl camping 120 $N, s avec petit-déj 28-460 $N, d avec petit-déj 400-640 $N ; ☀). Bien qu'elle ne soit pas située au bord de la rivière, à l'instar des autres adresses du secteur, cette enseigne installée derrière la station-service offre un bon choix d'hébergements, des chambres sans chichis avec ventilateur aux bungalows climatisés, petits mais confortables. Charmant bar-restaurant aux recettes originales. Calamars, escargots et abadèche figurent au menu, tout comme les traditionnels steaks et poulet.

**Caprivi Houseboat
Safari Lodge**   HABITATION FLOTTANTE, LODGE **$$**

(☑066-252287 ; www.zambezisafaris.com ; près de Ngoma Rd ; s/d à partir de 750/1 100 $N). Les

---

LES DIFFÉRENTS SECTEURS DE BWABWATA

Le parc de Bwabwata est composé de plusieurs zones : le secteur de Divundu, le West Caprivi Triangle, la Mahango Game Reserve, les Popa Falls, l'ancienne West Caprivi Game Reserve et la Kwando Core Area. La Mahango Game Reserve (p. 88) compte actuellement les plus grandes concentrations d'animaux, tandis que la Kwando Core Area commence à se repeupler de carnivores.

Divundu, avec deux stations-service ouvertes (théoriquement) 24h/24 et un supermarché assez bien approvisionné, est avant tout une bourgade construite autour de l'embranchement routier. Les véritables agglomérations sont les villages voisins de Mukwe, d'Andara et de Bagani. Divundu est appelée Bagani sur certaines cartes et pancartes, bien que les deux bourgades soient distantes de 2 km.

Le West Caprivi Triangle, délimité par l'Angola au nord, le Botswana au sud et la rivière Kwando à l'est, abritait autrefois la faune et la flore les plus riches de Caprivi. Le braconnage, le débroussaillage, le brûlage et les établissements humains y ont grandement porté atteinte. Il demeure toutefois possible d'accéder à la région par la route longeant la rive ouest du Kwando, à proximité de Kongola.

Enfin, la Golden Highway, entre Rundu et Katima Mulilo, traverse l'ancienne réserve faunique de West Caprivi. Jadis refuge de grandes hordes d'éléphants, elle a servi de garde-manger aux chasseurs et braconniers locaux pendant des décennies, puis elle s'est vidée de sa faune. Pourtant ce territoire est en train de devenir un important corridor emprunté par les animaux sauvages venant du nord du Botswana et de la bande de Caprivi, et également du sud-est de l'Angola, dont la faune était jusqu'à présent menacée.

bungalows rustiques en roseau avec salle de bains, moustiquaires et ventilateurs au plafond procurent une impression de proximité avec la nature. Toutefois les habitations flottantes sont les vraies stars du lieu. Elles ne sont pas luxueuses, mais passer la nuit *sur* le Zambèze s'avère une expérience unique. Comme on peut s'y attendre, l'observation des oiseaux est l'activité phare du site.

Caprivi River Lodge   LODGE $$

(☎ 066-252288 ; www.capririverlodge.com ; Ngoma Rd ; s 480-1 250 $N, d 780-1 600 $N ; ❋ ❄). Ce lodge offre des options pour tous les budgets, des bungalows rustiques avec salles de bains communes jusqu'aux chalets luxueux donnant sur le Zambèze. Bon choix d'activités, notamment canoë, pêche et circuits motorisés de découverte de la faune dans les différents parcs de Caprivi. À 5 km de la ville par Ngoma Road.

♥ Protea Hotel Zambezi Lodge   LODGE $$$

(☎ 066-251500 ; www.marriott.com/hotels/travel/mpapr-protea-hotel-zambezi-river-lodge/ ; Ngoma Rd ; camping 100 $N, ch à partir de 1 058 $N ; ❋ @ ❄). Un superbe lodge juché sur les berges du Zambèze et doté d'un bar flottant d'où l'on peut apercevoir les crocodiles et les hippopotames en contrebas. Le camping est aménagé au milieu d'un jardin couvert de fleurs. Chambres modernes bien équipées donnant sur de petites vérandas à vue panoramique.

🛍 Achats

Caprivi Arts Centre   ART ET ARTISANAT

(⏱ 8h-17h30). Dans ce centre tenu par la Caprivi Art & Cultural Association, vous trouverez de l'artisanat et des petits objets de la région, dont des sculptures d'éléphants et d'hippopotames sur bois, des paniers, des bols, des ustensiles de cuisine, des couteaux traditionnels et des lances.

ℹ Depuis/vers Katima Mulilo

AVION

Air Namibia (www.airnamibia.com.na) assure plusieurs liaisons par semaine entre l'aéroport Eros de Windhoek et l'aéroport Mpacha de Katima, à 18 km au sud-ouest de la ville.

BUS ET MINIBUS

Les bus **Intercape Mainliner** (p. 269) effectuent 3 fois par semaine le trajet de 16 heures entre Windhoek et Katima Mulilo. Réservez vos billets (à partir de 530 $N) en ligne car ces bus, qui rallient ensuite les chutes Victoria, affichent vite complet.

Des *combis* relient Windhoek à Katima selon une fréquence relativement régulière ; le prix ne doit normalement pas dépasser 280 $N. De Katima, des liaisons sont assurées vers différentes localités du Nord.

VOITURE

Très bonne route goudronnée, la Golden Highway s'étire de Katima Mulilo à Rundu et est accessible à tous les véhicules de tourisme.

Mpalila Island

☎ 066

L'île de Mpalila (Impalilia), située entre le Chobe et le Zambèze, constitue l'extrémité du pays, aux confins du Zimbabwe, du Botswana, de la Namibie et de la Zambie. L'île, à faible distance du Chobe National Park en bateau, compte quelques lodges destinés à des touristes fortunés en quête de luxe et d'isolement.

🛏 Où se loger

Tous les logements doivent impérativement être réservés. Les lodges proposent un choix d'activités, dont des croisières sur le Chobe, des circuits de découverte de la faune avec

NORD BANDE DE CAPRIVI

POSTE FRONTALIER DE MAHANGO-MOHEMBO

Environ 12 km avant le poste frontalier de **Mahango-Mohembo** (6h-18h) séparant la Namibie du Botswana, se trouve l'entrée de la Mahango Game Reserve. Si vous traversez la frontière, vous n'aurez rien à payer – il vous faudra simplement mentionner votre passage dans le registre à l'entrée. À la frontière, les formalités sont simples : côté namibien, vous n'aurez qu'à remplir une carte de départ et faire tamponner votre passeport au guichet d'immigration. En chemin pour le Botswana, vous devrez vous arrêter à la barrière de sortie, entrer dans un petit bureau et remplir le registre (permis de conduire et papiers du véhicule requis).

Côté Botswana, il vous faudra inscrire votre véhicule au registre, remplir la carte d'entrée et faire tamponner votre passeport. Comptez 140 P (ou 190 $N) pour un permis de circulation et une assurance (payable dans les deux devises). Bienvenue au Botswana.

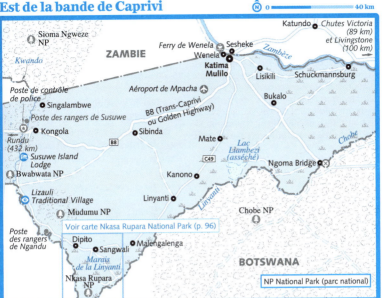

guide, des parties de pêche, des promenades sur l'île et des sorties en *mokoro* (pirogue). Les tarifs incluent la pension complète et les transferts.

♥ Chobe Savannah Lodge
LODGE **$$$**

(☎en Afrique du Sud 021-4241037 ; www.desert-delta.co.za ; jan-avr/juin-déc 410/650 $US ; ✳ ≋). Adresse la plus renommée de l'île, ce lodge, qui compte parmi les établissements phares de Desert & Delta, est réputé pour sa vue panoramique sur la plaine de Puku Flats, à la faune abondante. Chaque chambre est décorée avec raffinement et possède une véranda d'où l'on peut observer les animaux en toute intimité.

♥ Inchingo Chobe River Lodge
LODGE **$$$**

(☎en Afrique du Sud 27-21-715 2412 ; www.zqcollection.com/ichingo-lp ; forfaits 2 nuits tout incl s 559-780 US$, d 860-1 200 US$). Installé au bord de l'eau au milieu des chants d'oiseaux, ce lodge baigne dans une ambiance très élégante. Les tentes safari climatisées (d'où l'on entend couler le Chobe), spacieuses et dotées de plancher, jouissent de la brise rafraîchissante de la rivière. La cuisine est très bonne. Enfin, les alentours abritent de magnifiques oiseaux et de nombreux gros

animaux. Autant d'atouts qui en font une excellente adresse où s'attarder au moins 2 nuitées.

Kaza Safari Lodge
LODGE **$$$**

(☎061-401047 ; s/d à partir de 550/740 $US ; ✳ ≋). Surplombant les impressionnants rapides de Mombova, ce lodge (anciennement Impalila Island Lodge) est un endroit paisible et raffiné disposant de huit luxueux chalets en bois sur pilotis au bord de l'eau. Deux vieux baobabs s'élèvent avec majesté au centre et font la fierté du domaine.

❶ Depuis/vers Mpalila Island

L'accès à l'île de Mpalila se fait soit par avion, soit par bateau depuis Kasane (Botswana), mais les lodges prennent en charge le transport des personnes ayant réservé chez eux.

Mudumu National Park
☎066

Ce parc a connu un passé marqué par de nombreuses négligences en matière d'environnement. Alors qu'il fut un temps l'un des sites fauniques les plus spectaculaires de Namibie, le parc n'était plus à la fin des années 1980 qu'une réserve de chasse officieuse. En moins de dix ans, la faune a été décimée par les chasseurs de trophées.

La situation a poussé le ministère de l'Environnement et du Tourisme (MET) à fonder le Mudumu National Park dans un ultime effort destiné à sauver la région d'une totale dévastation. De tous les parcs de Caprivi, Mudumu est celui qui met le plus de temps à se relever, ralenti par l'essor démographique humain dans les environs. Même si la faune de Mudumu commence à réapparaître, il faudra plusieurs années d'une savante gestion et de sensibilisation des communautés avant qu'il ne retrouve une partie de sa splendeur passée.

👁 À voir

Lizauli Traditional Village VILLAGE
(40 $N/pers ; ☺9h-17h lun-sam). Fruit d'un partenariat entre les propriétaires de l'ancien Lianshulu Lodge (aujourd'hui fermé), le ministère de l'Environnement et du Tourisme, des mécènes privés et la communauté de Lizauli, le Lizauli Traditional Village a été fondé afin de sensibiliser les visiteurs aux modes de vie traditionnels de Caprivi (alimentation locale, pêche, agriculture, gestion des villages, musique, jeux, médecine traditionnelle, vannerie et fabrication des outils). Après la visite guidée, les touristes peuvent acheter de l'artisanat local d'un bon rapport qualité/prix sans se voir forcer la main.

Ce partenariat a aussi permis le recrutement de pisteurs de gibier à Lizauli et dans d'autres villages. Un programme de protection des communautés et de sensibilisation à la lutte contre le braconnage a également été mis en place. Le projet permet aux habitants de dialoguer avec les visiteurs et de bénéficier, aussi bien sur le plan économique que culturel, de l'adoption de politiques strictes en matière de protection de l'environnement.

POSTES FRONTALIERS À L'EST DE LA BANDE DE CAPRIVI

Zambie-chutes Victoria

Il faut parfois plusieurs heures pour traverser la frontière entre la Namibie et la Zambie (poste-frontière 7h et 18h), mais beaucoup moins dans l'autre sens : les formalités namibiennes sont généralement beaucoup plus simples et rapides que du côté zambien.

Le visa pour entrer en Zambie (et aux chutes Victoria) coûte 50 US$ par personne pour la plupart de nationalités, auxquels s'ajoutent le péage routier zambien (48 US$), la taxe carbone (150 ZMK), l'assurance du véhicule au tiers (487 ZMK, valable 1 mois et exigible même si vous êtes déjà assuré). Il est préférable de changer ses espèces à la banque, qui se trouve à côté du poste-frontière, plutôt qu'auprès des jeunes gens qui approchent de votre véhicule avec des liasses de kwachas. Si vous arrivez en dehors des heures d'ouverture de la banque et n'avez pas d'autre choix, ayez en tête le taux de change en cours, comptez soigneusement votre argent et ne vous laissez pas entraîner dans une transaction hâtive qui a toutes les chances de ne pas tourner à votre avantage.

Si vous vous rendez au Liuwa National Park ou dans d'autres secteurs aux confins ouest de la Zambie, une bonne route asphaltée partant de la frontière rejoint Mongu et Kalabo, situé à l'entrée du Liuwa National Park.

Si vous rejoignez Livingstone, la route est asphaltée mais en mauvais état. Elle est néanmoins praticable en véhicule de tourisme et permet aussi de rallier diverses destinations en Zambie.

Botswana-Kasane et Chobe

Avec un véhicule individuel, le poste-frontière du Ngoma Bridge (8h-18h) permet de gagner le Chobe National Park (Botswana) et Kasane (Botswana) en 2 ou 3 heures seulement. Le passage de frontière est simple des deux côtés, à condition d'avoir tous les papiers en bonne et due forme. À moins de vous retrouver derrière un bus touristique, vous devriez franchir les deux postes en bien moins d'une heure.

Une fois au Botswana, si vous restez sur la Chobe National Park Transit Route, vous êtes dispensé des frais d'entrée du parc, mais cela ne vaut que si vous êtes pressé de vous rendre ailleurs.

ⓘ Depuis/vers le Mudumu National Park

On rejoint le Mudumu depuis la C49, qui relie Lianshulu à Lizauli en traversant la partie est du parc. Le vertisol (sol argileux) qui borde le Kwando peut rendre les pistes impraticables après la pluie.

Nkasa Rupara National Park

🔊 066

Le **Nkasa Rupara National Park** (40/10 $N par pers/véhicule) est l'un des sites les plus extraordinaires de Namibie, voire d'Afrique australe. Les années de fortes précipitations, ce parc national intact et peu fréquenté (autrefois appelé Mamili National Park) est en train de devenir l'équivalent namibien du delta de l'Okavango, au Botswana. Ses îles boisées sont bordées de marais de roseaux et de papyrus et offrent de merveilleuses possibilités d'observation des oiseaux, avec plus de 430 espèces recensées. Le braconnage a pourtant provoqué des dégâts – ainsi, en 2013, le plus important groupe de lions a été éliminé, à la suite des pertes de bétail causées par les prédateurs. La situation s'améliore depuis, grâce aux programmes de médiation entre l'homme et l'habitat sauvage de la fondation **Panthera** (www.panthera.org), et les lions sont de retour dans le parc. On peut aussi apercevoir des lycaons au bord de la rivière, côté Botswana, et surtout des espèces semi-aquatiques : hippopotames, crocodiles, antilopes – pukus, cobes de Lechwe, sitatungas – et loutres.

🛏 Où se loger

Il existe deux campings officiellement répertoriés dans le parc : Liadura, près du Kwando, et Mparamura. Ils sont rarement fréquentés, et leurs équipements sont très rudimentaires.

💙 **Livingstone's Camp** CAMPING **$**

(☏ 081 033 2853, 066-686208 ; www.livingstones-camp.com ; camping nov-mars/avr-oct 200/250 $N). Donnant sur les zones humides, ce camping sélect ne dispose que de 5 emplacements avec douches et toilettes individuelles, et des sièges aux premières loges, au bord de l'eau. Il organise des sorties en voiture dans le Nkasa Rupara National Park et en *mokoro* (pirogue) sur les canaux du Kwando.

NORD BANDE DE CAPRIVI

LE NKASA RUPARA NATIONAL PARK EN UN CLIN D'ŒIL

Pourquoi y aller
Un parc naturel en plein essor, peuplé d'une faune analogue à celle du delta de l'Okavango et de la région marécageuse de la Linyanti, situé au Botswana juste après la frontière, mais sans la foule.

Localités voisines
Katima Mulilo, Kongola et Sangwali.

Quand partir
La période la plus propice à l'observation de l'avifaune se situe entre décembre et mars, mais la majeure partie du parc est inaccessible durant ces mois. La faune s'observe idéalement de juin à août, notamment sur les îles Nkasa et Lupala. La chaleur peut être oppressante d'octobre à mars ou avril.

Safaris petits budgets
Les safaris reviennent cher dans cette région de la Namibie. Formez un groupe pour limiter les coûts par personne.

Détails pratiques
Vous devrez apporter tout le nécessaire, y compris de l'eau. Les routes sont extrêmement accidentées. Un ranger est généralement posté à l'entrée du parc pour collecter les frais d'entrée, mais vous serez seul à l'intérieur de la réserve. Basique mais commode, la carte Kavango-Zambezi National Parks contient une vue générale détaillée du Nkasa Rupara National Park ; on la trouve au Nkasa Lupala Lodge ou en ligne sur www.thinkafricadesign.com.

Nkasa Rupara National Park

N   0 ———————————————— 4 km

NAMIBIE

Dipito

Nsheshe
Community
Camp   Sangwali

Livingstone's
Camp

Jackalberry Camp

Nkasa
Lupala
Lodge

Lupala
Station

Nzalu
Camp Site

Bureau du parc
de Sinsinzwe

Chorombe

*Nsabana
Channel*

*Mbundu
Island*

*Mitumba
Channel*

Muumba
Camp Site

Rudobe
Forest

Noka Channel

*Lupala
Island*

Kaguba
Forest

Cuidgai Channel

*Mparamure
Island*

*Bassin
de Shibumu*

Shibumu
Camp Site

Mwanu Mutumbavu Channel

Nkasa Rupara
NP

*Mparamure
Station*

Sishika Station
et Camp Site

Sacwapa
Forest

Gobo
Forest

Liadura
Forest

Liadura
Campsite

*Nkasa
Island*

Sishika Channel

Linyanti

Mashi

BOTSWANA

Jackalberry
Tented Camp
CAMP DE BROUSSE $$$

(☎ 081 147 7798 ; www.jbcamp.com ; ch 8 600 $N).
Géré par les créateurs du Nkasa Lupala
Lodge, ce campement comprend seule-
ment 4 tentes safari de luxe, proches de la
rive, non loin de l'entrée du Nkasa Rupara
National Park. Le nombre limité de tentes
crée une ambiance plus intimiste que dans
la plupart des camps de la région.

💙 Nkasa Lupala
Lodge
CAMP DE BROUSSE, LODGE $$

(☎ 081 147 7798 ; www.nkasalupalalodge.com ; ch
1 930 $N/pers). Situé à 30 km de Mudumu
juste avant l'entrée du Nkasa Rupara National Park, ce luxueux lodge reculé, à la gestion
italienne, occupe les berges du réseau fluvial
Kwando-Linyanti. Il fait l'objet de critiques
dithyrambiques de la part des lecteurs et
propose diverses activités, dont des circuits
motorisés d'observation de la faune dans les
deux parcs nationaux, incluant des sorties

de nuit. Les hôtes dorment dans des tentes
sur pilotis et voient parfois des éléphants
défiler devant leur terrasse.

Ce lodge situé environ 12 km après
Sangwali est abondamment signalé sur la
route.

ℹ Depuis/vers le Nkasa Rupara
National Park

Le Nkasa Lupala Lodge est à 75 km de Kongola
et à 130 km de Katima Mulilo. Prenez la C49
(une route de gravier en bon état depuis Kongola
et goudronnée depuis Katima Mulilo) jusqu'à
Sangwali. De là, prenez la direction du Nkasa
Rupara National Park – un 4×4 surélevé est
indispensable.

Otjozondjupa

Dans le nord-est de la Namibie, où l'horizon vacille dans les brumes de chaleur
du Kalahari, s'étend le territoire des San
ju/'hoansi. Le **Nyae Nyae Conservancy**

061-244011 ; ⊙ 8h-17h lun-ven), géré par la communauté, se trouve au milieu de ces terres isolées où les villages san offrent une plongée passionnante dans la vie des plus anciens habitants de l'Afrique australe.

L'intérêt croissant pour les cultures du Kalahari, terre des mythiques Bochimans, a entraîné une augmentation de la fréquentation touristique dans toute la région, mais vous n'y rencontrerez pas de sociétés de chasseurs-cueilleurs entièrement autosuffisantes. La chasse est interdite. La plupart des communautés ont délaissé la cueillette, au profit d'une nourriture bon marché et riche en calories comme le *pap* (farine de maïs) et le riz, qu'elles achètent en gros dans les magasins. Outre le constat de la situation économique tragique des San, cette expérience offre une rare opportunité d'échanger avec les descendants de ceux qui furent peut-être les ancêtres de l'humanité.

Tsumkwe

 067

Bien qu'il ne s'agisse que d'un vague ensemble doté de quelques constructions rouillées, Tsumkwe est la seule véritable implantation permanente de tout l'Otjozondjupa. Construite à l'origine pour accueillir le quartier général régional de la South African Defence Force (SADF), Tsumkwe a reçu la mission de devenir le centre administratif de la communauté san ju/'hoansi et abrite le Nyae Nyae Conservancy. Dans la région, le tourisme organisé demeure à l'état embryonnaire. Toutefois, à Tsumkwe, vous pourrez planifier toutes sortes d'activités, et apporter une contribution financière – si vitale – à la communauté locale.

👁 À voir

Une expédition de chasse ou de cueillette constitue le temps fort de toute visite de l'Otjozondjupa. Les San utilisent des outils traditionnels, à savoir un arc et des flèches empoisonnées pour les hommes, une canne à creuser et une fronde pour les femmes. Par le passé, les hommes partaient plusieurs jours d'affilée sur les traces des troupeaux. L'objectif n'est pas vraiment de ramener du gros gibier après un après-midi d'excursion. Mais il est passionnant d'observer les pisteurs à la poursuite de leurs proies, et vous verrez certainement des traces d'animaux et apercevrez peut-être même des antilopes.

Une expédition de cueillette permettra très probablement de dénicher des racines et des tubercules comestibles, des fruits sauvages et des oléagineux, et même des plantes médicinales. À la fin de votre excursion, les femmes seront ravies de vous découper une pomme de terre du bush, toujours délicieuse rôtie sur un lit de braises. Le fruit du baobab est étonnamment piquant et sucré, et les fruits secs constituent un en-cas du désert nourrissant et exotique.

Représentations hollywoodiennes fallacieuses ou idées fausses sur un peuple primitif vivant dans la brousse, les stéréotypes sont légion sur les San, dont la société est particulièrement complexe. Avant de vous rendre dans un village, mieux vaut vous informer par la lecture sur ce patrimoine culturel d'une richesse extraordinaire. Vous pourrez replacer votre visite dans un contexte historique, mais aussi engager plus facilement la conversation avec vos hôtes.

Living Hunter's Museum of the Ju/'hoansi   MUSÉE

(D3315 ; ⊙ aube-crépuscule). À environ 25 km de Tsumkwe en direction du Khaudum National Park, ce musée est un lieu indépendant géré et tenu par les San. Beaucoup d'efforts ont été mis en œuvre pour représenter cette culture ancestrale de chasseurs-cueilleurs de la manière la plus authentique possible. Entre autres activités, vous pourrez accompagner des chasseurs san qui utilisent des méthodes et du matériel traditionnels (250 $N/pers), marcher dans la brousse (150 $N) et assister à des spectacles de danse et de chant.

Aha Hills   PROMONTOIRES

Coincée le long de la frontière botswanaise, cette région monotone ne possède d'autres reliefs que les Aha Hills. Ces deux affleurements calcaires peu élevés doivent leur nom au son formé par le cri du gecko aboyeur, une espèce endémique.

La région est émaillée de grottes et de dolines inexplorées, dans lesquelles il est risqué de s'aventurer à moins d'être un spéléologue aguerri. Les collines sont également accessibles côté Botswana. Un poste-frontière est ouvert entre Tsumkwe (bien qu'à 30 km à l'ouest de la frontière) et Dobe.

Baobabs   SITE NATUREL

Les paysages secs et craquelés autour de Tsumkwe recèlent plusieurs grands baobabs, dont certains ont pris des proportions gigantesques. Le bien nommé **Grootboom**

NORD OTJOZONDJUPA

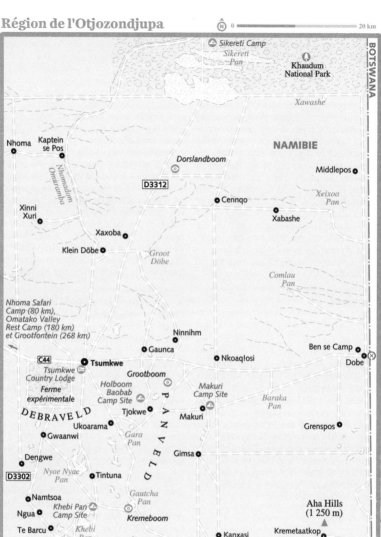

BOTSWANA

NAMIBIE

Sikereti Camp
Sikereti Pan
Khaudum National Park
Xawashe

Nhoma
Kaptein se Pos
Dorlandboom
Middlepos
Nhomadon Omuramba
D3312
Xeixoa Pan
Cennqo
Xinni Xuri
Xabashe
Xaxoba
Klein Döbe
Groot Döbe
Comlau Pan

Nhoma Safari Camp (80 km), Omatako Valley Rest Camp (180 km) et Grootfontein (268 km)

Ninnihm
Gaunca
Nkoaqlosi
Ben se Camp
Dobe
C44
Tsumkwe
Grootboom
Tsumkwe Country Lodge
Holboom Baobab Camp Site
Makuri Camp Site
Baraka Pan
Ferme expérimentale
DEBRAVELD
Tjokwe
P A N V E L D
Makuri
Ukoarama
Gura Pan
Grenspos
Gwaanwi
Dengwe
Gimsa
D3302
Nyae Nyae Pan
Tintuna
Gautcha Pan
Namtsoa
Khebi Pan Camp Site
Aha Hills (1 250 m)
Ngua
Kremeboom
Te Barcu
Khebi Pan
Kanxasi
Kremetaatkop
Ryperd
Namapan
Xobaha
Maxemesi
Xaru Pan
Namtakwarra
C44

("gros arbre") est l'un des plus impressionnants, avec un tronc d'une circonférence de plus de 30 m. Le **Dorlandboom** présente un intérêt historique : des pionniers du Dorsland ("terre de la Soif") en route vers l'Angola bivouaquèrent sur place en 1891 et gravèrent leurs noms dans l'écorce. Autre arbre remarquable, l'immense **Holboom** ("arbre creux") domine le bush à proximité du village de Tjokwe.

Panveld
SITE NATUREL

Formant un arc à l'est de Tsumkwe, le Panveld est un territoire isolé composé de

L'ORIGINE DE LA BANDE DE CAPRIVI

La bande de Caprivi doit sa forme étrange à l'histoire complexe de la région. En 1890, l'Allemagne revendiqua l'archipel de Zanzibar, alors sous administration britannique – une exigence à laquelle la Grande-Bretagne s'opposa. La conférence de Berlin fut convoquée peu après afin de régler le litige. Zanzibar demeura sous contrôle britannique, et l'Allemagne reçut une longue bande de terre provenant du Bechuanaland, alors sous protectorat britannique (l'actuel Botswana). Baptisé bande de Caprivi en l'honneur du chancelier allemand, le comte et général Georg Leo von Caprivi di Caprara di Montecuccoli, ce territoire revêtait une importance cruciale en offrant à l'Allemagne un accès au Zambèze.

Les autorités allemandes virent dans cette substitution le moyen de fonder à terme un empire colonial susceptible de s'étendre de la côte atlantique sud jusqu'au Tanganyika (la Tanzanie d'aujourd'hui) et à l'océan Indien. Mais la colonisation de la Rhodésie (aujourd'hui le Zimbabwe) par l'Empire britannique bloqua l'avancée allemande très en amont des chutes Victoria, ce qui constitua un obstacle considérable à la navigation sur le Zambèze.

L'intégration du couloir de Caprivi aux territoires allemands d'Afrique occidentale et australe fut loin de faire la une des journaux. Une partie de la population mit ainsi près de vingt ans à découvrir qu'elle se trouvait sous la coupe de l'Allemagne. En 1908, le gouvernement allemand dépêcha Hauptmann Streitwolf afin qu'il supervise l'administration locale. Cette décision poussa le peuple lozi à rassembler tout le bétail – y compris celui des tribus rivales – pour le conduire hors de la région. Le bétail finit par retourner à ses propriétaires légitimes, mais la plupart des Lozi préférèrent demeurer en Zambie et en Angola plutôt que de se soumettre au régime allemand.

Le 4 août 1914, la Grande-Bretagne déclara la guerre à l'Allemagne et, à peine plus d'un mois plus tard, le siège administratif allemand de Schuckmannsburg fut attaqué par les Britanniques depuis la base de Sesheke, avant d'être contrôlé par la police. D'après une version incertaine, le gouverneur allemand von Frankenberg recevait l'administrateur résident britannique de Rhodésie du Nord (l'actuelle Zambie), lorsqu'un serviteur apporta un message de la part des autorités britanniques de Livingstone. Après lecture, le dignitaire britannique fit de son hôte un prisonnier de guerre, et Schuckmannsburg tomba aux mains des Britanniques. Que ce récit soit ou non exact, la prise de Schuckmannsburg constitua la première forme d'occupation par les Alliés du territoire ennemi, lors de la Première Guerre mondiale.

NORD OTJOZONDJUPA

cuvettes aux sols riches en phosphates. Après la saison des pluies, les plus vastes de ces cuvettes, Nyae Nyae, Khebi et Gautcha (toutes à l'extrémité sud de l'arc), se transforment en magnifiques marécages. Ces sources d'eau éphémères attirent des oiseaux aquatiques itinérants – dont les flamants roses – et se transforment en sites de reproduction des oiseaux aquatiques : canards, oies armées de Gambie, grues, râles, aigrettes et hérons. Au nombre des oiseaux fréquemment observés, citons la sarcelle, la bécasse et le chevalier combattant, ainsi que la rare barge à queue noire et la bécassine double.

🛏 Où se loger

Un lodge de luxe, un campement safari et quelques campings sont les principaux hébergements de Tsumkwe. Renseignez-vous auprès du Nyae Nyae Conservancy (p. 96) pour loger dans un village de la communauté san.

Le Nyae Nyae Conservancy possède plusieurs terrains de camping, les plus prisés étant Holboom Baobab à Tjokwe (au sud-est de Tsumkwe), Makuri, quelques kilomètres plus à l'est, et Khebi Pan, plus loin dans le bush au sud de Tsumkwe. L'eau est parfois disponible dans les villages attenants, mais il est plus sûr d'apporter ses réserves et d'être parfaitement autonome. Évitez de faire des feux de camp à proximité des baobabs : ils endommagent les racines des arbres.

Omatako Valley Rest Camp CAMPING $
(☑ 067-255977 ; www.omatakovalley.com ; camping 90 $N). Situé devant le Conservancy, à l'intersection de la C44 et de la D3306, ce camp

géré localement et tenu par des San de la région est alimenté à l'énergie solaire et dispose d'une pompe à eau et de douches à eau chaude. Il organise des sorties de chasse et de cueillette, ainsi que des spectacles de musique traditionnelle.

Tsumkwe Country Lodge
LODGE **$**

(☑061-374750 ; camping 120 $N, s/d à partir de 680/1 000 $N ; ✺@✈). L'unique lodge pour touristes à Tsumkwe même offre un hébergement haut de gamme avec bar, restaurant, petite boutique et piscine. Les voyageurs peuvent établir ici leur camp de base et visiter les villages alentour dans le cadre d'un circuit organisé.

Nhoma Safari Camp
CAMP DE BROUSSE **$$$**

(☑081 273 4606 ; www.tsumkwel.iway.na ; camping adulte/enfant 200/100 $N, tentes haut de gamme s/d en pension complète à partir de 3 625/6 000 $N ; ✈). Les anciens propriétaires du Tsumkwe Country Lodge, Arno et Estelle, ont presque toujours vécu dans la région et sont très bien considérés par les communautés san locales. Leur camp de tentes haut de gamme est juché entre une vallée fluviale fossilisée et un bosquet de tecks verdoyant.

Le principal attrait demeure toutefois les remarquables excursions proposées par le couple dans les villages san voisins. Le camp se trouve à 280 km à l'est de Grootfontein et à 80 km à l'ouest de Tsumkwe, le long de la C44. Vous devrez réserver – le téléphone portable ne passant pas dans le camp (et il n'y a pas de ligne fixe), mieux vaut privilégier les e-mails.

❶ Depuis/vers Tsumkwe

Vous devrez disposer de votre propre véhicule, de préférence un 4×4. Il n'existe aucune route goudronnée dans la région, et seule la C44 est praticable avec une voiture de tourisme. On trouve parfois de l'essence au Tsumkwe Country Lodge, mais il vaut mieux emporter quelques jerricans avec vous. Si vous prévoyez d'explorer le bush autour de Tsumkwe, nous vous recommandons de faire appel à un guide local et de vous déplacer au sein d'un convoi.

Le passage frontalier de Dobe, à destination du Botswana, n'est praticable qu'en 4×4. Prévoyez des réserves d'essence suffisantes pour rejoindre les stations-service de Maun ou d'Etsha 6, elles sont accessibles par une piste de sable ardue qui traverse le nord-ouest du Botswana.

Vie sauvage

David Lukas

La Namibie est l'une des terres les plus arides de la planète, et pourtant, les animaux vivent nombreux sur ce territoire qu'ils arpentent depuis des temps immémoriaux. L'étroite bande de Caprivi, dans le nord du pays, fait partie d'une vaste zone humide transfrontalière englobant le delta de l'Okavango. Le pays est une destination tout indiquée pour observer la faune, en particulier dans le splendide parc national d'Etosha, où l'on peut apercevoir des lions, des éléphants, des springboks et près de 110 autres espèces de mammifères.

Girafes (p. 108)

DOUG McKINLAY/GETTY IMAGES ©

Félins

Leur vue perçante et leur ouïe très fine en font de redoutables prédateurs. Si vous assistez à la scène d'un félin poursuivant sa proie, vous n'oublierez pas ce spectacle saisissant.

Caracal

1 *Poids 8-19 kg ; longueur 80-120 cm.* Le caracal, au pelage fauve, dont les oreilles pointues arborent des toupets, possède des pattes postérieures surdimensionnées. Elles lui permettent d'effectuer des bonds de 3 m à la verticale pour attraper des oiseaux. Où le voir : Nkasa Rupara National Park.

Léopard

2 *Poids 30-60 kg (femelle), 40-90 kg (mâle) ; longueur 170-300 cm.* Le léopard se dissimule grâce à son art du camouflage. Dans la journée, vous ne distinguerez l'animal couché sur un tronc d'arbre que s'il remue la queue ; à la nuit tombée, vous l'identifierez à son cri glaçant, comparable à celui d'une scie à bois. Où le voir : Okonjima Nature Reserve, Erindi Private Game Reserve.

Lion

3 *Poids 120-150 kg (femelle), 150-225 kg (mâle) ; longueur 210-275 cm (femelle), 240-350 cm (mâle).* Armé de dents qui broient os et tendons, le lion est le plus redoutable prédateur d'Afrique. Il est capable de s'attaquer à une girafe mâle. Il vit en troupe constituée de plusieurs générations de femelles qui assurent la chasse. Où le voir : parc national d'Etosha.

Guépard

4 *Poids 40-60 kg ; longueur 200-220 cm.* Ce sprinter peut atteindre les 112 km/h, mais s'épuise au bout de 300 m et doit se reposer une demi-heure avant de repartir en chasse. Où le voir : parc national d'Etosha.

Chat à pattes noires

5 *Poids 1-2 kg ; longueur 40-60 cm.* Ce minuscule prédateur (25 cm de haut) est l'un des plus petits félins du monde. Mais cet animal nocturne est un redoutable chasseur, capable de faire des bonds d'une hauteur 6 fois supérieure à sa taille.

Chat sauvage

6 *Poids 3-6,5 kg ; longueur 65-100 cm.* Rôdant près des villages, ce chat tigré est l'ancêtre direct du chat domestique. Il est aisément identifiable à ses longues pattes et à ses oreilles rousses bien dessinées. Où le voir : Okonjima Nature Reserve.

Primates

La Namibie ne revendique que trois espèces de primates, une faible diversité largement compensée par la présence du babouin chacma, très répandu et étonnant à observer.

Vervet

1 *Poids 4-8 kg ; longueur 90-140 cm.* Peuplant le nord de la Namibie, ces singes passent beaucoup de temps au sol, mais toujours à proximité d'arbres où se réfugier en cas d'attaque de prédateurs. Chaque horde est composée de femelles, tandis que les mâles se battent entre eux pour asseoir leur domination et obtenir celles-ci. Où le voir : parc national d'Etosha.

Galago

2 *Poids 100-250 g ; longueur 40 cm.* Cet animal nocturne, couramment surnommé "bushbaby" (bébé de la brousse), est d'une agilité phénoménale. Il fait des bonds de 5 m pour passer d'arbre en arbre et saute en l'air afin d'attraper des proies en plein vol. Sa présence en Namibie est circonscrite aux zones boisées bordant les fleuves du nord du pays. Où le voir : Nkasa Rupara National Park.

Babouin chacma

3 *Poids 12-30 kg (femelle), 25-45 kg (mâle) ; longueur 100-200 cm.* Prenez le temps d'observer le comportement social très élaboré de ces animaux et essayez de repérer au sein d'un groupe les attitudes exprimant l'amitié, la déception ou la conciliation. Où les voir : Bwabwata National Park.

CHRISTIAN HEINRICH/GETTY IMAGES ©

MARTIN HARVEY/GETTY IMAGES ©

Ruminants

De nombreux ongulés (mammifères à sabots) d'Afrique vivent en troupeaux afin de se protéger des prédateurs. En Namibie, dans le groupe des bovidés (ongulés à cornes), on trouve une bonne douzaine d'espèces d'antilopes.

Bubale roux

1 *Poids 120-220 kg ; longueur 190-285 cm.* Sa curieuse tête allongée permet à cet animal à l'encolure très courte de brouter à ras du sol tout en surveillant les alentours. Où le voir : parc national d'Etosha.

Gemsbok

2 *Poids 180-240 kg ; longueur 230 cm.* Dotée de cornes droites de 1 m de long, cette antilope du désert (appelée aussi oryx) peut survivre des mois en absorbant l'eau des plantes qu'elle consomme. Elle supporte des températures auxquelles succombent d'autres espèces. Où la voir : parc national d'Etosha, Namib-Naukluft Park.

Buffle d'Afrique (Cape Buffalo)

3 *Poids 250-850 kg ; longueur 220-420 cm.* Ce buffle coiffé d'une paire de cornes incurvées très impressionnantes se montre en général paisible. Mais blessé ou en colère, il devient extrêmement dangereux. Où le voir : Bwabwata National Park.

Impala

4 *Poids 40-80 kg ; longueur 150-200 cm.* Dotés d'une prodigieuse capacité de reproduction, les impalas se multiplient si rapidement que les prédateurs ont peu de chances de réduire leur population à néant. Où les voir : parc national d'Etosha, où vit le rare impala à face noire.

Gnou

5 *Poids 140-290 kg ; longueur 230-340 cm.* Les gnous de Namibie sont plutôt sédentaires et ne se déplacent qu'avec le changement de saison. Où le voir : parc national d'Etosha, Okonjima Nature Reserve.

2

3

Grands mammifères à sabots

Présents en Afrique depuis des millions d'années, ces mammifères ne sont pas des ruminants (sauf la girafe) et ils occupent des habitats plus diversifiés que les bovidés.

Rhinocéros noir

1 *Poids 700-1 400 kg ; longueur 350-450 cm.* Jadis très répandu sur un vaste territoire, le rhinocéros a fait l'objet d'un braconnage intense qui a mené l'espèce au bord de l'extinction. Où le voir : Damaraland, parc national d'Etosha.

Zèbre de montagne

2 *Poids 230-380 kg ; longueur 260-300 cm.* Les zèbres de montagne présents dans le centre de la Namibie se distinguent de leurs cousins des savanes par leur ventre dénué de rayures et leur museau couleur brun-roux. Où le voir : monts Erongo, massif du Naukluft, Fish River Canyon.

Éléphant d'Afrique

3 *Poids 2,2-3,5 t (femelle), 4-6,3 t (mâle) ; hauteur 2,4-3,4 m (femelle), 3-4 m (mâle).* Gigantesque, il dispute au lion le titre de "roi des animaux". Les éléphants sont organisés en une société matriarcale. Où le voir : Nkasa Rupara National Park, Bwabwata National Park, Damaraland.

Hippopotame

4 *Poids 510-3 200 kg ; longueur 320-400 cm.* Les hippopotames passent leur temps dans l'eau ou à proximité. Ils peuvent devenir très féroces lorsqu'on les provoque. Où le voir : Bwabwata National Park.

Girafe

5 *Poids 450-1 200 kg (femelle), 1 800-2 000 kg (mâle) ; hauteur 3,5-5,2 m.* Du haut de ses 5 m, la girafe se nourrit dans les branches supérieures des arbres et est capable de distancer ses prédateurs. Meilleur endroit pour la voir : parc national d'Etosha.

Carnivores

Outre six espèces de félins, le pays compte, de la mangouste au lycaon, plus d'une dizaine de carnivores aux dents carnassières. Leurs parties de chasse offrent un spectacle inoubliable.

Otocyon (renard à oreilles de chauve-souris)

1 *Poids 3-5 kg ; longueur 70-100 cm.* Cet animal possède de grandes oreilles qu'il fait pivoter afin de capter les sons émis par ses proies en sous-sol, notamment les termites. Monogame, il se mêle à d'autres familles lorsqu'il part en quête de nourriture. Où le voir : parc national d'Etosha.

Suricate

2 *Poids 0,5-1 kg ; longueur 50 cm.* Plusieurs espèces de mangoustes peuplent la région, dont le suricate, animal vif et sociable, qui se dresse souvent sur ses pattes de derrière, l'air étonné. Lorsqu'il se sent menacé, il crache et fait des bonds.

Lycaon

3 *Poids 20-35 kg ; longueur 100-150 cm.* Chacun doté d'une robe unique, les lycaons (appelés parfois chiens sauvages d'Afrique) vivent en meutes de 20 à 60 individus. Ces canidés très sociables et redoutables chasseurs sont pourtant menacés d'extinction. Où le voir : Bwabwata National Park.

Otarie à fourrure

4 *Poids 80 kg (femelle), 350 kg (mâle) ; longueur 120-200 cm.* Les rivages désolés de la côte des Squelettes abritent plusieurs vastes colonies de ces animaux, contraints de vivre en collectivité afin de se défendre contre les hyènes brunes. Où le voir : Cape Cross Seal Reserve.

Hyène tachetée

5 *Poids 40-90 kg ; longueur 125-215 cm.* Organisés en hordes dominées par les femelles, ces féroces combattants utilisent leur mâchoire d'acier pour combattre les lions ou éventrer des proies terrifiées. Où la voir : parc national d'Etosha, Damaraland.

2

3

Oiseaux de proie

Abritant 70 espèces de faucons, aigles, chouettes et vautours, la région permet d'observer une grande diversité d'oiseaux de proie, perchés dans les arbres, planant dans le ciel ou rassemblés autour d'une charogne.

Vautour oricou

1 *Longueur 115 cm.* Les vautours se mêlent aux prédateurs près des carcasses d'animaux et n'hésitent pas à se battre pour arracher quelques morceaux de chair et d'os. Le vautour oricou prélève son tribut avant le passage de ses congénères.

Autour chanteur

2 *Longueur 55 cm.* On voit souvent ces petits rapaces gris perchés en groupe sur des arbres tombés ou des buissons. Ces oiseaux, dotés de pattes et d'un bec rouge flamboyant, suivent d'autres chasseurs afin de ramasser ce que ceux-ci laissent derrière eux. Où le voir : parc national d'Etosha.

Bateleur des savanes

3 *Longueur 60 cm.* Ce serpentaire, aux ailes blanches et à la curieuse silhouette à queue très courte, réalise des acrobaties à basse altitude. De près, vous noterez son plumage coloré et sa tête écarlate.

Pygargue vocifère

4 *Longueur 75 cm.* Également appelé aigle pêcheur d'Afrique, ce rapace (2 m d'envergure) peut être observé près des cours d'eau dans lesquels il se nourrit. On le reconnaît à son cri, qui lui vaut le surnom de "voix de l'Afrique". Où le voir : Nkasa Rupara National Park, Bwabwata National Park.

Messager sagittaire

5 *Longueur 100 cm.* Un corps d'aigle et les pattes d'une grue : le messager ne passe pas inaperçu. Dominant la savane du haut de ses 1,30 m, il peut marcher 20 km par jour pour trouver vipères, cobras et autres serpents qu'il tue à la vitesse de l'éclair. Où le voir : parc national d'Etosha.

2

Autres oiseaux

La Namibie abrite un nombre impressionnant d'oiseaux, de toutes les formes et de toutes les couleurs. Une diversion bienvenue et tonique quand on vient de passer plusieurs jours à fixer, immobile, des lions endormis.

Rollier à longs brins

1 *Longueur 40 cm.* Apparenté au martin-pêcheur, le superbe rollier virevolte dans les airs comme pour mieux faire admirer son plumage irisé bleu, vert et violet. Où le voir : partout et dans le parc national d'Etosha.

Fou du Cap

2 *Longueur 85 cm.* Ces oiseaux marins nichent en colonie sur des îles au large et se rassemblent par milliers pour pêcher. Ils y effectuent des vols en plongée pour attraper les poissons au creux des vagues. Où le voir : Cape Cross Seal Reserve, Skeleton Coast Park, Dorob National Park.

Flamant nain

3 *Longueur 100 cm.* Rassemblés par centaines de milliers sur les eaux miroitantes des lacs alcalins, ces volatiles d'un rose profond offrent l'un des plus beaux spectacles du milieu naturel africain. Où le voir : Walvis Bay.

Autruche

4 *Longueur 200-270 cm.* Pour échapper aux prédateurs, ces oiseaux de plus de 130 kg, incapables de voler, courent jusqu'à 70 km/h, ou se couchent pour se camoufler et ressembler à un tas de terre. Où le voir : parc national d'Etosha.

Manchot du Cap

5 *Longueur 60 cm.* Leur appellation en anglais (*Jackass penguin*) évoque le cri que poussent les mâles lors de la parade nuptiale, qui rappellerait le braiment de l'âne. Certaines colonies sont particulièrement peu farouches. Où le voir : le littoral et les îles.

Ombrette africaine

6 *Longueur 60 cm.* Apparentée à la cigogne, l'ombrette est reconnaissable à sa tête surmontée d'une curieuse huppe et rappelant le pic-vert des dessins animés. On la voit fréquemment au bord de l'eau, en train de pêcher poissons et grenouilles. Son nid, de 2 m de large, est impressionnant. Où la voir : la bande de Caprivi.

Nord-Ouest

Le top des hébergements

➡ Spitzkoppen Lodge (p. 120)

➡ Camp Kipwe (p. 124)

➡ Opuwo Country Lodge (p. 129)

➡ Serra Cafema Camp (p. 131)

➡ Cape Cross Lodge (p. 133)

Se loger et observer la faune

➡ Hoanib Skeleton Coast Camp (p. 135)

➡ Desert Rhino Camp (p. 126)

➡ Doro Nawas Camp (p. 124)

Pourquoi y aller

Le nord-ouest de la Namibie offre aux amoureux d'une nature à l'état brut un environnement sauvage, où les pistes de 4x4 traversent des paysages époustouflants. Sur l'emblématique côte des Squelettes (Skeleton Coast), des plages enveloppées de brouillard s'étendent à l'infini au pied des dunes, ponctuées ici et là d'épaves rouillées.

Le Kaokoveld déroule des pistes désertes au cœur d'un vaste territoire constitué de montagnes arides – l'une des régions les plus sauvages du pays, et certainement celle qui témoigne le mieux de la Namibie originelle. C'est le territoire ancestral des Himba, un peuple qui a conservé ses usages vestimentaires et ornementaux.

Le Damaraland abrite le massif du Brandberg – où se trouve le point culminant du pays – et Twyfelfontein, deux sites qui renferment des œuvres pariétales parmi les plus belles d'Afrique australe. Véritable fenêtre sur le passé, ils permettent de mieux comprendre la façon dont vivaient nos ancêtres au temps où ils arpentaient les savanes africaines.

Comment circuler

La meilleure solution est de disposer d'un véhicule, car il n'existe ici pratiquement aucun transport en commun. Une voiture de tourisme convient pour la route goudronnée qui mène à Opuwo et pour les pistes nivelées (routes C et la plupart des routes D du Damaraland). Sachez toutefois qu'un véhicule à garde haute est nécessaire au Kaokoveld et que certains tronçons, en particulier à la saison des pluies, nécessitent un 4x4.

La route de sel qui part de Swakopmund et longe le littoral jusqu'à la côte des Squelettes est en bon état. Dans l'ouest du Kaokoveld, les pistes ne sont maintenues que par le passage des véhicules. Sorti de l'itinéraire classique – Sesfontein, Opuwo, Ruacana et Epupa Falls – il y a peu de circulation et les villages isolés sont dépourvus d'hébergements et de services. Pensez-y avant de vous lancer seul à l'aventure et optez éventuellement pour un circuit organisé (ou prévoyez un convoi d'au moins deux véhicules).

À ne pas manquer

1 Une rencontre culturelle avec le peuple Himba (**Opuwo** ; p. 128), emblématique de la Namibie

2 Les peintures rupestres du **Brandberg** (p. 121) et de **Twyfelfontein** (p. 124)

3 La découverte de la **côte des Squelettes** (p. 132) et du **Kaokoveld** (p. 128), hors des sentiers battus

4 L'extraordinaire – et très odorante – colonie d'otaries à fourrure de **Cape Cross** (p. 133)

5 L'ascension de l'imposant **Spitzkoppe** (p. 120), vestige d'un ancien volcan

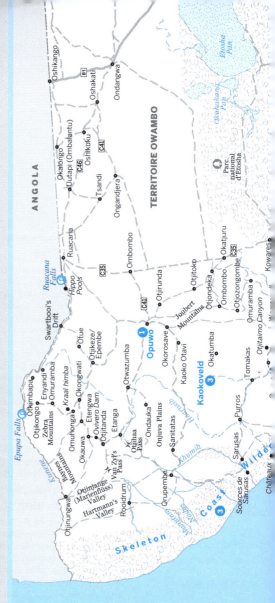

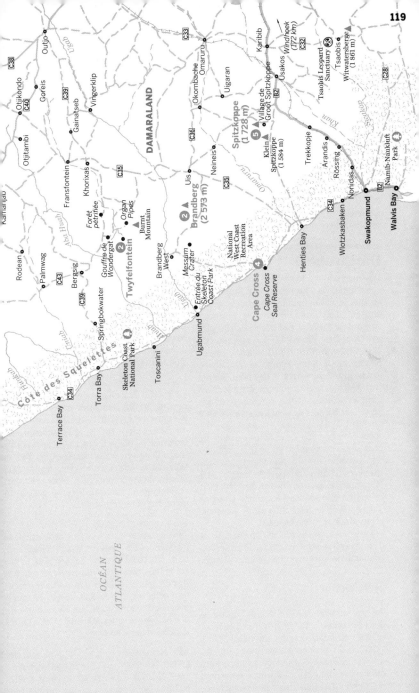

C38

Outjo

Otjikondo C40
C40

Goreis

Gainatseb C39

Otjitambi

Vingerklip

Kamanjab

Fransfontein

Khorixas C35

Rodean

Palmwag

Bergsig C43

C39

Forêt
pétrifiée

Organ
Pipes

Burnt
Mountain

Gouffre de
Wondergat

2

Twyfelfontein

Springbokwater

DAMARALAND

C33

Omaruru

Okombahe

Uigaran

C36

Neineis

Uis

C35

2 ▲
Brandberg
(2 573 m)

Brandberg
West

Messum
Crater

Entrée du
Skeleton
Coast Park

Ugabmund

National
West Coast
Recreation
Area

Cape Cross 4
Cape Cross
Seal Reserve

Hentiès Bay

Karibib

Usakos Windhoek
(172 km)

B2 C32

Tsaobis Leopard 83
Sanctuary Tsaobis
Witwatersberge ▲
(1 861 m)

C28

Village de
Groot Spitzkoppe

Spitzkoppe
(1 728 m)

5 ▲

Klein ▲
Spitzköppe
(1 584 m)

Trekkopie

Arandis

Rössing

Nonidas

Namib-Naukluft
Park

Swakopmund

Walvis Bay

B2 C34

Wlotzkasbaken

Henties Bay

Skeleton Coast.
National Park

Toscanini

Torra Bay

C34

Côte des Squelettes

Terrace Bay

OCÉAN

ATLANTIQUE

Géographie

Le nord-ouest de la Namibie est bordé par la côte des Squelettes, une impressionnante portion de littoral désertique où viennent s'écraser les déferlantes glacées. À mesure que l'on s'enfonce à l'intérieur des terres, le sinistre brouillard s'estompe et découvre les merveilleuses étendues sauvages et arides du Damaraland et du Kaokoveld. Le premier est connu pour ses singularités géologiques : éminences volcaniques, forêts pétrifiées, plateaux de roche rouge, blocs de grès engravés de pétroglyphes… Le second reste l'un des derniers grands territoires vierges de l'Afrique australe. Tous deux abritent une faune et une flore étonnamment riches, en regard de la rudesse du milieu.

Damaraland

Des magnifiques formations rocheuses du Spitzkoppe, de l'Erongo et du Brandberg, au sud, jusqu'aux montagnes rouges qui se dressent dans le désert près de Palmwag, au nord, le Damaraland offre une des plus spectaculaires diversités de paysages du pays. Caché dans les sillons rocheux, Twyfelfontein recèle, tout comme le Brandberg, des peintures rupestres et des pétroglyphes parmi les plus beaux d'Afrique australe ; sans compter la forêt pétrifiée, non loin, ainsi que les vallées bordées de palmiers semblables à des oasis. Le Damaraland est aussi l'une des zones d'observation de la faune sauvage les plus sous-estimées, et l'une des dernières réserves officieuses, de Namibie. Le rhinocéros noir, en danger critique d'extinction, des lions et des éléphants déserticoles vivent sur ce territoire, mais aussi les autres animaux qui peuplent le reste du pays – gemsbok, zèbre, girafe et hyène tachetée…

Cette combinaison de paysages et d'animaux sauvages constitue le trésor du Damaraland – prévoyez un séjour prolongé.

Spitzkoppe

📞 064

Tel un mirage, le **Spitzkoppe** (village de Groot Spitzkoppe ; 50/20 $N par pers/voiture ; ☉ aube-crépuscule) domine du haut de ses 1 728 m les plaines poussiéreuses du sud du Damaraland. Sa silhouette imposante et bien reconnaissable lui vaut son surnom de "Cervin d'Afrique", mais la ressemblance entre ce vestige d'un ancien volcan et le sommet italien se borne toutefois à son

pic pointu. Vaincu pour la première fois en 1946, le Spitzkoppe attire encore aujourd'hui les alpinistes chevronnés qui souhaitent inscrire à leur palmarès l'ascension la plus difficile du pays.

 Activités

Les énormes dômes de granit des Pondoks se dressent à côté du Spitzkoppe. À l'extrémité est de ce fouillis pierreux, un treuil permet de gravir les pentes de granit pour accéder à une cuvette de verdure appelée Bushman's Paradise. En contrebas d'un surplomb rocheux, on découvre des peintures rupestres anciennes représentant des rhinocéros. L'ensemble a hélas subi des actes de vandalisme.

🛏 Où se loger

Sptitzkoppe Campsites   CAMPING $
(📞 064-464144 ; www.spitzkoppe.com ; camping 135 $N). Ces emplacements choisis avec soin sont aménagés dans les recoins entourant le massif du Spitzkoppe et rendent parfaitement justice aux paysages surnaturels de l'endroit. Tenu par la même équipe que le Spitzkoppen Lodge, ce camping très professionnel dispose de bons équipements.

Spitzkoppe Rest Camp   CAMPING $
(📞 064-530879 ; village de Groot Spitzkoppe ; camping 110 $N). Les sites de cet excellent camping sont répartis sur les contreforts du Spitzkoppe et les affleurements des environs. La plupart sont nichés au cœur de magnifiques cuvettes rocheuses, où l'on se sent loin de tout. À l'entrée, vous trouverez le bureau de la réception, des blocs sanitaires écologiques et des *braai* (barbecues), ainsi qu'un bar et un restaurant.

Spitzkoppe Mountain
Tented Camp   CAMP DE BROUSSE $$
(📞 081 805 3178 ; www.spitzkoppemountaincamp. com ; près de D3716 ; ch 1 220 $N). Ces tentes sur pilotis avec salles de bains et toilettes installées près d'une rivière asséchée offrent une belle vue sur le Spitzkoppe. Le camp propose des excursions dans l'ancien volcan, des balades avec les Bochimans et d'autres activités dans le secteur.

💙 Spitzkoppen Lodge   LODGE $$$
(📞 081 149 0827 ; www.spitzkoppenlodge.com ; s/d 2 900/5 000 $N ; 📶 ✈). Ce tout nouvel établissement est sans doute l'un des plus plaisants du Spitzkoppe. Géré par les propriétaires des Kalahari Bush Breaks (p. 56),

Spitzkoppe et Pondoks

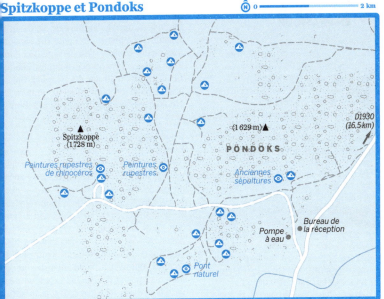

N · 0 ————— 2 km

Spitzkoppe (1728 m)

Peintures rupestres de rhinocéros

Peintures rupestres

(1 629 m)▲

P O N D O K S

D1930 (16,5 km)

Anciennes sépultures

Pompe à eau

Bureau de la réception

Pont naturel

il comprend 15 chalets reliés entre eux par une passerelle en bois, tous bénéficiant d'un superbe panorama. La décoration s'inspire des montagnes du Spitzkoppe et vous goûterez au luxe d'être isolé du monde tout en étant parfaitement installé.

❶ Depuis/vers le Spitzkoppe

Par temps sec, un véhicule de tourisme suffit pour rejoindre la montagne. Sur la B2, prenez la D1918 en direction du nord-ouest (Henties Bay). Après 18 km, prenez la D3716 en direction du nord.

Brandberg

🎧 064

Passer en voiture à proximité de ce massif de granit rose et s'extasier devant la lumière céleste du coucher de soleil constituera un grand moment de votre visite de la région. Mais le réel trésor est à l'intérieur, puisqu'il renferme de splendides vestiges d'art préhistorique du continent africain.

Le soleil couchant vient embraser le versant ouest de ce massif dont le nom signifie "montagne de feu". Point culminant du pays, le Königstein (2 573 m) domine le Brandberg.

Le Brandberg est un site protégé ; le droit d'entrée s'élève à 50 \$N/personne

et 20 \$N/voiture. Ces tarifs comprennent les services – obligatoires – d'un guide (il est interdit de se promener seul parmi ces merveilles fragiles). N'hésitez pas à laisser un pourboire à votre guide si vous avez été satisfait de ses services.

👁 À voir

Numas Ravine   ART RUPESTRE

Le ravin de Numas, qui scinde la face occidentale du Brandberg, abrite lui aussi des peintures rupestres peu connues. La plupart des visiteurs demandent à leur guide de les emmener voir le rocher sur lequel ont été peints un serpent, une girafe et une antilope, à une demi-heure environ du pied du ravin. Il fait face à la rive sud de la rivière. Si vous poursuivez l'ascension durant une trentaine de minutes, vous parviendrez à une source rafraîchissante, à proximité de laquelle se trouvent d'autres œuvres d'art pariétal.

Tsisab Ravine   ART RUPESTRE

Tsisab Ravine est l'épicentre des merveilles rupestres de Brandberg. Le Maack's Shelter ("abri de Maack") renferme la célèbre Dame blanche du Brandberg, un personnage – il n'est pas établi qu'il s'agisse d'une femme – d'une quarantaine de centimètres qui fait partie d'un ensemble représentant une

① LE SPITZKOPPE EN PRATIQUE

Géré par les habitants, le Spitzkoppe dépend du ministère de l'Environnement et du Tourisme. Les explications d'un guide local (prix à négocier) enrichiront votre découverte de ce site hautement culturel.

Nul besoin d'équipement spécifique ni de connaissances particulières pour marcher dans la montagne. Mais l'ascension du sommet du Spitzkoppe, potentiellement dangereuse, ne s'entreprend pas à la légère et s'effectue de préférence en groupe. Il faut prévoir le matériel, la nourriture et l'eau en quantité suffisante, et se renseigner auprès des habitants avant d'entamer le périple en n'oubliant pas d'informer des tiers de vos intentions. N'oubliez pas que des nuits très froides peuvent succéder à des journées extrêmement chaudes, et que les températures baissent considérablement en altitude : veillez à vous équiper en conséquence.

étrange procession de chasse. Il tient dans une main quelque chose qui pourrait être une fleur, voire une plume, et dans l'autre un arc et plusieurs flèches.

Si le doute subsiste quant au sexe du personnage, ce dernier se distingue par ses cheveux raides et clairs – nettement non africains – et par la couleur blanche de la partie inférieure de son corps. Lors d'une mission conduite en 1948, le préhistorien et abbé Henri Breuil, évoquant des œuvres similaires présentes sur les rives de la Méditerranée, avança l'idée d'une origine crétoise ou égyptienne. L'hypothèse ne fut toutefois pas validée et les spécialistes actuels pensent que la Dame blanche pourrait en fait être un garçon san dont le corps a été enduit d'argile dans le cadre d'une cérémonie d'initiation.

🛏 Où se loger

On trouve des campings informels près de l'entrée des ravins de Numas et de Tsisab, mais ils n'ont ni eau ni équipement et il faut apporter tout le nécessaire. Les hébergements étant rares, la réservation est impérative, mais il y en a pour presque tous les budgets.

Ugab Wilderness Camp   CAMPING $
(camping 100 $N). Les équipements sont sommaires, mais le camping est bien tenu et constitue une bonne base pour des randonnées ou des sessions d'escalade guidées dans le Brandberg. L'embranchement est indiqué sur la D2359, à 10 km du camping. Bonne base également pour aller au cratère de Messum, partir en excursion dans le Brandberg et observer les éléphants déserticoles.

Brandberg White Lady Lodge   LODGE $$
(☑ 081 791 3117, 064-684004 ; www.brandberg-wllodge.com ; D2359 ; camping 110 $N, s/d tente de luxe 550/770 $N, s/lits jum en demi-pension 1 075/1 846 $N). Au lodge de la Dame blanche du Brandberg, les campeurs peuvent monter leur tente au bord de la rivière tout en bénéficiant de toutes les installations haut de gamme de l'établissement. Pour plus de confort, vous avez le choix entre des bungalows rustiques et des chalets au bel intérieur de pierre dotés d'un patio. Il y a aussi des tentes de luxe.

Des excursions motorisées sont proposées ; une belle occasion de voir des oryx, des springboks, des zèbres et (si vous avez vraiment de la chance) des guépards des montagnes, ainsi que des éléphants déserticoles (d'août à décembre).

① Depuis/vers le Tsisab Ravine et le Numas Ravine

D'Uis, suivez la direction du nord sur 15 km, puis prenez la D2359 vers l'ouest pendant 26 km. Vous parvenez au parking de Tsisab. Pour atteindre le Numas Ravine, rejoignez la D2342 à 14 km au sud d'Uis ; empruntez-la sur 55 km, puis prenez la piste difficile qui part vers l'est. À la fourche située une dizaine de kilomètres plus loin, empruntez la piste de droite (4x4 nécessaire), qui conduit au parking.

Twyfelfontein et ses environs

Classée au patrimoine mondial de l'Unesco et située à l'entrée de la vallée herbeuse de l'Aba Huab, Twyfelfontein ("source douteuse") forme l'une des plus grandes galeries d'art pariétal du continent africain. À ce jour, plus de 2 500 pétroglyphes y ont été découverts. La visite s'effectue obligatoirement avec un guide, rémunéré exclusivement au pourboire.

◉ À voir

Burnt Mountain
PROMONTOIRE

Une chaîne volcanique dénudée s'étire sur une douzaine de kilomètres au sud-est de Twyfelfontein. Amas de scories qui semble avoir été exposé au feu, la Burnt Mountain ("montagne brûlée") se dresse au pied de la chaîne, dans un paysage lugubre et désolé où pratiquement rien ne pousse. Vous la trouverez en bordure de la D3254, à 3 km au sud de l'embranchement pour Twyfelfontein.

Forêt pétrifiée
POINT DE REPÈRE

Versteende Woud ; adulte/enfant/voiture 80/gratuit/10 $N ; ⊙ aube-crépuscule). Sur une vaste étendue de veld s'étendent des troncs d'arbres pétrifiés dont certains atteignent 34 m de long et 6 m de circonférence. La forêt pétrifiée remonterait à quelque 260 millions d'années. Ces arbres appartenaient à la famille des *Gymnospermae*, des conifères parmi lesquels on retrouve aujourd'hui les cycas et les welwitschias. L'absence de racines et de branches laisse supposer que les troncs ont été déposés ici à la faveur d'une crue importante.

Le site compte une cinquantaine d'arbres, pour certains à moitié enfouis dans le grès. Le processus de pétrification dans la silice en a conservé quelques-uns intacts – l'écorce et les cernes du bois sont encore visibles sur beaucoup. En 1950, après que les amateurs de souvenirs ont commencé à se servir sur place, le site a été classé monument national. Il est interdit de prélever le plus infime fragment de bois pétrifié. La présence d'un guide est obligatoire.

La forêt pétrifiée se trouve à 40 km à l'ouest de Khorixas. Prenez la C39 et suivez le panneau "Versteende Woud".

Organ Pipes
POINT DE REPÈRE

Après la route qui part de Burnt Mountain, un sentier bien tracé débouche dans une petite gorge renfermant des colonnes de dolérite (basalte à gros grains) hautes de 4 m et alignées sur un étonnant mur de 100 m de long, les Organ Pipes ("tuyaux d'orgue").

Wondergat
CURIOSITÉ NATURELLE

Cet énorme gouffre offre une vue grandiose du monde souterrain. Prenez la D3254 et bifurquez en direction de l'ouest à 4 km au nord de l'embranchement de la D2612. Vous trouverez Wondergat environ 500 m plus loin.

NORD-OUEST DAMARALAND

SAUVER LES RHINOCÉROS

Le **Save the Rhino Trust** (SRT ; www.savetherhino.org) a pour mission de lutter contre le braconnage. Il collabore depuis sa création avec le gouvernement namibien et les communautés locales pour garantir la sécurité et suivre l'évolution de la dernière population au monde de rhinocéros noirs vivant en totale liberté. Jusqu'à présent, il est parvenu à protéger ces animaux et leur a permis de se multiplier. Les chiffres indiquent que le SRT a contribué à la survie d'une population de 1 130 rhinocéros, avec un taux d'accroissement annuel de 5%. En fait, l'Union internationale pour la conservation de la nature (UICN) relève que la population présente le plus fort taux d'accroissement en Afrique.

Présent au Damaraland, une région très peu peuplée qui manque de moyens et n'offre guère d'emplois, le SRT s'efforce d'intégrer dans ses actions les hommes et les femmes qui vivent ici, comptant qu'ils bénéficieront de la préservation de l'espèce. Une initiative essentielle car le Damaraland n'est pas inscrit comme zone spécifiquement protégée et ne reçoit par conséquent aucun financement de l'État.

Au-delà de ce succès incontestable, le SRT est confronté à bien des enjeux, comme le braconnage lié au trafic des cornes de rhinocéros et la pression sur les terres cultivables en Namibie. L'avenir du rhinocéros dépend de la réponse qui sera apportée à ces problèmes, souligne l'organisation, défendant l'idée que la politique des pouvoirs publics doit comporter un volet prévoyant de fixer les populations de rhinocéros dans des parcs, des réserves et des zones privées répartis dans tout le pays.

Les visiteurs souhaitant suivre la piste des rhinocéros noirs peuvent séjourner au **Desert Rhino Camp** (p. 126), un camp de luxe géré par le SRT et Wilderness Safaris. C'est probablement le meilleur endroit pour se lancer sur les traces du rhinocéros, mais d'autres lodges du Damaraland offrent aussi cette possibilité.

🛏 Où se loger

Abu Huab Rest Camp
CAMPING $

(camping 120 $N). Bien ombragé, proche des pétroglyphes de Twyfelfontein et recevant souvent la visite des éléphants déserticoles, cet endroit a de quoi séduire les voyageurs motorisés indépendants, du moins à première vue. Il y a aussi un petit bar, mais le service et le camping en général ont bien besoin d'être repris en main et les équipements (pas d'électricité) d'être rénovés.

💙 Camp Kipwe
LODGE $$$

(061-232009 ; www.kipwe.com ; s/d en demi-pension basse saison 2 800/4 100 $N, haute saison 2 490/5 280 $N ; ❄ 🛜 📧). Situé au beau milieu de blocs de roche, Kipwe s'intègre avec volupté dans le superbe paysage grâce à de vastes cases rondes discrètes, aux toits de chaume, et à son beau panorama. Il y a 9 chambres standards et une suite nuptiale. Les chambres n°s 3 et 4, destinées aux familles, ont des tentes pour enfants. Toutes ont une salle de bains extérieure, pour allier découverte du ciel et toilette du soir. L'espace restaurant/bar jouit d'une belle vue et permet de savourer un cocktail en profitant de la brise. Le lodge organise des circuits motorisés (650 $N) et des visites des sites d'art rupestre. L'entrée se situe juste en face de celle du Mowani Mountain Camp, de l'autre côté de la D2612.

💙 Doro Nawas Camp
LODGE $$

( 061-225178 ; www.wilderness-safaris.com ; s/d juin-oct 6 510/11 270 $N, prix variables reste de l'année ; 🛜 📧). Membre du prestigieux group Wilderness Safari, ce magnifique lodg dispose de grandes et luxueuses chambre à toit de chaume et de terrasses offrant d beaux panoramas. Il propose une gamm d'excursions allant des pétroglyphes d Twyfelfontein aux safaris d'observation su les traces des éléphants et lions déserticoles Les prix sont élevés pour la Namibie, mai la qualité et le service sont irréprochables.

Mowani Mountain Camp
LODGE $$

(061-232009 ; www.mowani.com ; s/d e demi-pension basse saison à partir d 3 130/4 760 $N, haute saison à partir d 3 830/5 960 $N ; @ 📧). Les structures e dôme de ce très beau lodge se fonden littéralement dans le paysage et n'appa raissent aux yeux des visiteurs qu'au tou dernier moment. Les bâtiments principau bénéficient d'un ingénieux système d climatisation naturelle et les hébergement se nichent au milieu des rochers. Le camp s situe à 5 km au nord de l'embranchement d Twyfelfontein sur la D2612.

Le supplément pour les chambres ave vue est totalement justifié.

Twyfelfontein Country Lodge
LODGE $$$

(en Afrique du Sud 📞 027 (0) 21 8550395 ; www twyfelfonteinlodge.com ; s/d à partir de 1 580/

GRAVURES PARIÉTALES DE TWYFELFONTEIN

Remontant pour la plupart au moins à 6 000 ans (fin de l'âge de la pierre), les **gravures pariétales** (adulte/enfant/voiture 80/gratuit/10 $N ; ☺ aube-crépuscule) de Twyfelfontein ont sans doute été réalisées par des chasseurs san qui ont entamé la forte patine recouvrant le grès local. Celle-ci s'est reformée au fil du temps, venant protéger les œuvres de l'érosion. Les différences de couleur et d'usure ont permis aux chercheurs de distinguer au moins six phases de réalisation. Il reste que certaines gravures ont, de toute évidence, été réalisées par des copieurs, au XIXᵉ siècle, semble-t-il. La visite s'effectue obligatoirement avec un guide, rémunéré exclusivement au pourboire.

Dans les temps les plus reculés, la source attirait sans doute des animaux et par conséquent des chasseurs, qui ont laissé la trace de leur passage sur les rochers alentour. On voit aujourd'hui de nombreuses représentations d'animaux, d'empreintes animales et de motifs géométriques mais, étonnamment, peu de personnages humains. Beaucoup de gravures représentent des espèces ayant disparu aujourd'hui de la région – éléphants, rhinocéros, girafes et lions. La présence d'une otarie atteste par ailleurs de l'existence, à l'époque, de liens avec le littoral, distant de plus de 100 km.

Twyfelfontein n'a véritablement été placé sous protection qu'en 1986, lorsqu'il a été déclaré réserve naturelle. Un grand nombre de pétroglyphes avaient entre-temps été endommagés par des vandales, et certains ont purement et simplement disparu. Des travaux de restauration sont en cours.

200 $N ; ❄@☎). Située de l'autre côté de la colline par rapport à Twyfelfontein, cette merveille d'architecture s'intègre littéralement à la roche rouge. Arrêtez-vous en chemin pour admirer les gravures pariétales et remarquez aussi la piscine et sa cascade incongrue en plein désert. Les chambres sont élégantes, quoiqu'un peu datées. Des excursions sont proposées. Le lodge n'a pas l'éclat de certains de ses concurrents et l'entretien laisse parfois à désirer.

Tout proche de Twyfelfontein et de l'art rupestre, l'établissement est assez bien indiqué et facile à trouver.

❶ Depuis/vers Twyfelfontein

Twyfelfontein et ses environs ne sont pas desservis par les transports en commun et la région demeure peu fréquentée. Quittez la C39 à 73 km à l'ouest de Khorixas, piquez vers le sud par la D3254 et roulez pendant 15 km. Vous trouverez alors une bifurcation sur la droite et un panneau en direction de Twyfelfontein. Le site de pétroglyphes se situe à 5 km de là.

Kamanjab

6 010 HABITANTS / ☏067

Posée au milieu de belles formations rocheuses, cette petite localité offre une halte agréable sur la route (et une escale technique pour acheter du carburant) du Damaraland, du Kaokoveld, et de l'entrée ouest du parc national d'Etosha.

🛏 Où se loger

Oase Garni Guest House PENSION $
(☏067-330032 ; s/d 560/800 $N ; ☎). Cette pension au cœur de Kamanjab dispose de petites chambres à la plomberie discutable et d'un bar-restaurant au centre de la vie nocturne locale. La nouvelle direction arrivée en 2016 promet des améliorations et, même si vous n'y logez pas, cela vaut la peine d'y venir pour déguster une bière ou un morceau de koudou, de zèbre ou de gemsbok. Les propriétaires organisent aussi des visites d'un village himba des environs.

Porcupine Camp CAMPING $
(☏067-330274 ; www.porcupine-camp.com ; camping 80 $N, s/d 275/550 $N). À quelque 8 km de Kamanjab sur la C40 en direction de Palmwag, ce camping simple et sympathique propose des tentes rudimentaires en coupoles, mais nous préférons planter la nôtre sur les ravissants emplacements isolés.

VAUT LE DÉTOUR

MESSUM CRATER

D'aspect très étrange, le **cratère de Messum** figure parmi les sites naturels les plus reculés du Damaraland. Née de l'effondrement d'un volcan des Goboboseb Mountains, cette cuvette désolée de plus de 20 km de diamètre est entourée de collines formant deux cercles concentriques.

Le camping est interdit dans le cratère ; il vaut mieux visiter ce dernier lors d'une excursion depuis le Brandberg, où l'on trouve quelques hébergements. Il existe trois points d'accès, le plus simple étant de longer la rivière Messum à partir de la D2342, à l'ouest du Brandberg. Restez toujours dans les traces des véhicules vous ayant précédé, en particulier si vous choisissez un itinéraire passant par les plaines du Dorob National Park, où pousse un fragile lichen. Munissez-vous impérativement des cartes topographiques détaillées disponibles à l'**Office of the Surveyor General** (p. 51), à Windhoek.

L'atout du lieu est la possibilité d'observer des porcs-épics (70 $N/pers). N'accepte pas les cartes bancaires.

Oppi-Koppi Rest Camp CAMPING, CHALET $$
(☏067-330040 ; www.oppi-koppi-kamanjab.com ; s/d à partir de 700/1 240 $N). Adresse correcte disposant de chambres familiales plutôt basiques avec murs en brique, de chalets de luxe beaucoup plus jolis et d'emplacements de camping bien entretenus.

Otjitotongwe Cheetah Guest Farm LODGE $$$
(☏067-687056 ; www.cheetahparknamibia.com ; camping circuits guépard inclus 320 $N, s/d en pension complète 1 100/2 100 $N ; ☎). Tollie et Roeleen Nel élèvent des guépards apprivoisés et viennent nourrir tous les après-midi (à 16h en été, une heure plus tôt en hiver) plusieurs de leurs congénères demeurés à un état plus sauvage et vivant dans un enclos de 40 ha. Les bungalows à toit de chaume sont très simples mais bien tenus. Otjitotongwe se trouve à 24 km au sud de Kamanjab par la C40.

À l'origine, les propriétaires du lodge avaient pris au piège des guépards qui attaquaient leur bétail. Ils espéraient les réintroduire dans le parc national d'Etosha, mais les autorités s'y étant opposées, ils relâchèrent les animaux dans la nature tout en gardant une portée de petits nés en captivité. Ils ont, depuis, recueilli un certain nombre de ces prédateurs et agissent pour faire connaître le sort de cette espèce menacée.

❶ Depuis/vers Kamanjab

La route qui mène à Ruacana (nord) est correcte et accessible aux véhicules de tourisme – faites preuve de prudence tout de même après avoir traversé la Red Line. Juste au nord d'Etosha, cette barrière vétérinaire marque la limite entre les élevages commerciaux et ceux de subsistance ; attention au bétail errant.

Palmwag

 061

Les 5 000 km² de la concession de Palmwag et les secteurs limitrophes forment une région où une vie sauvage abondante évolue au milieu de montagnes rouges arides et de plaines entourées d'un étrange paysage, composé de roches rouges de taille identique. La région sert en quelque sorte de zone tampon entre Etosha, au nord, et la côte des Squelettes, et l'on peut raisonnablement espérer y voir des rhinocéros noirs (la plupart des camps leur dédient des safaris d'observation), des éléphants et lions déserticoles, mais aussi des hyènes tachetées, des girafes, des gemsboks et d'autres antilopes. On y trouve plusieurs lodges de luxe et le Save the Rhino Trust (SRT ; p. 123) y conduit ses études. Outre des paysages d'une beauté insolite, ce territoire permet aussi d'observer la faune et de découvrir les actions de protection mises en œuvre.

🛏 Où se loger

Palmwag et ses environs regroupent quelques-uns des meilleurs lodges de Namibie. Généralement, les tarifs s'entendent en pension complète et comprennent les activités. Renseignez-vous auprès du prestataire pour les transferts en 4x4 et en avion. Le Palmwag Lodge comprend aussi un camping.

Hoada Campsite   CAMPING $

(☎ 081 289 0982, 061-228104 ; www.grootberg. com/hoada-campsite ; camping 185 $N ; 🐾). Géré par le Grootberg Lodge, ce superbe camping installé parmi d'imposants rochers dispose d'excellents équipements, dont une belle piscine, des toilettes avec chasse d'eau et des douches en plein air.

♥ Desert Rhino Camp   CAMP DE BROUSSE $$

(☎ 061-225178 ; www.wilderness-safaris.com ; s/d pension complète haute saison 11 600/17 010 $N 🐾). Ces luxueuses tentes safari installées dans un coin isolé du Damaraland ont bien mérité leur place au sein des établissements très sélects Wilderness Safaris. Mais l'endroit vaut aussi pour son éthique : il est au centre des efforts de sauvegarde du rhinocéros noir de Namibie. Ne manquez pas les safaris d'observation de cet animal et les éventuelles rencontres avec les lions et les éléphants déserticoles.

Damaraland Camp   LODGE $$$

(☎ 061-225178 ; www.wilderness-safaris.com ; s/d en pension complète haute saison 9 030/13 120 $N ; 🐾) Alimenté par l'énergie solaire, ce camp reculé à 60 km au sud de Palmwag offre une vue panoramique sur les montagnes tronquées et constitue une oasis de luxe dans un paysage aussi sauvage que singulier. Au programme : tentes de luxe, murs en pisé et douche en plein air. Quand le sentiment d'être dans un décor irréel vous fera moins d'effet, faites quelques brasses dans la nouvelle piscine aménagée dans une gorge rocheuse sculptée par une coulée de lave.

Les safaris d'observation permettent de voir des rhinocéros, des éléphants et, avec un peu de chance, des lions.

Grootberg Lodge   LODGE $$$

(☎ 067-333212, 061-228104 ; www.grootberg.com ; s/d en demi-pension 1 950/2 930 $N). Ce lodge, en plus de proposer des chambres aussi grandes que luxueuses, bénéficie de la vue la plus spectaculaire qu'il nous ait été donné d'admirer lors de notre voyage en Namibie. De plus, il nous autorise à suivre (en voiture ! pour une fois) la piste du rhinocéros noir en traversant la superbe vallée qu'il occupe.

Les rhinocéros sont cependant fuyants, et une bonne part de l'expédition se fait à bord du véhicule, ou à pied en suivant les traqueurs ou bien à attendre que ceux-ci prennent une nouvelle piste. En récompense, vous aurez la chance de voir à l'état sauvage l'une des espèces les plus menacées d'Afrique. Entre autres animaux, vous verrez peut-être également des éléphants déserticoles, des guépards des montagnes, des lions, des antilopes (steenboks, oréotragues, springboks et gemsboks) et des zèbres. Après une dure journée sur les traces de la faune sauvage, le centre de massothérapie est exactement ce qu'il vous faut !

Situé à 25 km à l'est de Palmwag et à 0 km à l'ouest de Kamanjab sur la C40.

Etendeka Mountain Camp
CAMP DE BROUSSE **$$$**

(☑ 061-239199 ; www.etendeka-namibia.com ; s/d 3 300/5 260 $N ; ⚐). ☘ Ce camp de toile écologique est installé au pied des contreforts des Grootberg Mountains. L'accent étant ici mis davantage sur la nature que sur le luxe, le séjour permet au visiteur d'en apprendre beaucoup sur l'environnement du Damaraland. Les beaux panoramas et les possibilités d'observer la faune font de cette adresse un bon choix, à mi-chemin entre les camps hyper-luxueux et le camping indépendant.

Palmwag Lodge
LODGE **$$$**

(☑ 081 620 6887 ; www.palmwaglodge.com ; camping 180 $N, s/d en demi-pension à partir de 1 875/2 960 $N ; ⚐). Installé sur une concession privée au bord de l'Uniab, c'est le plus ancien hébergement du secteur de Palmwag. Les chambres, quoique sans attrait, sont correctes pour le prix. Le récent camping est une aubaine, avec les superbes vues offertes par les emplacements nos 2 à 5. Évitez si possible les autres, plus encaissés. Le domaine comprend plusieurs bons sentiers de randonnée, et Jimbo, un éléphant mâle du voisinage, vient parfois se balader dans le camp.

On peut aussi partir observer le rhinocéros (demi-journée/journée 1 595/2 145 $N) dans le Torra Conservancy tout proche et faire des safaris en voiture (550 $N) pour apercevoir lions, éléphants, hyènes tachetées, gemsboks, girafes et zèbres.

❶ Depuis/vers Palmwag

Palmwag se trouve sur la D3706, à 157 km de Khorixas et 105 km de Sesfontein. En venant du sud, on franchit la Red Line, à 1 km au sud de Palmwag Lodge – on peut ainsi transporter de la viande dans ce sens mais pas vers le sud.

Sesfontein

7 360 HABITANTS / ☑ 065

Presque entièrement encerclé par le Kaokoveld, le point le plus septentrional du Damaraland ressemble à une oasis perdue au milieu du désert.

Histoire

La ville aux six sources (d'où son nom) était à l'origine un poste militaire, fondé en 1896 à la suite d'une épidémie de peste bovine.

Une caserne vint s'ajouter en 1901, et quatre ans plus tard, on édifia un fort afin de lutter contre la propagation des maladies au sein du bétail, mais également contre le trafic d'armes et le braconnage. En 1909, toutefois, il apparut que le fort avait perdu de son utilité. La police le réquisitionna et l'utilisa jusqu'au déclenchement de la Première Guerre mondiale. En 1987, il a été restauré par les autorités du Damaraland et aménagé en un confortable lodge ; il est aujourd'hui l'un des hébergements les plus originaux du pays.

◉ À voir

À une dizaine de kilomètres au nord de la route principale, creusé dans le versant occidental de la chaîne de montagnes nord-sud située à l'est de Sesfontein, le spectaculaire et méconnu **Otjitaimo Canyon** attend les aventuriers rêvant de territoires inexplorés. Il s'agit d'une véritable expédition à pied, mais pourquoi pas ? Munissez-vous de la carte topographique de l'Office of the Surveyor General (p. 51) de Windhoek, emportez de l'eau en quantité suffisante (au moins 4 litres par personne et par jour), et préparez-vous à un paysage stupéfiant, à savourer dans une totale solitude.

🛏 Où se loger

Khowarib Lodge
LODGE **$$**

(☑ 081 219 3291 ; www.khowarib.com ; par pers en demi-pension 1 470-1 845 $N). Les chambres arborent des murs en pierres équarries, mais ce sont les activités proposées qui nous ont séduits : safaris en voiture sur la piste des éléphants déserticoles ou à pied sur celle des rhinocéros, balades dans la vallée de l'Hoanib ou excursions jusqu'aux sites de pétroglyphes ou des villages himba. À 20 km au sud-est de Sesfontein.

Fort Sesfontein
HÔTEL **$$$**

(☑ 065-685034 ; www.fort-sesfontein.com ; s/d en demi-pension 1 570/2 520 $N ; 🕿⚐) Si vous rêvez de passer la nuit, tel Lawrence d'Arabie, dans un fortin en plein désert, le Fort Sesfontein vous propose, ainsi qu'à 43 autres visiteurs, un hébergement dans un cadre sans égal. Si le logement est sommaire, il est extrêmement pittoresque (alcôves et niches d'origine dans les chambres) et le restaurant sert une cuisine d'inspiration allemande.

L'hôtel propose aussi des excursions jusqu'à des villages himba, des sites de pétroglyphes, etc.

ⓘ Depuis/vers Sesfontein

Une route de gravier relie Palmwag à Sesfontein. La seule difficulté se pose lorsque la rivière Hoanib est en crue. Sauf lorsqu'il a plu, la route de gravier entre Sesfontein et Opuwo est accessible à tous les véhicules.

Kaokoveld

Le Kaokoveld fait rêver avec ses grands espaces solitaires. Territoire en grande partie dénué de routes, il est simplement traversé par les pistes de sable ouvertes par l'armée sud-africaine (South African Defence Force) il y a quelques dizaines d'années. La faune et la flore ont réussi à s'adapter à cet environnement rude et sec, à l'instar de l'éléphant déserticole, une espèce menacée d'extinction dont les fines pattes conviennent parfaitement aux longs trajets que l'animal doit effectuer pour trouver de l'eau, une ressource si rare. Le Kaokoveld est aussi le territoire de la tribu Himba, emblématique du pays.

Enfin, c'est le genre d'endroit qui, de par son aura mystérieuse et le spectacle qu'il offre, ne vous quitte plus.

Opuwo

7 660 HABITANTS / ☎ 065

Opuwo signifie "la fin" en langue herero, un nom parfaitement approprié à cet ensemble poussiéreux de bâtiments commerciaux entourés de cases traditionnelles (huttes rondes avec toit de chaume de forme cônique). Au-delà de la première impression – rarement positive –, Opuwo constituera l'un des moments culturels forts de tout voyage en Namibie, en particulier pour les voyageurs avides de rencontres avec le peuple himba. Sorte de "capitale" du territoire himba, la ville constitue une base utile pour effectuer des excursions dans les villages alentour. Les environs offrent par ailleurs un bon choix de lodges et de campings.

◉ À voir

L'asphaltage récent de la route menant à Opuwo (mais pas au-delà jusqu'en Angola !) et la récente inauguration par le chef de l'État de l'Opuwo Country Hotel attestent s'il en était besoin, de l'essor du tourisme en territoire himba. Les clichés de femmes himba apparaissent dans pratiquement toutes les brochures vantant les mérites de la Namibie, et des cars remplis de visiteurs traversent Opuwo presque tous les jours.

Vous rencontrerez des Himba partout à Opuwo : dans la rue, dans les magasins ou dans la file d'attente au supermarché. Résistez à la tentation et ne sortez pas votre appareil pour leur voler un cliché. Personne n'aime voir braquer sur son visage un objectif importun.

🛏 Où se loger

Opuwo étant devenue très touristique, il est vivement recommandé de réserver (plusieurs mois à l'avance pour la haute saison) dans les deux bons hôtels existants.

Ohakane Lodge   LODGE $$
(☎ 081 295 9024, 065-273031 ; ohakane@iway.na ; s/d 620/1 030 $N ; ❋ ▣). Installé de longue date et commodément situé dans l'artère principale d'Opuwo, ce lodge accueille notamment des groupes. Les chambres assez ordinaires sont d'un confort correct et

---

EXPLORER LE KAOKOVELD

Même pour les vétérans des périples en 4x4, l'exploration hors des itinéraires classiques Sesfontein-Opuwo et Ruacana-Opuwo-Epupa Falls requiert une préparation minutieuse. En deux mots, il vous faudra un 4x4 robuste, beaucoup de temps et le ravitaillement en eau et en nourriture nécessaire à tout le voyage. Mieux vaut aussi engager un guide et voyager en convoi d'au moins deux véhicules.

L'état déplorable de certaines pistes réduit parfois la progression à 5 km/h mais, après une averse, il arrive que les véhicules soient immobilisés par l'eau et la boue. Prévoyez une journée entière pour rejoindre Epupa Falls depuis Opuwo, et plusieurs jours pour effectuer le trajet Opuwo-vallée de Hartmann ou Opuwo-vallée d'Otjinjange (Marienflüss). Sachez par ailleurs que le col de Van Zyl ne se franchit que d'est en ouest (on peut aussi passer par le col d'Otjihaa et rattraper la route de Rooidrum au nord d'Orupembe).

Enfin, les campeurs ont tout intérêt à connaître la région et la population qui l'habite.

PAS D'IMPAIR EN TERRE HIMBA

Par le passé, les Himba de la brousse acceptaient volontiers d'être pris en photo quand on le leur demandait poliment. De nos jours, vous risquez plutôt de vous faire arrêter au passage par des personnes vêtues de l'habit traditionnel qui vous offriront de poser moyennant finances. Il appartient à chacun d'accepter ou non. Sachez cependant qu'en encourageant ces comportements, vous contribuez à éloigner les habitants de leur mode de vie traditionnel, en les poussant vers une économie monétaire qui sape les valeurs établies et l'entraide communautaire.

Une bonne solution consiste à échanger une photographie contre des produits de base. Lorsque les conditions sont propices, les Himba cultivent du maïs afin de compléter leur alimentation, reposant essentiellement sur la viande et le lait. Mais la pluie restant hautement imprévisible, le *pap* (semoule de maïs) est un cadeau extrêmement apprécié, tout comme le riz, le pain, les pommes de terre et les autres féculents. Évitez, dans la mesure du possible, de donner du sucre, des sodas et d'autres douceurs : la plupart des Himba ne verront jamais un dentiste de leur vie.

La visite d'un village traditionnel offre l'occasion de prendre des photos librement et peut donner lieu à de saisissants clichés. Il est néanmoins essentiel de respecter certaines règles, notamment de bénéficier des services d'un guide parlant la langue himba. Vous pouvez soit vous inscrire dans une excursion par le biais de votre hébergement, soit passer par le **Kaoko Information Centre** (ci-dessous) d'Opuwo.

N'oubliez pas d'acheter quelques présents (des produits alimentaires) avant d'arriver au village : vous serez mieux accueilli par les villageois, qui accepteront ensuite plus volontiers de se faire prendre en photo. À la fin de votre visite, pensez à acheter des petits bracelets et autres babioles chez les artisans. Votre geste sera très apprécié.

possèdent tous les équipements modernes. Si vous en avez les moyens, cela vaut la peine de dépenser un peu plus pour passer la nuit dans un bungalow à l'Opuwo Country Hotel.

Conformément à son nom – *Ohakane* signifie lycaon –, l'établissement soutient plusieurs programmes du World Wildlife Fund (WWF) pour la protection du lycaon, bien qu'on n'en ait pas vu dans le secteur depuis des décennies.

♥ Opuwo Country Lodge
HÔTEL **$$$**

(064-418661, 065-273461 ; www.opuwolodge. com ; camping 160 $N, s/d ch standard petit-déj inclus 1 260/1 800 $N, s/d ch haut de gamme petit-déj inclus 1 820/2 560 $N ; ⚒@🏊). Dominant toute la ville depuis les hauteurs, cet immense bâtiment au toit de chaume (il paraît que c'est le plus grand de Namibie) est de loin l'établissement le plus chic d'Opuwo, les chambres y sont ravissantes. Vous pourrez profiter de la piscine à débordement et admirer, au loin, de l'autre côté de la vallée, les contreforts des montagnes angolaises.

Si toutes les chambres standards sont prises et que votre budget doit rester raisonnable, vous pouvez planter votre tente dans le camping un peu à l'écart, ce qui donne accès à toutes les installations – dont un bar

à vins bien fourni et une somptueuse salle de restaurant. La bifurcation pour le lodge ne se repère pas aisément, mais il y a des panneaux un peu partout en ville indiquant la direction de l'établissement. Des excursions jusqu'à des villages himba et/ou aux Epupa Falls sont notamment proposées.

🔒 Achats

Kunene Craft Centre
ART ET ARTISANAT

(🕗8h-17h lun-ven, 9h-13h sam). Vous trouverez dans le magasin d'artisanat d'Opuwo (une boutique à la façade colorée) un large éventail de parures himba enduites d'ocre : pendentifs en coquillages, bracelets, broches et même coiffes portées par les femmes le jour de leur mariage. Il y a également un bon choix de bijoux, taies d'oreiller ornées, poupées himba et herero, percussions et sculptures sur bois.

ℹ Renseignements

Kaoko Information Centre (081 284 3681, 065-273420 ; 🕗8h-18h). Installés dans une minuscule cabane jaune, KK et Kemuu organisent des visites dans les villages himba des environs et fournissent de nombreuses informations utiles pour les voyages dans le Kaokoveld.

ℹ Depuis/vers Opuwo

On peut se rendre dans les contrées himba avec un véhicule de tourisme, grâce à la C41, goudronnée, qui relie Outjo à Opuwo. La tentation est grande de rouler vite sur cette route peu fréquentée, mais levez le pied une fois passée la barrière de contrôle vétérinaire : il n'est pas rare de croiser des troupeaux de bêtes errant sur le bitume. Ceux qui ont l'intention de s'enfoncer plus avant dans le Kaokoveld doivent impérativement remplir leur réservoir à Opuwo, dernière station-service avant Kamanjab, Ruacana et Sesfontein.

Swartbooi's Drift

🖳 065

À Ruacana, une piste difficile part vers l'ouest et longe le Kunene pour rejoindre Swartbooi's Drift, où un monument rend hommage aux trekkers (les fermiers boers sud-africains qui entreprirent une grande migration depuis Le Cap jusqu'à l'intérieur des terres dans les années 1835-1840) du Dorsland qui traversèrent la région pour aller s'établir en Angola. La ville permet de faire halte sur la route d'Epupa Falls et constitue un bon point de chute pour ceux qui souhaitent s'essayer au rafting sur le Kunene.

🛏 Où se loger

Kunene River Lodge LODGE $$
(🖳 065-274300 ; www.kuneneriverlodge.com ; camping 160 $N, s/d chalets 720/1 440 $N, ch 950/1 900 $N ; ▨). Le très accueillant Kunene River Lodge, à 5 km environ à l'est de Swartbooi's Drift, offre un cadre idyllique pour une halte au bord de l'eau. Le camping bénéficie de l'ombre d'arbres imposants et les chambres et les chalets (en forme de A et au toit de chaume) se répartissent dans un joli jardin. Les clients ont la possibilité de louer des canoës, des VTT et des cannes à pêche, et de faire des sorties ornithologiques, des excursions de rafting et des croisières festives. Le lodge propose aussi des excursions en rafting d'une demi-journée, d'une journée ou de plusieurs jours, à partir de 420 $N par personne (2 pers minimum). Le parcours part des rapides d'Ondarusu (niveau 4), en amont de Swartbooi's Drift, et descend jusqu'aux Epupa Falls.

ℹ Depuis/vers Swartbooi's Drift

Accessible aux véhicules de tourisme, l'itinéraire le plus pratique passe par Otjikeze/Epembe, à 73 km au nord-ouest d'Opuwo, d'où la D3701 bifurque en direction de l'est et mène, 60 km plus loin, à Swartbooi's Drift. La route du fleuve, via Ruacana, est beaucoup plus difficile mais reste praticable par temps sec par des véhicules de tourisme à garde haute. En revanche, la portion de 93 km qui passe par la jolie "Riviera namibienne" pour rejoindre Epupa Falls se révèle extrêmement difficile, même pour un 4x4. On met parfois plusieurs jours pour effectuer ce trajet.

Epupa Falls

🖳 061

Pourtant abrité dans un coin reculé du Kaokoveld, le site est une étape très prisée des safaris et autres voyages de groupe. Si vous passez dans la région, les chutes d'eau valent néanmoins le détour – la vue de toute cette eau au milieu du Kaokoveld aride semble pour le moins miraculeuse et, si les crocodiles sont absents, on peut même se baigner.

🛏 Où se loger

Epupa Camp LODGE, CAMPING $$$
(🖳 061-237294 ; www.epupa.com.na ; camping 120 $N, s/d en pension complète 1 800/2 800 $N ; ▨). Situé à 800 m en amont des chutes en bord de rivière, ce camp offre un joli cadre dans un petit bois composé de baobabs et d'imposants palmiers. Il comprend 9 tentes décorées de nombreux objets et 5 emplacements de camping. Diverses activités sont proposées, notamment des visites de villages himba, des excursions en bateau, des randonnées au coucher du soleil, des sorties pour observer les oiseaux et des visites de sites d'art pariétal.

Omarunga Lodge LODGE, CAMPING $$$
(🖳 064-403096 ; www.natron.net/omarunga-camp/main.html ; camping 100 $N, chalets s/d en pension complète 2 458/3 916 $N ; ▨). Cet établissement tenu par des Allemands est aménagé sur un terrain octroyé par le chef d'un village. Il se compose d'une aire de camping bien entretenue abritée par des palmiers, dotée d'installations modernes, et d'une douzaine de chalets haut de gamme. Bien que très séduisant, il n'arrive pas à la cheville de l'Epupa Camp, un peu plus luxueux. Ne cédez pas à la tentation de vous baigner dans la rivière : les crocodiles sont à l'affût !

ℹ Depuis/vers Epupa Falls

Les véhicules de tourisme à garde haute peuvent emprunter la route d'Okongwati (mais attention aux cahots). Il faut parfois plusieurs jours pour effectuer (en 4x4 uniquement) les 93 km de la route du fleuve depuis Swartbooi's Drift ; mieux vaut donc passer par Otjiveze/Epembe.

Angle nord-ouest

 064

À l'ouest d'Epupa Falls s'étend le Kaokoveld qui peuple les rêves des voyageurs, avec ses paysages à perte de vue ponctués d'austères pics dénudés et de végétation de broussailles éparses. Cette région contiguë à la Skeleton Coast Wilderness Area et érigée en réserve (Kaokoveld Conservation Area) est l'un des joyaux de Namibie, mais les pistes sont mauvaises – s'y rendre et s'y déplacer est une aventure en soi.

👁 À voir

Otjinjange & Hartmann's
Valleys   SITE NATUREL
Réservez-vous du temps pour explorer les vallées d'Otjinjange (plus connue sous le nom de Marienflüss) et de Hartmann. Les vastes étendues sauvages de sable et d'herbe qui descendent paisiblement vers la Kunene ont quelque chose de magique. Dans l'une et l'autre, il est interdit de planter sa tente en dehors des aires de camping.

Van Zyl's Pass   SITE NATUREL
(col de Van Zyl). Passage spectaculaire entre les plateaux du Kaokoveld et les vastes étendues herbeuses de la vallée d'Otjijange (Marienflüss), le magnifique col de Van Zyl, vraiment très escarpé, occupe un tronçon de 13 km d'une route tortueuse et très difficile (inaccessible aux remorques). On ne peut l'emprunter que d'est en ouest. Au retour, il faut passer par le col d'Otjihaa ou par Purros.

🛏 Où se loger

Ngatutunge Pamwe Camp Site   CAMPING $
(camping de Purros ; camping 60 $N ; 🖥). Ce camping géré par les villageois est niché le long de la Hoarusib, à 2 km du village de Purros. Surprise, il y a des douches chaudes, des toilettes avec chasse d'eau, des bungalows bien équipés, une cuisine commune et (ô merveille !) une piscine. C'est une bonne adresse pour trouver un guide et visiter les villages himba des environs ou observer la faune déserticole.

Elephant Song Camp   CAMPING $
(📞 064-403829 ; camping 100 $N). Aménagé sur la commune de Palmwag à 25 km de Sesfontein (la route difficile longe le Hoanib),

l'Elephant Song (sous gestion locale lui aussi) offre aux amateurs de nature sauvage un cadre de toute beauté dans lequel ils pourront effectuer des randonnées, observer des oiseaux et, peut-être, croiser le très rare éléphant déserticole. Les emplacements sans prétention sont dotés de foyers pour barbecue (*braai*) et d'un peu d'ombrage.

Okarohombo Camp Site   CAMPING $
(camping 70 $N). Situé à l'entrée de la vallée d'Otjinjange, ce camping géré par la communauté locale est équipé de toilettes avec chasse d'eau, de douches et d'une cuisine commune.

💙 Serra Cafema Camp   CAMP DE BROUSSE $$$
(www.wilderness-safaris.com ; s/d haute saison 16 320/25 140 $N ; 🖥). Splendide, c'est un des camps de brousse les plus isolés et les plus luxueux de Namibie. Le paysage désertique, l'emplacement près de la rivière et les possibilités d'immersion culturelle chez les Himba sont des points forts. Les espaces communs offrent des vues superbes tandis que les chambres, dotées de terrasses individuelles surplombant la rivière, sont aussi ravissantes que spacieuses.

On y pratique aussi le quadbiking.

ℹ Depuis/vers l'angle nord-ouest d'Epupa Falls

D'Okongwati, on part vers l'ouest par Etengwa pour rejoindre le col de Van Zyl ou celui d'Otjihaa. Le trajet est long et difficile entre Okauwa (repérez le moulin à vent endommagé) et la fourche d'Otjitanda (village d'un chef himba). Accordez-vous une pause à l'Ovivero Dam, un beau barrage où l'on peut se baigner. À Otjitanda, il vous faudra choisir entre la route du col de Van Zyl (empruntable uniquement dans le sens est-ouest), qui mène aux vallées d'Otjinjange (Marienflüss) et de Hartmann, et l'itinéraire sud, qui conduit à Orupembe par le col d'Otjihaa, tout aussi beau mais moins ardu que le précédent.

On peut aussi se rendre dans les vallées d'Otjinjange (Marienflüss) et de Hartmann en évitant le col de Van Zyl. Il faut pour cela piquer vers le nord lorsque l'on se trouve au croisement de trois routes situé au beau milieu des Onjuva Plains, à 12 km au nord d'Orupembe. Arrivé à Rooidrum, vous déciderez de quel côté vous souhaitez aller : si vous prenez à droite vous parviendrez à Otjinjange (Marienflüss), à gauche vous aboutirez dans la vallée de Hartmann. À 17 km à l'ouest de ce carrefour, vous pouvez aussi repiquer vers le sud pour rejoindre, par une route correcte, Orupembe, Purros (si le Hoarusib n'est pas en crue) et Sesfontein.

Une autre solution consiste à passer par Opuwo et à poursuivre vers l'ouest. La D3703 mène à Etanga (105 km). Au carrefour situé 19 km plus loin (repérez la pierre sur laquelle sont peints des oiseaux blancs), vous pouvez soit bifurquer vers le nord en direction d'Otjitanda (27 km), soit prendre au sud pour rejoindre le col d'Otjihaa et Orupembe.

Côte des Squelettes (Skeleton Coast)

Cimetière de navires imprudents et de leurs marins entraînés dans ses bas-fonds rocheux et sablonneux, cette côte est un littoral périlleux souvent noyé de brouillard. Les navigateurs portugais l'appelaient jadis *As Areias do Inferno* ("les sables de l'enfer"), car le sort de l'équipage était scellé une fois que le navire s'était échoué. S'étendant de Sandwich Harbour, au sud de Swakopmund, jusqu'au Kunene, cette zone protégée abrite environ 2 millions d'hectares de dunes et de plaines couvertes de gravier, formant l'un des territoires continentaux les plus inhospitaliers au monde, dans le plus vieux désert de la planète.

Dorob National Park

Classé parc national en décembre 2010, il s'étend au-delà de la Swakop et jusqu'à Sandwich Harbour au sud et a pour limite septentrionale l'Ugab. Son plus bel atout est sans conteste la Cape Cross Seal Reserve. Il est aussi très apprécié des pêcheurs. Le secteur le plus intéressant à visiter est la bande de 200 km de long et de 25 km de large qui s'étend entre Swakopmund et l'Ugab.

L'accès au parc n'était pas payant à l'époque de nos recherches.

👁 À voir

💙 Sandwich Harbour   PORT

Sandwich Harbour, à 56 km au sud de Walvis Bay dans le Dorob National Park, est spectaculaire : des dunes parfois hautes de 100 m plongent dans l'Atlantique, qui baigne le pittoresque lagon. Le port aujourd'hui désert est un espace sauvage inhabité. Les amateurs d'oiseaux seront aux anges et le prestataire Sandwich Harbour 4x4 (p. 156) organise des excursions d'une demi-journée à une journée à destination du port.

Sandwich Harbour fut à l'origine un port de pêche et de commerce. D'après certains

historiens, son nom viendrait du baleinier anglais *Sandwich*, dont le capitaine traça la première carte de la côte. D'autres avancent qu'il s'agirait d'une déformation du mot allemand *sandfisch* désignant un type de requin peuplant cette partie de l'océan.

🏃 Activités

Les pêcheurs sud-africains apprécient beaucoup cette côte et viennent en masse pour taquiner des poissons d'eau salée comme le *galjoen*, le *steenbra*, le *kabeljou* et la brème. Il y a d'ailleurs entre Swakopmund et l'Ugab des centaines de petits bâtiments en béton, espacés les uns des autres de 200 m environ : il ne s'agit pas d'une ligne de défense terrestre destinée à repousser les invasions venues de la mer, mais de toilettes installées à l'intention des pêcheurs et des campeurs.

ℹ Depuis/vers le Dorob National Park

Les transports en commun ne desservent pas cette côte : il faut être motorisé. La route littorale C34, bien que construite en sel pour une partie, est globalement en excellent état. Si vous venez du nord, prenez la C43 vers le sud à Palmwag, puis la C39 à l'ouest.

Henties Bay

 064

Située à 80 km au nord de Swakopmund, l'embouchure de l'Omaruru tient son nom d'un Sud-Africain qui découvrit ici une source en 1929. C'est aujourd'hui principalement une succession de maisons de vacances et de commerces destinés aux pêcheurs se rendant sur la côte. C'est donc un avant-poste d'un intérêt limité ou une halte de ravitaillement plutôt qu'un endroit méritant qu'on s'y attarde.

🛏 Où se loger

Buck's Camping Lodge   LODGE, CAMPING $

(☎064-501039 ; Nickey Iyambo Rd ; camping 270 $N). Buck's Camping Lodge, près du poste de police du centre-ville, est cher mais offre des emplacements avec salle de bains privée. Guettez le panneau avec une caravane au bord de la route.

De Duine Country Hotel   HÔTEL $

(☎081 124 1181, 064-500001 ; www.deduinehotel.com ; Duine Rd ; s/d 480/700 $N ; ❄️ 🏊). Le plus ancien hôtel de Henties Bay se trouve sur le littoral – mais aucune chambre ne donne sur la mer... allez comprendre ! L'établissement de style colonial met à disposition un jardin et une piscine.

ℹ Renseignements

Office du tourisme (☎ 064-501143 ; www.hentiesbaytourism.com ; Nickey Iyambo Rd ; ☉8h-13h et 14h-17h lun-ven)

ℹ Depuis/vers Henties Bay

On accède au Dorob National Park et à la partie sud du Skeleton Coast Park par la C34, une route de sel qui démarre à Swakopmund et s'achève à 70 km au nord de Terrace Bay. On peut également se rendre au parc en empruntant la C39, une route de gravier reliant Khorixas à Torra Bay. Henties Bay se trouve à la jonction de la route de sel qui longe la côte et de la C35, qui pique à l'intérieur des terres en direction du Damaraland.

Les motos sont interdites dans le Skeleton Coast Park. Des permis (gratuits et délivrés aux deux entrées du parc situées sur la route) sont obligatoires pour traverser cette zone, et la route de sel partant de Swakopmund est praticable toute l'année avec un véhicule conventionnel.

Cape Cross Seal Reserve

Cette **réserve** (80/10 $N par pers/voiture ; ☉10h-17h) – la plus réputée de la côte namibienne – abrite une colonie reproductrice d'otaries à fourrure qui semblent bien profiter des fortes concentrations de poissons présentes dans les eaux glaciales du courant de Benguela. On reste impressionné à la vue de ces 100 000 pinnipèdes (voire davantage) qui se prélassent sur la plage et s'ébattent dans les vagues – à condition de supporter l'odeur très forte des tas d'excréments de cette vaste population. Munissez-vous d'un mouchoir ou d'un foulard pour vous couvrir le nez.

Les motos et les animaux domestiques sont interdits dans la réserve, et les visiteurs ne sont pas autorisés à franchir la barrière basse séparant l'aire d'observation des rochers où vivent les otaries.

Histoire

Principalement connu pour sa colonie d'otaries, Cape Cross possède également un passé prestigieux. En 1485, le navigateur portugais Diego Cão, premier Européen à poser le pied en Namibie, érigea ici en l'honneur du roi Jean II un *padrão* de 2 m de haut et pesant 360 kg.

En 1893, toutefois, un marin allemand, le capitaine Becker, du *Falke*, s'empara du monument et l'emporta dans son pays natal. L'année suivante, l'empereur Guillaume II fit faire une réplique sur laquelle furent gravées les inscriptions d'origine, en latin et en portugais, ainsi qu'une phrase commémorative en allemand. Cette croix se dresse toujours sur le site, aux côtés désormais d'une seconde, en dolérite, érigée en 1980 à l'endroit précis où Diego Cão avait dressé la sienne.

🛏 Où se loger

Aires de camping   CAMPING **$**

(camping 100 $N). Des aires de camping sont aménagées au bord de l'eau, à 1,7 km en amont de la colonie d'otaries. Elles sont suffisamment éloignées pour que vous ne soyez pas incommodé par l'odeur et offrent une vue illimitée sur la mer. En revanche, les équipements sont sommaires et ces sites ne sont ouverts que de novembre à juillet. Les premiers arrivés sont les premiers servis – renseignez-vous à l'entrée de la réserve.

💙 **Cape Cross Lodge**   LODGE, CAMPING **$$$**

(☎ 064-694012, 064-461677 ; www.capecross.org ; camping 100/50 $N par adulte/enfant, s/d 1 600/2 450 $N ; ❋☎). Le Cape Cross Lodge a une curieuse – mais attrayante – architecture, croisement entre le classique village de pêcheurs et le style hollandais du Cap. Les chambres de catégorie supérieure disposent d'une vaste terrasse donnant sur la mer. Mais, à vrai dire, toutes les chambres de ce superbe lodge, commodément situé à l'extérieur de l'entrée officielle de la réserve, sont très agréables.

Le tout est très bien conçu, dans un site reculé, en plein sur une longue échancrure de la baie dominant la mer et les rouleaux venant s'écraser sur les plages de sable blanc. Il y a aussi 20 emplacements de camping, séparés du front de mer par le lodge.

Un charmant petit musée est consacré à l'histoire des marins de cette partie du littoral. Le restaurant (plats 60-110 $N) est très axé sur les produits de la mer, avec notamment un sandwich au poisson (accompagné d'une curieuse mayonnaise) et un plateau de fruits de mer à 215 $N.

ℹ Depuis/vers la Cape Cross Seal Reserve

Cape Cross se trouve à 46 km au nord de Henties Bay et est accessible par la route de sel

NORD-OUEST CÔTE DES SQUELETTES (SKELETON COAST)

LES OTARIES À FOURRURE

Sept espèces d'otaries à fourrure vivent dans les eaux d'Afrique australe mais, à l'exception de quelques individus isolés arrivant de temps à autre des îles antarctiques et subantarctiques, l'otarie à fourrure du Cap est la seule espèce terrestre. L'immense population de ces animaux grégaires se répartit en 25 colonies tout au plus, dont certaines, comme celle de Cape Cross, sur la côte namibienne, comptent plus de 100 000 individus.

Bien que vivant en collectivité, l'otarie à fourrure ne se montre guère sociable. La vie en groupe permet de se reproduire et de réduire le risque de prédation, mais les otaries sont au fond des animaux très solitaires et ne cessent de se quereller entre elles pour défendre leur pré carré. À l'exception des jeunes, qui s'amusent ensemble sur de véritables "terrains de jeux", la quasi-totalité des rapports entre les individus fonctionne sur un mode hostile – et pourrait faire l'objet d'une intéressante étude comportementale.

Sous une première couche de poils grossiers, ces otaries portent une épaisse fourrure rase, qui reste sèche et isole l'animal du froid et de l'humidité, lui permettant de se maintenir à une température de 37°C et de passer de longues périodes dans les eaux froides.

Les mâles pèsent en moyenne moins de 200 kg. Toutefois, pendant la saison des amours, ils revêtent une couche de graisse particulièrement épaisse et peuvent dépasser les 360 kg. Beaucoup plus petites, les femelles font 75 kg en moyenne. Les petits – aux yeux bleus – naissent fin novembre ou début décembre (environ 90% des bébés arrivent en l'espace d'un mois, au rythme d'un par portée).

Ils tètent moins d'une heure après avoir vu le jour, mais sont rapidement laissés dans des sortes de crèches pendant que les mères vont chercher de la nourriture. À leur retour, chacune identifie sa progéniture grâce à son odeur et à son cri.

Les jeunes muent à 4 ou 5 mois, passant du gris sombre au brun olive. Le taux de mortalité reste élevé : environ un quart des jeunes nés dans la colonie ne dépassent jamais leur premier anniversaire, la plupart des décès survenant dans les jours qui suivent la naissance. Les principaux prédateurs sont l'hyène brune et le chacal à chabraque (contribuant à 25% des morts chez les petits). Les jeunes qui survivent restent auprès de leur mère au maximum jusqu'à l'âge d'un an.

L'otarie à fourrure absorbe chaque jour une quantité de nourriture équivalente à environ 8% de son poids total. Les colonies qui vivent sur la côte ouest de l'Afrique australe consomment chaque année plus de 1 million de tonnes de poissons et d'autres produits de la mer, soit quelque 300 000 tonnes de plus que le produit de l'industrie de la pêche en Namibie et en Afrique du Sud !

qui longe le littoral. Il n'y a pas de transports en commun, mais on peut le rejoindre depuis le sud à l'aide d'un véhicule de tourisme.

Skeleton Coast Park

🎵 064

À Ugabmund, à 110 km au nord de Cape Cross, la route de sel pénètre dans le Skeleton Coast Park, où les bancs de brouillard et le sable tourbillonnant dans le vent créent un sentiment de mystère et d'isolement. Malgré l'attrait qu'exerce sur les touristes la côte des Squelettes, peu de visiteurs poussent le chemin au-delà de Cape Cross. Afin de protéger cet environnement extrêmement fragile, Namibian Wildlife Resorts (NWR) impose une réglementation stricte aux voyageurs

indépendants désirant séjourner dans le parc. Si telle est votre intention, rendez-vous aux bureaux du NWR de Windhoek (p. 52) ou de Swakopmund (p. 153).

Un permis gratuit pour circuler entre Ugabmund et Springbokwater vous sera délivré aux entrées du parc. Il faut pour cela pénétrer dans le parc à 13h au plus tard et ressortir à l'autre porte avant 15h. Les permis de transit ne vous autorisent pas à vous rendre à Torra Bay ou Terrace Bay.

🏃 Activités

Randonnée guidée de l'Ugab RANDONNÉE
Le chemin de 50 km traverse la plaine côtière, puis grimpe dans les collines et fait une double boucle qui passe dans des champs de lichens et près de grottes,

de sources naturelles et de formations géologiques insolites. Son accès est autorisé aux groupes de 6 à 8 personnes les premier et quatrième jeudis du mois, d'avril à octobre ; il faut s'inscrire auprès de Namibia Wildlife Resorts (p. 153).

Ces randonnées partent à 9h d'Ugabmund et se terminent le samedi après-midi. Les participants choisissent généralement de passer la nuit du mercredi au Mile 108 Camp Site, à 40 km au sud d'Ugabmund, ce qui permet d'arriver au point de départ à l'heure dite. Les marcheurs doivent prévoir (et porter) leur matériel de camping et leur ravitaillement.

🛏 Où se loger

Ugab River Rhino Camp   CAMPING $

(www.wilderness-safaris.com ; GPS: S 20°57.44', E 14°08.01' ; camping 60 $N). Ce camping situé hors des limites du Skeleton Coast Park est géré par le Save the Rhino Trust (p. 123 et p. 243). Le mystère semble planer dans cet endroit reculé au sujet duquel les visiteurs ne tarissent pas d'éloges. Prenez la bifurcation vers l'est sur la D2303, à 40 km au nord de Cape Cross ; le camp est ensuite à 70 km. Guettez les rhinocéros noirs !

Torra Bay Camping Ground   CAMPING $

(camping 145 $N ; ⊘ déc et jan). Ouvert pendant les vacances scolaires d'hiver, ce camping est encadré par des barkhanes (dunes en croissant orientées dans le sens du vent), lesquelles forment la partie la plus méridionale de l'immense mer de sable s'étendant jusqu'au fleuve Curoca, en Angola. Essence, eau, bois de feu et produits de première nécessité sont en vente, et les campeurs peuvent utiliser le restaurant du Terrace Bay Resort. Torra Bay se trouve à 215 km au nord de Cape Cross.

Terrace Bay Resort   CHALET $$$

(camping 145 $N, s/d 990/1 600 $N, chalets de plage pour 4-10 pers 610 $N). Ce complexe ouvert toute l'année est une option beaucoup plus confortable pour ceux qui ne veulent pas camper à Torra Bay. Le cadre emblématique de la côte des Squelettes – végétation côtière clairsemée et dunes solitaires – est magnifique, et l'on repère parfois dans les environs des hyènes brunes et des chacals à chabraque. Vous trouverez sur place un restaurant, une boutique et une station-service. Terrace Bay se trouve à 49 km au nord de Torra Bay.

ℹ Depuis/vers le Skeleton Coast Park

Depuis Swakopmund, il faut emprunter la route de sel qui s'achève à 70 km au nord de Terrace Bay. Le parc est également accessible par la C39, une route de gravier reliant Khorixas et Torra Bay. Les motos ne sont pas autorisées dans le Skeleton Coast Park.

Skeleton Coast Wilderness Area

Territoire très reculé et parmi les plus difficiles d'accès de Namibie, la partie nord de la côte des Squelettes, qui s'étend entre le Hoanib et le Kunene, est occupée par la réserve privée de la Skeleton Coast Wilderness Area. Cette portion du littoral étant un des secteurs les plus isolés de la Namibie, c'est dans ce territoire intact que l'on peut vraiment profiter des charmes de la côte des Squelettes. S'agissant d'une propriété privée qu'on ne peut explorer qu'à condition de loger dans le luxueux lodge, il vous en coûtera une certaine somme.

Histoire

Au début des années 1960, un avocat de Windhoek, Louw Schoemann, commença à amener certains de ses clients dans la région, puis s'associa à un consortium pour construire un port à Möwe Bay, à l'extrémité sud de l'actuelle Skeleton Coast Wilderness Area. Le gouvernement sud-africain abandonna toutefois le projet en 1969, avant de déclarer la région zone protégée en 1971. Lorsque la réserve fut ouverte au tourisme, sous certaines restrictions, cinq années plus tard, la concession fut mise aux enchères et octroyée à Louw Schoemann, le seul à s'être porté acquéreur.

Durant les 18 années qui suivirent, sa société a organisé des safaris pour de petits groupes de personnes, pratiquant l'écotourisme bien avant que ce mot ne soit créé et ne devienne à la mode. Les fils de Louw Schoemann ont repris le flambeau après le décès de leur père, en 1993.

🛏 Où se loger

💙 Hoanib Skeleton Coast Camp   LODGE $$$

(☎ 061-225178 ; www.wilderness-safaris.com ; s/d tout compris haute saison 16 350/26 100 $N, tarifs variables reste de l'année ; 🏊). Voilà une adresse qui sort du lot. À des lieues de la route la plus proche et alliant magnifiquement toiles de tente et bois clairs, ce village hyper-luxueux constitue l'un des plus beaux hébergements

DES SQUELETTES SUR LA CÔTE

On a beau voir un peu partout des images d'épaves rouillées enfoncées dans les sables hostiles de la côte des Squelettes, il reste que les plus fameuses d'entre elles ont disparu depuis belle lurette. L'épais brouillard et les vents violents qui déferlent sur l'Atlantique Sud constituent de vigoureuses forces d'érosion qui n'ont laissé que quelques traces des innombrables navires échoués sur le rivage à la grande époque du commerce maritime. La plupart du temps, les rares bateaux encore entiers ne sont visibles que dans des lieux difficilement accessibles.

Le *Dunedin Star* a été délibérément échoué en 1942, juste au sud de la frontière angolaise, après avoir heurté des rochers au large. Parti de Grande-Bretagne, le navire faisait route vers le cap de Bonne-Espérance pour rejoindre les zones de front au Moyen-Orient. Il transportait plus de 100 passagers (dont un équipage militaire) et des marchandises.

Un bateau de secours arrivé sur place deux jours plus tard ne put évacuer les naufragés. On tenta d'abord de les transférer à bord de ce navire grâce à un câble passant au-dessus des déferlantes. Mais la mer devenant plus mauvaise encore, l'embarcation fut emportée contre les rochers et s'échoua aux côtés du *Dunedin Star*. Un avion de secours qui avait réussi à atterrir entre-temps sur la plage demeura enlisé dans le sable. Tous les passagers finirent toutefois par être sauvés et regagnèrent la civilisation grâce à un convoi de camions qui mit deux semaines pour traverser les 1 000 km de désert !

Presque aussi difficiles d'accès, plusieurs autres épaves restées intactes gisent plus au sud. L'*Eduard Bohlen*, qui transportait du matériel destiné aux mines de diamants de l'extrême sud, s'échoua au sud de Walvis Bay en 1909. Le littoral s'est tellement modifié depuis, que le navire est désormais en partie enseveli sous une dune située à 1 km du bord de mer.

Dans la jolie Spencer Bay, 200 km plus au sud, immédiatement au nord de la ville minière abandonnée de Saddle Hill, repose l'épave de l'*Otavi*, un cargo échoué en 1945 lors d'une forte tempête. Elle se trouve désormais en haut du Dolphin's Head, le plus haut point de la côte entre Le Cap (Table Mountain) et la frontière angolaise. Spencer Bay abrite aussi l'un des navires les mieux préservés de toute la côte des Squelettes, le cargo coréen *Tong Taw*, échoué en 1972.

Les épaves du *South West Seal* (1976), juste au sud de Toscanini et au nord de Henties Bay, et du *Zeila* (2008), à 14 km au sud de Henties Bay, sont plus accessibles ; d'ailleurs, la seconde est suffisamment proche de localités pour attirer marchands à la sauvette et autres revendeurs.

du pays. D'allure plus contemporaine que bien des camps de brousse de la région – et c'est tant mieux –, Hoanib est dédié à la lumière, à l'espace, et au romantisme.

Éléphants déserticoles, lions, gemsboks, girafes, autruches sont tous là, mais le paysage est aussi inoubliable que la faune.

❶ Depuis/vers la Skeleton Coast Wilderness Area

Les véhicules privés ne sont pas admis dans la réserve, laquelle est uniquement accessible en avion.

Centre

Le top des hébergements

➜ Sea Breeze Guesthouse (p. 148)

➜ Desert Breeze Lodge (p. 149)

➜ Oyster Box Guesthouse (p. 157)

➜ Zebra River Lodge (p. 164)

➜ Little Kulala (p. 168)

➜ Moon Mountain (p. 169)

Le top des restaurants

➜ 22° South (p. 151)

➜ Kücki's Pub (p. 151)

➜ Anchor @ The Jetty (p. 158)

➜ Raft (p. 158)

Pourquoi y aller

Le centre de la Namibie est tout entier tourné vers le tourisme, sans pour autant y perdre son âme. La région réserve de passionnants périples par la route, des ciels immenses et d'envoûtants paysages désertiques. En ce sens, elle n'est pas si différente du reste du pays. Elle abrite par ailleurs deux grandes villes sur la côte atlantique.

Walvis Bay et Swakopmund étaient à l'origine des ports coloniaux. À leurs abords, les paysages sauvages et les sables du désert font place, comme par magie (dans le cas de Swakopmund), à une architecture germanique. Swakopmund ne serait qu'un vestige colonial parmi d'autres s'il n'y avait la vitalité que lui apporte une industrie touristique florissante.

Le désert du Namib, paysage de dunes ocre émaillées de lacs salés asséchés, englobe la majeure partie du centre de la Namibie. Le terme "Namib", "vaste plaine sèche" en langue nama, a d'ailleurs donné son nom au pays ; il prend tout son sens avec le spectaculaire étendue de sable de Sossusvlei, dont les dunes atteignent plus de 300 m de haut.

Comment circuler

Si vous n'êtes pas motorisé, sachez que Swakopmund est bien desservie par les transports en commun, tandis que Sossusvlei est une destination privilégiée par les tour-opérateurs. Cependant, comme dans le reste du pays, une voiture s'impose pour apprécier pleinement le désert.

Des routes goudronnées relient Windhoek à Swakopmund et mènent à Walvis Bay et, vers le sud-est, à Sesriem, point de départ pour rejoindre Sossusvlei.

La majeure partie de la région est praticable en voiture de tourisme, sauf certains axes secondaires du Namib-Naukluft Park, qu'il vaut mieux emprunter en 4x4.

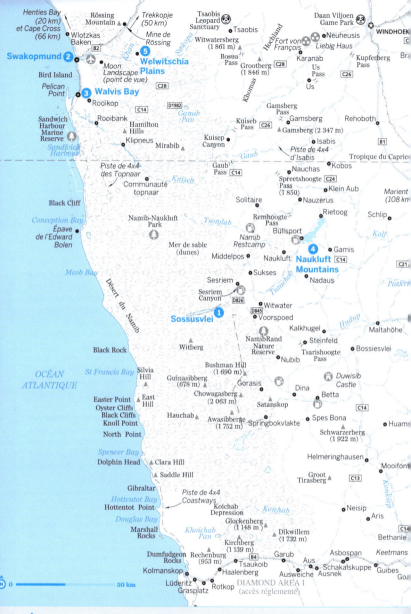

À ne pas manquer

1 Le spectacle du soleil levant au sommet des dunes rouges de **Sossusvlei** (p. 165)

2 Les émotions fortes à **Swakopmund** (p. 143), capitale namibienne des sports d'aventure

3 Les plus grands envolées de flamants roses d'Afrique près de **Walvis Bay** (p. 154)

4 Les splendides sentiers de randonnée du lointain massif du **Naukluft** (p. 162)

5 La *Welwitschia mirabilis*, une plante fossile unique au monde, le long du **Welwitschia Drive** (p. 150)

Géographie

Le désert du Namib se classe parmi les déserts les plus anciens et les plus arides de la planète. À l'instar du désert d'Atacama, dans le nord du Chili, il résulte d'un courant froid océanique, en l'occurrence le courant de Benguela, qui remonte les côtes de la Namibie depuis l'Afrique du Sud. Il maintient un anticyclone qui se traduit par des conditions désertiques à l'intérieur des terres et du brouillard sur la côte des Squelettes. Les dunes impressionnantes du Namib suscitent toujours l'émerveillement des voyageurs. Une grande partie du territoire situé entre Walvis Bay et Lüderitz est couverte d'immenses dunes linéaires ondulant de la mer vers les plaines caillouteuses de l'arrière-pays, interrompues çà et là par des massifs montagneux isolés.

Swakopmund

44 730 HABITANTS / 📖 064

Coincée entre les rouleaux de l'Atlantique et le désert du Namib, Swakopmund est une ville étape tout indiquée. À la fois capitale touristique et vestige colonial fantomatique, c'est une destination à part entière et un camp de base pour partir explorer la côte des Squelettes et le désert du Namib. Elle est aussi riche en découvertes que son front de mer est impressionnant. À l'instar de Lüderitz, sur la côte méridionale, avec ses maisons à colombage allemandes, ses promenades en bord de mer et son *Gemütlichkeit* (notion typiquement germanique du confort et de l'hospitalité) ambiant, on dirait parfois, surtout hors saison, une ville balnéaire de la mer du Nord ou de la Baltique transplantée sur le continent africain. Mais Swakopmund est aussi une ville profondément africaine et ses multiples attraits poussent nombre de visiteurs à y séjourner plus longtemps que prévu.

Histoire

Des petits groupes de Nama, originaires du Cap (Afrique du Sud), ont occupé l'embouchure de la Swakop depuis des temps immémoriaux. Les premiers résidents européens permanents furent toutefois des Allemands, qui s'installèrent en 1892. Walvis Bay ayant été annexée par la colonie du Cap sous contrôle britannique en 1878, Swakopmund demeura l'unique port allemand du Sud-Ouest africain et prit, par conséquent, une importance sans lien avec son potentiel maritime initial. Les premiers passagers avaient débarqué à bord de petits doris, mais après la construction de la jetée, ils furent hissés hors des bateaux dans des sortes de nacelles.

Premier bâtiment à être construit, l'Alte Kaserne (vieille caserne) accueillit, dès 1893, 120 soldats de la Schutztruppe (armée coloniale allemande). De simples colons suivirent bientôt et s'installèrent dans des maisons préfabriquées importées d'Allemagne. En 1909, Swakopmund reçut le statut officiel de municipalité.

Compagnies de transport et administrations s'établirent dans ce port par où transitait alors le commerce de tout le Sud-Ouest africain allemand. Quand cette région fut placée sous l'administration de l'Union de l'Afrique du Sud à la fin de la Première Guerre mondiale, les activités portuaires furent transférées à Walvis Bay, et Swakopmund se convertit en lieu de villégiature. Voilà pourquoi la ville affiche dans l'ensemble une esthétique plus agréable que sa voisine, plus industrielle.

👁 À voir

Alte Gefängnis ÉDIFICE HISTORIQUE
(ancienne prison : Nordring St). Cet imposant édifice construit en 1909 était une prison, mais ceux qui l'ignorent jureraient qu'il s'agit d'une gare ou d'un hôtel thermal. Le personnel était logé dans le corps principal, tandis que les prisonniers étaient relégués dans des locaux bien moins rutilants, sur le côté.

Bahnhof ÉDIFICE HISTORIQUE
(gare). Construite en 1901, cette gare richement ornée était le terminus des trains de la Kaiserliche Eisenbahn Verwaltung (Administration impériale du chemin de fer) et reliait Swakopmund à Windhoek. En 1910, à la fermeture des chemins de fer, elle devint la gare principale du petit train minier reliant Swakopmund à Otavi.

Bâtiment de la Deutsche-Afrika Bank ARCHITECTURE
(près de l'angle Woermann St et Moltke St). À Swakopmund, le style architectural allemand traditionnel domine. Ce bel édifice de style néoclassique (1909) était un bureau de la Deutsche-Afrika Bank. C'est aujourd'hui une agence de la Bank of Windhoek.

Swakopmund

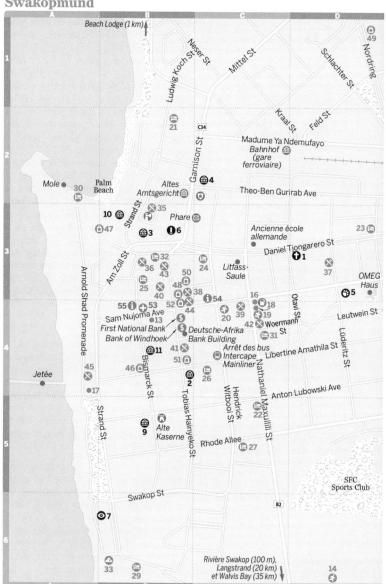

CENTRE SWAKOPMUND

Hohenzollern
Building   ÉDIFICE HISTORIQUE
(Libertine Amathila St). Cet imposant édifice de
style baroque fut construit en 1906 comme
hôtel. La statue en ciment d'Atlas soutenant
le monde, en équilibre précaire sur le toit

avant les rénovations de 1988, a été remplacée par un moulage en fibre de verre.

♥ **Jetée**   VESTIGE ARCHITECTURAL
En 1905, pour réceptionner marchandises et
passagers, il devint nécessaire de construire

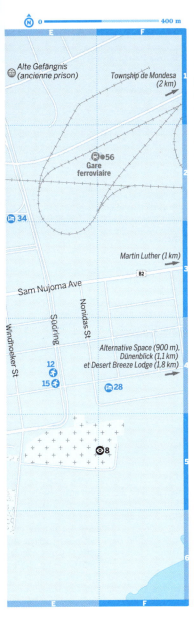

occupèrent Swakopmund, ce port devint secondaire pour eux car ils contrôlaient déjà Walvis Bay ; la vieille jetée en bois fut détruite en 1916 et celle en acier, restée inachevée, fut abandonnée aux éléments.

Kaiserliches Bezirksgericht
(State House)   ÉDIFICE HISTORIQUE
(Daniel Tjongarero St). Cet édifice majestueux fut construit en 1902 comme tribunal d'instance du district. Il fut agrandi en 1905, puis de nouveau en 1945 par l'ajout d'une tour. Maison de villégiature de l'administrateur territorial à l'issue de la Première Guerre mondiale, il s'agit aujourd'hui de la résidence officielle du président de la République à Swakopmund.

Kristall Galerie   GALERIE
(☎ 064-406080 ; angle Garnison St et Theo-Ben Gurirab Ave ; 30 $N ; ⊘9h-17h lun-sam). Cette galerie à l'architecture astucieuse présente d'extraordinaires cristaux, dont le plus gros fragment de cristal de quartz jamais découvert. La boutique attenante vend de jolis échantillons de minéraux, des bijoux en cristal et une surprenante vaisselle, taillée dans la pierre locale.

Mémorial de la marine   MONUMENT
(Marine Denkmal ; Daniel Tjongarero St). Souvent désigné par son nom allemand, Marine Denkmal, ce mémorial fut commandé en 1907 par l'infanterie de marine de Kiel (Allemagne). Il est l'œuvre du sculpteur A. M. Wolff. Il rend hommage au premier corps expéditionnaire de la marine allemande, qui contribua à réprimer les soulèvements herero en 1904. C'est un monument historique national qui a sa place dans l'histoire du pays, mais les Herero érigeront sans doute tôt ou tard leur propre mémorial.

Moon Landscape   POINT DE VUE
Pour voir des weltwitschias, poursuivez vers l'est sur Weltwitschia Drive jusqu'au Moon Landscape, un point de vue sur des collines érodées et des vallées creusées par la Swakop. De là, on peut effectuer une boucle de 12 km vers la ferme et l'oasis de Goanikontes (1848), au nord. Située près de la rivière et entourée de superbes monts désertiques, c'est un excellent site de pique-nique.

♥ National Marine Aquarium   AQUARIUM
(☎ 064-4101214 ; Strand St ; adulte/enfant 40/20 $N ; ⊘10h-16h mar-dim). Récemment réaménagé, cet aquarium situé sur le front de mer constitue une excellente introduction

une jetée résistante. Les fondateurs de Swakopmund en construisirent donc une en bois. Malmenée par les marées et grignotée par les vers, on lui préféra une jetée en acier longue de 500 m dont l'édification débuta en 1911. Lorsque les forces sud-africaines

Swakopmund

au monde sous-marin des eaux froides de l'Atlantique sud. Un tunnel impressionnant permet de voir évoluer de près de gracieuses raies, des requins à la mâchoire impressionnante et d'autres créatures.

Ancien cimetière allemand   CIMETIÈRE

Les cimetières historiques proches de la Swakop valent une rapide balade. Très soigné, ce vieux cimetière allemand date de l'époque coloniale ; les pierres tombales sont toujours entretenues par les familles.

Swakopmund Museum   MUSÉE

(☑064-402046 ; Strand St ; tarif plein/étudiant 30/15 $N ; ☺8h-13h et 15h-17h lun-ven, 10h-12h sam). Lorsque le vent souffle, on peut se réfugier dans ce musée installé au pied du phare, et approfondir ses connaissances sur l'histoire de la ville. Le musée occupe l'emplacement de l'ancien entrepôt du port, détruit en 1914 par le tir d'un navire de guerre britannique.

La collection consacrée à l'histoire et à l'ethnologie du pays met aussi l'accent sur la faune et la flore. À noter la partie concernant le melon !nara (voir l'encadré p. 170), un fruit jadis essentiel à la subsistance des premiers Khoi-Khoi (peuple pastoral) de la région du Namib.

Le musée présente aussi un intérieur colonial et une boutique d'apothicaire reconstitués, ainsi qu'une exposition didactique sur la mine de Rössing. Les amateurs d'objets militaires apprécieront les uniformes des Camel Corps (une unité militaire britannique montée sur dromadaire) et les "meubles Shell", bricolés à l'aide de bidons de pétrole et de paraffine durant la grande dépression des années 1930.

Woermannhaus
ÉDIFICE HISTORIQUE

(Bismarck St). Vue du rivage, la charmante Woermannhaus, de style allemand, domine les bâtiments qui l'entourent. Construite en 1905 pour abriter le siège de la Damara & Namaqua Trading Company, cette maison fut reprise quatre ans plus tard par la Woermann & Brock Trading Company, dont elle porte le nom. Internat dans les années 1920, puis auberge destinée aux marins de la marine marchande, elle tomba ensuite à l'abandon avant d'être classée monument national et restaurée en 1976.

Alte Kaserne
FORTERESSE

(Anton Lubowski Ave). Cette impressionnante caserne, aux allures de fort, érigée en 1906 par la compagnie de chemin de fer, abrite aujourd'hui l'Hostelling International Youth Hostel.

Altes Amtsgericht
ÉDIFICE HISTORIQUE

Destiné à être une école privée, ce bâtiment atypique, avec son fronton en arrondi et ses toits bombés, fut construit en 1908 à l'angle de Garnison Street et de Bahnhof Street. La construction s'étant interrompue faute d'argent, le gouvernement prit la relève et en fit un tribunal. Dans les années 1960, il servit d'internat ; aujourd'hui, il abrite des bureaux municipaux. Les mots "Altes Amtsgericht" (ancien tribunal de première instance) sont peints sur la façade.

Église luthérienne évangélique allemande
ÉGLISE

(Daniel Tjongarero Av). Cette église néobaroque fut bâtie en 1906 pour accueillir la communauté luthérienne, toujours plus nombreuse, du Dr Heinrich Vedde. Des services religieux sont toujours tenus régulièrement.

Phare
PHARE

(Strand St). Tout près de Strand Street, ce beau phare toujours en service fut construit en 1902. Haut de 11 m à sa construction, il fut rehaussé de 10 m en 1910.

Litfass-Saule
ARCHITECTURE

(angle Daniel Tjongarero St Nathaniel Maxulili St). En 1855, l'imprimeur berlinois Litfass eut l'idée d'installer des colonnes publicitaires à l'angle des rues de Swakopmund. Elles devinrent pour les premiers habitants de la ville des sources d'information et de publicité. La Litfass-Saule est une survivante de ces curiosités locales.

Living Desert Snake Park
ZOO

(☑064-405100 ; Sam Nujoma Ave ; 30 $N ; ⊙8h-17h lun-ven, 9h-13h sam). Ce parc renferme différentes espèces de serpents. Le propriétaire est un expert en reptiles, scorpions, araignées et autres créatures généralement malaimées.

Mole
PORT

En 1899, l'architecte F.-W. Ortloff construisit une digue (mieux connue sous l'appellation de Mole), censée agrandir le bassin du port de Swakopmund et créer un espace de mouillage pour les gros navires marchands. Mais Ortloff connaissait mal le courant de Benguela, qui remonte la côte vers le nord en charriant du sable issu des déserts méridionaux. En moins de 5 ans, l'entrée du port fut obstruée par un banc de sable.

Deux ans plus tard, le port même était recouvert de sable et devenait ce qu'on appelle aujourd'hui Palm Beach. Le Mole sert actuellement de port de plaisance.

OMEG Haus
ÉDIFICE HISTORIQUE

(Sam Nujoma Ave). Grâce au petit train rejoignant la côte, la compagnie coloniale Otavi Minen und Eisenbahn Gesellschaft (OMEG), qui supervisait les mines d'Otavi et de Tsumeb, avait aussi un bureau à Swakopmund. Appelé OMEG Haus, c'est un bel exemple d'architecture allemande de l'époque.

Old German School
ARCHITECTURE

(Post St). Cette ancienne école allemande de style baroque fut construite en 1912 à l'issue d'un concours d'architecture remporté par l'architecte allemand Emil Krause.

Prinzessin Rupprecht Heim
ÉDIFICE HISTORIQUE

(Lazarett St). Ce bâtiment de plain-pied, construit en 1902, fut d'abord un hôpital militaire. En 1914, il fut cédé à la Croix-Rouge féminine autrichienne qui le baptisa du nom de sa fondatrice, l'épouse du prince héritier Rupprecht de Bavière. L'établissement avait pour but d'exposer les convalescents aux vertus vivifiantes de l'air marin. Il abrite aujourd'hui un hôtel.

🏃 Activités

Que vous grimpiez en quad jusqu'à la crête d'une immense dune dressée face à la mer ou que vous sautiez en parachute à 3 000 m d'altitude, Swakopmund s'affirme comme l'une des destinations phares d'Afrique australe pour les amateurs de sports extrêmes. Ces activités ne sont certes pas données, mais peu d'endroits au monde offrent l'occasion de gravir, de dévaler ou de survoler d'immenses dunes de sable.

Les prestataires n'ayant pour la plupart pas de bureau en ville, il est nécessaire de passer par votre hôtel ou par le centre d'information touristique Namib-i (voir p. 153) pour organiser vos sorties.

♥ Alter Action
SANDBOARD

(☎ 064-402737 ; www.alter-action.info ; allongé/debout 40/55 $US). Pratiquer le sandboard avec Alter Action accélère à coup sûr le rythme cardiaque. Si vous avez déjà une expérience de la chose ou du surf, nous vous recommandons l'option debout. Il ne faut pas s'attendre à aller à la même vitesse qu'en snowboard, mais descendre la pente d'une dune est une sensation unique. Les chutes dans le sable sont par ailleurs moins douloureuses que sur de la neige glacée !

Tout aussi amusante, l'option allongée se pratique sur une plaque d'aggloméré lubrifiée et nécessite beaucoup moins de technique. Le moment fort est le schuss à 80 km/h, lors de la descente d'une montagne de sable de 120 m de haut qui s'achève par un saut. L'ascension ardue jusqu'au sommet des dunes requiert une bonne condition physique.

Le départ a lieu le matin, et l'activité dure environ 4 heures. Le prix comprend l'équipement (planche, lubrifiant, gants et

---

LE CIMETIÈRE MILITAIRE DE TREKKOPJE

En janvier 1915, les Allemands, battant en retraite devant les forces sud-africaines qui occupaient Swakopmund, sabotèrent les voies ferrées nationales et celle d'Otavi pour interrompre l'approvisionnement de la ville. Les Sud-Africains avaient cependant déjà commencé à remplacer les rails étroits par des rails à écartement standard, et les deux camps se rencontrèrent à Trekkopje. L'attaque allemande du 26 avril 1915 se solda par un échec cuisant, car l'adversaire disposait de mitrailleuses montées sur des véhicules blindés. Tous les hommes tombés au combat reposent dans le cimetière de Trekkopje, à 112 km au nord-est de Swakopmund, sur la B2, juste au nord de la voie ferrée, près de la vieille gare.

---

lunettes de protection), le transport aller-retour, l'instructeur, le déjeuner et une boisson rafraîchissante en fin de séance.

♥ Ground Rush Adventures
SAUTS EN PARACHUTE

(☎ 064-402841 ; www.skydiveswakop.com.na ; saut en tandem 2 500 $N, vidéo au Caméscope/vidéo professionnelle et photos 500/900 $N). Ground Rush Adventures offre l'expérience suprême, celle d'un saut en parachute avec pour toile de fond les dunes et l'océan. L'équipe de cette compagnie réputée pour sa sécurité sait mettre à l'aise même les plus nerveux à l'idée de s'élancer d'un avion à 3 000 m d'altitude et de tomber en chute libre pendant 30 secondes à la vitesse de 220 km/h.

Le prix inclut le vol de 25 minutes à bord d'un petit Cessna, au-dessus du littoral entre Swakopmund et Walvis Bay, au sud. Précisons que l'ascension se révèle souvent la partie la plus angoissante, surtout pour ceux qui craignent l'avion. Les personnes qui souhaitent un souvenir de leur exploit ont le choix entre deux options photo/vidéo : une vidéo réalisée grâce à un Caméscope attaché à l'instructeur ou la vidéo (et plusieurs photos) de la descente filmée par un photographe professionnel en parachute. Un conseil : contentez-vous d'un petit-déjeuner léger !

Living Desert Tours
FAUNE SAUVAGE

(☎ 081 127 5070, 064-405070 ; www.livingdesertnamibia.com ; excursions ½ journée 650 $N). Entrez dans l'intimité de la faune namibienne grâce à ces excursions en 4×4. Vous partirez à la recherche de geckos translucides (*Pachydactylus rangei*), de lézards sans pattes, de crotales des sables et autres espèces déserticoles.

Okakambe Horse Stables
SORTIES ÉQUESTRES

(☎ 064-405258, 081 124 6626 ; www.okakambe.iway.na ; balade 1/2 heures 650/820 $N). Okakambe, qui signifie "cheval" dans les langues herero et oshiwambo, organise des balades et randonnées équestres dans le désert. Les cavaliers peuvent avoir la certitude que la propriétaire allemande des lieux s'occupe et nourri parfaitement ses animaux. Des remises sont accordées aux groupes et pour les sorties plus longues. Des excursions de plusieurs jours sont proposées aux cavaliers expérimentés. Okakambe Trails est situé à 12 km à l'est de Swakopmund sur la D1901.

❤️ **Pleasure Flights**   VOLS PANORAMIQUES
(☎ 064-404500 ; www.pleasureflights.com.na ; prix
variables). Ce spécialiste de l'ULM, qui compte
parmi les plus renommés du pays, assure des
vols panoramiques depuis près de 20 ans.
Une grande partie du littoral atlantique
sud de Namibie étant inaccessible par voie
terrestre, c'est une merveilleuse manière de
le découvrir. Ces vols couvrent notamment
les marais salants de Walvis Bay, Sandwich
Harbour, Welwitschia Drive, le Brandberg,
Sossusvlei, la côte des Squelettes et au-delà.

Il faut compter au minimum 900 $N par
personne pour un circuit de 1 heure, mais
les tarifs dépendent de la durée de vol, du
nombre de passagers et du prix (fluctuant)
du carburant. D'une façon générale, il est
bien plus avantageux de constituer un
groupe et d'embarquer pour le vol le plus
long. Le jeu en vaut la chandelle, car peu de
sites au monde rivalisent avec la splendeur
du centre de la Namibie.

Swakop Cycle Tours   VÉLO
(☎ 081 251 5916 ; www.facebook.com/Swakop-
CycleTours ; circuit à vélo/à pied à partir de
380/285 $N, location vélo demi-journée/journée
195/255 $N ; ⏰ 9h et 14h). Ce circuit à vélo de
3 heures 30 permet de découvrir le township
de Mondesa, un des lieux emblématiques
de la ville, qui accueille une partie de la
population dévaforisée. Le prix inclut guide,
location de vélo et de casque, et dégustation
de la cuisine locale. Également : visite à pied
de 2 heures 30 et vélos à louer.

Batis Birding Safaris   OBSERVATION DES OISEAUX
(☎ 081 639 1775, 064-404908 ; www.batisbirdingsa-
faris.com ; prix divers). Les safaris d'observation
des oiseaux d'une demi-journée ou d'une
journée dans le désert voisin sont la spécialité
maison. Des promenades nocturnes d'observation et autres éco-excursions sont aussi
proposées. Grâce aux guides de cette agence,
vous pourrez apercevoir l'insaisissable
alouette à dos roux, l'érémomèle du Karroo et
autres espèces locales ; une liste détaillée des
spécimens que vous risquez de rencontrer
lors de chaque circuit est disponible en ligne.

Desert Explorers   SPORTS D'AVENTURE
(☎ 081 124 1386 ; www.namibiadesertexplorers.
com ; prix divers). Ce prestataire peut organiser
pratiquement n'importe quel circuit, mais le
quadbike dans les dunes est un must.

Outback Orange   SPORTS D'AVENTURE
(☎ 064-400968 ; www.outback-orange.com ;
42 Nathaniel Maxuilili St ; quad 1/2 heures

400/600 $N). Outback Orange propose des
sorties en quad dans la mer de sable qui
jouxte Swakopmund. Si vous avez déjà rêvé
de jouer un héros de *La Guerre des étoiles*
dans les déserts de la planète Tatooine,
c'est le moment ! En 2 heures, vous aurez
parcouru 60 km, grimpé et descendu des
dizaines de dunes, tout en jouissant d'une
vue panoramique sur le sable et la mer.

Il faut avoir l'estomac bien accroché :
ces engins peuvent rouler très vite et il faut
négocier de nombreux virages en épingle à
cheveux et des descentes vertigineuses.

**Swakopmund Camel
Farm**   À DOS DE DROMADAIRE
(☎ 064-400363 ; www.swakopmundcamel-
farm.com ; adulte/ado/enfant balade 20 min
150/100/75 $N). Pour jouer les aventuriers
d'antan, rendez-vous à la Camel Farm
(en retrait de la D1901, à 12 km à l'est de
Swakopmund). Revêtu de la tenue bédouine
de rigueur, vous pourrez monter sur votre
dromadaire. Si ces "vaisseaux du désert"
peuvent afficher un caractère rude, on
aurait tort de sous-estimer leur grâce et
leur vélocité. Dotés d'une physiologie hors
du commun, ils peuvent en effet couvrir au
galop des distances considérables.

👉 Circuits organisés

Si vous n'êtes pas motorisé, nous vous
conseillons de réserver un circuit auprès
d'un des tour-opérateurs suivants. Le centre
compact de Swakopmund se visite aisément
à pied, mais il faut un véhicule pour explorer
la région.

Les tarifs dépendent du nombre de participants et de la durée du circuit. Mieux vaut
être assez nombreux et combiner plusieurs
sites afin de profiter au mieux de la formule.

Quelques suggestions : la colonie d'otaries de Cape Cross ; la mine de Rössing ; la
Welwitschia Drive ; la lagune de Walvis Bay ;
sans oublier plusieurs destinations dans le
désert du Namib et le massif du Naukluft.

Charly's Desert Tours (p. 146), Namib
Tours & Safaris (p. 147) et Turnstone Tours
(p. 147) sont les prestataires les plus réputés.
À l'exception de Charly's, les tour-opérateurs
ne possèdent pour la plupart pas d'agence
centrale, mieux vaut donc passer par votre
hôtel pour organiser votre excursion.

Les différentes excursions des prestataires Hafeni Cultural Tours (p. 146) et
Swakop Cycle Tours (ci-dessus) dans le
township de Mondesa donnent un aperçu

CENTRE SWAKOPMUND

LA LOCOMOTIVE DE SWAKOPMUND

Dans le désert, à 4 km à l'est de Swakopmund, une locomotive à vapeur délaissée se languit depuis des années. L'engin de 2,8 tonnes fut acheminé à Walvis Bay depuis la ville allemande de Halberstadt en 1896 pour remplacer les chariots à bœufs qui servaient au transport des marchandises entre Swakopmund et l'intérieur des terres. Son inauguration fut toutefois retardée par le déclenchement de la guerre opposant les Nama aux Herero, et l'ingénieur allemand en charge du projet rentra dans son pays sans avoir révélé le secret de son fonctionnement.

Un prospecteur américain parvint finalement à faire marcher la machine, mais elle consommait d'énormes quantités d'eau, une denrée rare et précieuse en Namibie. Il lui fallut trois mois pour accomplir son premier voyage de Walvis Bay à Swakopmund, puis elle effectua deux ou trois autres courts trajets avant de s'immobiliser définitivement. Ayant fait la preuve de son inutilité, la locomotive fut abandonnée et baptisée *Martin Luther*, en référence aux paroles prononcées par le père de la Réforme devant le Reichstag en 1521 : "Je reste là. Que Dieu me vienne en aide, je ne peux pas faire autrement."

Partiellement restaurée en 1975 et classée monument national, la *Martin Luther* continua pourtant de pâtir des ravages de la nature, jusqu'à ce qu'en 2005, des étudiants du Namibian Institute of Mining and Technology lui redonnent sa splendeur d'antan et lui construisent un abri.

du mode de vie de la population défavorisée de Swakopmund.

Charly's Desert Tours
AVENTURE

(☎ 064-404341 ; www.charlysdeserttours.com ; Sam Nujoma Ave). Ce prestataire figure parmi les plus prisés (et réputés) des prestataires proposant des sorties de plusieurs jours. Vous aurez l'embarras du choix : excursions dans les dunes au crépuscule, circuits jusqu'aux colonies de phoques de Cape Cross, en plus de la mine de Rössing, Welwitschia Drive, la lagune de Walvis Bay et le désert du Namib.

♥ Hata Angu Cultural Tours
CULTUREL

(☎ 081 124 6111 ; www.culturalactivities.in.na ; circuits à partir de 400 $N ; ⊙10h et 15h). Ces visites de 4 heures changent agréablement des sorties habituellement proposées à Swakopmund. Vous rencontrerez un herboriste africain, goûterez de la cuisine faite maison, prendrez un verre dans un *shebeen* (bar traditionnel) d'un township de Swakopmund et serrerez même la main d'un chef. Cet organisme propose aussi des sorties de sandboard.

Swakop Tour Company
CIRCUITS

(☎ 081 124 2906 ; www.swakoptour.com ; circuits 3/5 heures 650/900 $N). George Erb dirige ces excursions axées sur l'histoire naturelle et la photo : circuit de 5 heures dans les Klipspringer Canyon, de 3 heures dans les dunes, ou excursions plus lointaines.

Swakopmund Walking Tours
PROMENADE À PIED

(☎ 064-461647 ; www.swakopmund-stadt-fuhrungen.com ; 300 $N/pers). Vendues comme des "promenades dans l'histoire de Swakopmund", ces balades de 2 heures conduites par Angelica Flamm-Schneeweiss donnent un aperçu de l'histoire de la ville, agrémenté d'anecdotes. Rendez-vous au Swakopmund Museum pour le départ.

♥ Tommy's Living Desert Tours
FAUNE SAUVAGE

(☎ 081 128 1038 ; www.livingdeserttours.com.na ; demi-journée/journée 700/1 350 $N). Ce circuit d'une demi-journée dans les dunes environnantes sur les traces des animaux qui les habitent constitue une approche plus intimiste du désert que le sandboard ou le quad. Tommy, qui vient vous chercher à l'hôtel, est un guide charmant. Avec un peu de chance, vous apercevrez le caméléon du Namaqua (*Chamaeleo namaquensis*), la vipère du désert du Namib (*Bitis peringueyi*), le lézard des dunes (*Meroles anchietae*) et toutes sortes de scorpions et de reptiles.

Tommy propose aussi des sorties d'une journée.

Hafeni Cultural Tours
CIRCUIT CULTUREL

(☎ 081 146 6222, 064-400731 ; hafenictours@gmail.com ; circuit 4 heures 450 $N). Si vous souhaitez visiter le township de Mondesa, sachez que Hafeni Cultural Tours propose diverses excursions permettant de voir comment vit l'autre moitié des habitants le Swakopmund. Ce prestataire propose aussi des découvertes de la culture himba et des excursions d'une journée à Cape Cross, Spitzkoppe et jusqu'aux flamants de Walvis Bay.

Namib Tours & Safaris　　SAFARI, AVENTURE
(☏ 064-406038 ; www.namibia-tours-safaris.com ; angle Sam Nujoma Ave et Nathaniel Maxuilili St). Divers circuits et safaris en Afrique australe.

Ocean Adventures　　FAUNE SAUVAGE
(☏ 081 240 6290 ; www.swakopadventures.com ; près de Strand St). Ces sorties en catamaran à la rencontre des dauphins, ou au Cape Cross pour voir les otaries à fourrure de Pelican Point, sont une bonne alternative aux classiques activités à sensations fortes.

Open Space Tours　　CIRCUITS
(☏ 081 273 5330 ; norcoast@yahoo.com ; Nathaniel Maxuilili St). Circuits recommandés d'une demi-journée ou d'une journée à Cape Cross ou sur la côte des Squelettes et découverte de Weltwitschia.

Rössing Mine　　VISITES
(☏ 064-402046 ; visite de la mine 60 $N). Cette mine, à 55 km à l'est de Swakopmund, est la plus grande mine d'uranium à ciel ouvert au monde. Des circuits guidés de 3 heures partent à 10h, le premier et le troisième vendredi du mois ; réservez au moins un jour avant au Swakopmund Museum (d'où partent les visites). On peut aussi organiser une visite par l'intermédiaire de la plupart des tour-opérateurs.

Le gisement fut découvert dans les années 1920 par Peter Louw, qui échoua à l'exploiter. Rio Tinto-Zinc fit l'acquisition de la concession en 1965, et une étude approfondie détermina que le filon mesurait 3 km de long sur 1 km de large. L'extraction débutée en 1970 n'atteignit sa pleine capacité que 8 ans plus tard. Le rendement actuel est colossal : jusqu'à un million de tonnes de minerai par semaine.

Avec ses 2 500 employés, la mine joue un rôle crucial dans l'économie de Swakopmund. La Rössing Foundation affiliée gère un centre d'enseignement et de formation à Arandis, au nord-est du site, ainsi que des infrastructures médicales et des logements pour les travailleurs installés à Swakopmund. La fondation a promis que le déclassement final de la mine se traduirait par un nettoyage à large échelle, mais son engagement environnemental reste encore à prouver.

Turnstone Tours　　AVENTURE
(☏ 064-403123 ; www.turnstone-tours.com ; circuit journée à partir de 1 550 $N). Circuits en 4×4 avec camping dans les environs de Swakopmund, excursions d'une journée à Messum Crater, Cape Cross, Sandwich Harbour, etc.

🛏 Où se loger

Swakopmund abrite plusieurs hôtels et auberges économiques d'un bon standing, ainsi que des pensions et Bed & Breakfast familiaux. La ville compte également une poignée de jolis hôtels de catégories moyenne et supérieure qui justifient amplement la dépense.

En raison du climat frais, la climatisation est le plus souvent absente, remplacée par la brise marine. En revanche, le chauffage se révèle nécessaire en hiver, quand les températures chutent le long de la côte.

Au moment des vacances scolaires de décembre et janvier, réservez longtemps à l'avance car les lieux d'hébergement affichent rapidement complet.

Desert Sky Backpackers　　AUBERGE POUR ROUTARDS $
(☏ 064-402339 ; www.desertskylodging.com ; Anton Lubowski Ave ; camping/dort 160/200 $N, d 650 $N, avec sdb commune 600 $N ; @). Ce repaire de voyageurs à petit budget constitue un excellent point de chute central à Swakopmund. Le salon est simple et accueillant, tandis que les tables de pique-nique, à l'extérieur, invitent aux échanges conviviaux. Le café est offert toute la journée, et les pubs se trouvent à deux pas.

Swakop Lodge　　AUBERGE POUR ROUTARDS $
(☏ 064-402030 ; 42 Nathaniel Maxuilili St ; dort/s/d 150/450/650 $N ; ❄@🅿🛜). Cet hôtel destiné aux petits budgets forme le cœur de l'action à Swakopmund, car il sert de point de départ et d'arrivée à de nombreuses activités à haute teneur en adrénaline, et passe des vidéos chaque soir. Vu la popularité du lieu auprès des routiers également, le bar vibre d'une folle ambiance presque tous les soirs de la semaine.

Tiger Reef Campsite　　CAMPING $
(☏ 064-400935, 081 380 6014 ; empl camping 250 $N, plus 100 $N/pers). Ce camping aménagé sur le sable, en bord de plage, est protégé du vent par de jolis tamaris. Accès pratique au centre-ville.

Alternative Space
PENSION $

(☎ 064-402713 ; www.thealternativespace.com ; 167 Anton-Lubowski St ; s/d petit-déj inclus à partir de 600/900 $N ; @). À la lisière du désert, à 800 m à l'est de la ville, cette option délicieusement alternative, tenue par Frenus et Sybille Rorich, a pour principaux atouts son architecture évoquant un château et sa décoration composée d'œuvres d'art et d'éléments industriels recyclés. N.B. : ici, l'ambiance n'est pas à la fête, mais au calme.

Villa Wiese
B&B $

(☎ 064-407105 ; www.villawiese.com ; angle Theo-Ben Gurirab Ave et Windhoeker St ; dort/s/d 185/450/650 $N ; @). Ce B&B avenant et original occupe une demeure coloniale avec plafonds voûtés, meubles d'époque et jardin de rocaille. Il attire une clientèle hétéroclite de voyageurs sac au dos et autres touristes désireux de loger dans un établissement bon marché un peu plus raffiné que les autres. Le Dunedin Star voisin, qui absorbe le surplus de clientèle, affiche des prix et une atmosphère similaires.

Dunedin Star Guest House
PENSION $

(☎ 064-407105 ; www.dunedinstar.com ; angle Daniel Tjongarero St et Windhoeker St ; s/d 490/670 $N). Annexe de la Villa Wiese.

Hotel Pension Rapmund
PENSION $

(☎ 064-402035 ; www.hotelpensionrapmund.com ; 6-8 Bismarck St ; s/d 702/960 $N, ch de luxe 1 404 $N ; 🕾). Donnant sur la promenade du parc et ayant meilleure allure à l'intérieur qu'à l'extérieur, cet hôtel-pension établi de longue date loue des chambres claires et spacieuses rehaussées de bois précieux et d'une décoration germano-africaine. L'emplacement est idéal, et certaines chambres jouissent d'une vue splendide.

Hotel-Pension d'Avignon
PENSION $

(☎ 064-405821 ; www.natron.net/tour/davignon/main.html ; 25 Libertine Amathila St ; s/d petit-déj inclus 390/560 $N ; 🕾🖳). Excellente adresse proche de la ville et qui ne grèvera pas votre budget. Cette pension élégante et bien tenue est vivement recommandée par les voyageurs. Chambres triples également à disposition, et salon TV.

Sophiadale Base Camp
CAMPING, BUNGALOW $

(☎ 064-403264 ; www.sophiadale.org ; camping 130 $N, rondavel 2 pers 600 $N ; d avec petit-déj 700 $N). Les emplacements de camping se trouvent à l'ombre de grands arbres, et des abris pour se protéger du soleil parsèment

le camping. Mention spéciale aux emplacements pour feu de camp et aux prises électriques, ainsi qu'au bloc des sanitaires très propre. Si vous avez envie d'un vrai toit sur la tête, optez pour une grande *rondavel* (case ronde traditionnelle) en dur, hébergement basique d'un bon rapport qualité/prix équipé d'un coin barbecue (*braai*). Le camping est situé à 12 km à l'est de la ville. Prenez l'embranchement depuis la route menant à Windhoek.

♥ Sea Breeze Guesthouse
PENSION $$

(☎ 064-463348 ; www.seabreeze.com.na ; Turmalin St ; s/d petit-déj inclus 900/1 285 $N ; @). Sur la plage, à 4,5 km au nord de la ville, cette pension haut de gamme offre un refuge au calme. Demandez à voir plusieurs chambres car certaines bénéficient d'une belle vue sur la mer. Sachez aussi qu'il y a une formidable chambre familiale. Sur place, on vous fournira une foule de conseils sur les sites et activités en ville. Suivez le Strand en direction du nord et gardez un œil sur les panneaux.

Stiltz
LODGE $$

(☎ 064-400771 ; www.thestiltz.com ; Am Zoll ; s/d à partir de 1 260/1 680 $N). Juché sur des pilotis de 3,5 m de haut avec vue plongeante sur le littoral et la ville, ce lodge ne ressemble à aucun autre hôtel de Swakopmund. Les chambres sont de taille et de décoration diverses – certaines sont très vastes, d'autres plus chaleureuses – mais vous ne pourrez résister au panorama.

Swakopmund Luxury Suites
HÔTEL $$

(☎ 064-463298 ; www.swakopmundluxurysuites.com ; Tobias Hainyeko St ; s/d 975/1 500 $N ; 🕾). D'élégantes chambres contemporaines caractérisent cet hôtel récent, composé de suites, à un pâté de maisons du front de mer. Les chambres sont spacieuses, le linge de lit blanc et la tonalité gris acier dénotent un raffinement plutôt rare en ville.

Dünenblick
APPARTEMENT $$

(☎ 064-463979 ; www.selfcatering-swakopmund.com ; Riverside Ave ; s/d 1 000/1 200 $N ; 🕾). Idéals pour les familles, ces vastes appartements sur 2 niveaux avec vue sur la plage sont équipés d'une cuisine. On y aperçoit les dunes toutes proches.

Prinzessin Rupprecht Residenz
HÔTEL $$

(☎ 064-412540 ; www.en.hotel-prinzessin-rupprecht.com ; 15 Anton Lubowski Ave ; s/d à partir de 660/1 080 $N, s avec sdb commune 370 $N). L'hôtel comptant 24 chambres, vous avez le bonnes chances de trouver à vous loger même si vous n'avez pas réservé. Installé dans l'ancien hôpital militaire colonial, cet hôtel passionnera les amateurs d'histoire. L'intérieur a en grande partie été préservé et, en arpentant les couloirs, on imagine sans peine la vie antérieure du bâtiment.

♥ Atlantic Villa BOUTIQUE-HÔTEL $$

(☎ 064-463511 ; www.atlantic-villa.com ; Plover St ; s/d 980/1 380 $N, avec vue sur la mer 1 200/1 720 $N, ste 2 100/2 940 $N). Cette "pension de charme" est une adresse élégante avec chambres immaculées aux lignes pures (équipées de machines Nespresso), dont beaucoup donnent sur l'océan. Dans la partie nord de la ville, merveilleusement calme.

♥ Sam's Giardino Hotel HÔTEL $$

(☎ 064-403210 ; www.giardinonamibia.com ; 89 Anton Lubowski Ave ; s/d à partir de 1 000/1 500 $N ; 🛜🍴). Située dans une petite rue, cette ravissante adresse fait la part belle à l'épicurisme avec une belle cave à vin et à cigares. Une jolie roseraie où se balade le sympathique Beethoven, chien des propriétaires, vous invite à la détente. À l'arrière, vous trouverez aussi un jardin. Les chambres sont simples, mais très confortables ; les parties communes sont remplies de livres. Dîner avec 5 plats (280 $N) et dégustation de vins (190 $N) sur réservation.

Sam, le propriétaire suisse, est un hôte délicieux et une mine d'informations sur la Namibie.

Hansa Hotel HÔTEL $$

(☎ 064-414200 ; www.hansahotel.com.na ; 3 Hendrick Witbooi St ; s/d à partir de 1 280/1 810 $N ; 🛜🍴). L'adresse haut de gamme la mieux établie de Swakopmund se définit comme le "luxe en plein désert". Les chambres hautes de plafond, toutes différentes, sont dotées de fenêtres panoramiques et brillent par leur bon goût. La salle à manger classique, avec porcelaine tendre, argenterie, verres à pied en cristal et service en gants blancs, remporte toutefois la mise.

Organic Square
Guest House BOUTIQUE-HÔTEL $$

(www.guesthouse-swakopmund.com ; Rhode Allee ; s/d 965/1 565 $N ; 🛜). Résolument dans la mouvance des hôtels de charme contemporains qui déferle sur Swakopmund, cette adresse proche du centre-ville maîtrise parfaitement le chic minimaliste.

Beach Lodge HÔTEL $$

(☎ 064-414500 ; www.beachlodge.com.na ; Stint St ; s/d à partir de 1 190/1 750 $N ; 🛜). Dans ce lodge en forme de bateau, construit sur le sable à 1 km au nord de la ville, les clients peuvent contempler la mer depuis les grands hublots de certaines chambres – différentes par la taille et l'équipement.

Brigadoon Bed & Breakfast B&B $$

(☎ 064-406064 ; www.brigadoonswakopmund. com ; 16 Ludwig Koch St ; s/d 1 105/1 680 $N ; 🛜🍴). Un B&B tenu par des Écossais dans un jardin agréable en face de Palm Beach. Suite à une rénovation de grande ampleur, les élégantes chambres contemporaines sont équipées de TV à écran plat, de minibars et de salles de bains flambant neuves. Chacune compte également un patio privatif.

Schweizerhaus Hotel HÔTEL $$

(☎ 064-400331 ; www.schweizerhaus.net ; 1 Bismarck St ; s/d à partir de 840/1 360 $N ; 🛜). Surtout réputé pour son Cafe Anton, véritable institution locale, l'hôtel ne manque pas non plus de classe. Ses chambres standards, mais confortables, profitent d'une superbe vue sur la plage et sur le phare tout proche, qui éclaire le ciel lorsque le brouillard dense arrive de la mer.

♥ Desert Breeze Lodge LODGE $$$

(☎ 064-406236, 064-400771 ; www.desert-breezeswakopmund.com ; près de B2 ; s/d à partir de 1 570/2 140 $N). Les 12 ravissants bungalows de luxe sont modernes et confortables, mais c'est pour la vue qu'on vient ici. Installé en surplomb de la Swakop, en périphérie sud de Swakopmund mais encore proche du centre-ville, ce lodge offre une vue panoramique sublime sur les dunes.

Strand Hotel HÔTEL $$$

(☎ 064-411 4308 ; www.strandhotelswakopmund. com ; Strand St ; ch/ste par pers à partir de 1 600/2 200 $N ; 🛜). Ce nouvel hôtel haut de gamme donnant sur Palm Beach est très moderne et professionnel. Les chambres, quoique sans originalité particulière, sont extrêmement confortables et dotées de balcons donnant sur la mer pour la plupart. Parfait pour un voyage d'affaires ou d'agrément.

✗ Où se restaurer

Fidèles aux racines germaniques de la ville, les restaurants affichent des menus faisant la part belle aux influences allemandes, ce qui n'exclut pas les poissons et fruits de mer locaux, les spécialités namibiennes et un choix surprenant de cuisines étrangères. N'en déplaise aux habitants de Windhoek, Swakopmund peut aisément prétendre au titre de capitale gastronomique du pays.

Ceux qui souhaitent cuisiner eux-mêmes trouveront un supermarché bien approvisionné dans Sam Nujoma Avenue, près de l'intersection avec Hendrick Witbooi Street. La plupart des adresses pour voyageurs sac au dos comportent une cuisine.

Die Muschel Art Cafe CAFÉ $
(☑ 081 849 5984 ; près de Tobias Hainyeko St, Brauhaus Arcade ; en-cas et repas légers 26-50 $N ; ⊙ 9h-18h lun-ven, 8h30-17h sam, 10h-17h dim). Pas

---

LE MONDE MERVEILLEUX DES WELTWITSCHIAS

Parmi les nombreuses curiosités végétales de la Namibie, l'extraordinaire *Welwitschia mirabilis*, qui pousse uniquement dans les plaines caillouteuses du nord du Namib, de la rivière Kuiseb jusqu'au sud de l'Angola, est sans doute la plus étrange de toutes. Elle fut découverte en 1859 par le médecin et botaniste autrichien Friedrich Welwitsch, qui tomba sur un spécimen de bonne taille à l'est de Swakopmund.

La Welwitschia

Malgré son aspect ébouriffé, la welwitschia ne compte que deux longues feuilles épaisses placées de part et d'autre d'une tige ressemblant à du liège. Au fil des ans, ses feuilles prennent une teinte foncée au soleil et sont lacérées par le vent en bandes longitudinales, lui donnant l'apparence d'une énorme laitue flétrie. Les pores des feuilles captent l'humidité, et les feuilles plus longues irriguent les racines en canalisant les gouttelettes dans le sable environnant.

La plante croît lentement, et l'on estime que les plus volumineuses, des masses de lambeaux de feuilles emmêlés pouvant mesurer jusqu'à 2 m de diamètre, continuent de pousser depuis 2 000 ans. La plupart des spécimens de taille moyenne ont toutefois moins de 1 000 ans. Ajoutons que la première floraison n'intervient qu'au bout de 20 ans au minimum. Une telle longévité s'explique probablement par le fait que la plante contient des composants non comestibles par les herbivores, même si les rhinocéros noirs en mangent à l'occasion.

Enfin, cette bizarrerie de la nature a pour principal habitant un insecte jaune et noir suceur de sève, le *Probergrothius sexpunctatis*, surnommé en anglais "push-me-pull-you bug" (insecte-pousse-moi-tire-moi), car mâle et femelle s'accouplent dos à dos.

La Welwitschia Drive

Nous vous recommandons cette excursion en voiture ou en circuit organisé si vous souhaitez voir d'étranges welwitschias, qui poussent surtout dans les Welwitschia Plains à l'est de Swakopmund, près de la confluence des rivières Khan et Swakop, où elles forment l'espèce végétale dominante.

Toujours dans le domaine botanique, l'itinéraire inclut des champs de lichens gris et noirs figurant dans le documentaire du naturaliste britannique David Attenborough, *La Vie privée des plantes* (1998), produit par la BBC. Les lichens associent en réalité une algue et un champignon et offrent un exemple parfait de symbiose, s'épanouissant en "fleurs" sous l'action des gouttelettes de brouillard. Si le temps ne s'y prête pas, laissez tomber un peu d'eau sur les lichens pour assister à ce miracle naturel.

Plus à l'est, se déploie le Moon Landscape (p. 141), paysage lunaire de collines et de vallées érodées creusées par la Swakop. De là, un rapide détour de 12 km aller-retour mène au nord à la ferme et oasis de Goanikontes (p. 141), qui date de 1848. Situé au bord de la rivière, au milieu d'un fabuleux paysage de montagnes arides, l'endroit invite au pique-nique.

Partant de la route du Bosua Pass, à l'est de Swakopmund, la Welwitschia Drive se trouve à l'intérieur du Dorob National Park. Elle fait le plus souvent l'objet d'une excursion à la journée depuis Swakopmund et est généralement parcourue en voiture en 2 heures, mais son cadre unique mérite amplement que l'on s'y attarde.

Pour découvrir les welwitschias autrement, procurez-vous la brochure (en anglais) *The Weltwitschia Plains – A Scenic Drive*, au bureau de NWR (p. 153) à Swakopmund.

plus grand qu'un timbre-poste et mignon comme tout, ce petit établissement jouxtant la librairie du même nom sert un excellent café accompagnant des petits pains et cupcakes. À déguster sur une des tables installées dehors, dans la rue piétonne.

Raith's Gourmet
CAFÉ $

(Tobias Hainyeko St ; en-cas et plats 20-50 $N ; 7h-17h lun-ven, 7h-14h sam-dim). Très centrale, pratique et ouverte tout le week-end, cette adresse se veut à la fois boulangerie/traiteur/glacier/bistrot. C'est avant tout une boulangerie servant des sandwichs fraîchement préparés au déjeuner, des tourtes et des friands. Au petit-déjeuner, régalez-vous d'un croissant et d'œufs brouillés. Bon choix de charcuteries et fromages à emporter.

Cafe Anton
CAFÉ $

(064-400331 ; 1 Bismarck St ; repas légers 40-70 $N ; 7h-19h). Très appréciée des gens du cru, cette véritable institution du Schweizerhaus Hotel prépare de délicieux cafés, *apfelstrudel* (strudel aux pommes), *kugelhopf* (kouglof aux noix et aux raisins), *mohnkuchen* (gâteau aux graines de pavot), *linzertorte* (tarte à la confiture recouverte de croisillons de pâte, parfumée au citron et aux épices) et autres douceurs. Tables à l'extérieur.

Garden Cafe
CAFÉ $

(près de Tobias Hainyeko St ; plats 35-80 $N ; 8h-18h lun-ven, 8h-15h sam, 11h-15h dim). Installé dans un joli petit jardin à l'écart de l'artère principale, le Garden Cafe possède des tables et chaises en plein air et propose des formules du jour régulièrement renouvelées et des plats préparés quotidiennement tels que salades, wraps et hamburgers. Les desserts sont également délicieux. Pour couronner le tout, le service est efficace et l'accueil sympathique. En hiver, le café a tout autant de succès. Les clients se blottissent alors autour des tables, cherchant à se réchauffer aux rares rayons de soleil.

Les tricoteurs adoreront la boutique de laine adjacente et il y a également une boutique d'artisanat plus classique.

Napolitana
ITALIEN $

(064-402773 ; 33 Nathaniel Maxuilili St ; plats à partir de 45 $N ; 12h-14h30 et 17h-22h). Ce restaurant n'a rien de particulier et le décor est à mi-chemin entre la Via Veneto et le far west, mais les pizzas, pâtes et desserts servis

ici sont savoureux. Une bonne adresse familiale sans prétention.

♥ 22° South
ITALIEN $$

(064-400380 ; Strand St ; plats 80-190 $N ; 12h-14h30 et 18h-21h30 mar-dim). Au rez-de-chaussée du phare, ce restaurant pittoresque tenu par un couple italo-namibien prépare la meilleure cuisine italienne de Swakopmund. Il est légèrement plus guindé que les nombreuses pizzerias de la ville, et la qualité de la cuisine est aussi légèrement supérieure.

♥ Kücki's Pub
CUISINE DE PUB $$

(064-402407 ; www.kuckispub.com ; Tobias Hainyeko St ; plats 95-160 $N). Depuis deux décennies, cette institution de Swakopmund sert une cuisine familiale bien préparée dans une atmosphère chaleureuse. Le menu fait la part belle au poisson et aux fruits de mer, ainsi qu'aux plats de viande.

Fish Deli
POISSON ET FRUITS DE MER $$

(064-462979 ; www.fishdeli-swakopmund.com ; 29 Sam Nujoma Ave ; plats 88-145 $N ; 9h30-21h30 lun-ven, 9h30-13h30 et 18h-21h30 sam). Recommandé par des Namibiens comme le meilleur restaurant de poisson de Swakopmund, cet établissement propose un cadre net et propre, mais surtout, les produits de la mer arrivent directement dans votre assiette sans passer par la case congélateur. Il y a aussi une carte de sushis.

Swakopmund Brauhaus
ALLEMAND $$

(064-402214 ; www.swakopmundbrauhaus.com ; 22 Sam Nujoma Ave ; plats 75-125 $N ; 11h-14h30 et 17h-21h30 lun-sam). Cette excellente brasserie-restaurant sert une authentique bière allemande. Dans la plus pure tradition germanique, on l'accompagne d'un assortiment de saucisses et d'une montagne de choucroute avec de la moutarde relevée.

Hansa Hotel Restaurant
INTERNATIONAL $$$

(064-400311 ; www.hansahotel.com.na ; 3 Hendrick Witbooi St ; plats 100-245 $N ; 8h-21h). Difficile de surpasser le charme d'une adresse historique comme le Hansa Hotel. Dans la salle à manger principale de cet établissement colonial, on se régale de mets fins accompagnés de bons vins (la carte est des plus fournies). Le déjeuner est servi en terrasse et les produits de la mer et le gibier sont les spécialités de la maison.

Tug
POISSON ET FRUITS DE MER $$$

(064-402356 ; www.the-tug.com ; près de Strand St ; plats 75-315 $N ; 17h-22h lun-jeu, 18h-22h ven,

12h-15h et 18h-22h sam-dim). Installé dans le remorqueur *Danie Hugo* échoué près de la jetée, ce restaurant sélect, souvent considéré comme le meilleur de Swakopmund, est un incontournable pour qui sort dîner en ville. On s'y régale de viande ou de fruits de mer, mais on peut tout aussi bien se contenter d'un cocktail à l'apéritif ainsi que d'un burger Angelfish aux épices d'Afrique du Nord. Vu son extrême popularité et sa petite taille, il est conseillé de réserver.

Deutsches Haus   ALLEMAND $$$
(☎064-404896 ; www.hotel.na ; 13 Luderitz St ; plats déj 70-110 $N, dîner 90-160 $N ; ⊙12h-22h). Une cuisine raffinée servie dans une salle élégante et bien aménagée à la décoration rustique, ou en extérieur devant l'établissement. C'est l'un des restaurants les mieux tenus de la ville, comme en témoigne le service, professionnel et attentif. Plats allemands fraîchement préparés. Service rapide.

Achats

Sur le front de mer, des stands vendent de l'artisanat du Zimbabwe, à côté des marches en contrebas du Cafe Anton (Bismarck Street).

Cosdef Arts & Crafts Centre   ART, ARTISANAT
(☎064-406122 ; www.cosdef.org.na ; ⊙9h-17h). Ce programme soutient des artisans locaux et des chômeurs en leur fournissant un pas de porte où vendre leurs produits, de grande qualité. Cette démarche de développement durable dans les communautés locales mérite qu'on la soutienne. Pour avoir une idée des produits disponibles, consultez www.namibiacraftcollections.wordpress.com ou la page Facebook du centre. Heures d'ouverture fluctuantes, notamment le week-end.

Die Muschel Book & Art Shop   LIVRES
(☎064-402874 ; Hendrick Witbooi St ; ⊙8h30-18h lun-ven, 8h30-13h et 16h-18h sam, 10h-18h dim). Meilleure librairie de Swakopmund (livres en allemand et en anglais). Excellente adresse où se procurer des guides et des cartes. Également : ouvrages sur l'art et l'histoire de la région.

Peter's Antiques   OBJETS ANCIENS
(☎064-405624 ; www.peters-antiques.com ; 24 Tobias Hainyeko St ; ⊙9h-13h et 15h-18h lun-ven, 9h-13h et 16h-18h sam, 16h-18h dim). Une véritable caverne d'Ali Baba pour dénicher des souvenirs de l'époque coloniale,

---

LA STERNE DES BALEINIERS

Environ 90% de la population mondiale de sternes des baleiniers, dont il reste moins de 2 000 couples, est endémique des rivages et des baies sablonneuses des côtes du Namib, de l'Afrique du Sud à l'Angola. L'adulte, reconnaissable à ses ailes et à son dos gris, à sa poitrine blanche et à sa tête noire, ne mesure que 22 cm de long et ressemble davantage à une hirondelle qu'aux autres sternes.

L'oiseau niche dans les plaines caillouteuses du Namib, loin des chacals, des hyènes et autres prédateurs, mais sa petite taille le rend incapable de transporter de la nourriture sur de longues distances. Il doit donc toujours demeurer à proximité d'une source d'alimentation, généralement des crevettes et des larves de poisson.

Lorsqu'elle prend peur, la sterne des baleiniers s'envole en poussant des cris pour éloigner le danger de son nid d'ordinaire bien camouflé. En revanche, si celui-ci a été dérangé d'une façon ou d'une autre, les parents l'abandonnent, sacrifiant aux éléments l'œuf ou l'oisillon. L'année suivante, ils cherchent un autre endroit où nicher, mais découvrent le plus souvent les sites propices déjà investis par d'autres animaux et s'en détournent instinctivement.

Depuis quelques années, la reproduction des sternes des baleiniers est menacée le long de la côte du Namib, notamment en raison de l'augmentation de la conduite tout-terrain non réglementée entre Swakopmund et Terrace Bay. Ce phénomène est aggravé par le fait que la sterne des baleiniers ne donne normalement naissance qu'à un seul petit par an. La reproduction se faisant désormais avec difficulté, l'espèce pourrait s'éteindre d'ici quelques années si la situation perdure.

À la menace représentée par les conducteurs de 4x4 en hors piste, s'ajoute désormais l'augmentation des activités touristiques dans les dunes. La façon de réduire leur impact sur la nature consiste à opérer dans une zone restreinte. Lorsque vous réservez auprès d'une compagnie, renseignez-vous sur sa politique en matière de protection de l'environnement.

CENTRE SWAKOPMUND

des ouvrages historiques, de l'art d'Afrique de l'Ouest, de vrais fétiches et autres objets provenant du continent africain.

Baraka Le Afrique   ART, ARTISANAT

(☎064-405081 ; angle Bismarck St et Libertine Amathila St ; ☺9h-18h). Cette boutique propose un éventail d'objets allant du casque colonial aux horloges "Tintin au Congo", en passant par d'anciennes cartes d'Afrique et des objets de décoration modernes aux touches occidentales.

Karakulia Weavers   TAPIS

(☎064-461415 ; www.karakulia.com.na ; 2 Rakotoka St ; ☺9h-13h et 14h-17h lun-ven, 9h-13h sam). Cette fabrique produit des tapis africains et des tentures en laine de mouton karakul à la fois originaux et authentiques. Possibilité de visiter les ateliers de filage, de teinture et de tissage.

Kirikara   ART, ARTISANAT

(☎064-463146 ; www.kirikara.com ; Am Ankerplatz ; ☺9h-13h et 14h30-17h30 lun-sam). Artisanat et objets de décoration provenant de toute l'Afrique : cette boutique fourmille de céramiques, de textiles, de bijoux, de vannerie, de masques, de statues, etc. Tout ne vient pas de Namibie, mais tout est très tentant.

Marché artisanal   MARCHÉ

(☺9h-17h). Les artisans et marchands de souvenirs de Swakopmund se réunissent ici et l'endroit vaut le déplacement, malgré une qualité inégale ; surtout pour les innombrables girafes en bois sculpté.

Swakopmunder Buchhandlung   LIVRES

(☎064-402613 ; Sam Nujoma Ave ; ☺8h30-17h30 lun-ven, 8h30-13h sam, 9h30-12h30 dim). Grand choix d'ouvrages de divers genres littéraires.

ℹ Renseignements

ARGENT

Vous trouverez dans le centre-ville de nombreuses agences bancaires équipées de DAB. Rendez-vous par exemple à l'angle de Tobias Hainyeko Street et Sam Nujoma Avenue.

DÉSAGRÉMENTS ET DANGERS

Si les rues bordées de palmiers et la fraîche brise marine de Swakopmund confèrent à la ville une atmosphère détendue, la petite délinquance n'en demeure pas moins présente.

En journée, verrouillez bien votre voiture et ne laissez aucun objet visible à l'intérieur. Le soir, mettez-la en sûreté dans un parking clôturé et non dans la rue. Avant de choisir

un lieu d'hébergement, assurez-vous que les conditions de sécurité (clôture électrique et/ou gardien) vous conviennent. Enfin, bien que Swakopmund soit généralement sûre la nuit, mieux vaut circuler en groupe et prendre si possible un taxi pour aller et venir de l'hôtel.

OFFICES DU TOURISME

Namib-i (☎064-404827 ; Sam Nujoma Ave ; ☺8h-13h et 14h-17h lun-ven, 9h-13h et 15h-17h sam, 9h-13h dim). Ce centre d'information touristique très utile aide à se repérer et sert d'agence de réservation pour diverses activités et circuits.

Bureau de Namibia Wildlife Resorts (NWR ; ☎064-402172 ; www.nwr.com.na ; Woermannhaus, Bismarck St ; ☺8h-13h et 14h-17h lun-ven, permis parc seulement 8h-13h sam et dim). Comme celui de Windhoek, il vend des permis pour le Namib-Naukluft Park et la côte des Squelettes, et se charge des réservations dans les hébergements gérés par NWR à travers le pays.

POSTE

Poste principale (Garnison St). Cartes téléphoniques et service de fax.

SERVICES MÉDICAUX

Bismarck Medical Centre (☎064-405000 ; angle Bismarck St et Sam Nujoma Ave). Consultations médicales.

URGENCES

Police (☎10111, 402431)

ℹ Depuis/vers Swakopmund

AVION

Air Namibia (☎064-405123 ; www.airnamibia. com.na) assure plusieurs vols hebdomadaires entre l'aéroport Eros de Windhoek et Walvis Bay, d'où des bus et taxis permettent de rejoindre Swakopmund.

BUS

Deux fois par semaine, une liaison entre Windhoek et Swakopmund (à partir de 200 $N, 5 heures) est assurée par des bus d'**Intercape Mainliner** (p. 269) depuis l'arrêt de cette compagnie. On peut facilement réserver son ticket en ligne.

Sinon, les navettes privées **Town Hopper** (☎064-407223 ; www.namibiashuttle.com) circulent entre les deux villes (270 $N) et assurent aussi un service porte à porte.

Enfin, des **combis** (minibus) couvrent cet itinéraire à une fréquence assez régulière pour une somme qui ne devrait pas excéder 120 $N. Swakopmund est aussi un petit carrefour de transport régional qui dessert diverses destinations (20-40 $N) en *combis*, dont Walvis Bay.

TRAIN

Rares sont les voyageurs qui utilisent les trains **Trans-Namib** (☏ 061-298 1111 ; www.transnamib.com.na), surtout à cause de la facilité avec laquelle on peut voyager en bus et parce que les trajets en train sont beaucoup plus longs.

La "croisière ferroviaire" à bord du luxueux *Desert Express* s'effectue depuis/vers Windhoek.

VOITURE

Swakopmund se situe à environ 400 km à l'ouest de Windhoek sur la B2, le grand axe est-ouest du pays. Des routes asphaltées relient Windhoek à Swakopmund et se prolongent jusqu'à Walvis Bay, d'où une route majoritairement gravillonnée rejoint Sesriem, base des excursions à Sossusvlei. Toutes ces routes sont praticables en véhicule de tourisme.

Walvis Bay

100 000 HABITANTS / ☏ 064

Walvis Bay (prononcez "vahl-fis bay"), à 30 km au sud de Swakopmund, est assez plaisante, notamment dans le secteur du nouveau front de mer et le long de l'esplanade. La ville est relativement étendue, aussi, avoir un véhicule vous facilitera grandement la vie. Il règne ici une ambiance bien plus décontractée qu'à Swakopmund, et en matière d'hébergement et de restauration, le choix est excellent.

Contrairement à Swakopmund, Walvis Bay fut annexée par les Britanniques des années avant que l'Allemagne n'établisse le protectorat du Sud-Ouest africain. La ville affiche par conséquent une architecture plus quelconque que sa voisine du Nord. En revanche, la région alentour recèle des curiosités naturelles uniques, comme la plus importante colonie de flamants roses de toute l'Afrique australe.

Walvis Bay est le seul véritable port entre Lüderitz et Luanda (Angola), abrité par la langue de sable de Pelican Point, un brise-lames naturel qui protège la ville des assauts puissants de l'océan.

Histoire

Revendiquée par la colonie du Cap en 1795, Walvis Bay est véritablement annexée par les Britanniques en 1878 pour contrecarrer les ambitions de l'Allemagne dans la région. En 1910, elle rejoint l'Union sud-africaine nouvellement formée.

À l'issue de la Première Guerre mondiale, l'Afrique du Sud reçoit un mandat des Nations unies pour administrer le Sud-Ouest africain allemand ainsi que l'enclave de Walvis Bay. Ce statut perdure jusqu'en 1977, date à laquelle l'Afrique du Sud décide

Walvis Bay

de réintégrer cette dernière à la province du Cap, refusant obstinément de faire marche arrière malgré les injonctions des Nations unies.

À l'indépendance de la Namibie en 1990, le contrôle de Walvis Bay devient pour ce pays un enjeu crucial, compte tenu de l'importance stratégique de son port naturel, de ses salines (qui produisent 40 000 tonnes par an, soit 90% du sel de l'Afrique du Sud), de sa plateforme de guano au large de la côte et de sa zone de pêche poissonneuse.

En 1992, alors qu'il devient évident que le régime de l'apartheid touche à sa fin, l'Afrique du Sud et la Namibie trouvent un terrain d'entente pour administrer conjointement l'enclave. Confrontée à des troubles intérieurs croissants et à l'échéance de ses premières élections démocratiques, l'Afrique du Sud abandonne finalement la place. Le 28 février 1994 à minuit, le drapeau namibien flotte pour la première fois au-dessus de Walvis Bay.

⊙ À voir

Marais salants RÉSERVE ORNITHOLOGIQUE
Ces salines de 3 500 ha au sud-ouest de la lagune fournissent actuellement plus de 90% du sel de l'Afrique du Sud. Comme celles de Swakopmund, elles procèdent par évaporation de l'eau de mer dans des bassins et constituent une riche source d'alimentation en crevettes et en larves de poissons pour la faune aviaire. C'est une des trois zones humides des environs de Walvis Bay (avec la lagune et Bird Island), lesquelles forment la plus importante zone humide littorale d'Afrique australe pour oiseaux migrateurs.

Bird Island RÉSERVE ORNITHOLOGIQUE
Le long de la route de Swakopmund, à 10 km au nord de Walvis Bay, cette île artificielle en bois fut construite pour offrir un espace de repos et de reproduction aux oiseaux de mer. Elle permet aussi la culture du guano, cet engrais qui donne à l'île un parfum inoubliable (!) et dont on récolte environ 1 000 tonnes par an.

Bird Paradise RÉSERVE ORNITHOLOGIQUE
Juste à l'est de la ville, la station d'épuration des eaux municipales se compose d'une série de bassins artificiels peu profonds bordés de roseaux. Une tour d'observation et un court sentier nature facilitent le repérage des oiseaux. Cette réserve est à 500 m à l'est de la ville, près de la C14 en direction de l'aéroport Rooikop. Comme dans les deux autres zones humides des environs, on peut espérer y voir des flamants.

Walvis Bay

⊙ À voir
1 Bird Paradise.........................F2
2 Rhenish Mission Church....................B2
3 The Hope C1
4 Walvis Bay Museum............................D2

➕ Activités
   Mola Mola Safaris.......................(voir 11)
5 Sandwich Harbour 4x4........................A2

🛏 Où se loger
6 Courtyard Hotel Garni.......................B2
7 Lagoon Lodge...............................B3
8 Langholm Hotel B2
9 Oyster Box Guesthouse.....................B2
10 Remax.....................................D1

🍴 Où se restaurer
11 Anchor @ The Jetty.............................A2
12 Raft..A2
13 Willi Probst Bakery & Cafe D1

ℹ Renseignements
14 Welwitschia Medical Centre...............D1

ℹ Transports
15 Air Namibia..C1
16 Arrêt des bus Intercape Mainliner C2

Dune 7
SITE NATUREL

Dans la morne étendue en retrait de la C14, à 6 km de la ville par la route, la Dune 7 est un site prisé des habitants pour la pratique du sandboard et du ski sur sable. L'aire de pique-nique, désormais recouverte de sable, comprend quelques palmiers qui procurent de l'ombre à l'abri de la dune.

Lagune
LAGUNE

Au sud-ouest de Walvis Bay et à l'ouest de l'embouchure de la rivière Kuiseb, cette lagune de 45 000 ha, peu profonde et abritée, attire, outre d'immenses rassemblements de flamants, toutes sortes d'oiseaux aquatiques côtiers. Signalons aussi la présence du pluvier élégant, du bécasseau cocorli et de la rare sterne des baleiniers (p. 152).

Rhenish Mission Church
ÉGLISE

(5th Rd). Plus ancien édifice de Walvis Bay encore debout, l'église de la Mission rhénane, préfabriquée à Hambourg, en Allemagne, fut montée près du port en 1880 et consacrée l'année suivante. La prolifération des machines dans la zone portuaire entraîna son transfert à l'emplacement actuel au milieu du XXᵉ siècle. Elle a fonctionné comme lieu de culte jusqu'en 1966.

The Hope
MONUMENT

En hiver, le service ferroviaire entre Swakopmund et Walvis Bay est souvent perturbé par le sable qui s'accumule sur les rails et les endommage. Le problème n'a rien de nouveau : à 5 km à l'est de la ville sur la C14, vous remarquerez, enfoui sous un talus, un tronçon d'une voie ferrée de faible écartement datant du siècle dernier. Devant la gare dans 6th Street se trouve la vieille locomotive *Hope*, classée monument national, qui fut également abandonnée après que des monceaux de sable de 10 m de haut eurent envahi à plusieurs reprises la voie étroite.

Lookout
POINT DE VUE

Ce point de vue englobe les étangs peuplés d'oiseaux.

Port
PORT

(☎ 064-208320). Avec l'autorisation du chargé de relations publiques de l'autorité portuaire (PortNet) ou de la police du rail – à côté de la gare ferroviaire, presque au bout de la 13th Rd –, on peut visiter le port de pêche et le port de commerce et voir les engins impressionnants assurant le flux de l'import-export namibien. Une expérience beaucoup plus intéressante qu'il n'y paraît Munissez-vous de votre passeport.

Walvis Bay Museum
MUSÉ

(Nangolo Mbumba Dr ; ☺ 9h-17h lun-jeu, 9h-16h30 ven). GRATUIT Le musée de la ville, installé dans la bibliothèque, met l'accent sur l'histoire e le contexte maritime de Walvis Bay. Il expose aussi des pièces archéologiques et des miné raux et présente une exposition d'histoire naturelle consacrée au désert du Namib et à la côte atlantique.

🏃 Activités

Kayak de mer, excursions en bateau, observation des oiseaux et excursions à Sandwich Harbour (56 km au sud) sont des activités incontournables si vous visitez Walvis Bay. Si cela ne vous suffit pas, rejoignez Swakopmund au nord.

Mola Mola Safaris
EXCURSIONS EN BATEAU

(☎ 081 127 2522, 064-205511 ; www.mola-namibia com ; Waterfront). Cette agence de safaris marins très professionnelle organise des excursions entièrement sur mesure dans les zones littorales de Walvis Bay et de Swakopmund, où l'on peut espérer apercevoir des dauphins, des otaries et une multitude d'oiseaux. Le prix dépend du nombre de participants et de la durée de l'excursion ; la Marine Dolphin Cruise (3 heures) coûte 620/420 $N minimum par adulte/enfant.

Sandwich Harbour 4x4
CIRCUITS ORGANISÉS

(☎ 064-207663 ; www.sandwich-harbour.com ; Waterfront ; adulte/enfant demi-journée 1 100/850 $N, journée 1 300/1 050 $N). Cette agence propose des excursions d'une demi-journée ou d'une journée jusqu'au magnifique Sandwich Harbour. Une formule d'une journée avec excursion à Sandwich Harbour et kayak de mer revient à 1 850/1 350 $N par adulte/enfant.

Eco Marine Kayak Tours
KAYAK

(☎ 064-203144 ; www.emkayak.iway.na). Agence proposant des sorties en kayak de mer dans les superbes zones humides de Walvis Bay et au-delà. En l'absence de bureau central, les réservations s'effectuent par téléphone ou auprès des hôtels ;

🛏 Où se loger

Les lieux d'hébergement sont regroupés dans le centre-ville, sur le front de mer, à Langstrand/Long Beach, à 10 km au nord de Walvis Bay sur la route de Swakopmund.

LES FLAMANTS DE WALVIS BAY

Flamants nains et flamants roses se regroupent en grand nombre dans les bassins le long de la côte du désert du Namib, en particulier autour de Walvis Bay et de Lüderitz. Dotés d'une grande aptitude au vol, ils peuvent parcourir jusqu'à 500 km dans la nuit en quête de gisements d'algues et de crustacés.

Le flamant nain filtre les algues et le plancton grâce aux fanons qui garnissent l'intérieur de son bec. Il aspire l'eau à l'aide de sa grosse langue charnue, logée dans une cavité de la mâchoire inférieure, qui agit comme un piston. On estime qu'un million d'individus peuvent consommer quotidiennement jusqu'à 180 tonnes de micro-organismes.

Le flamant rose complète son alimentation en algues par de petits mollusques, crustacés et autres particules organiques vivant dans la boue. Pour se nourrir, il tourne en décrivant un cercle et en tapant des pattes sur le sol afin de débusquer un repas potentiel.

Les deux espèces se distinguent surtout par leur couleur. Les flamants roses arborent un plumage allant du blanc au rose pâle et un bec blanchâtre avec le bout noir, tandis que les flamants nains sont d'un rose plus soutenu, virant souvent au rougeâtre, et ont un bec rouge sombre.

Aux abords de Walvis Bay, la **lagune** (p. 156), les **marais salants** (p 155) et le **Bird Paradise** (p. 155) de la station d'épuration des eaux forment la zone humide côtière la plus importante d'Afrique australe pour les oiseaux migrateurs, avec plus de 150 000 volatiles de passage chaque année, parmi lesquels les flamants nains et les flamants roses.

Walvis Bay offre également à la location des maisons et appartements sur le littoral et en ville. On peut ainsi trouver un logement de 2 chambres moyennant environ 750 $N ; adressez-vous à **Remax** (☏ 064-212451 ; www.remax.co.za ; Sam Nujoma Ave).

Courtyard Hotel Garni HÔTEL $
(☏ 064-206252, 064-213600 ; 16 3rd Rd ; s/d à partir de 450/550 $N ; @☎☀). Ce bâtiment peu élevé, installé dans un quartier paisible proche de l'eau, abrite des chambres spacieuses un peu défraîchies. Il n'en est pas moins assez confortable et les parties communes sont agréables. Les prix sont un peu excessifs en haute saison (les tarifs doublent) et les lits assez petits. Kitchenette pratique pour les hôtes qui souhaitent cuisiner eux-mêmes. Les clients ont accès à la piscine intérieure chauffée et au sauna.

Burning Shore RESORT $$
(☏ 064-207568 ; www.marriott.com ; 152 4th St ; s/d à partir de 1 100/1 800 $N ; ☀☀). Dans ce lieu retiré (géré par la chaîne Protea Hotel) qui ne compte qu'une dizaine de chambres, on peut apprécier en toute sérénité la beauté des dunes et de l'océan. Les chambres, luxueuses sans être ostentatoires, vont de pair avec l'élégance et le raffinement décontracté de l'ensemble. À 15 km de Walvis Bay, à Longbeach/Langstrand.

💙 **Langholm Hotel** HÔTEL $$
(☏ 064-209230 ; www.langholmhotel.com ; 2nd St W ; s/d à partir de 1 070/1 228 $N). Toujours bien noté par les voyageurs, cet hôtel situé dans une rue calme à quelques pâtés de maisons de l'océan satisfait aussi bien les hommes d'affaires que les vacanciers par son service professionnel et ses chambres élégantes aux couleurs chaudes et à la décoration contemporaine.

💙 **Oyster Box Guesthouse** PENSION $$
(☏ 064-202247, 061-249597 ; www.oysterbox-guesthouse.com ; angle Esplanade et 2nd West ; s 865-1 109 $N, d 1 374-1 730 $N ; ☀☎). Cet établissement élégant, sur le front de mer et à une courte distance à pied du restaurant The Raft, tient plus de l'hôtel de charme que de la pension. Les chambres, d'allure contemporaine, sont garnies d'oreillers moelleux. Le personnel, serviable, vous aidera à réserver des activités en ville et à organiser vos déplacements. Une adresse très plaisante.

Lagoon Lodge HÔTEL $$
(☏ 064-200850 ; www.lagoonlodge.com.na ; 2 Nangolo Mbumba Dr ; s/d 1 090/1 860 $N ; ☎☀). Une façade d'un jaune vif accueille les clients de ce lodge tenu par des Français, et qui bénéficie d'un emplacement privilégié à proximité de la lagune. Ses chambres

ont chacune une terrasse privative face au rivage. Outre l'accueil chaleureux, le Wi-Fi gratuit et la vue imprenable sur l'eau sont ses grands atouts. Situé sur la promenade, il est très pratique pour une balade matinale ou en soirée le long du front de mer.

 Où se restaurer

Le quartier du front de mer (Waterfront) compte un ensemble de bars et de restaurants au bord de l'eau donnant sur le port et les grandes installations de la zone portuaire toute proche. Contrairement à d'autres endroits similaires en Afrique du Sud, il n'a pas été dénaturé par trop de constructions et garde son aspect authentique. On trouve aussi un choix restreint d'établissements élégants où s'asseoir en terrasse, près de la mer, pour prendre un verre ou un repas.

Willi Probst
Bakery & Cafe
CAFÉ **$**

(☎ 064-202744 ; www.williprobstbakery.webs.com ; angle 12th Rd et 9th St ; repas léger 25-60 $N ; ☺6h30-15h lun-sam). Si Swakopmund vous manque, sachez que Probst est spécialisé dans les plats qui tiennent au corps – porc, boulettes de viande, escalopes viennoises, etc. – tout en servant aussi des tourtes et des "breakfast pizzas" (aux œufs et au bacon). Les amateurs de douceurs sucrées ne seront pas oubliés non plus.

♥ Anchor @ The Jetty
INTERNATIONAL **$$**

(☎ 064-205762 ; Esplanade, Waterfront ; petit-déj/plats à partir de 45/75 $N ; ☺7h30-22h mar-sam, 7h30-15h dim-lun). La nourriture est très correcte, mais le véritable atout du lieu est son emplacement donnant sur l'eau. Cela en fait une adresse agréable au petit-déjeuner et, si vous êtes las des plats un peu lourds, vous pourrez vous régaler d'une délicieuse salade de fruits. Les produits de la mer dominent. Attablé au bord de l'eau, observez les bateaux de croisière sortir de la baie en matinée.

♥ Raft
POISSON ET FRUITS DE MER **$$**

(☎ 064-204877 ; theraftrestaurant.com ; Esplanade ; plats 77-227 $N ; ☺11h-23h lun-sam, 11h-14h dim). Cette institution locale, juchée sur pilotis au-dessus de l'eau, permet de voir de près canards, pélicans et flamants roses. Outre une vue spectaculaire sur l'océan et le soleil couchant, vous trouverez ici de la viande et des produits de la mer de qualité. Les somptueux poissons et fruits de mer méritent amplement la dépense de 367 $N.

❶ Renseignements

POSTE
Poste (Sam Nujoma Ave). Téléphone et fax.

SERVICES MEDICAUX
Welwitschia Medical Centre (13th Rd ; ☺24h/24).

URGENCES
Police (☎ 10111 ; angle 11th St et 13th Rd)

❶ Depuis/vers Walvis Bay

Air Namibia (☎ 064-203102 ; www.airnamibia.com.na) assure environ 7 vols/semaine entre l'aéroport Eros de Windhoek et l'aéroport Rooikop de Walvis Bay, situé à 10 km au sud-est de la ville sur la C14.

Tous les bus et *combis* (minibus) à destination de Walvis Bay passent par Swakopmund. L'arrêt d'**Intercape Mainliner** est au Spur Restaurant, dans Ben Gurirab Street. Il existe aussi des services de bus privés entre Windhoek et Walvis Bay.

Il est assez aisé de faire du stop entre Walvis Bay et Swakopmund, mais les conditions climatiques peuvent être rudes sur la route du Namib-Naukluft Park ou de la côte des Squelettes.

Namib-Naukluft Park

Bienvenue au Namib ! Aussi impressionnant qu'accessible, ce désert est le plus ancien de la planète. Avec son sable à perte de vue, cet espace silencieux en constante mutation marquera à coup sûr un temps fort de votre voyage en terres namibiennes. Le Sossusvlei auquel il appartient est mondialement connu en raison de ses gigantesques dunes de sable qui culminent pour certaines à plus de 300 m de haut. Partout ailleurs, le territoire reste fidèle à son nom : *namib*, le mot nama qui a donné son nom au pays, signifie tout simplement "vaste plaine aride". N'oublions pas aussi les Naukluft Mountains – monts stériles au charme singulier.

Couvrant plus de 23 000 km² de terres arides et semi-arides, le **Namib-Naukluft National Park** (par jour 80 $N/pers, par véhicule 10 $N ; ☺aube-crépuscule) protège plusieurs zones d'importance écologique majeure dans le désert du Namib et le massif du Naukluft. Il jouxte par ailleurs la NamibRand Nature Reserve, la plus vaste réserve privée d'Afrique australe, et forme avec elle un corridor le nature sauvage qui favorise les migrations animales.

Désert du Namib

Si, pour beaucoup, le Namib rime uniquement avec Sossusvlei, le désert englobe en réalité la majorité de la Namibie centrale et se caractérise par une grande diversité de formations géologiques. Compte tenu de ses températures et de son environnement extrêmes, un 4x4 se révèle nécessaire, de même que de bonnes capacités à se repérer sur les cartes.

À voir

Kuiseb Canyon   CANYON

Sur la route du Gamsberg Pass, à l'ouest du Khomas Hochland, le Kuiseb Canyon abrite le large lit sablonneux de la rivière éponyme, à sec presque toute l'année. Même lorsqu'elle coule pendant deux ou trois semaines à la saison des pluies, elle ne va pas au-delà de Gobabeb et s'infiltre ensuite dans le sable. L'eau potable qui alimente Walvis Bay est pompée à Rooibank dans cette nappe souterraine.

Dans son livre *La guerre venue, nous sommes partis dans le désert* (actuellement épuisé), le géologue allemand Henno Martin raconte comment, au cours de la Seconde Guerre mondiale, il se cacha dans le canyon pendant plus de deux ans avec son confrère Hermann Korn. Aujourd'hui, les hauteurs du site demeurent inhabitées, mais quelques villages topnaar épars sont installés près de la berge nord, à l'endroit où la vallée s'élargit.

Hamilton Hills   COLLINES

Propice à de belles randonnées, cette chaîne de monts calcaires s'élève à 600 m au-dessus des plaines désertiques environnantes, au sud du terrain de camping de Vogelfederberg. L'humidité provoquée par le brouillard favorise la croissance de plantes grasses et autres merveilles botaniques.

🛏 Où se loger

Dans le Namib-Naukluft Park, on compte 8 campings bien équipés, dont certains disposent de nombreux emplacements, suffisamment espacés. On trouve sur place des tables, des toilettes et des foyers pour barbecues (*braai*), mais pas de douches. Non potable, l'eau saumâtre peut être utilisée pour cuisiner et se laver ; prévoyez en conséquence de quoi vous désaltérer.

Les réservations, obligatoires, se font par l'intermédiaire de Namibia Wildlife Resorts (NWR) à Windhoek (p. 52) ou à Swakopmund (p. 153). L'emplacement coûte 170 $N/personne (8 pers maximum), somme à laquelle il faut ajouter 80/10 $N par personne/voiture pour les frais de parc journaliers ; le paiement s'effectue au moment de l'émission du permis pour entrer dans le parc.

Bloedkoppie   CAMPING $

(Blood Hill ; camping 170 $N). Ces superbes emplacements comptent parmi les plus prisés du parc. Si vous venez de Swakopmund, ces derniers se situent à 55 km au nord-est de la C28, le long d'une piste bien indiquée. Les emplacements au nord, accessibles en véhicule de tourisme, sont les plus fréquentés. Au sud, les emplacements sont plus tranquilles et isolés, mais il faut un 4x4 pour les rejoindre. Le secteur invite à d'agréables randonnées à pied. À Klein Tinkas, à 5 km à l'est de Bloedkoppie, se dressent les vestiges d'un poste de police de l'époque coloniale (en réalité une simple hutte en ruine) et deux tombes de policiers allemands datant de 1895.

Groot Tinkas   CAMPING $

(camping 170 $N). Le Groot Tinkas n'est accessible qu'en 4x4 et connaît peu d'affluence. Le camping s'inscrit dans un joli cadre à l'ombre de rochers, et ses environs se prêtent aux promenades dans la nature. À la saison des pluies, l'eau saumâtre du barrage voisin attire différentes espèces d'oiseaux.

Homeb   CAMPING $

(camping 170 $N). Le Homeb peut héberger plusieurs groupes dans un environnement pittoresque, en amont des dunes les plus accessibles du Namib-Naukluft Park. Les Topnaar du village voisin creusent des puits dans le lit de la Kuiseb pour atteindre les nappes souterraines. Le melon *!nara* (voir l'encadré p. 170), qui capte l'eau grâce à une longue racine pivotante, constitue la base de leur alimentation. Ces aquifères cachés permettent la croissance d'arbres, notamment les "acacias à girafes" et les ébéniers.

Kuiseb Canyon   CAMPING $

(camping 170 $N). Le Kuiseb Canyon, au point de passage de la rivière Kuiseb, le long de la C14, se révèle également commode comme étape entre Windhoek et Walvis Bay. En dépit d'un joli emplacement ombragé, la poussière et le bruit des véhicules qui passent le rendent moins attrayant que d'autres campings.

On peut entreprendre de courtes balades à pied dans le canyon, mais les fortes pluies en montagne provoquent parfois des crues ; gardez un œil sur la météo en été (risque de forte chaleur ou de pluie diluvienne).

Mirabib CAMPING **$**
(camping 170 $N). Le Mirabib se compose de 2 sites agréables, confortablement abrités sous les surplombs d'un grand escarpement granitique. Des traces montrent que ces abris

furent utilisés par des peuples nomades de Namibie il y a environ 9 000 ans, puis par des bergers itinérants au IVe ou au Ve siècle.

Vogelfederberg CAMPING **$**
(camping 170 $N). Le Vogelfederberg, petite installation à 2 km au sud de la C14, convient pour passer la nuit. Son emplacement à 51 km de Walvis Bay le rend toutefois plus prisé pour faire des pique-niques et de courtes marches. Au sommet, des bassins éphémères recèlent une variété de crevettes d'eau salée dont les œufs éclosent lorsque la pluie remplit les bassins. La seule ombre du

Namib-Naukluft Park

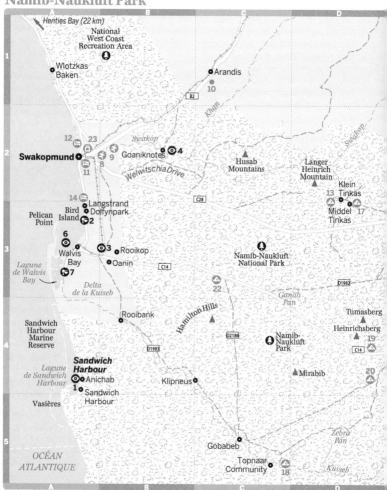

amping est offerte par un petit surplomb, t l'on y trouve deux tables et deux *braai* (barbecues).

Ganab
CAMPING $

(camping 170 $N). Le Ganab, ou "acacia à girafes", est une petite aire poussiéreuse , découvert qui se trouve près du lit d'un uisseau peu profond dans la plaine caillouleuse. Des acacias rustiques fournissent de l'ombre et des antilopes viennent s'abreuver dans un trou d'eau.

Kriess-se-Rus
CAMPING $

(camping 170 $N). Assez ordinaire, le Kriess-se-Rus se tient sur la rive d'un cours d'eau asséché qui traverse la plaine caillouteuse, à 107 km à l'est de Walvis Bay sur la route du Gamsberg Pass. Ombragé mais guère avenant, il peut être pratique pour une simple halte entre Windhoek et Walvis Bay.

ⓘ Depuis/vers le Namib-Naukluft Park

Les principaux axes qui traversent le parc (C28, C14, D1982 et D1998) sont ouverts aux véhicules de tourisme. En revanche, il faut se procurer un permis (80 $N/jour, plus 10 $N/véhicule) à l'une des entrées du parc, ou à l'avance auprès de NWR, pour emprunter les routes secondaires. Bien que certaines d'entre elles soient

Namib-Naukluft Park

◎ Les incontournables
1 Sandwich Harbour A4

◉ À voir
2 Bird Island A3
3 Dune 7..... ....B3
4 Goanikontes.......................................B2
5 Kuiseb Canyon....................................E4
6 Lagune A3
Moon Landscape ....(voir 4)
7 Marais salants....................................A3

✪ Activités
8 Batis Birding Safaris B2
9 Okakambe Horse Stables....................B2
10 Rössing Mine.......................................C1
Swakopmund Camel Farm ....(voir 9)

🛏 Où se loger
11 Alternative Space A2
12 Atlantic Villa A2
Beach Lodge ....(voir 12)
13 Bloedkoppie D2
14 Burning Shore......................................A2
15 Camp Gecko F5
Desert Breeze Lodge ....(voir 11)
Dünenblick...................................(voir 11)
16 Ganab..E3
17 Groot Tinkas..D3
18 Homeb C5
19 Kriess-se-Rus.......................................D4
Kuiseb Canyon............................(voir 5)
20 Mirabib...D4
21 Rostock Ritz E5
Sea Breeze Guesthouse ....(voir 12)
Sophiadale Base Camp ....(voir 9)
22 Vogelfederberg....................................C3

🔒 Achats
23 Cosdef Arts & Crafts Centre...............A2

CENTRE NAMIB-NAUKLUFT PARK

praticables au volant d'une voiture de tourisme à garde haute, nous vous conseillons vivement d'y rouler en 4x4.

Naukluft Mountains

♪ 063 / 1 973 M D'ALTITUDE

Montant en pente raide depuis les plaines caillouteuses de la Namibie centrale, le massif du Naukluft se caractérise par un haut plateau bordé de gorges, de grottes et de sources qui dessinent de profondes entailles dans les formations dolomitiques. Les rivières Tsondab, Tsams et Tsauchab qui naissent dans ses hauteurs créent un

habitat favorable aux zèbres de montagne, aux koudous, aux léopards, aux springbok et aux oréotragues (petites antilopes). Outre l'observation de la faune, le massif permet des treks ardus à la découverte de ce relief largement inaccessible autrement.

Histoire

Le massif du Naukluft fut le théâtre d'une rude bataille opposant les troupes coloniales allemandes aux Nama. En janvier 1893, un contingent de soldats allemands estima qu'il pouvait contraindre les Nama à fuir leur base de Hoornkrans en trois jours. Cependant, en raison de leur méconnaissance du

Naukluft Mountains

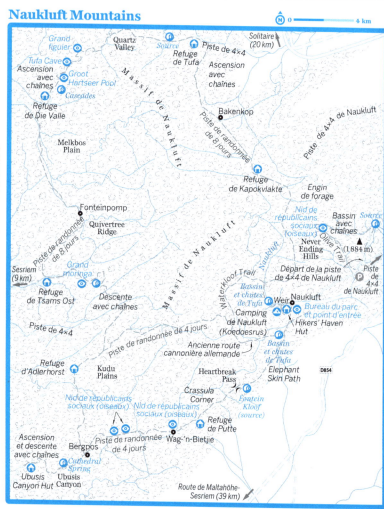

errain et de leur inexpérience en matière de guérilla, l'affrontement dura plusieurs mois et entraîna de lourdes pertes dans chaque camp. Finalement, les Nama proposèrent de reconnaître la souveraineté allemande, à condition de conserver leurs terres et leurs armes, ce qui fut accepté.

🏃 Activités

Naukluft 4WD Trail Off-Road
ROUTE PANORAMIQUE

Les adeptes du tout-terrain peuvent désormais se faire plaisir sur les 73 km de la piste de 4x4 de Naukluft (Naukluft 4WD Trail), que l'on couvre en 2 jours. Débutant près du point de départ de l'Olive Trail, elle forme une boucle à proximité de l'angle nord-est du secteur de Naukluft. L'hébergement se fait dans l'un des 4 bungalows en pierre du Km 28. Les équipements comprennent des toilettes et des douches communes, et des *braai* (barbecues). L'endroit accueille un maximum de 4 véhicules/16 personnes à la fois.

Réservation auprès du bureau NWR à Windhoek. Le périple (hébergement compris) coûte 280 $N par véhicule, plus 80 $N par personne et par jour.

Olive Trail
RANDONNÉE

Ce sentier de 11 km qui tire son nom des oliviers sauvages poussant en lisière est, à juste titre, un des itinéraires les plus prisés de Namibie. Il démarre du parking situé à 4 km au nord-est du bureau du parc. Il faut compter 4 à 5 heures pour effectuer cette boucle triangulaire suivant le sens des aiguilles d'une montre.

L'itinéraire démarre par une ascension abrupte du plateau, dont la belle vue embrasse la Naukluft Valley. Il tourne ensuite brusquement vers l'est et descend une vallée fluviale resserrée. De plus en plus profonde et escarpée, celle-ci dessine deux "U" parfaits avant de rejoindre un endroit où les randonneurs doivent franchir la paroi d'un canyon, en passant devant un bassin, en s'aidant de chaînes fixées au rocher. Ce tronçon présente en plusieurs endroits de stupéfiants exemples d'art géologiques. Vers la fin, le sentier rejoint la piste de 4x4 de Naukluft et vire soudainement au sud pour rallier le parking en ligne droite.

Waterkloof Trail
RANDONNÉE

Cette jolie boucle de 17 km (7 heures) dans le sens contraire des aiguilles d'une montre débute au camping de Naukluft

(Koedoesrus), à 2 km à l'ouest du bureau principal du parc. Le sentier traverse des paysages et habitats variés : rivière, canyon, plateau et crête rocheuse.

Il grimpe jusqu'à la rivière Naukluft, passe par un barrage envahi de grenouilles (ne manquez pas le surprenant tunnel de roseaux !) et une série de bassins rafraîchissants pour boire et se baigner. Environ 1 km après le dernier d'entre eux, le sentier tourne vers l'ouest, s'éloigne de la rivière et gravit un *kloof* (ravin). De là et jusqu'à la moitié du parcours, l'itinéraire traverse un plateau de plus en plus ouvert.

Peu après la borne placée à mi-parcours, le sentier monte en pente abrupte jusqu'au sommet d'une large crête à 1 910 m, point culminant du circuit, qui offre une fabuleuse perspective sur le désert. S'ensuit une longue descente escarpée dans la Gororosib Valley jalonnée de plusieurs bassins remplis de roseaux et de têtards. Il faut également descendre une chute d'eau impressionnante avant de rejoindre la rivière Naukluft. Reste alors à rejoindre le bureau principal du parc en suivant le sentier sur la gauche qui longe la piste de 4x4.

CIRCUITS EN BOUCLE DE 4 ET 8 JOURS

Lieu magique, le massif du Naukluft dégage un charme plus subtil encore que le Fish River Canyon, au sud de la Namibie. Certains de ses sites, comme la Zebra Highway, l'Ubusis Canyon et le Die Valle (notez les très beaux profils d'étalons sur la roche à côté des chutes) sont spectaculaires, mais l'itinéraire implique 2 jours de marche en terrain relativement ouvert ou dans des lits de rivière extrêmement rocailleux.

La boucle de 4 jours (60 km) constitue en fait le premier tiers du circuit de 8 jours (120 km), plus un trajet de 22 km à travers le plateau pour retourner au bureau principal du parc. Il rejoint le Waterkloof Trail à mi-chemin et le suit jusqu'à l'arrivée. On peut également achever cette randonnée au Tsams Ost Shelter, à la moitié du parcours de 8 jours, d'où une route rejoint la Sesriem-Solitaire Road. Il importe alors de s'organiser pour laisser un véhicule là-bas avant d'aller prendre le départ au bureau principal du parc. Les randonneurs qui voudraient partir du Tsams Ost ont besoin d'une autorisation spéciale des rangers du parc à Naukluft.

Ces deux itinéraires sans difficultés sont balisés par des empreintes de pied blanches (jaunes pour les parties coïncidant avec le Waterkloof Trail). Ils s'effectuent dans des conditions climatiques chaudes et sèches, et l'on ne trouve de l'eau à coup sûr que dans les refuges le soir (à 400 m du refuge, dans le cas de Putte).

Pour réduire d'une journée le second circuit, il est possible d'éviter l'Ubusis Canyon en bifurquant vers le nord à Bergpos et en passant la deuxième nuit à Adlerhorst. Les personnes en excellente forme physique combinent quant à elle généralement les 7e et 8e jours.

À quatre endroits différents – à Ubusis Canyon, au-dessus du Tsams Ost, à Die Valle et juste après le Tufa Shelter –, les marcheurs doivent négocier des cascades à sec, des ravins bloqués par des rochers et des formations de tuf calcaire escarpées en s'agrippant à des chaînes, ce qui en décourage quelques-uns.

🛏 Où se loger

💙 Tsauchab River Camp
CAMPING **$**

(☎ 063-293416 ; www.tsauchab.com ; empl camping 150 $N, plus par adulte/enfant 110/65 $N, chalets s/d 760/1 400 $N ; 🛰 🏊). Les passionnés de randonnée et autres amoureux de la nature seront comblés. Les emplacements disséminés au bord du lit de la rivière Tsauchab (dont un dans un énorme arbre creux) ont chacun une douche, un lavabo et un *braai* (barbecue). Les chalets en pierre, également en bord de rivière, sont charmants, calmes et chaque année plus nombreux.

Johan et Nicky sont des hôtes très accueillants. Les sculptures de Johan, créées principalement à partir de vieilles pièces

de moteur, font l'originalité du lieu. Des randonnées autoguidées et des itinéraires en 4×4 sont proposés. Le Kudu Hiking Trail (6 km) grimpe au sommet de Rooikop. Près d'une source à 11 km du site principal, un site réservé aux 4x4 constitue le point de départ du magnifique Mountain Zebra Hiking Trail de 21 km.

💙 Zebra River Lodge
LODGE **$$**

(☎ 061-301934 ; www.zebra-river-lodge.com ; s/d en pension complète à partir de 1 275/1 610 $N ; 🛰 🏊). L'établissement tenu par Rob et Marianne Field se dresse dans le paysage magique des Tsaris Mountains. Choisissez un des grands chalets en roche, ces logements atypiques vous donneront l'impression de dormir littéralement sous la montagne.

Les splendides monts, plateaux et vallées désertiques émaillés de sources naturelles des environs sont accessibles via un réseau de sentiers de randonnée et de pistes de 4x4. La route du lodge est praticable en voiture de tourisme à condition de l'aborder très doucement.

Büllsport
Guest Farm
SÉJOUR À LA FERME **$$$**

(☎ 061-693371 ; www.buellsport.com/main.html s/d en demi-pension à partir de 1 780/3 150 $N) La ferme pittoresque d'Ernst et Johanna Sauber, dans un joli cadre austère au pied du massif du Naukluft, accueille les ruines d'un poste de police colonial et une arche rocheuse. Plusieurs zèbres de montagne s'y cachent. L'excursion en 4x4 jusqu'au sommet du plateau avec descente à pied de la gorge, via plusieurs piscines naturelles

---

RANDONNÉE PRATIQUE

La plupart des visiteurs viennent dans le massif du Naukluft pour entreprendre une randonnée le long du Waterkloof Trail ou de l'Olive Trail (p. 163). Si ces itinéraires peuvent faire l'objet d'une excursion à la journée, la majorité des randonneurs choisissent de camper à Naukluft (Koedoesrus) après avoir (impérativement) réservé.

Les boucles de 4 et 8 jours sont soumises à davantage de restrictions. En raison de la chaleur estivale suffocante et des pluies potentiellement importantes, ces itinéraires n'ouvrent en effet que du 1er mars au troisième vendredi d'octobre. Officiellement, les marcheurs doivent partir un mardi, jeudi ou samedi de l'une des trois premières semaines du mois. Le prix de 100 $N par personne inclut l'hébergement au Hikers' Haven Hut la nuit qui précède et celle qui suit la randonnée, le camping dans les refuges qui jalonnent le sentier et à l'Ubusis Canyon Hut. Il faut ajouter 80 $N par personne et par jour, plus 10 $N par jour pour chaque véhicule restant garé. Les groupes comprennent de 3 à 12 participants.

En raison du climat chaud et aride et de l'absence de sources d'eau fiables, prévoyez au moins 3 ou 4 litres d'eau par personne et par jour, ainsi que de la nourriture et du matériel de premiers secours.

idylliques, fait partie des moments forts. Il y a aussi des sentiers équestres.

ℹ️ Depuis/vers les Naukluft Mountains

Le massif est desservi par la C24 depuis Rehoboth et par la D1206 depuis Rietoog. Büllsport et Rietoog disposent de stations-service. De Sesriem, à 103 km, l'accès le plus proche se fait via la D854, criblée de trous.

Sesriem et Sossusvlei

🎧 063

Vaste étendue de paysages d'une beauté saisissante, Sossusvlei, l'un des sites touristiques les plus visités de Namibie, parvient néanmoins à donner l'impression d'un certain isolement. Les dunes, qui semblent parfois appartenir à un autre monde, en particulier lorsque la lumière les effleure au lever du soleil, font partie de la mer de sable de 32 000 km² qui recouvre une bonne partie de la région. Pouvant atteindre jusqu'à 325 m de haut, elles appartiennent à l'un des écosystèmes les plus anciens et les plus secs de la planète. Pourtant, ce paysage évolue constamment – le vent modifie sans cesse la forme des dunes, tandis que les couleurs changent avec la lumière, atteignant leur éclat maximal juste après l'aube.

Porte d'accès à Sossusvlei, Sesriem ("six courroies") doit son nom au nombre de courroies en cuir de chariot à bœufs mises bout à bout nécessaires pour puiser l'eau au fond de la gorge voisine. Cette localité lointaine et peu fréquentée se résume pour l'essentiel à une station-service et à quelques hébergements touristiques.

🏃 Activités

Namib Sky Balloon Safaris   VOLS EN MONTGOLFIÈRE

(☎ 081 304 2205, 063-683188 ; www.namibsky.com ; à partir de 5 950 $N/pers). Survoler les dunes en montgolfière (petit-déj au champagne compris) est un moyen idéal pour apprécier la splendeur du paysage. On vient vous chercher une demi-heure avant le lever du soleil dans de nombreux hébergements du secteur.

👁️ À voir

♥ Sossusvlei   PAN

(aller-retour 100 $N). Le vaste *salar* (lac dont les sédiments sont constitués par des sels) de Sossusvlei apparaît au milieu des gigantesques dunes rouges qui s'élèvent du fond de la vallée. Il ne contient pratiquement pas d'eau, mais lorsque la rivière Tsauchab réunit assez de volume et de force pour atteindre la mer de sable au-delà des plaines arides, le paysage se métamorphose complètement. La boue sèche craquelée cède alors la place à un merveilleux lac bleu-vert ceint de verdure, où les oiseaux aquatiques côtoient les gemsboks et les autruches, habitués des lieux.

Le site se forma sans doute il y a 3 à 5 millions d'années par l'accumulation de sable provenant du Kalahari, charrié par le fleuve Orange jusqu'à la mer, puis déposé au nord sur la côte par le courant de Benguela. La meilleure façon de prendre la mesure de son étendue consiste à grimper au sommet d'une dune, un rite auquel sacrifient la plupart des touristes. Si vous éprouvez un sentiment de déjà-vu, ne soyez pas surpris, car Sossusvlei a figuré dans de nombreux films et publicités de par le monde, et ses photos illustrent presque tous les guides relatifs à la Namibie.

Au bout de la route de 65 km qui part de Sesriem, les visiteurs au volant d'une voiture ordinaire doivent la laisser sur le parking, car seuls les 4x4 peuvent emprunter les quatre derniers kilomètres qui permettent de rejoindre le lac de Sossusvlei. Les autres peuvent marcher, faire du stop ou prendre la navette pour couvrir le reste du trajet. Si vous décidez d'y aller à pied, prévoyez 90 minutes et emportez suffisamment d'eau pour cette marche harassante dans le sable sous le soleil brûlant.

♥ Deadvlei   CURIOSITÉ NATURELLE

Bien que nettement moins célèbre que son voisin Sossusvlei, Deadvlei est en réalité le *vlei* (cuvette) le plus pittoresque du Namib-Naukluft National Park – et probablement l'une des plus étonnantes curiosités d'Afrique australe. Des arbres comme pétrifiés se dressent dans la cuvette et leurs branches desséchées jettent des ombres désolées sur son sol blanc. La juxtaposition du ciel d'un bleu profond et de l'imposante dune orange Big Daddy, la plus haute (325 m) du secteur, est tout simplement envoûtante.

Deadvlei est à 3 km à pied aller-retour du parking des 4×4 de Deadvlei/Big Daddy – suivez les panneaux.

♥ Hidden Vlei   CURIOSITÉ NATURELLE

Ce *vlei*, irréel et desséché parmi des dunes isolées, est digne d'intérêt. Il faut marcher

CENTRE NAMIB-NAUKLUFT PARK

Sesriem et Sossusvlei

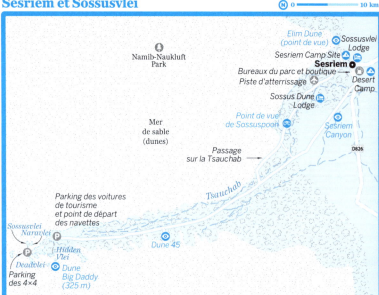

CENTRE NAMIB-NAUKLUFT PARK

4 km aller-retour depuis le parking en suivant les panneaux blancs. Il fascine encore davantage l'après-midi car on y croise rarement âme qui vive.

♥ Sesriem Canyon   CANYON
À 4 km au sud du siège de Sesriem, ce canyon de 3 km de long et de 30 m de profondeur a été creusé par la rivière Tsauchab dans un agglomérat de sable et de cailloux vieux de 15 millions d'années. Deux randonnées plaisantes sont possibles : on peut marcher en remontant le lit de la rivière jusqu'à un bassin d'eau saumâtre ou parcourir 2,5 km en aval jusqu'en bas. Des formations naturelles évoquant des sphinx se dressent sur le flanc nord près de l'embouchure de la gorge.

Dune 45   POINT DE VUE
La plus facile d'accès des grandes dunes rouges, le long de la route de Sossusvlei, se trouve à 45 km de Sesriem, d'où son nom. Flanquée de plusieurs arbres aux formes étranges et très photogéniques, elle domine les plaines environnantes du haut de ses 150 m.

Elim Dune   POINT DE VUE
Cette dune rouge fréquemment visitée, à 5 km au nord du Sesriem Camp Site, est accessible avec un véhicule de tourisme ou peut faire l'objet d'une agréable balade à pied le matin ou l'après-midi. Les autorités du parc l'indiquent comme le meilleur endroit pour admirer le coucher du soleil.

🛏 Où se loger

Il est impératif de réserver, surtout en haute saison, durant les vacances scolaires et le week-end. Pour vous faire une idée des possibilités d'hébergement dans ce secteur, consultez Sossusvlei Accommodation (www.sossusvlei.org/accommodation).

Sossus Oasis Campsite   CAMPING $
(☎ 063-293632 ; www.sossus-oasis.com ; camping 180 $N). Plus joli que le camping principal, le Sesriem Camp Site, hors du parc, près de l'entrée principale, dispose d'une station-service, d'un kiosque, d'un restaurant et d'emplacements corrects quoique poussiéreux, bien ombragés et pourvus de blocs sanitaires individuels.

Sesriem Camp Site   CAMPING $
(☎ 061-2857200 ; www.nwr.com.na/resorts/sesriem-camp ; camping 200 $N). À l'exception du Sossus Dune Lodge, haut de gamme, voici le seul hébergement dans l'enceinte du parc. Loger ici garantit d'arriver à Sossusvlei à temps pour le lever du soleil. Le campement est rudimentaire – emplacements sablonneux avec poubelles, robinets et

arbres fournissant de l'ombre – et cher. Il est aussi bruyant parfois – tout le contraire de ce qu'on vient chercher ici.

Mais on paie surtout pour l'emplacement, dans le parc. Compte tenu de sa popularité, les hôtes doivent réserver au bureau NWR de Windhoek et se présenter avant le coucher du soleil sous peine de voir leur emplacement attribué à quelqu'un d'autre. La petite boutique du bureau vend des en-cas et des boissons fraîches, tandis que le bar du camping sert de l'alcool chaque soir sur fond de musique.

Desert Camp CAMP DE BROUSSE **$$**
(✆063-683205 ; www.desertcamp.com ; s en demi-pension 1 482-1 695 $N, d en demi-pension 2 224-2 508 $N ; ☒). À 3 km de l'entrée du parc, ce camp s'adresse aux voyageurs de catégorie moyenne qui souhaitent le confort d'un lodge sans trop dépenser. Ses 20 tentes en toile avec salle de bains, kitchenette et *braai* (barbecue) se déploient en éventail autour d'un espace central commun.

Desert Quiver Camp LODGE **$$**
(✆081 330 6655 ; www.desertquivercamp.com ; s en demi-pension 1 419-1 587 $N, d en demi-pension 2 142-2 364 $N). Alignés dans le désert à 5 km de l'entrée du parc près de la route qui le relie à Solitaire, les chalets en A de ce camp sont joliment conçus, mais quelques fenêtres supplémentaires permettraient de se sentir davantage immergé dans le désert. Les repas

LES DUNES DU NAMIB

Les dunes du Namib s'étendent au sud entre le fleuve Orange et la rivière Kuiseb, au nord entre Torra Bay dans le Skeleton Coast Park et la rivière Curoca en territoire angolais. Composées de sable quartzique coloré, elles présentent des teintes variant du crème à l'orange et du rouge au violet.

Contrairement aux dunes anciennes du Kalahari, celles du Namib se déplacent avec le vent et adoptent des formes distinctes en perpétuelle évolution. La partie supérieure de la dune, orientée dans le sens du mouvement, est une face d'avalanche, résultant de l'écoulement du sable de la crête vers le bas. C'est là que la vie se concentre essentiellement car des fragments de plantes et des détritus d'animaux s'y accumulent, fournissant une maigre nourriture aux créatures qui peuplent l'écosystème.

Voici les principaux types de dunes visibles dans le désert du Namib :

Dunes en parabole Le long de la partie est de la mer de sable, y compris à Sossusvlei, des dunes paraboliques ou multicycliques se forment quand le vent souffle dans une direction dominante. Il s'agit des dunes les plus stables et donc de celles qui sont le plus recouvertes de végétation.

Dunes transversales Les longues dunes linéaires sur le littoral au sud de Walvis Bay se dressent perpendiculairement au vent de sud-ouest prévalant, c'est-à-dire que leur face d'avalanche est orientée vers le nord et le nord-est.

Dunes longitudinales (seif) Autour du Homeb Campsite dans le Namib-Naukluft Park s'élèvent d'énormes ondulations de sable orientées dans toutes les directions. Mesurant jusqu'à 100 m de haut, ces dunes espacées d'environ 1 km apparaissent nettement sur les photos satellites. Leur structure dépend des vents saisonniers. L'été, avec le vent de sud dominant, la face d'avalanche se trouve sur le versant nord-est. L'hiver, le vent soufflant dans la direction opposée provoque la formation de la face d'avalanche sur le versant sud-ouest.

Dunes étoiles Évoquant des étoiles vues d'en haut, ces dunes pyramidales isolées à plusieurs arêtes sont le produit de vents multidirectionnels.

Dunes barkhanes Créées par des vents unidirectionnels, ces dunes majoritaires à l'extrémité nord de la côte des Squelettes et au sud de Lüderitz s'avèrent très mobiles. Elles prennent, en bougeant, la forme d'un croissant dont les extrémités s'orientent dans le sens du mouvement. Les barkhanes dévorent lentement la ville fantôme de Kolmanskop, près de Lüderitz.

Dunes côtières Regroupées près de l'eau, elles ne dépassent pas les 3 m de haut et proviennent de l'accumulation du sable retenu par les racines de la végétation (une touffe d'herbe, par exemple).

CENTRE NAMIB-NAUKLUFT PARK

sont servis au Sossusvlei Lodge, tout proche, mais on peut aussi faire sa cuisine.

♥ Little Kulala — LODGE $$$
(☎ 061-225178 ; www.wilderness-safaris.com ; s/d tout compris juin-oct 13 480/20 750 $N, tarifs variables le reste de l'année). Membre de Wilderness Safaris, ce lodge est tout simplement sensationnel. Les vastes chambres avec piscine individuelle donnent sur des dunes ondulées et des arbres desséchés, tandis que la mer de sable, non loin, domine le paysage. La cuisine est remarquable, la cave bien fournie, les parties communes sont somptueuses et l'on se croirait dans une oasis raffinée proche de la perfection !

On peut partir en excursion dans la mer de sable, mais le lieu vous invite à y rester pour profiter pleinement du cadre. Le soir, le ciel étoilé est fantastique.

Kulala Desert Lodge — LODGE $$$
(☎ 061-225178 ; www.wilderness-safaris.com ; s/d tout compris juin-oct 6 510/11 270 $N, tarifs variables reste de l'année). Si vous avez déjà séjourné dans un lodge Wilderness Safaris, vous savez à quoi vous attendre. Sinon, vous allez en prendre plein la vue : les tentes de toiles semi-luxe, l'excellente cuisine et la vue sur les dunes à proximité immédiate du lodge. L'établissement est suffisamment proche de l'entrée du parc pour qu'on puisse le rejoindre rapidement, mais suffisamment éloigné pour que l'on se sente délicieusement loin de tout.

Le Mirage Desert Lodge — HÔTEL $$$
(☎ 063-693019 ; www.mirage-lodge.com ; s/d en demi-pension 2 950/4 500 $N ; ☎ ☒). Il est des édifices qui se fondent dans le paysage, et puis il y a Le Mirage... Cet extravagant simili-château en pierre se dresse tel un mirage dans le désert. Tout ici est exagéré, néanmoins l'établissement est très confortable : grandes chambres somptueusement meublées, restaurant, piscine, pelouse et transats autour du bar. Sur la C27, à 21 km de Sesriem.

Le supplément pour les Oasis Rooms, dans l'annexe, est justifié – les chambres en acacia du bâtiment principal sont jolies, mais manquent de cachet. Ne ratez pas l'espace aménagé à l'arrière pour siroter des cocktails en fin de journée, ou encore le spa. Excursions en quad possible.

Sossus Dune Lodge — LODGE $$$
(☎ 061-2857200 ; www.nwr.com.na/resorts/ sossus-dune-lodge ; s/d bungalow en demi-pension 3 190/5 940 $N ; ☒). Ce lodge ultrasélect, géré par NWR, fait partie des deux seules adresses à l'intérieur du parc. Entièrement construit à l'aide de matériaux locaux, il se compose de bungalows surélevés le long d'une promenade incurvée, face au désert silencieux. Une fois sorti de votre grand lit de luxe, vous aurez le temps de prendre une douche fumante et un petit-déjeuner léger de fruits frais et de café avant d'être l'un des premiers à contempler les lueurs de l'aube au-dessus de Sossusvlei.

Sossusvlei Lodge — LODGE $$$
(☎ 063-293636 ; www.sossusvleilodge.com ; empl camp N$300 $N/2 pers, s en pension complète 2 466-3 433 $N, d en pension complète 3 640-4 930 $N ; ☒). Qu'on l'aime ou qu'on le déteste, ce curieux endroit ne laisse personne indifférent. Les voyageurs logent dans des bungalows indépendants tout équipés pourvus d'une véranda, et se rencontrent à la piscine, au bar-restaurant et à l'observatoire. Les prix sont souvent moins élevés si l'on se présente à l'improviste.

Un centre d'aventure organise des vols panoramiques, des vols en montgolfière, des sorties en quad et quantité d'autres activités.

❶ Renseignements

Le Sesriem Canyon et Sossusvlei font partie du Namib-Naukluft National Park et sont ouverts toute l'année. Pour voir l'aube se lever sur Sossusvlei, il faut loger à l'intérieur du parc, au Sesriem Camp Site ou au Sossus Dune Lodge. Les hôtes de ces deux endroits ont le droit de se rendre en voiture à Sossusvlei avant que le grand public ne soit autorisé à franchir les entrées principales. Les personnes qui veulent simplement profiter du site sous la lumière matinale peuvent en revanche passer la nuit à Sesriem ou à Solitaire et entrer dans le parc lorsque le soleil se lève à l'horizon – mais soyez prêt à faire la queue à l'entrée du parc.

Tous les visiteurs à destination de Sossusvlei doivent se présenter au bureau du parc et se procurer un permis.

L'entrée du Namib-Naukluft Park à Sossusvlei coûte 80 $N par adulte et 10 $N par véhicule.

❶ Depuis/vers Sesriem et Sossusvlei

Un embranchement signalé sur la C14 mène à Sesriem, qui possède une station-service. Aucun moyen de transport public ne dessert le parc, mais les hôtels organisent des circuits pour les personnes non motorisées.

Bien que la route conduisant de l'entrée du parc jusqu'au parking des voitures de tourisme soit désormais goudronnée, la vitesse reste limitée à 60 km/h. Si elle incite à rouler plus rapidement, montrez-vous néanmoins d'une extrême prudence, car des oryx et des springboks peuvent surgir à tout moment.

Solitaire et ses environs

062, 063 ET 064

Sur l'A46, à environ 80 km au nord de Sesriem, cette localité isolée dans le désert et qui se résume à quelques bâtiments porte bien son nom. Ses alentours abritent en revanche plusieurs lodges et gîtes ruraux qui constituent des points de chute alternatifs pour explorer Sossusvlei. En dehors de cela, Solitaire représente surtout une halte de ravitaillement.

🛏 Où se loger

Solitaire Country Lodge   LODGE $

(061-305173 ; www.sossusvlei.org/accommodation/solitaire-country-lodge/ ; C19 ; camping 100 $N/pers, s/d 495/805 $N ; @☒). Bien qu'assez récent, ce lodge a été construit dans le style des fermes coloniales (avec toutefois une grande piscine dans le jardin, à l'arrière). Les chambres, fonctionnelles et installées autour d'un grand carré de pelouse, sont de taille correcte.

Solitaire Guest Farm   SÉJOUR À LA FERME $$

(061-305173 ; camping 150 $N, s/d en demi-pension à partir de 1 000/1 600 $N ; ☒). À 6 km à l'est de Solitaire sur la C14, ce gîte rural accueillant forme une paisible oasis entre les plaines du Namib et le massif du Naukluft. Ses chambres lumineuses et sa cuisine maison en font un bon choix.

Camp Gecko   CAMP DE BROUSSE $$

(062-572017 ; www.campgecko.net ; s/d en demi-pension 1 018/1 778 $N). À l'est de Solitaire, ce camp est équipé de tentes safari de type Meru et d'originales tentes sur 2 niveaux appelées Bush Hideaways. Une excellente adresse à un prix légèrement inférieur à ceux d'autres camps des environs.

♥ **Agama River Camp**   LODGE, CAMPING $$$

(063-683245 ; www.agamarivercamp.com ; camping 150 $N, s/d bungalow 1 700/2 680 $N). Ce lodge assez récent est commodément situé entre Solitaire et Sesriem (à 34 km de Sesriem). Les bungalows, extrêmement

confortables, sont pourvus d'un toit-terrasse où l'on peut dormir à la belle étoile. Il y a aussi de bonnes aires de camping. Le lodge dispose d'une jolie terrasse pour boire un verre en fin de journée. Il est possible d'y prendre vos repas si vous réserver suffisamment à l'avance.

♥ **Moon Mountain**   CAMP DE BROUSSE $$$

(061-305176 ; www.moonmountain.biz ; s/d à partir de 2 210/4 000 $N ; ☒). Près de la C19, entre Sesriem et Solitaire, cet extraordinaire village de tentes est planté sur une hauteur abrupte qui offre une vue vertigineuse sur le soleil couchant. Les tentes avec plancher s'ouvrent de manière à accentuer l'impression de planer au-dessus du désert, mais on n'a qu'une envie : passer toute la soirée sur le balcon (ou dans sa piscine individuelle). De superbes salles de bains complètent l'offre et les suites sont encore plus somptueuses.

Rostock Ritz   LODGE $$$

(081 258 5722, 064-694000 ; www.rostock-ritz-desert-lodge.com ; camping à partir de 150 $N, s/d bungalow à partir de 1 590/2 544 $N ; ☒). Cet endroit unique se distingue par ses curieux jardins d'eau et ses bungalows frais coiffés de coupoles en ciment. Le Rostock Campsite est à 7 km du lodge lui-même. Le personnel organise plusieurs activités telles que randonnée, visite des sources chaudes voisines et excursion incontournable à Sossusvlei. Le Ritz se situe à l'est de la C14, juste au sud du croisement avec la C26.

❶ Depuis/vers Solitaire

Solitaire est dotée d'une station-service et est reliée à Sesriem par la C19, une route non goudronnée.

Renseignez-vous pour savoir s'il y a toujours une navette entre cette station-service et Sousslevi pour 150 $N aller-retour ; demandez les horaires à la station. Il vaut certes mieux être motorisé pour venir ici, mais cette navette est une option.

NamibRand Nature Reserve

061

Cette réserve (www.namibrand.org) en bordure du Namib-Naukluft Park est avant tout un regroupement de fermes privées protégeant plus de 200 000 ha de dunes, de prairies désertiques et de massifs montagneux sauvages et retirés. Plusieurs prestataires travaillant sur place offrent toute une gamme d'activités dans l'un des décors naturels les plus fabuleux de Namibie.

LE "CONCOMBRE DU DÉSERT"

Historiquement, la survie de l'homme dans le désert du Namib fut rendue possible par une curieuse plante épineuse : le melon !nara (*Acanthosicyos horridus*). On doit sa première description taxinomique au botaniste autrichien Friedrich Welwitsch, qui découvrit par ailleurs la *Welwitschia mirabilis* (p. 150), à laquelle il donna son nom.

Bien que cette cucurbitacée pousse en milieu désertique, il ne s'agit pas d'une espèce du désert, car elle n'a pas la capacité d'empêcher la perte d'eau par transpiration et doit puiser celle-ci dans la nappe phréatique à l'aide d'une longue racine pivotante. Aussi, le melon !nara constitue-t-il un moyen de surveillance efficace de l'état des aquifères. Son absence de feuilles le protège par ailleurs des herbivores, même si les autruches aiment picorer ses jeunes tiges.

Chez cette espèce dioïque, la plante mâle fleurit toute l'année, mais c'est la plante femelle qui produit chaque été un melon de 15 cm de diamètre, nourriture de choix des hommes, des chacals et des insectes. Ce fruit constitue en effet l'aliment de base des Topnaar, qui montent des camps autour du delta de la rivière Kuiseb au moment de la récolte annuelle, et fait l'objet d'un commerce. Si les melons peuvent être mangés crus, la plupart des habitants préfèrent les sécher pour une consommation ultérieure, ou les conditionner pour les transporter vers les marchés en ville.

Une quantité surprenante d'animaux peuple la zone, en particulier d'importants troupeaux de gemsboks, de springboks et de zèbres, ainsi que des koudous, des oréotragues, des hyènes tachetées, des chacals, des renards du Cap et des otocyons (renards à oreilles de chauve-souris).

🛏 Où se loger

NamibRand Family Hideout
SÉJOUR À LA FERME $

(☑ 061-226803 ; www.nrfhideout.com ; camping 150 $N, séjour à la ferme en fonction du nombre de pers). Alimentés par l'énergie solaire et misant sur leur isolement, vos hôtes Andreas et Mandy vous accueillent chaleureusement dans 2 campings ou à la ferme (10 pers). Une importante partie de l'ancienne ferme a été conservée pour rappeler l'époque où l'on y élevait des moutons.

💙 Sossusvlei Desert Lodge
LODGE $$$

(☑ en Afrique du Sud 27-11-809 4300 ; www.andbeyond.com ; tout compris haute/basse saison 10 185/6 345 $N par pers ; ❄🛜🏊). Cet endroit sublime est souvent cité dans les publications *Condé Nast* comme faisant partie des plus beaux lodges au monde, ce dont nous ne disconviendrons pas. Les 10 somptueux bungalows en pierre de taille locale se fondent aisément dans le paysage alentour et comprennent cheminée, salle de bains en marbre et patios tendus de lin. L'intérieur conjugue élégance contemporaine et tonalité chaude de brun. Service irréprochable.

L'observatoire in situ est équipé d'un télescope puissant et de cartes du ciel de la région.

Wolwedans Boulders Camp
LODGE $$$

(☑ 061-230616 ; www.wolwedans.com/lodges-camps/boulders-safari-camp/ ; s/d tout compris 8 750/12 500 $N). Cette magnifique propriété de la chaîne Wolwedans est adossée à un amoncellement rocheux qui offre un refuge face à l'immensité vide du désert. Les chambres sont superbes et l'on y jouit d'une vue extraordinaire même depuis son lit.

Wolwedans Dune Lodge
LODGE $$$

(☑ 061-230616 ; www.wolwedans.com ; s/d tout compris à partir de 6 930/9 900 $N ; ❄🏊). Parmi les lodges les plus abordables du NamibRand, celui-ci présente un ensemble architectural intéressant de bungalows en bois surélevés disséminés au milieu de hautes dunes rouges. Le service impeccable et l'atmosphère raffinée n'empêchent pas de partir à l'aventure à toute heure dans les dunes, à bord d'un 4x4 avec chauffeur, ou de participer à des safaris guidés.

ℹ Depuis/vers la NamibRand Nature Reserve

Afin de réduire l'impact humain et de maintenir le fragile équilibre écologique de la réserve, la circulation des véhicules individuels est restreinte et le prix de l'hébergement exorbitant. Les voyageurs intéressés doivent réserver auprès d'un lodge et organiser leur transfert en 4x4 ou à bord d'un avion affrété pour l'occasion.

Sud

Le top des hébergements

➡ Kalahari Red Dunes Lodge (p. 174)

➡ Hansa Haus Guesthouse (p. 183)

➡ Kairos B&B (p. 183)

➡ Fish River Lodge (p. 192)

➡ Canyon Lodge (p. 193)

Le top des restaurants

➡ Diaz Coffee Shop (p. 185)

➡ Garden Cafe (p. 185)

➡ Ritzi's Seafood Restaurant (p. 186)

Pourquoi y aller

Si vous vous apprêtez à entamer une odyssée en Afrique australe, l'un des meilleurs moyens d'entrer en Namibie consiste à franchir la frontière depuis le vaste Cap-du-Nord pour accéder au sud immense et désertique du pays. En Namibie, le paysage, plus austère et aride que son voisin du Sud, prend, avec ses rochers épars, des allures de paysage lunaire. Il se distingue aussi par le mouvement inexorable des dunes de sable les plus anciennes de la planète.

Bien que la préférence des touristes se porte davantage vers le nord du pays et le parc national d'Etosha, les déserts du Sud étincellent (littéralement) au soleil : son sous-sol recèle des millions de carats de diamants.

Le port de Lüderitz est une destination très appréciée des voyageurs. Survivante surréaliste de l'époque coloniale, la ville s'accroche à ses racines européennes, par son architecture allemande traditionnelle sur fond de dunes de sable et de côte battue par les vents.

À peine aurez-vous posé les yeux sur le Fish River Canyon, l'un des plus grands canyons au monde, qu'il vous impressionnera peut-être plus que tout autre endroit en Namibie !

Comment circuler

Si des bus, parfois irréguliers, relient Windhoek à la frontière, et Keetmahshoop à Lüderitz, il faut un véhicule privé pour accéder aux différents sites de la région. Avec un véhicule de tourisme, vous pourrez rouler sur la grande majorité des routes allant vers le sud, et vous n'aurez aucune difficulté à accéder aux sentiers de randonnée du Fish River Canyon ou à la longue route solitaire menant à Lüderitz.

En dehors de la saison des pluies, un véhicule de tourisme survivra à la plupart des routes côtières de la péninsule de Lüderitz, mais mieux vaut éviter les pistes de sable. Pour partir en excursion dans la région du Sperrgebiet, un 4x4 parfaitement équipé est indispensable.

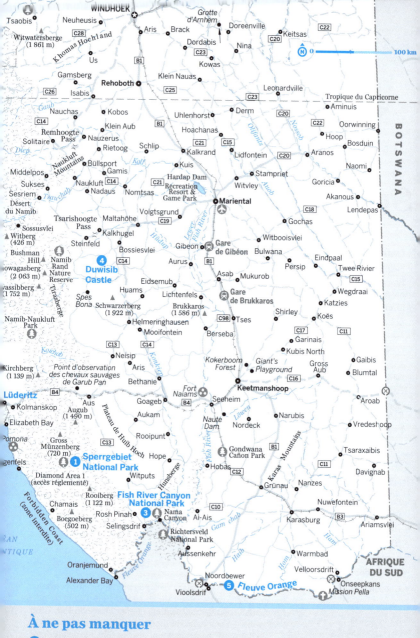

À ne pas manquer

1 Les dunes du **Sperrgebiet National Park** (p. 188), aux portes de la ville fantôme de Kolmanskop

2 Un repas de fruits de mer (ou de *bratwurst*) à **Lüderitz**

(p. 185), ville côtière à l'architecture Art nouveau

3 La randonnée la plus spectaculaire du pays dans le saisissant **Fish River Canyon** (p. 189)

4 Le **Duwisib Castle** (p. 177), un château allemand anachronique dans un site isolé

5 Une descente sur le **fleuve Orange** (p. 194) en canoë, en kayak ou en raft

Géographie

Le Sud recouvre la partie du pays comprise entre Rehoboth au nord jusqu'au fleuve Orange à la frontière sud-africaine, et à l'ouest depuis la frontière du Botswana jusqu'à la Forbidden Coast (côte Interdite). Le plateau central se caractérise par un paysage s'étendant à perte de vue, les villes rurales de la région, très espacées les unes des autres, font essentiellement office de centres commerçants et de lieux de marchés. Plus au sud, le paysage s'ouvre sur des plaines, prairies et horizons lointains. À l'extrémité sud de la région, le Fish River Canyon forme une entaille spectaculaire sur un horizon par ailleurs plat.

Plateau central

Le plateau central n'est probablement pas la région de Namibie où vous passerez le plus de temps. Les voyageurs le découvrent souvent en empruntant la B1, principal axe routier nord-sud allant de la frontière sud-africaine à Otjiwarongo. Pour la plupart des automobilistes, cette excellente route n'est qu'un hypnotisant ruban blanc s'étendant vers un horizon sans fin.

Pourtant, les endroits où faire halte ne manquent pas, qu'il s'agisse de certaines villes du plateau central ou de lieux plus proches de la B1, de points de chute pour découvrir les curiosités naturelles de la région, et de simples aires de ravitaillement. Ou encore de destinations à part entière comme Bethanie, le Gondwana Cañon Park, Keetmanshoop et Seeheim qui méritent amplement le détour.

Dordabis

1 500 HABITANTS / ☏ 062

La région solitaire autour de Dordabis est composée de ranchs ; elle constitue le cœur du pays karakul (signifiant mouton en nama) namibien. Vous y trouverez plusieurs élevages de mouton, et des ateliers de tissage.

◉ À voir

Farm Ibenstein Weavery   CENTRE ARTISTIQUE

(☏ 062-573524 ; www.facebook.com/Ibenstein-Weavers; ⊘sur rdv). À la ferme Ibenstein Weavery, située à 4 km de Dordabis sur la C15, on apprend comment filer, teindre et tisser la laine, et on achète des tapis tissés main.

🛏 Où se loger

Eningu Clayhouse Lodge   LODGE **$$$**

(☏ 062-581880, 064-464144 ; www.eningulodge.com ; Nina Rd, Peperkorrel Farm ; s/d en demi-pension 1 460/2 720 $N). Ce lodge porte bien son nom car il a un côté enchanteur. Minutieusement conçu et construit par Volker et Stephanie Hümmer en briques séchées au soleil, le résultat est un séduisant mélange d'architectures africaine et amérindienne. Les chambres, belles et spacieuses, ont des sols peints et des tapis tissés main.

Le couple propose également nombre d'activités : formidables sentiers de randonnée (avec hutte de montagne sur le chemin), observation de la faune et de la flore, et des étoiles à travers leur télescope. Suivre la D1458 sur 63 km au sud-est de l'aéroport international de Chief Hosea Kutako, puis prendre à l'ouest sur la D1471. Les portes d'Eningu sont à 1 km.

❶ Depuis/vers Dordabis

Pour rallier Dordabis, direction l'est depuis Windhoek par la B6, puis prenez à droite sur la C23, à 20 km de la ville. Le centre-ville est à 66 km sur cette route.

Grotte d'Arnhem

D'une longueur de 4,5 km, la grotte d'Arnhem est le plus grand système souterrain de Namibie. Formée dans une couche de calcaire et de dolomite, Arnhem fut prise en sandwich entre des plis de quartzite et de schiste stratifiés, et découverte en 1930 par un fermier, Daniel Bekker. Peu de temps après, on commença à en extraire le lucratif guano de chauve-souris, couramment utilisé à l'époque comme fertilisant.

◉ À voir

Les visites guidées (1/2 heures, 100/120 $N) vous plongent dans les ténèbres, loin des rayons du soleil. La grotte étant sèche, vous verrez peu de stalagmites ou de stalactites, mais jusqu'à 6 espèces de chauves-souris : l'*Hipposideros gigas*, l'*Hipposideros commersoni*, le murin de Capaccini, la *Rhinolophus clivosus*, la *Rhinolophus denti* et la *Nycteris thebaica*. Elle abrite également divers insectes, vers, musaraignes et crevettes. Bouquet final, le premier regard sur la lumière naturelle lorsqu'on émerge des profondeurs.

🛏 Où se loger

Arnhem Cave & Lodge
LODGE **$$**

(☎062-581885 ; camping 110 $N, chalets à partir de 525 $N/pers). Ce lodge est à une heure de marche de la grotte, sur les terres de la même ferme. Les visiteurs d'un jour peuvent y organiser des visites guidées, tandis que les hôtes sont emmenés jusqu'à une retraite bucolique loin des feux de la capitale.

ℹ Depuis/vers la grotte d'Arnhem

Pour vous rendre à la grotte, allez d'abord à la pension. Prenez vers le sud à 3 km à l'est de l'aéroport international Chief Hosea Kutako sur la D1458. Au bout de 66 km, tournez vers le nord-est sur la D1506 et roulez pendant 11 km jusqu'au carrefour en T, où vous prendrez au sud sur la D180. La pension se trouve 6 km plus loin.

Mariental

12 480 HABITANTS / ☎063

Le programme d'irrigation à grande échelle Hardap, qui permet de faire pousser des agrumes et d'élever des autruches, est né dans le petit centre administratif et commercial de Mariental. Pour nombre de voyageurs toutefois, la ville ne représente qu'un simple arrêt à la station-service avant de partir vers l'ouest pour Sesriem et Sossusvlei.

🛏 Où se loger

Mariental Hotel
HÔTEL **$**

(☎063-242466 ; www.marientalhotel.com ; angle Hendrik Witbooi Ave et Charney Rd ; s/d 480/ 780 $N ; ❄📶♿). Si vous devez passer la nuit à Mariental, cet hôtel établi de longue date dispose de chambres sommaires avec moquette et équipements modernes. Le restaurant sert des classiques namibiens.

💙 Kalahari Red Dunes Lodge
LODGE **$$$**

(☎063-264003 ; www.redduneslodge.com ; près de B1 ; s/d en pension complète 2 500/4 200 $N ; ❄📶♿). Près de la B1, au sud-est de Kalkrand et environ à mi-chemin entre Mariental et Rehoboth, ce lodge se compose de logements arborant toile et toit de chaume, sols en teck, carrelage en pierre, cheminées, terrasses individuelles et douches extérieures. Les chambres sont bien espacées les unes des autres et les prairies ondulantes du Kalahari recouvrant ce domaine de 5 000 ha procurent vraiment un sentiment d'isolement malgré l'accessibilité de l'endroit.

Bagatelle Kalahari Game Ranch
LODGE **$$$**

(☎063-240982 ; www.bagatelle-kalahari-gameranch.com ; D1268 ; s/d en demi-pension 2 635/3 960 $N ; ❄📶♿). Au sommet d'une dune, des chalets en bois sur pilotis face au couchant... Dans les chambres, de hauts plafonds et d'élégant jetés de lit se fondent dans des tonalités aussi douces que chaudes. On peut contempler les étoiles, partir en excursion nocturne en voiture (pour apercevoir l'insaisissable protèle), nourrir les léopards convalescents, chercher les suricates et marcher avec les Bochimans. Au nord-est de Mariental ; prenez la C20 en direction de l'est puis continuez vers le nord sur la D1268.

Kalahari Anib Lodge & Campsite
CAMPING **$$$**

(☎061-427200, 063-204529 ; www.gondwana-collection.com ; C20 ; camping 175 $N, s/d à partir de 1 333/2 138 $N ; 🍴❄📶♿). Ces chambres somptueuses avec sol en bois ont une allure plus contemporaine que les camps de brousse habituels – et nous les apprécions d'autant plus. Les aires de camping, le restaurant et le jardin avec palmiers complètent parfaitement cet endroit situé à environ 30 km au nord-est de Mariental, au nord de la C20.

ℹ Depuis/vers Mariental

Les bus **Intercape Mainliner** (p. 269) circulant de Windhoek (à partir de 495 $N, 3 heures, 4/sem) à Keetmanshoop (à partir de 459 $N, 2 heures 30) passent par Mariental.

Hardap Dam Game Reserve

☎063

Cette **réserve** (30 $N/pers, plus 15 $N/véhicule ; 🕐aube-18h), à 15 km au nord-ouest de Mariental, est un parc naturel de 25 000 ha comprenant 80 km de routes de gravier et une boucle de randonnée de 15 km. Hardap signifie "mamelon" en nama ; le parc doit son nom aux collines coniques coiffées de boutons de dolérite parsemant la région. La pêche et l'observation des oiseaux autour du lac sont les activités phares.

Plusieurs aires de pique-nique sont aménagées à l'est du lac. Du lever au coucher du soleil, on peut se promener partout dans la réserve. Notez qu'il n'est pas autorisé de se baigner dans le barrage.

La plupart des touristes viennent y voir le lac bleu, qui rompt le paysage aride du plateau et recèle carpes, barbeaux, poissons-castors et carpes bleues. Il abrite également d'innombrables espèces d'oiseaux aquatiques tels que flamants, pygargues vocifères, pélicans, spatules et hérons Goliath.

🛏 Où se loger

Hardap Resort HÔTEL $$
(☎063-240286, 061-2857200 ; www.nwr.com.na/resorts/hardap-resort ; camping/dort 120/250 $N, s petit-déj incl 800-1 500 $N, d petit-déj incl 900-1 600 $N ; ≋). Ces jolies chambres, dont beaucoup avec balcon, donnent sur le lac et sont un excellent choix pour passer la nuit. Plus le prix monte, plus la vue est belle ; les moins chères (excepté les dortoirs de 5 lits) sont les bungalows dans le bush. Camping possible aussi. Réservation via le bureau NWR (p. 52) à Windhoek.

ⓘ Depuis/vers la Hardap Dam Game Reserve

Pour se rendre à la réserve, il faut posséder son propre véhicule. Suivez les panneaux à la sortie de la B1, à 15 km au nord de Mariental et continuez pendant 6 km jusqu'à l'entrée.

Brukkaros

Avec son cratère de 2 km de diamètre, ce volcan éteint (1 586 m) domine l'horizon entre Mariental et Keetmanshoop. Il s'est formé il y a quelque 80 millions d'années lorsqu'une cheminée de magma a rencontré une nappe phréatique à environ 1 km sous terre, et provoqué une série de violentes éruptions volcaniques.

Trois kilomètres et demi de marche séparent le parking de l'entrée sud du cratère. En chemin, remarquez les étonnantes **formations de quartz** incrustées dans la roche. De là, on peut rejoindre la **base du cratère**, ou tourner à gauche et suivre le bord sud jusqu'au centre de recherche sur les taches solaires, abandonné, créé par la Smithsonian Institution dans les années 1930.

🛏 Où se loger

Brukkaros Campsite CAMPING $
(camping 70 $N). Rudimentaire, le Brukkaros dispose d'emplacements avec toilettes et douche de brousse, mais il faut apporter son eau potable. La moitié des emplacements sont creusés dans le volcan et jouissent d'une vue spectaculaire sur la vallée.

ⓘ Depuis/vers Brukkaros

Brukkaros se tient à 35 km à l'ouest de Tses sur la B1. Suivez la C98 à l'ouest sur 40 km, puis prenez au nord sur la D3904 à 1 km environ à l'est de Berseba. Le parking est ensuite à 8 km. Attention, un 4x4 est indispensable pour monter jusqu'à certains emplacements élevés du Brukkaros Campsite.

Rehoboth

28 840 HABITANTS / ☎062
Rehoboth est à 85 km au sud de Windhoek et juste au nord du tropique du Capricorne.

👁 À voir

Musée municipal MUSÉE
(☎062-522954 ; www.rehobothmuseum.com ; 25 $N ; ☉9h-12h et 14h-16h lun-ven, 9h-12h sam). Le Musée municipal, aménagé dans la résidence de 1903 du premier postier colonial de la mission rhénane, retrace l'histoire de Rehoboth depuis 1844.

🛏 Où se loger

Lake Oanob Resort RESORT $$
(☎062-522370 ; www.oanob.com.na ; camping 70-140 $N, s/d à partir de 860/1 134 $N, chalets 6 lits 2 880 $N ; ≋). Le Lake Oanob Resort, situé à l'ouest de la ville le long du barrage d'Oanob, constitue une retraite particulièrement paisible pour se reposer de la fatigue du voyage. Le complexe hôtelier est installé près d'un lac bleu aux eaux calmes. Il compte entre autres un camping ombragé, un bar-restaurant au toit de chaume et de jolis bungalows en pierre tout équipés, construits en bordure de lac.

ⓘ Depuis/vers Rehoboth

Les bus **Intercape Mainliner** (p. 269) circulant de Windhoek à Keetmanshoop passent par Rehoboth (à partir de 468 $N, 1 heure, 4/sem).

Keetmanshoop

20 980 HABITANTS / ☎063
Keetmanshoop (prononcez "*kay-mahns-hou*-eup") est le carrefour principal du sud de la Namibie, raison pour laquelle vous vous y retrouverez peut-être. Bien qu'il s'agisse davantage d'une étape pour la nuit que d'un lieu à visiter, cette petite ville n'en est pas moins sympathique.

Elle compte quelques exemples du patrimoine architectural allemand, comme le Kaiserliches Postamt de 1910, et le Musée municipal installé dans l'église de la mission

SUD PLATEAU CENTRAL

MÉTÉORITES DE NAMIBIE

Une météorite est un corps extraterrestre que l'impact sur la surface de la Terre n'est pas parvenu à pulvériser. Malgré des estimations portant le nombre de météorites touchant chaque année le sol terrestre à environ 500, nous n'en retrouvons généralement pas plus d'une poignée. Pourtant, il y a fort longtemps, au sud de la Namibie, une seule pluie de météorites fit s'abattre sur terre plus de 21 tonnes de roches extraterrestres composées de fer à 90%. Il est rare qu'autant de météorites atteignent le sol en même temps et on suppose que ces derniers sont les vestiges d'une explosion dans l'espace, attirés tous en même temps par le champ gravitationnel de la Terre.

Jusqu'à présent, au moins 77 extraits de météorites ont été retrouvés au sein d'une zone de 2 500 m² aux environs de l'ancienne mission rhénane de Gibéon, à 60 km au sud de Mariental. Le plus gros, affichant un poids de 650 kg, est exposé au Cape Town Museum (Afrique du Sud), tandis que d'autres ont atterri à Anchorage (Alaska). Entre 1911 et 1913, peu de temps après leur découverte, 33 fragments de cette météorite furent apportés à Windhoek pour y être conservés. Ceux-ci ont tout d'abord été exposés dans le Zoo Park et à l'Alte Feste, pour finalement terminer sur Post Street.

rhénane de 1895. La visite de cet ensemble hétéroclite permet de passer une heure ou deux.

👁 À voir

Town Museum ÉGLISE, MUSÉE
(angle Kaiser St et 7th Ave ; ⊙ 7h30-16h30 lun-ven). Le musée de la ville est situé dans une église, la Rhenish Mission Church (1895), plus intéressante que le contenu du musée en lui-même, qui expose une collection d'objets délabrés.

Kaiserliches Postampt ÉDIFICE HISTORIQUE
(Poste impériale ; angle 5th Ave et Fenschel St). Ce bâtiment construit en 1910 abritait le bureau de poste, il accueille aujourd'hui un kiosque d'informations où l'on peut réserver des excursions.

🛏 Où se loger

Bernice B&B PENSION $
(☏063-224851 ; bernicebeds@iway.na ; 129 10th St ; s/d 240/360 $N). Quoique située dans une petite rue, cette pension est très bien indiquée d'où qu'on vienne – il suffit de suivre les flèches. Réservez car elle est très fréquentée. Les chambres spacieuses (TV numérique) sont bien tenues et assez jolies quoiqu'un peu datées. Chambres familiales également.

Quivertree Forest Rest Camp CAMPING, BUNGALOWS $
(☏063-683421 ; www.quivertreeforest.com ; camping 120 $N, s/d/tr/qua bungalows à partir de 620/965/1 260/1 950 $N ; 🏊). À environ 14 km à l'est de la ville, le Quivertree Forest Rest

Camp se targue de posséder le plus important peuplement de *kokerboom* (une espèce d'aloès) en Namibie. Le tarif (60 $N/pers) comprend l'utilisation des aires de pique-nique et l'entrée au Giant's Playground, un étrange jardin de pierres naturel à 5 km de là. Logement basique mais convenable.

Pension Gessert PENSION $
(☏063-223892, 081 4347379 ; www.natron.net/gessert/main.html ; 138 13th St ; s/d 600/1 000 $N, s avec sdb commune 450 $N ; ☎🏊). Dans le quartier tranquille de Westdene, Pension Gessert loue des chambres originales et confortables, avec des éléments modernes, et possède un beau jardin avec piscine.

ℹ Depuis/vers Keetmanshoop

Des bus **Intercape Mainliner** (p. 269) assurent la liaison entre Windhoek et Keetmanshoop (à partir de 522 $N, 5 heures 30, 4/sem). Réservez vos billets en ligne très tôt, car cette liaison continue jusqu'au Cap (Afrique du Sud) et se remplit vite.

Des *combis* (minibus) circulent sur la B1 assez régulièrement, et le trajet entre Windhoek et Keetmanshoop ne devrait pas coûter plus de 180 $N. Des combis moins réguliers relient Keetmanshoop à Lüderitz pour environ 250 $N.

Trans-Namib Railways (p. 271) propose aussi un train de nuit entre Windhoek et Keetmanshoop (à partir de 160 $N, 12 heures, tlj sauf samedi).

Naute Dam

Le barrage de Naute est un bel endroit entouré de basses collines tronquées attirant les oiseaux aquatiques en grand nombre.

⊙ À voir

Naute Kristall DISTILLERIE

(☎ 063-683810, 081 127 7485 ; www.naute-kristall.
com ; ☉ sur rdv). Appelez pour vous faire
expliquer le chemin et demander à visiter
(1 heure) cette distillerie innovante produi-
sant le NamGin – un gin à base de genièvre
cultivé dans le pays. La Naute Kristall
est supervisée par Michael et Katrin, qui
officient aussi à la Kristall Kellerei Winery
(p. 60) d'Omaruru.

ⓘ Depuis/vers Naute Dam

Parcourez 30 km à l'ouest de Keetmanshoop
sur la B4, puis prenez au sud sur la D545.

Seeheim

20 HABITANTS / ☎ 063

La route vers le sud-ouest et Lüderitz est
longue, aussi aurez-vous peut-être envie de
vous arrêter pour la nuit à la halte ferroviaire de Seeheim, à 48 km au sud-ouest
de Keetmanshoop. Si cette minuscule ville
n'abrite guère plus que des stations-service
et des petits magasins, à 13 km environ
sur la B4 se trouve la ferme Naiams, où
un panneau indique une promenade de
15 minutes jusqu'aux ruines d'un **fort allemand** de 1906. Il fut érigé pour éviter les
attaques nama sur les voyageurs allemands
et les cargaisons à destination de Lüderitz.

🛏 Où se loger

Seeheim Hotel HÔTEL $$

(☎ 081 128 0349, 063-683643 ; www.seeheimhotel.
com ; s/d/f 750/1 160/1 400 $N). Cet hôtel histo-
rique possède un vieux bar rustique et du
mobilier ancien. Les chambres, modestes et
bien entretenues, sont pourvues de mousti-
quaires (celles à l'étage sont plus agréables).

ⓘ Depuis/vers Seeheim

La route B4 bitumée relie Keetmanshoop
à Lüderitz, mais vous aurez besoin de votre
propre véhicule pour accéder à cette portion.

Duwisib Castle

☎ 063

Situé à environ 70 km au sud de Maltahöhe,
au beau milieu du désert, ce **château** (70 $N ;
☉ 8h-13h et 14h-17h) est un curieux bâtiment
néobaroque aux allures de petite forteresse.
Sa visite peut décevoir, même si les portraits
et le rare mobilier qui l'ornent lui confèrent
un style original, et sa cour entourée de

pelouse permet de se reposer à l'ombre de
grands arbres.

Histoire

Il fut construit en 1909 par le baron et capi-
taine Hans-Heinrich von Wolf. Après les
guerres germano-nama, le loyal baron char-
gea l'architecte Willie Sander de concevoir
un château qui refléterait son engagement
en faveur de la cause allemande. Il épousa
la belle-fille du consul américain de Dresde,
miss Jayta Humphreys, en espérant régner
sur son fief personnel du Sud-Ouest africain
allemand.

Si les pierres du château proviennent
de carrières voisines, la majeure partie des
matériaux fut importée d'Allemagne et
nécessita 20 chars à bœufs pour les achemi-
ner sur les 330 km de désert depuis Lüderitz.
Artisans et maçons vinrent depuis l'Irlande,
le Danemark, la Suède et l'Italie. Le résultat
est un château en U de 22 chambres ornées
de portraits de famille et d'attirail militaire.
La plupart des chambres sont dotées de
meurtrières plutôt que de fenêtres, ce qui
souligne l'obsession manifeste de von Wolf
pour la sécurité.

Mais la Première Guerre mondiale éclata,
et le baron réintégra l'armée impériale
allemande, pour être tué deux semaines
plus tard lors de la bataille de la Somme.
La baronne ne retourna jamais en Namibie,
même si certains affirment que les descen-
dants de ses chevaux pur-sang arpentent
toujours le désert. À la fin des années 1970,
le château et ses 50 ha de terre devinrent
propriété de l'État, et sont désormais gérés
par le NWR.

🛏 Où se loger

Betta Camp Site CAMPING $

(☎ 081 477 3992 ; www.bettacamp.net ; angle C27
et D826 ; camping 100 $N, chalets 300 $N/pers, en
pension complète 500 $N). Étape accueillante,
le Betta Camp Site se trouve à environ
20 km après Duwisib. Il y a des emplace-
ments de camping pour passer la nuit et de
quoi se fournir en carburant. Le kiosque du
camping vend des provisions ainsi que des
plats maison : pain sortant du four, tarte
aux pommes, pancakes et autres douceurs.
Enfin, vous trouverez aussi du bois à brûler
et des packs à barbecue.

Duwisib Castle Rest Camp CAMPING $

(camping 110 $N). Camp très confortable
(aux sanitaires d'une propreté étincelante)

installé sur une partie des terres du château. Le camping, bien aménagé, comporte des emplacements avec poubelle, *braai* et bancs. Le kiosque attenant vend en-cas, café et boissons fraîches. Réservation via le bureau du NWR (p. 52) de Windhoek.

Duwisib Guest Farm
PENSION **$$**

(☎ 063-293344 ; www.farmduwisib.com ; camping 110 $N, s/d en demi-pension 980/1 720 $N). À 300 m du château, cette ferme agréable a pour atout principal des chambres avec vue et des chambres familiales tout équipées pouvant loger 8 personnes. Ne ratez pas l'ancien atelier de ferronnerie sur la colline.

❶ Depuis/vers Duwisib Castle

Le château n'est pas desservi par les transports en commun. Si vous venez de Helmeringhausen, prenez au nord sur la C14 pendant 62 km, puis tournez vers le nord-ouest sur la D831. Continuez pendant 27 km puis bifurquez vers l'ouest sur la D826 et poursuivez pendant 15 km jusqu'au château.

Maltahöhe

6 000 HABITANTS / ☎ 063

Maltahöhe, au cœur d'une zone d'élevage commercial, constitue une halte pratique sur la route du retour entre le Namib-Naukluft Park et Lüderitz.

🛏 Où se loger

Hotel Maltahöhe
HÔTEL **$**

(☎ 063-293013 ; s/d 550/825 $N). En ville, le Maltahöhe a remporté plusieurs récompenses nationales pour le confort et la propreté de ses chambres. Il compte aussi un bar-restaurant servant de la cuisine occidentale.

❶ Depuis/vers Maltahöhe

Maltahöhe se trouve à l'intersection de la C19 et de la C14 ; vous risquez fort d'y passer en circulant entre Sesriem et Mariental. Les transports publics n'empruntent pas cet itinéraire.

Helmeringhausen

☎ 063

Helmeringhausen n'offre guère plus qu'un domaine familial, un hôtel et une station-service, et appartient à la famille Hester depuis 1919.

◉ À voir

Agricultural Museum
MUSÉE

(Main St ; ⊘ sur demande de l'hôtel ; GRATUIT) Le point fort de Helmeringhausen est son singulier musée de l'Agriculture fondé en 1984 par la Helmeringhausen Farming Association. On y trouve toutes sortes de mobilier ancien et d'outils agricoles amassés auprès des propriétés locales, ainsi qu'une vieille voiture de pompiers.

🛏 Où se loger

Helmeringhausen Hotel
HÔTEL **$$**

(☎ 063-283307 ; www.helmeringhausennamibia. com ; s/d 650/1 100 $N ; 🏊). Le Helmeringhausen Hotel, étonnamment chic, comporte des chambres simples mais élégantes, ainsi qu'un bar-restaurant très fréquenté (plats déj 60 $N). La carte est restreinte, mais la bière est fraîche et la cave à vin bien fournie. Les amateurs de gibier se sentiront peut-être mal à l'aise sous le regard accusateur des nombreux trophées exposés. L'endroit compte aussi une superbe cour où profiter du soleil en dégustant une boisson fraîche.

Comme l'hôtel est très apprécié des groupes, pensez à réserver en haute saison.

❶ Depuis/vers Helmeringhausen

Helmeringhausen est à 130 km au sud de Maltahöhe sur la C14.

Bethanie

2 000 HABITANTS

Bethanie, l'une des plus anciennes colonies de Namibie, fut fondée en 1814 par la société missionnaire de Londres. La mission fut abandonnée sept ans plus tard en raison de rivalités ethniques, et malgré plusieurs tentatives du missionnaire allemand Heinrich Schmelen pour faire revivre la colonie, la sécheresse le contraignit à partir.

La première maison érigée en 1814 par Schmelen, la **Schmelenhaus**, occupait une maisonnette de plain-pied. Elle fut réduite en cendres lorsqu'il quitta Bethanie en 1828, puis reconstruite en 1842 par le premier missionnaire rhénan, le révérend Hans Knudsen. La bâtisse occupe actuellement les terres de l'Église évangélique luthérienne et abrite un musée exposant de vieilles photographies de la mission. S'il est fermé, un mot sur la porte vous indiquera où trouver une clef.

Construite en 1883, la maison du capitaine Joseph Fredericks, le chef nama qui signa avec les représentants d'Adolf Lüderitz le 1er mai 1883 la vente d'Angra Pequeña (la Lüderitz actuelle), mérite aussi le détour. C'est ici qu'en octobre 1884 le capitaine Fredericks et le consul général allemand, le Dr Friedrich Nachtigal, signèrent un traité qui engageait l'Allemagne à protéger tout le territoire.

🛏 Où se loger

Bethanie Guesthouse PENSION $
(☎ 063-283013 ; Main St ; s/d à partir de 450/850 $N ; ☎ 🌊). Dirigé par une équipe assez récente, cet hôtel parmi les plus anciens de Namibie occupe un bâtiment de caractère. Il dispose de bons équipements, d'un camping et de chambres modernes, mais sans cachet particulier. Une adresse accueillante.

❶ Depuis/vers Bethanie

Le carrefour pour Bethanie est signalé sur la B4, 140 km à l'ouest de Keetmanshoop.

Côte sud

Des étendues sauvages ? En voilà ! De Walvis Bay à Lüderitz, la Namibie se dilue dans un désert presque totalement dénué de pistes, dominé par d'énormes dunes linéaires qui s'étendent de la mer jusqu'aux plaines caillouteuses de l'intérieur, parfois ponctuées de massifs montagneux isolés. Bienvenue dans le Sperrgebiet (zone interdite),

LES DERNIERS CHEVAUX SAUVAGES

Les plaines désertiques à l'ouest d'Aus abritent quelques-uns des seuls chevaux sauvages au monde capables de vivre dans le désert. L'origine de ces animaux singuliers est floue, bien que plusieurs théories aient été avancées. L'une d'entre elles suggère qu'il s'agit de descendants des chevaux de la cavalerie de la Schutztruppe (armée impériale allemande) abandonnés durant l'invasion sud-africaine de 1915, tandis que d'autres affirment qu'ils furent amenés par des pionniers nama se dirigeant au nord depuis le fleuve Orange. Selon une autre théorie, ils proviendraient d'un troupeau d'animaux acheminés par un bateau européen en route pour l'Australie. Enfin, d'autres maintiennent qu'ils seraient issus de la réserve d'étalons du baron et capitaine Hans-Heinrich von Wolf, premier propriétaire du Duwisib Castle (p. 177).

Ces chevaux, dont l'apparence osseuse et miteuse est loin de refléter leurs probables hautes origines et leur capacité d'adaptation à ces rudes conditions, sont protégés au sein de la Diamond Area 1. Les années de pluie abondante, ils prennent du poids et leur nombre croît pour atteindre plusieurs centaines d'animaux. Leur seule source d'eau se trouve à Garub Pan, alimentée par un point d'eau artificiel.

Sans les efforts de quelques individus, ces chevaux auraient certainement disparu il y a fort longtemps. Ce groupe de personnes, dirigé par Jan Coetzer, agent de sécurité de la Consolidated Diamond Mines (CDM), reconnaît leur caractère unique et est parvenu à collecter des fonds afin de creuser un trou d'eau à Garub Pan. À une époque, le ministère de l'Environnement et du Tourisme (MET) pensait dompter ces animaux afin de les utiliser pour patrouiller dans le parc national d'Etosha, mais l'idée fut abandonnée. Certaines personnes ont également appelé à l'extermination des chevaux, justifiée selon eux par les dégradations potentielles qu'ils pouvaient occasionner sur l'environnement désertique et les populations de gemsboks. Mais l'intérêt touristique de ces chevaux a jusqu'à présent balayé tous les arguments en leur défaveur.

Enfin, ces chevaux suscitent également l'intérêt scientifique, car ils urinent moins que leurs homologues domestiques, et sont plus petits que leurs ancêtres supposés. Ils sont en outre capables de vivre sans eau durant 5 jours consécutifs. Ces adaptations permettent d'aider les chercheurs à comprendre comment les animaux font face au changement climatique.

À 10 km environ d'Aus sur la route de Lüderitz, guettez les chevaux sauvages du désert. Environ 20 km à l'ouest d'Aus, bifurquez vers le nord au niveau du panneau "Feral Horses" (chevaux sauvages) et suivez la piste sur 1,5 km jusqu'à Garub Pan, où s'étend un point d'eau artificiel fréquenté souvent par des chevaux.

qui abrite les très lucratives et très sécuri-sées mines de diamants namibiennes – que l'on ne peut visiter que dans le cadre de circuits organisés.

Hautement improbable dans cette région désertique largement inhabitée, la ville de Lüderitz possède une riche architecture coloniale allemande et occupe un cadre spectaculaire, entre dunes et océan. Un endroit aussi curieux qu'original pour passer quelques jours.

Aus

300 HABITANTS / ☎ 063

Étape sur la longue route menant vers l'ouest et Lüderitz, Aus abrite un ancien camp d'internement, mais aussi deux fermes d'hôtes vivement recommandées où prendre

LE TRISTE CAMP D'AUS

Après la capitulation des Allemands face aux forces sud-africaines, en 1915, Aus est devenu l'un des deux camps d'internement pour les troupes impériales (la police militaire et les officiers étaient envoyés à Okahandja dans le Nord, tandis que les sous-officiers étaient emmenés à Aus). La population du camp croissant rapidement pour atteindre 1 500 prisonniers et 600 gardes sud-africains, les résidents furent obligés de trouver refuge dans des tentes. Cependant, les prisonniers, pleins de ressource, se sont mis à fabriquer des briques pour se construire des maisons et vendirent même l'excédent aux gardes pour 10 shillings les 1 000 ! Si les maisons n'avaient rien d'opulent (les toits étaient recouverts de boîtes de conserve déroulées), elles protégeaient les hommes des éléments. Les prisonniers ont également construit plusieurs fours à bois et même creusé des puits.

Après le traité de Versailles, le camp fut démantelé et fermé en mai 1919. Rien ou presque n'en subsiste, mais plusieurs maisons de briques ont été reconstruites. L'ancien camp se trouve à 4 km à l'est du village d'Aus, en bas d'une route de gravier, puis à droite. L'endroit comporte à présent une plaque commémorative.

le temps d'admirer la beauté nue des sables changeants.

🛏 Où se loger

Desert Horse Inn
LODGE $$

(☎ 063-258021 ; www.klein-aus-vista.com ; camping 120 $N, ch par pers à partir de 990 $N ; ❄ 🛜 ✉). Ce ranch de 10 000 ha, 3 km à l'ouest d'Aus, est le paradis des randonneurs, puisqu'il comporte 6 sentiers, d'une longueur de 4 à 20 km. On loge dans le bâtiment principal, décoré dans des tons naturels et pourvu de jolies et vastes chambres. Repas disponibles au lodge principal. Outre la marche, on y fait des promenades à cheval et des tours en 4x4 à travers les terres désertiques du domaine.

Les aires de camping aménagées à l'ombre des genévriers profitent pleinement de la vue dégagée.

Bahnhof Hotel
HÔTEL $$

(☎ 063-258091 ; www.bahnhof-hotel-aus.com ; 20 Lüderitz Str ; s/d 890/1 520 $N). Un des meilleurs hôtels du village, sur la B1. Il dispose de chambres de caractère avec parquet, murs blancs et touches de couleur. Certaines comportent des fenêtres un peu petites, mais c'est une bonne adresse quoiqu'un peu chère pour qui ne souhaite pas s'éloigner de la route. Le restaurant de l'hôtel sert une cuisine internationale à prix raisonnables et possède une belle terrasse.

Namtib Desret Lodge
LODGE $$

(☎ 063-683055 ; www.namtib.net ; camping 130 $N, s/d 1 050/1 640 $N). 🖋 Au cœur des magnifiques Tirasberge, la Namtib Biosphere Reserve est dirigée par des propriétaires ayant créé une ferme énergétiquement autonome dans une étroite vallée, avec vue au loin sur les plaines du Namib et la mer de dunes. Les chambres sont confortables et décorées avec goût. Suivez la C13 au nord d'Aus sur 55 km, tournez vers l'ouest et suivez la D707 sur 48 km, puis prenez à l'est sur la route de la ferme jusqu'au lodge (12 km).

La richesse de la nature y est extraordinaire ; il fait bon passer une ou deux nuits ici pour s'habituer à tout cet espace.

Eagle's Nest Chalets
CHALET $$$

(www.klein-aus-vista.com ; chalet 1 325 $N/pers). Ces chalets pour 2 à 4 personnes tout équipés bénéficient à la fois d'un agréable isolement et des installations du Desert Horse Inn, associé et situé à seulement 7 km où vous pourrez, si vous le souhaitez, prendre vos epas. Construit en pierre et en verre, adossé ux montagnes arides, l'endroit offre une ue panoramique et une merveilleuse sensa-on d'espace et de lumière.

ℹ Renseignements

Aus Information Centre (☎ 063-258151 ; 8h-17h lun-ven, 8h-14h sam-dim), tout près e la B4, comporte un café, une connexion nternet et quantité d'informations sur la ature, la guerre et les chevaux sauvages de la égion. Renseignez-vous sur l'Aus Walking Trail, entier de randonnée qui débute justement u centre d'information.

ℹ Depuis/vers Aus

us se trouve à 125 km à l'est de Lüderitz sur B4. Voyager dans cette région requiert un éhicule privé.

Lüderitz

☎ 540 HABITANTS / ☎ 063

vant de partir pour Lüderitz, prenez n moment pour étudier la carte : vous emarquerez que la ville est entourée par le ésert du Namib et la côte atlantique sud, attue par les vents. Et si l'emplacement éographique unique de Lüderitz n'était as suffisamment impressionnant, son tonnante architecture Art nouveau séduira es plus exigeants. Vestige colonial allemand peine touché par le XXIᵉ siècle, Lüderitz appelle un *Dörfchen* (petit village) bavarois vec ses églises, ses boulangeries et ses afés. Contrairement à Swakopmund, rivale lus aisée, Lüderitz semble être resté figé ans le passé, ce qui lui confère à la fois n côté lugubre et un certain charme. Bref, est certainement un des endroits les plus ncongrus d'Afrique.

Les sites autour de la ville reflètent à erveille le cadre naturel de la Namibie u Sud. La côte rocheuse de la péninsule e Lüderitz abrite des flamants roses et des olonies de manchots, tandis que le Sperrge-iet National Park situé dans les environs enferme les paysages les plus sauvages du ays.

Histoire

n avril 1883, Heinrich Vogelsang, sous es ordres d'un marchand de Brême, Adolf üderitz, conclut un traité avec le chef nama oseph Fredericks et prend possession des erres dans un rayon de 8 km autour d'Angra equeña (Little Bay). La même année, üderitz arrive à Angra Pequeña, et sur ses

recommandations, le chancelier allemand Otto von Bismarck proclame le Sud-Ouest africain protectorat de l'Empire allemand. Suite à la découverte de diamants dans la Sperrgebiet en 1908, la ville de Lüderitz est officiellement fondée, et prospère rapide-ment grâce au commerce des gemmes.

L'histoire de Lüderitz évolue au rythme de l'industrie diamantifère de la Namibie. Bien que des diamants aient été découverts dans le fleuve Orange en Afrique du Sud, ainsi que dans des exploitations de guano sur les îles du large dès 1866, il n'est venu à l'idée de personne que les sables du désert pourraient, eux aussi, receler le précieux carbone cristallisé… Il faut attendre 1908 pour qu'un employé des chemins de fer, Zacharias Lewala, trouve une pierre bril-lante le long de la voie près de Grasplatz et la remette à son chef, August Stauch. Ce dernier s'y intéresse immédiatement, et le géologue de l'État confirme qu'il s'agit bien d'un diamant. Stauch demande alors une licence de prospection auprès de la Deutsche Koloniale Gesellschaft (Compa-gnie coloniale allemande) et monte sa compagnie minière, la Deutsche Diamanten Gesellschaft (Compagnie diamantifère alle-mande), pour exploiter le filon supposé.

Les années suivantes, des hordes de prospecteurs envahirent Lüderitz pour trouver fortune dans les sables. La ville connut un formidable essor à mesure que les services se développaient pour couvrir les besoins de la population grandissante. En septembre 1908, la fièvre du diamant menaça cependant d'échapper à tout contrôle, ce qui poussa le gouvernement allemand à intervenir en mettant en place la Sperrgebiet. Cette "zone interdite" s'étirera de la latitude 26°S vers le sud jusqu'à l'em-bouchure du fleuve Orange, et sur 100 km dans les terres. Toute prospection indépen-dante fut donc prohibée, et ceux qui avaient déjà revendiqué des concessions furent obligés de former des compagnies minières.

En février 1909, un bureau des diamants fut créé pour négocier toutes les ventes de pierres et contrôler les prix. Toutefois, à la fin de la Première Guerre mondiale, le marché international du diamant connut une telle dépression qu'en 1920 Ernst Oppenheimer, de la Corporation anglo-américaine, racheta la compagnie de Stauch ainsi que huit autres compagnies diamantaires. Cette démarche ambitieuse conduisit à la formation de la Consolidated Diamond Mines (CDM), filiale de l'entreprise sud-africaine De Beers et sise à Kolmanskop.

En 1928, de riches filons de diamants furent découverts autour de l'embouchure du fleuve Orange, et, en 1944, la CDM décida de s'installer dans la ville d'Oranjemund spécialement fondée par la compagnie. Les derniers habitants de Kolmanskop quittèrent la ville en 1956. Depuis lors, les dunes de sable recouvrent la ville.

En 1994, la CDM disparut au profit de la Namdeb Diamond Corporation Limited (Namdeb), détenue à parts égales par le gouvernement namibien et le conglomérat diamantaire De Beers, une corporation minière et commerciale de diamants ayant détenu un quasi-monopole sur le marché du diamant durant la majeure partie de son exercice. Aujourd'hui, Lüderitz fraie toujours avec les diamants, mais s'est également tournée vers la pêche aux écrevisses et la récolte de varechs et d'algues, ainsi que vers des activités expérimentales de conchyliculture (huîtres, moules) et d'élevage de crevettes.

👁 À voir

VILLE DE LÜDERITZ

Felsenkirche   ÉGLISE
(Kirche St ; ⊙ 16h-17h lun-sam). GRATUIT La remarquable église luthérienne évangélique domine Lüderitz depuis les hauteurs de Diamond Hill. Elle fut conçue par Albert Bause, qui reproduit le style victorien qu'il avait découvert au Cap. Grâce au financement par des donateurs privés en Allemagne, la construction de l'église débuta fin 1911 pour s'achever l'année suivante. Le superbe vitrail qui surplombe l'autel est un don de l'empereur Guillaume II, tandis que la bible fut offerte par son épouse. Venez y contempler la vue sur la mer et sur la ville.

Goerke Haus   SITE HISTORIQUE
(Diamantberg St ; 35 $N ; ⊙ visites guidées 14h-16h lun-ven, 16h-17h sam-dim). Les dimensions de la Goerke Haus et la manière dont elle se fond dans la paroi rocheuse impressionnent fortement. Elle fut, à l'origine, la demeure du lieutenant Hans Goerke. Conçue par l'architecte Otto Ertl et construite en 1910 sur Diamond Hill, c'était l'une des plus extravagantes résidences de la ville. Admirablement rénovée, elle vaut vraiment le coup d'œil.

Lüderitz Museum   MUSÉE
(☎ 063-202582 ; Diaz St ; 20 $N ; ⊙ 15h30-17h lun-ven). Ce musée relate l'histoire de la ville, notamment son histoire naturelle, celle d'ethnies locales et de l'industrie du diamant. Pour venir en dehors des horaires d'ouverture, téléphonez à l'avance.

PÉNINSULE DE LÜDERITZ

La péninsule de Lüderitz, dont une grande partie est à l'extérieur de la Sperrgebiet, est intéressante à visiter sur une demi-journée.

Non loin au nord de Lüderitz, **Agate Bay** est recouverte des déblais des mines de diamants. On ne trouve plus guère d'agate de nos jours, mais vous remarquerez de petites particules de mica dans le sable.

Pittoresque et calme, la baie de **Sturmvogelbucht** est agréable pour un *braai* (barbecue), bien qu'il faille être pingouin ou ours polaire pour apprécier la température de l'eau ! Une station baleinière norvégienne de 1914 tombe en ruine dans la baie. Les marais salants à l'intérieur des terres attirent les flamants roses et valent le déplacement.

À **Diaz Point**, à 22 km de Lüderitz par la route, un phare traditionnel s'élève aux côtés d'une reproduction de la croix érigée en juillet 1488 par le navigateur portugais Bartolomeu Dias revenant du cap de Bonne-Espérance. Les pièces de l'original ont été dispersées de Lisbonne à Berlin en passant par Le Cap. Depuis Diaz Point, on aperçoit une colonie de phoques, des cormorans, des flamants roses, des échassiers et même parfois quelques dauphins.

Au même endroit, un **coffee shop** sert des boissons chaudes et fraîches, des sandwichs grillés, des huîtres, de la bière et un excellent gâteau au chocolat. Il est possible de faire du **camping** (empl 95 $N, 55 $N/pers) sur un terrain rocheux délimité par des cordes entre le phare et la mer. Les installations sont correctes mais le site est plus exposé au vent que Shark Island.

Halifax Island, au large de Diaz Point vers le sud, abrite la colonie de manchots du Cap la plus connue de Namibie. Ces oiseaux vivent en colonies, sur des îlots rocheux au large de la côte atlantique. Avec des jumelles, on les voit souvent se rassembler sur la plage, en face du parking.

Grosse Bucht (Grande Baie), à l'extrémité sud de la péninsule de Lüderitz, est une plage sauvage et spectaculaire fréquentée par des nuées de flamants roses venant s'y nourrir à marée basse. Une petite épave ajoute au charme de la plage.

Quelques kilomètres plus loin le long de la côte, ne manquez pas **Klein Bogenfels**, un petite arche rocheuse. Lorsque le vent n'est pas trop fort, il est agréable d'y pique-niquer.

👉 Circuits organisés

À l'exception de la ville fantôme de Kolmanskop (p. 188), prévoyez au moins 5 jours pour organiser une excursion dans le Sperrgebiet, car les agences ont besoin de temps pour effectuer toutes les formalités administratives et recevoir les permis nécessaires.

Coastways Tours Lüderitz AUTOTOUR
(☑ 063-202002 ; www.coastways.com.na). Agence très réputée organisant des excursions de plusieurs jours en autonomie et en 4x4 au cœur du Sperrgebiet (de Lüderitz à Walvis Bay, par exemple). Le coût du permis d'accès est inclus.

Lüderitz Safaris & Tours AVENTURE
(☑ 063-202719 ; ludsaf@africaonline.com.na ; Bismarck St). Fournit des informations pratiques, procure les permis visiteurs pour la ville fantôme de Kolmanskop et réserve les places à bord de la goélette *Sedina* (375 $N/pers), qui longe Le Cap et sa colonie d'otaries à fourrure à Diaz Point, ainsi que la colonie de manchots de Halifax Island. Organise aussi des visites guidées de fermes ostréicoles avec dégustation. D'une manière générale, c'est une excellente adresse, pourvue d'un personnel très bien informé.

🛏 Où se loger

Les hébergements ne manquent pas à Lüderitz mais réservez tôt pour être sûr d'avoir une chambre dans l'établissement de votre choix.

Lüderitz Backpackers Lodge AUBERGE DE JEUNESSE $
(☑ 063-202000 ; www.namibweb.com/backpackers.htm ; 2 Ring St ; camping 90 $N, dort/d/f 120/300/450 $N). Installée dans une demeure coloniale historique, cette adresse, seule véritable auberge de jeunesse de la ville, propose un hébergement rudimentaire. L'ambiance est tranquille et conviviale et le personnel, sympathique, vous aidera à organiser la suite de votre voyage. Équipement habituel, dont cuisine commune, *braai* (barbecue), salon TV et laverie. Les tarifs peuvent augmenter en cas d'affluence.

Shark Island Campsite CAMPING $
(www.nwrnamibia.com/shark-island.htm ; camping 150 $N, phare 330 $N). Emplacement magnifique mais très venteux, Shark Island, reliée à la ville par une route, n'est plus une île en raison du projet de remise en état du port qui la rattache au continent. Elle est surplombée par un phare historique dressé au sommet d'un rocher central, comprenant 2 chambres, un salon et une cuisine.

Réservez par le biais du bureau du NWR à Windhoek ou bien à l'entrée du camping.

♥ Hansa Haus Guesthouse PENSION $
(☑ 063-203699 ; www.hansahausluderitz.co.za ; 85 Mabel St ; s/d à partir de 552/650 $N ; 📶). Cette pension tenue en famille dans une maison de style allemand du XXᵉ siècle est une des meilleures adresses de la ville. Parquet, linge immaculé et brises marines (surtout sur la terrasse à l'étage) en font un endroit charmant.

♥ Haus Sandrose APPARTEMENTS $
(☑ 063-202630 ; www.haussandrose.com ; 15 Bismarck St ; s/d à partir de 530/760 $N). Des chambres claires, tout équipées, à la décoration personnalisée entourent un jardin abrité. D'un bon rapport qualité/prix, elles donnent une impression d'espace et de gaieté. Certaines sont plus grandes que d'autres. Emplacement parfait et accueil chaleureux.

♥ Kairos B&B B&B $
(☑ 063-203080, 081 650 5598 ; www.kairoscottage.com ; Shark Island ; s/d 480/680 $N). Cet édifice flambant neuf, blanchi à la chaux, abrite une nouvelle pension très prometteuse. Elle donne avantageusement sur l'océan, juste avant Shark Island, à quelques minutes à peine en voiture du centre-ville. Également : café servant le petit-déjeuner et le déjeuner.

Kapps Hotel HÔTEL $
(☑ 063-202345 ; www.kappshotel.com ; Bay Rd ; s/d 350/560 $N). Datant de 1907, cet hôtel, dont la rénovation a su préserver l'ambiance historique tout en y ajoutant une touche de grandeur surannée, est le plus ancien de la ville. Les chambres du rez-de-chaussée, plutôt sombres, ont d'immenses salles de bains. Le Rumour's Grill attenant est agréable pour déguster une bière fraîche après avoir fait une longue route.

Krabbenhoft une Lampe APPARTEMENTS $
(☑ 081 127 7131, 063-202674 ; klguesthouse.com ; 25 Bismarck St ; s/d app à partir de 330/400 $N). Adresse atypique, le Krabbenhoft est une usine de tapis reconvertie proposant des

N 0 — 400 m

Kreplin

15

8

*Shark
Island*

*OCÉAN
ATLANTIQUE*

Hafen St

*Robert
Harbour*

*Harbour
Reclamation
Project*

Woermann

Troost

Kieler

Lübecker

Stettiner

19

Insel

18
Hafen St

*First
National
Bank*

Bahnhof St

Moltke

Göring St 14

Bremer

Ring 12

Vogelsang

François

*Lüderitz
Harbour*

*Standard
Bank* $

Diaz St

Commercial
Bank of
Namibia $

$

3

5

**Ancienne gare
ferroviaire**

Lindquist

Klippenweg
St →

20

Nachtigal St

11
16

Schinz St

Ring

6

17

Hother

Kirche

7 9

Bismarck St

Mabel

Woermann

Diamantberg St

Leplin

Lessing

Bay Rd

Brücken

1

13

2

10

4

*Radford
Bay*

Diaz Point (22 km)
et Grosse Bucht (35 km) ↙

↓ (8 km)
et Kolmanskop (8 km)

---

appartements avec cuisine à l'étage d'un magasin de meubles et d'une agence de location Avis. L'hébergement a beaucoup de cachet : longs pans de murs couverts de livres, hauts plafonds, belle luminosité et cuisine commune bien équipée.

Kratzplatz B&B $
(☎ 063-202458 ; www.kratzplatz.info ; 5 Nachtigal St ; s/d avec petit-déj à partir de 440/800 $N) Situé dans une église reconvertie avec plafond voûté, ce B&B central propose plusieurs types de chambres installées au milieu de la verdure. Elles sont dans un état

Lüderitz

variable – certaines sont un peu défraîchies mais confortables, et celles de l'étage ont un balcon avec table et chaises. Le restaurant attenant, Barrels, possède un charmant café en plein air et sert une excellente cuisine allemande.

Protea Sea-View Hotel Zum Sperrgebiet   HÔTEL $

(☏063-203411 ; www.marriott.com ; angle Woermann St et Göring St ; ch à partir de 833 $N ; ✲🛜⛵). Ici, point d'héritage colonial, mais un établissement moderne tout en acier poli et en verre étincelant. Les 22 chambres inondées de soleil profitent chacune d'une immense terrasse tournée vers la mer. Bien que l'hôtel fasse partie du groupe Marriott, les prix sont raisonnables et l'ambiance décontractée.

Lüderitz Nest Hotel   HÔTEL $$$

(☏063-204000 ; www.nesthotel.com ; 820 Diaz St ; s/d à partir de 1 320/2 100 $N ; ✲⛵). Cet hôtel haut de gamme, le plus ancien de Lüderitz, occupe une péninsule au sud-ouest de la ville et possède sa propre plage privée. Toutes les chambres, dotées de mobilier moderne, donnent sur la mer. Piscine, sauna, aire de jeux pour enfants, bar en terrasse et restaurants gastronomiques. Service correct, propreté et bons équipements : il propose tout ce qu'on attend d'un établissement de cette gamme. Certes, les tarifs sont excessifs, mais la vue sur la mer depuis les chambres est incomparable.

✗ Où se restaurer

Si la mer a été généreuse, plusieurs hôtels vous serviront la pêche du jour, sans oublier les immanquables spécialités allemandes.

Pour cuisiner vous-même, vous trouverez plusieurs supermarchés ainsi que des petits vendeurs de fruits de mer en ville.

♥ Diaz Coffee Shop   CAFÉ $

(☏081-700 0475 ; angle Bismarck St et Nachtigal St ; plats à partir de 45 $N ; ⊙8h-21h). Bons cappuccinos et pâtisseries, et ambiance munichoise. Les clients s'installent dans une grande salle pourvue de sièges confortables et sont rapidement servis. La nourriture – sandwichs roulés chauds ou chawarma au poulet – est délicieuse. Ce café se transforme, le soir venu, en un bar à vins et à huîtres, très agréable. Si vous en avez l'audace, goûtez au "café spécial".

♥ Garden Cafe   CAFÉ $

(☏081-124 8317 ; 17 Hafen St ; repas légers à partir de 25 $N). Terrasse dans le jardin, mobilier en bois blanc, bon café et petits pains garnis contribuent à en faire une de nos adresses préférées à Lüderitz. Les pâtisseries – en particulier la forêt-noire – sont excellentes également. Les voyageurs ne tarissent pas d'éloges.

Seabreeze Coffee Shop   CAFÉ $

(Waterfront Complex ; en-cas et repas 15-50 $N ; ⊙7h15-16h30 lun-ven, 8h-13h sam). Café de bord de mer où il fait bon déguster un double expresso en admirant le paysage – de quoi s'attarder plus longtemps que prévu. La carte propose des *bratwurst* (saucisses grillées), des *boerewors* (sorte de godiveau typique d'Afrique du Sud) servis en hotdog, des burgers, des sandwichs grillés ainsi que des petits-déjeuners. Établissement bien tenu avec tables en extérieur.

SUD CÔTE SUD

SUD CÔTE SUD

COMMERCE INTERNATIONAL

Le commerce international des diamants en tant que gemmes est unique comparé à celui des métaux précieux tels que l'or et le platine, car les diamants ne sont pas commercialisés comme une simple marchandise. Ainsi, le prix des diamants est-il artificiellement gonflé par quelques acteurs clés, d'autant qu'il n'existe quasiment aucun second marché. Le commerce de gros et la taille de diamants par exemple s'étaient toujours limités à quelques villes seulement, dont New York, Anvers, Londres, Tel-Aviv et Amsterdam, avant que d'autres centres ne voient récemment le jour en Chine, en Inde et en Thaïlande.

Depuis 1888, date de son établissement, De Beers conserve un quasi-monopole des mines mondiales de diamants et des canaux de distributions de pierres précieuses. À une époque, on estimait à 80% le pourcentage de diamants bruts mondiaux passant entre les mains des filiales De Beers, bien que ce taux ait chuté en dessous de 50% au cours de ces dernières années. Toutefois, la société continue à bénéficier d'une position avantageuse sur le marché en fixant elle-même le prix des diamants et en les commercialisant directement à des clients préférentiels (connus sous le nom de *sight holders*) sur les marchés internationaux.

Une fois achetés par ces *sight holders*, les diamants sont ensuite taillés et polis pour être vendus comme pierres précieuses, sachant que ces activités se limitent aux lieux mentionnés plus haut. Les diamants sont ensuite commercialisés sur l'un des 24 marchés d'échanges, appelés "bourses". Il s'agit de la dernière étape sévèrement contrôlée de la chaîne d'approvisionnement de la pierre, les commerces de détail étant autorisés à n'acheter que de faibles quantités pour les revendre ensuite au consommateur final sous la forme choisie.

Ces dernières années, des critiques de plus en plus nombreuses se sont élevées pour dénoncer le commerce des diamants de la guerre ou "diamants du sang", ceux-là mêmes qui sont enfouis dans des zones où les conflits font rage et vendus pour financer ces mêmes conflits. En réponse à ces inquiétudes exprimées par l'opinion publique, le Processus de Kimberley fut mis en place en 2002 avec pour objectif de prévenir la présence sur le marché international de ces diamants faisant polémique. Cette coopération internationale fonctionne principalement selon un mécanisme de documentation et de certification des exportations de diamants directement depuis les pays producteurs, afin de garantir que les pierres ne servent pas à financer des activités guerrières ou des mouvements rebelles.

Barrels
ALLEMAND **$$**

(☑063-202458 ; 5 Nachtigal St ; plats 50-120 $N ; ⏰18h-22h lun-ven). Bar-restaurant festif avec concerts occasionnels. Les plats du jour mettent tour à tour à l'honneur produits de la mer et spécialités allemandes. Portions très copieuses ; le buffet (120 $N) est d'un excellent rapport qualité/prix.

Penguin Restaurant
POISSON ET FRUITS DE MER **$$**

(☑063-204000 ; www.nesthotel.com/services/restaurant ; 820 Diaz St ; plats à partir de 80 $N ; ⏰12h-14h et 18h-21h). Installé dans le Nest Hotel et très bien situé sur le front de mer, ce restaurant sert tous les produits de la mer habituels à Lüderitz : huîtres, plateau de fruits de mer, etc. Ils sont généralement excellents, mais les avis des voyageurs sont mitigés. Un des établissements les plus chics de la ville.

Ritzi's Seafood Restaurant
POISSON ET FRUITS DE MER **$$**

(☑063-202818 ; Waterfront Complex ; plats à partir de 75 $N ; ⏰8h-21h mar-sam, 12h-21h lun). Bénéficiant d'une situation privilégiée dans le complexe du front de mer, c'est certainement le meilleur endroit pour déguster des produits de la mer tout en profitant du coucher de soleil. Les plats ne sont pas tous des réussites, mais on trouve difficilement plus beau cadre et la terrasse bénéficie à la fois de la brise marine et de la vue. Goûtez le curry de la mer ou le plateau de fruits de mer ; carte des vins correcte.

Renseignements

ARGENT

Dans Bismarck St, plusieurs banques changent espèces et chèques de voyage.

ÉSAGRÉMENTS ET DANGERS

e vous aventurez pas dans la Sperrgebiet
ans faire partie d'un circuit organisé car
■ plus grande partie de la zone reste interdite
'accès, en dépit de son statut de parc national.
a frontière nord est matérialisée par la B4,
t court vers l'est pratiquement jusqu'à Aus.
■es gardes qui ne font pas de sentiment
atrouillent le long de la frontière. Tout intrus
st poursuivi en justice (voire pire).

OFFICE DU TOURISME

Namibia Wildlife Resorts (063-202752 ;
www.nwr.com.na ; Schinz St ; 7h30-13h
et 14h-16h lun-ven). Ce bureau local peut
vous renseigner sur le parc national.

Depuis/vers Lüderitz

Air Namibia (p. 267) assure environ 3 vols
hebdomadaires entre Windhoek et Lüderitz.
L'aéroport est à 8 km au sud-est de la ville.

GÉOLOGIE ET QUARTIERS DE NOBLESSE

Allotrope du carbone le plus connu, le diamant se caractérise par son extrême dureté
(il s'agit du minéral le plus dur à l'état naturel) et son importante dispersion de la lumière
(les diamants deviennent prismatiques lorsqu'ils sont exposés à la lumière blanche).
Ainsi, ils sont utilisés par l'industrie comme des abrasifs (seul un diamant peut rayer
un autre diamant), ou comme objet de décoration en raison de leur éclat à l'état poli.
On estime à 130 millions (ou 26 000 kg) le nombre de carats extraits par an, un volume
qui génère plus de 9 milliards de dollars US sur le marché.

Les diamants se forment lorsque les matières contenant du carbone sont exposées
à d'importantes pressions et températures pendant une période prolongée. À l'exception
des diamants synthétiques, ces conditions favorables se produisent uniquement en
dessous de la croûte continentale, à une profondeur minimale de 150 km. Une fois le
carbone cristallisé, un diamant continue de grossir aussi longtemps qu'il est exposé aux
températures et pressions suffisantes requises. Toutefois, sa taille est limitée par le fait
qu'une roche comportant des diamants est, à un moment donné, poussée à la surface
terrestre par le magma des éruptions volcaniques issu des profondeurs de la terre
et rejetée par une cheminée volcanique.

Depuis le début du XXe siècle, la qualité d'un diamant est déterminée par quatre
propriétés, désormais communément utilisées comme références de base pour décrire
une pierre précieuse : le poids (carat), la pureté (*clarity*), la couleur (*color*) et la taille (*cut*).

Carat

Le poids d'un diamant est évalué en carat, qui correspond à 0,20 g. Si l'on part du
principe que toutes les autres propriétés sont présentes à un niveau égal, la valeur
d'un diamant grandit de manière exponentielle en fonction du nombre de carats,
les diamants de grande taille étant les plus rares.

Pureté

La pureté consiste à mesurer les défauts internes de la pierre, définis sous le terme
d'inclusions, dues à des matières étrangères ou à des imperfections structurales dans
le diamant. Plus la pureté est grande, plus le diamant a de la valeur. Seuls 20% environ
des diamants extraits des mines possèdent une pureté suffisante pour être vendus
comme pierres précieuses.

Couleur

Bien qu'un diamant considéré comme parfait se caractérise par sa transparence et son
absence totale de teinte, tous ou presque possèdent une couleur particulière due aux
impuretés chimiques et aux défauts structuraux. Celle-ci pourra alors, en fonction de sa
teinte et de son intensité, soit faire chuter sa valeur soit la faire augmenter (les diamants
jaunes sont par exemple peu cotés alors que les roses et les bleus coûtent plus cher).

Taille

Enfin, la taille d'un diamant décrit la qualité du travail réalisé sur ce dernier et ses angles
de taille.

Des *combis* (minibus) assez irréguliers relient Lüderitz à Keetmanshoop, pour un prix moyen d'environ 200 $N. Les bus partent de la lisière sud de la ville, depuis des arrêts informels situés le long de Bismarck Street.

Lüderitz et les paysages traversés pour s'y rendre valent les 334 km de voyage depuis Keetmanshoop via la B4 goudronnée. Lorsque le vent souffle (soit la plupart du temps), les 10 derniers kilomètres menant à Lüderitz peuvent être bloqués par une barkhane (dune mouvante) résolue à traverser la route. La situation est dangereuse, surtout en cas de brouillard, et le sable s'accumule considérablement avant d'être déblayé par la voirie. Respectez les limitations de vitesse locales, et évitez si possible de conduire de nuit.

Sperrgebiet National Park

Interdite d'accès au public pendant presque tout le siècle dernier, la zone ("Forbidden Area") a été déclarée parc national par le gouvernement namibien en 2008. Géographiquement, le parc recouvre l'extrémité nord de l'écorégion de la Succulent Karoo, un territoire de 26 000 km² de dunes et de montagne très hostile en apparence mais constituant l'un des 25 réservoirs mondiaux reconnus pour leur exception nelle biodiversité.

À l'origine, la Sperrgebiet comprena deux concessions privées : la Diamon Area 1 et la Diamond Area 2. Cette dernière qui abrite la ville fantôme de Kolmansko et Elizabeth Bay, a été ouverte au public y a quelques années. Depuis 2004, certaine parties de la Diamond Area 1 ont égalemen été ouvertes à des groupes de chercheurs mais l'accès en est resté étroitement surveill pour des raisons de sécurité relatives à l'in dustrie diamantifère.

Histoire

La "zone interdite" fut créée en 1908 suite la découverte de diamants près de Lüderitz Bien que les mines aient été localisées l long de la côte, une très vaste partie du Sud fut incluse pour des raisons de sécurité. Ce restrictions d'accès ont contribué à préserve une grande partie de la zone dans son éta original. De Beers Centenary, partenaire d la société De Beers Consolidated Diamond Mines (CDM), contrôle toujours l'intégra lité de la zone jusqu'à ce que le ministère de l'Environnement et du Tourisme (MET mette sur pied un plan de gestion pour le parc. Il est toujours attendu...

◉ À voir

Kolmanskop   SITE HISTORIQUE
(75 $N ; ⊙ 9h30 et 11h lun-sam, 10h dim). Du nom du pionnier afrikaner Jani Kolman dont le char à bœufs s'ensabla ici, Kolmanskop étai à l'origine le siège de la CDM. À son apogée le lieu possédait un casino, un bowling et un théâtre, mais la chute des ventes de diamants après la Seconde Guerre mondiale et la découverte de filons plus riches à Oranjemund mirent fin à cet âge d'or. En 1956, la ville était déjà totalement déserte, et le sable y reprenait ses droits.

Aujourd'hui, Kolmanskop a été en partie restaurée pour accueillir les touristes. La vision de ces bâtiments délabrés engloutis par les dunes a quelque chose d'irréel. On peut y venir n'importe quand et il n'est pas obligatoire de faire partie d'un circuit organisé, mais il faut avoir acheté un permis au bureau du NWR à Lüderitz (p. 187) ou dans une agence de voyages. Les visites guidées (en anglais et allemand) comprises dans le permis partent du musée de Kolmanskop. Après la visite, on peut regagner le musée,

---

PROTECTION DE LA FAUNE ET DE LA FLORE

Le Sperrgebiet National Park est composé à 40% d'un désert, et à 30% de prairies. Le reste n'est que rochers, montagnes granitiques et paysages lunaires. Bien que la zone n'ait pas encore été explorée intégralement, les premiers sondages scientifiques ont découvert 776 espèces végétales, dont 230 seraient endémiques.
Il abrite également des populations de gemsboks, d'hyènes brunes et des espèces rares et menacées, notamment l'amphibien *Breviceps macrops*. Les espèces d'oiseaux ne sont pas en reste avec notamment l'alouette de Namibie, le serin alario et l'huîtrier de Moquin.

La Namibian Nature Foundation (NNF ; www.nnf.org.na) pourrait être dans un avenir proche responsable de la planification du parc et favoriser les initiatives communautaires pour que les populations locales puissent bénéficier des retombées positives.
Le développement du tourisme dans la Sperrgebiet devrait stimuler l'économie de Lüderitz, porte d'entrée du parc.

qui contient des souvenirs et des informations historiques sur l'extraction des diamants en Namibie.

Hélas, le café et la boutique de souvenirs, ainsi que les touristes souvent très nombreux, nuisent à l'atmosphère du site. S'il y a beaucoup de visiteurs (ce qui est très probable), mieux vaut éviter la visite guidée et flâner seul au milieu des bâtiments décrépies et des tas de sable, afin de percevoir l'ambiance de cette ville désertée.

Kolmanskop n'est qu'à 15 minutes de route de Lüderitz, au bord de l'axe routier principal B4.

ⓘ Depuis/vers la Sperrgebiet

Ne tentez pas d'accéder à la Sperrgebiet en véhicule privé car ce serait courir au-devant de gros ennuis. La seule exception est le site de Kolmanskop, qui est accessible si vous disposez des autorisations requises.

Extrême Sud et Fish River Canyon

Pris en tenaille entre deux des régions les plus reculées d'Afrique australe, le Namaqualand et le Kalahari, l'extrémité sud de la Namibie fait naître un sentiment d'isolement, d'où que l'on vienne. Le long de la grande route, l'infinité du désert s'étend à l'infini dans toutes les directions, avant de s'engouffrer brusquement dans le gigantesque Fish River Canyon. Ce sillon colossal ouvert dans le désert est l'une des formations géologiques les plus saisissantes de Namibie, attirant chaque hiver des randonneurs téméraires, prêts à en découdre avec cette vaste étendue.

Grünau

400 HABITANTS / ☑ 063

Pour la plupart des voyageurs, Grünau est le site de l'une des premières stations-service au nord de la frontière sud-africaine. C'est aussi une escale nocturne pour ceux qui circulent entre Le Cap et Windhoek. Il n'y a hélas pas grand-chose d'autre à ajouter...

🛏 Où se loger

White House Guest Farm PENSION $
(☑ 081 285 6484, 063-262061 ; www.withuis.iway.na ; ch 300-620 $N). Excellente adresse pour passer la nuit. Le superbe et plébiscité B&B de Dolf et Kinna De Wet propose des hébergements d'un bon rapport qualité/prix.

Une cuisine est à disposition, et les gérants fournissent des repas et paniers pour le *braai* (barbecue) sur demande. Suivez la direction de Keetmanshoop sur la B1 pendant 11 km et tournez à l'ouest au niveau du panneau "White House", puis poursuivez sur 4 km. Cette ferme rénovée de 1912 présente une architecture qui sort de l'ordinaire.

ⓘ Depuis/vers Grünau

Grünau est à 144 km au nord-ouest du poste-frontière de Velloorsdrift, le long de la C10, et 142 km au nord de celui de Noordoewer, le long de la B1.

Fish River Canyon

☑ 063

Nulle part ailleurs en Afrique vous ne trouverez quelque chose de comparable au **Fish River Canyon** (80 $N par pers par jour, 10 $N/ véhicule). Que vous vous contentiez d'en admirer l'immensité et la beauté depuis l'un des points de vue, ou que vous partiez en randonnée pour découvrir de l'intérieur ses multiples facettes, Fish River Canyon n'est pas un endroit comme les autres.

Les chiffres le prouvent : il mesure 160 km de long, jusqu'à 27 km de large et le spectaculaire canyon intérieur atteint 550 m de profondeur. Mais, aussi impressionnants que soient ces chiffres, il est difficile de saisir le gigantisme du canyon sans en faire vraiment l'expérience. Pour ce faire, le mieux est d'effectuer la grande randonnée de 5 jours couvrant la moitié de sa longueur. Découvrir de près l'une des plus grandes curiosités naturelles d'Afrique sera une expérience inoubliable.

Histoire

Une légende san raconte que le sinueux Fish River Canyon fut creusé par Koutein Kooru, un serpent ondulant frénétiquement alors qu'il était poursuivi dans le désert par des chasseurs. Mais son histoire géologique est un peu différente.

C'est bien la Fish River, une rivière qui rejoint le fleuve Orange à 110 km au sud du canyon, qui creuse cette gorge depuis des millénaires. En réalité, le Fish River Canyon se compose de deux canyons imbriqués l'un dans l'autre, qui se sont formés à des périodes distinctes. Les premières couches sédimentaires de schiste, de grès et de matière éruptive entourant le Fish River Canyon se seraient constituées il y a environ deux milliards d'années, puis se seraient

Fish River Canyon

le bord est, et 380 m depuis le bord ouest. Cette vallée nouvellement créée accueillit un cours d'eau, la Fish River, qui commença à y creuser un lit sinueux pour former ce qui constitue aujourd'hui le canyon interne d'une profondeur de 270 m.

◉ À voir

C'est le matin qu'on voit le mieux le canyon à la beauté austère. La roche nue et l'absence de végétation donnent véritablement l'impression d'un paysage d'un autre monde. Ses flancs arrondis et ses angles affûtés créent une symphonie de pierre aux dimensions pharaoniques. Si vous avez la chance de profiter d'un point d'observation en solitaire, c'est l'endroit idéal pour méditer sur le paysage unique et l'environnement rude de ce pays.

Main Viewpoint   POINT DE VUE
Ce point de vue offre probablement la meilleure vue d'ensemble du canyon – et la plus photographiée –, y compris le méandre appelé Hell's Corner. En outre, il est accessible à tous, pas seulement aux randonneurs qui arpentent le canyon 5 jours durant.

🏃 Activités

La randonnée est naturellement l'activité principale mais, depuis la mort d'un randonneur mal préparé en 2001, le NWR a décidé d'interdire les randonnées d'une journée et les balades dans le Fish River Canyon.

Fish River Hiking Trail   RANDONNÉE
(250 $N/pers ; ☉15 avr-15 sept). La randonnée de 5 jours de Hobas à Ai-Ais est certainement la plus prisée de Namibie, et ce pour une bonne raison : ce circuit magique de 85 km, qui suit le lit sablonneux du fleuve en longeant une série de bassins éphémères, commence à Hikers' Viewpoint et se termine aux sources chaudes d'Ai-Ais.

En raison des rapides inondations et de la chaleur en été, cette randonnée n'est possible que du 15 avril au 15 septembre.

transformées du fait de la chaleur et de la pression en roche plus solide telle que le gneiss. Il y a un peu moins d'un milliard d'années, de la matière éruptive s'écoula dans les fissures de cette formation rocheuse pour former des remblais de dolérite (désormais visibles dans le canyon interne).

La surface se serait ensuite érodée pour former un bassin rempli d'eau peu profonde qui se gorgea des sédiments (grès, conglomérat, quartzite, calcaire et schiste) des terres environnantes. Il y a environ 500 millions d'années, une période d'activité tectonique le long des failles de la croûte terrestre a amené ces couches à se fissurer et à s'incliner de 45°. Ce mouvement conduisit à ouvrir un immense fossé dans la croûte terrestre, formant ainsi un canyon.

C'est du moins ce que nous savons concernant la formation du canyon externe, dont le fond constitue le premier niveau des terrasses visibles à environ 170 m depuis

Des groupes de 30 personnes peuvent prendre le départ chaque jour de la saison ; il vous faudra toutefois réserver longtemps à l'avance, ce circuit étant victime de son succès. Réservations possibles au bureau du NWR (p. 52) de Windhoek.

Les autorités sont susceptibles de vous demander un certificat médical attestant de votre bonne santé, émis moins de 40 jours avant votre randonnée. Les randonneurs doivent s'occuper eux-mêmes du transport pour se rendre au départ du circuit et en repartir, tout comme de l'hébergement à Hobas et à Ai-Ais.

Le temps étant généralement chaud et clair, vous n'aurez pas besoin de tente. Emportez toutefois un sac de couchage et de la nourriture. À Hobas, renseignez-vous sur le niveau d'eau du canyon. En août et septembre, les derniers 15 km peuvent être totalement asséchés et vous aurez besoin de plusieurs litres d'eau pour vaincre la chaleur et le sable.

➜ Itinéraire emprunté

Marquant le point de départ de la randonnée, **Hikers' Viewpoint** est à 10 km de Hobas. Les randonneurs doivent trouver leur propre moyen de transport pour s'y rendre. Au début, un sentier abrupt et pittoresque vous mène du bord du canyon jusqu'au fleuve, dont les environs regorgent de terrains de camping sablonneux situés au bord de points d'eau frais et verdoyants.

Bien que certaines cartes vous indiquent un parcours longeant étroitement le fleuve, il est important de garder à l'esprit que les meilleurs itinéraires changent d'une année à l'autre, principalement en raison du sable et de la végétation charriés par les inondations de l'année précédente. En général, il s'avère plus facile de longer l'intérieur des méandres du fleuve, où vous aurez plus de chances de trouver des sentiers sauvages et secs, des terrains non sablonneux dénués d'enchevêtrements de végétation, de pierres glissantes et de roches volumineuses.

Après une marche éreintante de 13 km à travers le sable et les rochers le long de la rive est, la piste du **Sulphur Springs Viewpoint** rejoint la route principale. Si vous êtes épuisé et ne supportez pas les conditions de la randonnée, servez-vous de cet axe comme sortie de secours pour quitter le canyon. Si cela peut vous rassurer, la suite devient plus facile au fur et à mesure que l'on descend le fleuve. S'il vous reste donc un peu de courage, marchez encore 2 petits kilomètres

jusqu'à **Sulphur Springs**, établissez votre camp et attendez de voir comment vous vous sentez le lendemain matin.

Sulphur Springs – couramment baptisé **Palm Springs** – est un excellent camping abritant des bassins thermaux chargés en soufre qui apaiseront vos muscles endoloris. Les sources, d'une température constante de 57°C, jaillissent à un impressionnant rythme de 30 litres par seconde et contiennent du soufre, du chlorure et du fluorure.

La légende raconte que durant la Première Guerre mondiale, deux prisonniers de guerre allemands se cachèrent à Sulphur Springs afin d'échapper à l'internement. L'un deux souffrait apparemment d'asthme, et l'autre d'un cancer de la peau, mais grâce aux pouvoirs curatifs des sources, les deux hommes furent guéris. On raconte également que les palmiers poussant alentour proviendraient de noyaux de dattes jetés par ces hommes.

La seconde partie de la randonnée est composée de sable, de cailloux et de gravier. Les randonneurs devront traverser le fleuve plusieurs fois car la route la plus directe suit les méandres du cours d'eau. Le massif de **Table Mountain** se dresse à 15 km derrière Sulphur Springs et, encore 15 km plus loin, se trouve le premier raccourci qui évite une zone de broussailles épineuses nommée **Bushy Corner**. Aux environs du méandre suivant (**Kanebis Bend**), en amont de la formation rocheuse des **Three Sisters**, s'ouvre un autre passage, plus long, menant au **Kooigoedhoogte Pass**. Le sommet de ce col dévoile une magnifique vue de **Four Finger Rock**, une impressionnante tour rocheuse constituée de quatre épaisses cimes (ressemblant plus à des pis de vache qu'à des doigts !).

Après être redescendu près du fleuve, traversez jusqu'à la rive ouest et empruntez un nouveau raccourci (vous pouvez aussi suivre le fleuve). À l'extrémité sud du col, vous découvrirez la tombe du lieutenant Thilo von Trotha, tué ici même en 1905, lors d'une confrontation entre Allemands et Nama.

Les 25 derniers kilomètres jusqu'à Ai-Ais, qui peuvent être effectués en une (longue) journée, suivent une route sablonneuse et rocailleuse. Au sud de la tombe de Trotha, le canyon s'élargit et a tendance à s'assécher. Vers la fin de l'hiver, les 15 derniers kilomètres sont généralement dépourvus d'eau : pensez à en emporter suffisamment.

Ai-Ais Hot Springs   SOURCES CHAUDES
(adulte/enfant 80 $N/gratuit ; ☉ aube-crépuscule).
Les sources chaudes d'Ai-Ais ("brûlant"
en nama) se situent au pied des hauts pics
rocheux de l'extrémité sud du Fish River
Canyon. Riches en chlorure, en fluorure et
en soufre, ces eaux sont réputées pour leurs
vertus thérapeutiques dans le traitement
des rhumatismes et des troubles nerveux.
L'eau chaude est acheminée dans une série
de bassins, ainsi que dans une piscine
extérieure.

Bien que ces sources de 60°C soient
probablement connues des San depuis
des millénaires, la légende raconte qu'elles
furent découvertes par un berger nama
nomade tentant de rassembler des moutons
égarés.

La courte escalade jusqu'au pic qui se
dresse au-dessus de la rive opposée est
agréable (pas de sentier signalisé toutefois)
et dévoile une superbe vue d'Ai-Ais et des
quatre doigts de Four Finger Rock s'élevant
au loin vers le nord. Comptez 2 heures pour
redescendre.

Le site comprend une boutique, un
restaurant, une station-service, des courts de
tennis, un bureau de poste et, bien entendu,
une piscine, un spa et des thermes.

Notez qu'en été, les risques d'inondation
sont importants : Ai-Ais fut détruite en 1972
et en 2000.

🛏 Où se loger

L'hébergement au sein du parc doit être
réservé via le bureau du NWR (p. 52),
à Windhoek. Outre les hébergements situés
à l'intérieur ou à proximité du parc, d'autres
bonnes adresses existent dans le Gondwana
Cañon Park.

PARC TRANSFRONTALIER

Le Fish River Canyon fait partie du
**|Ai- |Ais Richtersveld Transfrontier
Park**, l'un des parcs "pacifiques" ou
de franchissement des frontières qui
fleurissent en Afrique australe. À cheval
entre le sud de la Namibie et l'Afrique du
Sud, et d'une superficie de 6 045 km²,
il constitue l'une des zones arides les
plus riches au monde en biodiversité.
Il englobe également le Richtersveld
National Park (en Afrique du Sud)
et la vallée du fleuve Orange.

Hobas Camp Site   CAMPING $
(camping 170 $N, s/d 1 080/1 760 $N ; ☎). Administré par le NWR, ce plaisant terrain de
camping ombragé près de l'extrémité nord
du parc est à environ 10 km des principaux
points d'observation. Installations propres,
kiosque et piscine, mais pas de restaurant
ni de station-service. Des chambres dans des
chalets dans le bush étaient en construction
lors de notre passage.

Ai-Ais Hot Springs Spa   RESORT $$
(www.nwrnamibia.com/ai-ais.htm ; camping
190 $N, d avec vue sur la montagne/la rivière
1 330/1 620 $N ; ☎). Également administré
par le NWR, ce complexe comprend des
blocs sanitaires, des barbecues et permet
l'accès aux installations du site, dont les
sources chaudes. Les chambres sont bien
tenues quoiqu'un peu chères, les plus
onéreuses donnent sur la rivière. Des chalets
familiaux sont également à disposition, ainsi
qu'un restaurant et une petite épicerie.

💙 **Fish River Lodge**   LODGE $$$
(☎ 061-228104, 063-683005 ; www.fishriverlodge-
namibia.com ; s/d 1995/3 056 $N). Ces 20 chalets
situés sur le bord ouest du canyon offrent un
cadre magique pour admirer le paysage. Les
chambres sont somptueuses, modernes et
bénéficient d'un panorama spectaculaire.
Plusieurs activités sont proposées, dont une
randonnée de 5 nuits dans le canyon (85 km,
d'avril à septembre) ou une randonnée de
2 ou 3 jours pour les moins ambitieux. On
accède au lodge depuis la D463, qui relie la
B4 au nord et la C13 à l'ouest.

ℹ Renseignements

Les principaux points d'accès au Fish River
Canyon se situent à Hobas, près de l'extrémité
nord du parc, et à Ai-Ais, vers l'extrémité sud.
Tous deux sont administrés par le Namibia
Wildlife Resorts. L'hébergement doit être
réservé via le **bureau du NWR** de Windhoek
(p. 52). Les autorisations journalières d'accès
au parc (80 $N/pers et 10 $N/véhicule) sont
valables pour ces deux endroits.

Le **Hobas Information Centre** (☉7h30-12h
et 14h-17h), à l'extrémité nord du parc, est
également le bureau d'enregistrement pour
la randonnée de 5 jours dans le canyon. Vous
pourrez y acheter des en-cas et des boissons
fraîches, mais pas grand-chose d'autre.
Si vous êtes en route pour admirer le canyon,
allez aux toilettes ici – il n'y en a pas au-delà.

La Fish River coule généralement entre mars
et avril. Tôt dans la saison touristique, entre
avril et juin, le niveau d'eau diminue légèrement,

à la moitié de l'hiver, il ne reste qu'une série le bassins le long du canyon.

❶ Depuis/vers le Fish River Canyon

Aucun transport public ne desservant Hobas et Ai-Ais, vous devrez vous y rendre par vos propres moyens. Une route gravillonnée correcte relie Grünau à Hobas ; elle est accessible la majeure partie de l'année en véhicule de tourisme, mais peut poser problème juste après de fortes pluies.

Gondwana Cañon Park

☑ 061

Plusieurs anciennes fermes d'élevage de moutons ont été regroupées pour constituer, en 1996, ce parc sauvage de 100 000 ha, situé au nord-est du |Ai- |Ais Richtersveld Transfrontier Park. Des points d'eau ont été aménagés et la nature a repris magnifiquement ses droits dans ce superbe endroit reculé. Le parc a également absorbé l'ancienne Augurabies-Steenbok Nature Reserve, créée pour protéger les sprinboks, mais aussi les zèbres de Hartmann, les gemsboks et les oréotragues. Les prédateurs ne sont pas encore arrivés en nombre, mais cela risque de changer dès que l'endroit sera mieux connu...

🏃 Activités

Un large éventail d'activités – excursions en 4x4, randonnées guidées, balades équestres, vols panoramiques, etc. – sont proposées par les établissements suivants :

🛏 Où se loger

Cañon Mountain Camp   LODGE $$

(☑ 061-244558 ; ch 1 080 $N ; ▩). L'un des établissements les moins onéreux du parc, ce camping reculé est niché en altitude au cœur de collines de dolérite et possède une cuisine entièrement équipée, des *braai* (barbecues) et des salons communs. Les murs blanchis à la chaux rappellent à la fois le Nouveau Mexique et le sud de l'Espagne.

Canyon Roadhouse   PENSION $$$

(☑ 061-230066 ; www.gondwana-collection.com ; camping 175 $N, s/d à partir de 1 511/2 422 $N ; 🛜▩). Cet endroit unique (et absolument kitsch) a voulu recréer l'ambiance des relais-routiers présents le long des parties les plus sauvages de la célèbre Route 66 (américaine). Les buffets sont servis sur une vieille moto et les stores et les tabourets de bar conçus à partir de filtres à air usagés de poids lourds. Les chambres (toutes semblables) arborent des couleurs vives, des toits bas et quelques éléments modernes.

La douche de plain-pied est un vrai luxe, et une ambiance méditerranéenne domine. À l'arrière, un espace bien entretenu regroupe 12 aires de camping avec toilettes et *braai*. C'est aussi une halte commode pour déjeuner – goûtez le cheese-cake à l'Amarula. La pension organise des excursions guidées jusqu'aux points de vue de Fish River Canyon, des randonnées et des excursions en 4×4.

💙 Canyon Lodge   LODGE $$$

(☑ 063-693014, 061-427200 ; www.gondwana-collection.com ; camping à partir de 120 $N, s/d à partir de 2 035/3 256 $N ; ▩🛜▩). Malgré des prix vraiment raisonnables, ce refuge de montagne est un des hébergements les plus exceptionnels de Namibie. L'ensemble, et en particulier les luxueux bungalows de pierre, est parfaitement intégré à l'environnement minéral. La perspective est spectaculaire, et les bungalows, avec un sol dallé de pierres, procurent une grande intimité. Le restaurant, aménagé dans une ferme de 1908, présente avec goût d'anciens outils agricoles et comporte de vastes jardins.

Le lieu est très accueillant et la cuisine est excellente : que demander de plus ?

Canyon Village   COTTAGE $$$

(☑ 061-427200, 063-693025 ; www.gondwana-collection.com ; s/d à partir de 1 425/2 280 $N ; ▩▩). Inspiré des villages hollandais du Cap d'autrefois, cet endroit bucolique adossé à une formation rocheuse se situe en lisière du Fish River Canyon. Ses cottages, spacieux et confortables, jouissent d'une très belle vue. Au centre, un restaurant au toit de chaume sert des spécialités afrikaners traditionnelles.

❶ Depuis/vers le Gondwana Cañon Park

Seul un véhicule privé permet d'accéder au Gondwana Cañon Park depuis la C37, au sud de Seeheim.

Noordoewer

☑ 063

Noordoewer se situe à cheval sur le fleuve Orange, qui prend sa source dans le massif du Drakensberg, dans le Natal (Afrique du Sud), et constitue la majeure partie de la frontière entre cette dernière et la Namibie. Bien que la ville soit en premier lieu un poste-frontière et un centre de viticulture, elle constitue également une base idéale pour effectuer des excursions en canoë ou du rafting sur le fleuve.

Activités

Les sorties en canoë et en rafting sont normalement découpées en étapes et durent de 3 à 6 jours. Les excursions du nord de Noordoewer à Aussenkehr, très prisées, ne présentent pas de difficulté (les eaux blanches n'excédant jamais le niveau 2) et permettent de découvrir un superbe paysage sauvage de canyon. D'autres étapes relient Aussenkehr à l'embouchure de la Fish River, cette dernière au Nama Canyon (qui abrite quelques puissants rapides), et le Nama Canyon à Selingsdrif.

Amanzi Trails   CANOË
(✐ en Afrique du Sud 27 21 559 1573 ; www.aman-zitrails.co.za). Cette agence sud-africaine bien établie, située à l'Abiqua Camp, est spéciali-sée dans les excursions guidées de 4/5 nuits (2 990/3 380 $N par pers) en canoë sur le fleuve Orange. Elle organise également des sorties plus courtes non guidées sur la Fish River pour ses clients plus expérimentés.

Felix Unite   CANOË
(✐ en Afrique du Sud 27 87 354 0578 ; www.felixunite.com). Autre prestataire sud-africain très réputé, Felix Unite est installé dans le Provenance Camp et spécialisé dans les circuits guidés de 5 jours (3 295 $N/pers) en canoë et en raft sur le fleuve Orange. I combine également ces excursions à des expéditions plus longues dans la région du Cap-Ouest en Afrique du Sud.

🛏 Où se loger

Amanzi River Camp   CAMPING $
(✐ en Afrique du Sud 27 21-559 1573 ; www amanzitrails.co.za/amanzi-river-camp ; camping par adulte/enfant 130/80 $N, chalets s/d/tr/ qua 430/550/670/790 $N). Ce camping bien situé, à 15 km en aval d'Orange River Rd, est installé sur la rive du fleuve. Point de départ d'Amanzi Trails (ci-contre), vous pourrez y faire le plein de provisions, prendre un repas chaud et passer une bonne nuit avant de partir sur votre canoë.

Camp Provenance   CAMPING $$
(✐ en Afrique du Sud 27 21 702 9400 ; www felixunite.com ; camping 120 $N, ch 965-1 725 $N) À environ 10 km à l'ouest de Noordoewer ce camping élégant en bord de fleuve sert de point de départ à Felix Unite. Les campeurs pourront planter leur tente sur le terrain verdoyant tandis que les amateurs de confort séjourneront dans des tentes en dur et des chalets. Possibilité de faire des réserves pour les excursions en canoë.

ⓘ Depuis/vers Noordoewer

Noordoewer est située tout près de la route B1, proche de la frontière sud-africaine, et n'est accessible qu'en véhicule privé.

Chutes Victoria

Le top des restaurants

➡ Cafe Zambezi (p. 204)

➡ Lola's Tapas & Carnivore Restaurant (p. 209)

➡ Olga's Italian Corner (p. 204)

➡ Lookout Cafe (p. 209)

➡ Boma (p. 209)

Le top des hébergements

➡ Victoria Falls Hotel (p. 208)

➡ Jollyboys Backpackers (p. 202)

➡ Stanley Safari Lodge (p. 204)

➡ Victoria Falls Backpackers (p. 208)

Pourquoi y aller

Figurant en bonne place aux côtés des pyramides d'Égypte et du parc mythique de Serengeti, les chutes Victoria (Victoria Falls ou *Mosi-oa-Tunya* – "la fumée qui gronde") sont un émerveillement. À cheval entre le Zimbabwe et la Zambie, elles constituent une destination à part entière.

Envoûtant tous les touristes, sans exception – voyageurs sac au dos, groupes, amateurs de sensations fortes, familles, couples en lune de miel – les "Vic Falls" offrent un spectacle saisissant. Que vous admiriez de face le rideau rugissant de leur flot sur une longueur de plus d'un kilomètre, ou lors d'un vol en hélicoptère, ou encore depuis les Devil's Pools, vous serez époustouflé par leur puissance !

Une chose est sûre : amoureux de la flore et de la faune simplement désireux de contempler une merveille naturelle, ou aventurier en quête d'adrénaline emballé à l'idée de faire du saut à l'élastique ou du rafting dans le Zambèze, les chutes Victoria combleront toutes vos attentes.

Quand partir

Contempler les chutes et pratiquer des activités de plein air sont les deux grandes raisons de visiter les chutes Victoria. Et à chacune sa saison.

La période de juillet à décembre se prête le mieux au rafting, août étant le mois où les rapides sont les plus tumultueux.

De février à juin, vous revêtirez des vêtements imperméables car les chutes atteignent alors leur plus important débit.

De juillet à septembre, la vue sur les chutes est idéale. En outre, le temps est au beau fixe et d'innombrables activités occuperont amplement vos journées.

LA SEPTIÈME MERVEILLE DE LA NATURE

Les chutes Victoria sont le plus grand rideau d'eau au monde et figurent parmi les chutes les plus spectaculaires de la planète. Situées à la frontière entre la Zambie et le Zimbabwe, elles sont considérées comme une merveille de la nature et sont classées au patrimoine mondial de l'Unesco. Un voyage en Afrique australe ne saurait être complet sans la visite de ce site inoubliable.

Un débit d'un million de litres d'eau par seconde, une hauteur de 108 m et une largeur de 1,7 km, le tout dans le cadre somptueux des gorges du fleuve Zambèze : imaginez le spectacle... gigantesques trombes d'eau, embruns, brume et arcs-en-ciel. On peut se contenter de les admirer, de les entendre, mais aussi s'en approcher au plus près, des atouts qui les rendent incontournables.

Si elles restent spectaculaires toute l'année, on ne les découvre pas de la même façon selon les saisons (voir p. 198).

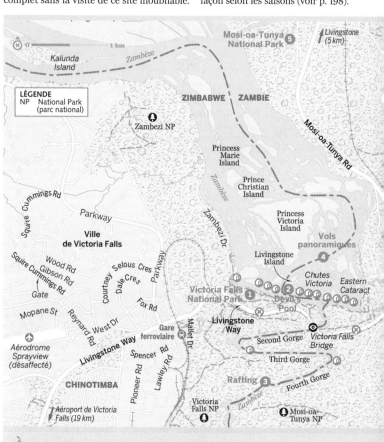

À ne pas manquer

① Le **Victoria Falls National Park** (p. 206), pour une vue imprenable sur les chutes

② Un bain dans la **Devil's Pool** (p. 200), une piscine à débordement naturelle

③ Du **rafting** (p. 197) sur des rapides de niveau 5 le long du Zambèze

④ Des **vols panoramiques** (p. 199) somptueux au-dessus des chutes

⑤ Des rhinocéros à suivre à la trace lors d'un safari à pied dans le **Mosi-oa-Tunya National Park** (p. 201)

Activités

Naturellement attirés par l'exceptionnelle splendeur des chutes, les visiteurs trouvent ensuite de bonnes raisons de s'y attarder, tant les activités sont nombreuses et variées. Rafting, saut à l'élastique, survol des chutes en hélicoptère, circuits pédestres à la rencontre des rhinocéros : les chutes Victoria figurent parmi les destinations les plus réputées au monde en matière de sports d'aventure.

Activités culturelles

Pourquoi ne pas passer la soirée à jouer des percussions autour d'un feu de camp sous le ciel d'Afrique (25 $US la séance d'une heure avec repas traditionnel) ? Côté zimbabwéen, vous pouvez vous sustenter chez l'habitant pour le déjeuner (23 $US) ou le dîner (25 $US).

Canoë et kayak

Si le rafting n'est pas fait pour vous, optez pour de paisibles excursions sur le cours supérieur du Zambèze à bord de canoës gonflables à 2 places à la demi-journée (110 $US), la journée (entre 125 et 155 $US) ou la nuit (entre 250 et 285 $US). De plus longues excursions sont aussi possibles.

Des sorties guidées encore plus tranquilles de 3 heures le long du fleuve au coucher du soleil vous permettront de vous détendre pendant qu'une autre personne pagaie à votre place (100 $US, boissons comprises).

Côté zambien, lancez-vous à l'assaut des rapides bouillonnants du Zambèze à bord d'un kayak gonflable pour une sortie d'une journée (155 $US).

Croisières

Les croisières sur le Zambèze vont de la croisière au petit-déjeuner à la formule chic à bord du somptueux *African Queen* et à la formule plus endiablée avec alcool à volonté au couchant. La fourchette des prix est de 48 à 85 $US, sans les frais de parking. Parfait pour apercevoir des animaux sauvages, quoique, l'alcool coulant à flots, le spectacle est *aussi* sur le bateau. Vivement recommandé.

Descente en rappel

Coiffez un casque, encordez-vous et passez la journée à descendre en rappel un à-pic de 54 m de la gorge de Batoka, à partir de 55 $US.

Jet-boat

La formule Jet-boating (120 $US) combine un ébouriffant parcours en bateau au milieu des tourbillons et une descente en téléphérique dans la gorge de Batoka.

Observation des oiseaux

Les amateurs se muniront de jumelles pour observer les spécimens des 470 espèces d'oiseaux qui peuplent la région, dont le touraco de Schalow, le faucon Taita, le grébifoulque d'Afrique et le martin-pêcheur à demi-collier. Partez les observer à pied dans les parcs ou lors d'une excursion en canoë sur le Zambèze.

Plongée en cage parmi les crocodiles

Du côté zimbabwéen des chutes, n'oubliez pas votre maillot de bain pour aller voir de près des crocodiles du Nil. Protégé par une cage et muni d'un masque et d'oxygène, on plonge dans un bassin rempli de crocodiles (70 $US).

Quad

On peut découvrir en quad tout-terrain la spectaculaire région autour de Livingstone (Zambie) et la gorge de Batoka, tout en observant la faune. Les formules vont du circuit nature à Batoka Land aux excursions culturelles plus longues dans le bush. Comptez 95 $US pour une heure de balade, ou 165 $US pour 2 heures 30.

Rafting

C'est l'une des meilleures destinations au monde pour le rafting, que l'on soit débutant ou expérimenté. On peut en faire sur le Zambèze côté zimbabwéen ou côté zambien, vous trouverez des rapides de niveau 5 de chaque côté. Attendez-vous à de très longs parcours avec de vertigineuses descentes et des flots tumultueux ; à déconseiller aux âmes sensibles.

La période des basses eaux, entre juillet et mi-février, est considérée comme celle qui se prête le mieux à la pratique de ce sport ; la haute saison s'écoule d'août à octobre. Les sorties d'une journée s'effectuent entre les rapides 1 et 21 (jusqu'à 25 du côté de la Zambie), couvrant une distance d'environ 25 km.

À la période des hautes eaux (entre mi-février et juillet), les sorties à la journée descendent les rapides 11 à 25, couvrant une distance d'environ 18 km. Seules des sorties à la mi-journée sont organisées pendant cette période. Le fleuve est en principe inaccessible lors de sa "fermeture", vers avril ou mai, en fonction des précipitations de l'année.

Les sorties sont moins chères au Zimbabwe (autour de 120 $US contre 160 $US en Zambie). Cependant, en Zambie vous aurez accès à un téléphérique (et quelques rapides de plus) alors que du côté zimbabwéen il faut remonter une pente raide.

Des sorties avec nuitée et des excursions plus longues peuvent également être organisées.

On peut aussi faire du **riverboard**, une pratique qui consiste à descendre les rapides à plat ventre sur une planche. Il existe une formule rafting/riverboard (170/190 $US la demi-journée/journée). Sinon contacter **Bundu Adventures** (☎0213-324406, 0978-203988 ; www.bunduadventures.com ; 1364 Kabompo Rd, Gemstone Restaurant) pour ses sorties **hydrospeed**, descentes du rapide 2 sur une planche Anvil (70 $US, 3 heures).

Randonnée

Vous trouverez de bonnes randonnées à faire accompagné d'un guide. La plus prisée va des gorges Batoka au Boiling Pot (48 $US). Son itinéraire vous rapproche des chutes. Cette excursion n'a lieu que de fin août à décembre.

Safaris

Les circuits d'observation de la vie sauvage abondent dans la région, aussi bien dans les parcs nationaux et réserves animalières privées des environs immédiats, que plus loin.

Au Mosi-oa-Tunya National Park (Zambie), vous avez des chances d'apercevoir des rhinocéros blancs. Vous pouvez les pister le long de circuits pédestres qui coûtent 80 $US par personne (l'entrée au parc est comprise), dans le cadre d'une visite guidée. Contactez Livingstone Rhino Walks (p. 201) ou Savannah Southern Safaris (p. 201) pour réserver ; notez qu'il faut avoir au minimum 12 ans.

Le Zambezi National Park, au Zimbabwe, est beaucoup plus grand et abrite une faune plus diversifiée (notamment des félins) et de très beaux lodges ainsi que des campings le long du Zambèze.

De part et d'autre de la frontière, les croisières sur le Zambèze sont également très prisées car elles permettent d'observer une faune variée (éléphants, hippopotames et nombreux oiseaux, entre autres).

Autre option pratique, à seulement 15 km de la ville de Victoria Falls, la Stanley and Livingstone Private Game Reserve, une

LES CHUTES AU FIL DES SAISONS

Les chutes restent spectaculaires à n'importe quel moment de l'année. Néanmoins, on distingue une saison sèche et une saison humide, chacune avec ses singularités.

Pendant le Wet (saison humide), le fleuve est à son plus haut niveau et le débit des chutes atteint son maximum. Pendant le Dry (saison sèche), le niveau du fleuve est plus bas et la brume de gouttelettes irisées qui enveloppe les chutes disparaît. De manière générale, les saisons se découpent comme suit :

Janvier à avril Avec le début de la saison des pluies, les chutes entrent dans une période de transition au terme de laquelle le niveau de l'eau aura monté. Vous profiterez d'une vue agréable et verrez les fameux embruns.

Mai à juin N'oubliez pas votre K-Way car vous allez vous faire tremper ! Il sera bien difficile de voir les chutes à travers la brume, en revanche, vous apprécierez pleinement leur puissance car alors, elles déversent 500 millions de litres d'eau. À cette période, leurs embruns sont visibles à 50 km à la ronde. Si vous avez envie de les contempler, cela reste possible car c'est aussi la meilleure saison pour les survoler en hélicoptère.

Juillet à octobre La saison attirant le plus de monde, car la brume d'eau se dissipe et dévoile un spectacle magique, à contempler (et photographier) directement face aux chutes. Le débit, tout aussi puissant, donne une idée de leur force – mais uniquement du côté zimbabwéen. En revanche, du côté zambien, vous pourrez faire l'expérience du Devil's Pool (piscine du diable) qui n'est accessible qu'à partir du mois d'août.

Novembre à janvier La période la moins prisée car la température augmente tandis que le débit et le niveau de l'eau sont au plus bas. Les chutes n'en demeurent pas moins impressionnantes car le rideau d'eau se divise en plusieurs pans. Avec cet avantage qu'à cette saison, on peut nager jusqu'au bord du Devil's Pool, du côté zambien.

réserve privée de 4 000 hectares. Vous pourrez ici partir sur les traces des Big Five, notamment du rhinocéros blanc (déplacé du Hwange National Park), lors d'un safari motorisé (100 $US, 3 heures). Possibilité de faire un safari de nuit avec dîner dans la brousse (137 $US).

Reste enfin le **Hwange National Park** (www.zimparks.org ; entrée au parc pour les clients/ autres 10/20 $US ; ⊘ entrée principale 6h-18h), au Zimbabwe, l'un des parcs abritant le plus grand nombre d'éléphants au monde ainsi que des prédateurs qui s'observent facilement. L'excursion d'une journée coûte autour de 220 $US (4 pers minimum), sinon il faut prendre un bus de 2 heures.

Il est possible de pousser plus loin grâce aux tour-opérateurs qui organisent des excursions d'une journée au Chobe National Park, au Botswana, moyennant 160 $US (visas en sus). Le parc se trouve à une heure de route seulement de la ville de Victoria Falls, et la formule comprend une croisière avec petit-déjeuner, un safari dans le Chobe, le déjeuner et le transport retour à Victoria Falls vers 17h. Cette excursion permet de voir de nombreux animaux, parmi lesquels des lions, des éléphants, des lycaons, des guépards, des buffles et quantité d'antilopes.

Saut à l'élastique et sauts pendulaires

L'un des plus célèbres sauts à l'élastique du monde où l'on s'élance du fameux pont des chutes Victoria dans le Zambèze (111 m). Saut particulièrement long, c'est un vrai régal. Comptez 160 $US par personne.

Pour un frisson plus "modéré", on peut sauter les pieds en premier, pour tomber en chute libre pendant 4 secondes avant d'osciller, mais pas la tête en bas. Les deux points de lancement principaux se situent près du Victoria Falls Bridge et un peu plus loin le long de la gorge de Batoka. Prix pour un saut en solo/tandem : 160/240 $US.

La formule combinant saut à l'élastique, saut pendulaire et tyrolienne coûte 210 $US.

Sorties équestres

Un bon moyen d'observer la vie sauvage le long du Zambèze. Comptez 100 $US la balade de 2 heures 30, et 155 $US l'excursion d'une journée complète pour cavaliers expérimentés.

Train à vapeur

Pour goûter au romantisme d'autrefois, offrez-vous un périple à bord d'un vieux train à vapeur sur le **Bushtracks Express** (☑013-45176 ; www.gotothevictoriafalls.com ; 205 Courtney Selous Cr), train Garratt classe 14A de 1953, qui vous fera franchir l'emblématique pont des chutes au soleil couchant, avec canapés raffinés et boissons à volonté (125 $US, transferts, alcool et en-cas inclus, départ le mardi et le vendredi à 16h ou 16h30 ; vérifier sur le site pour obtenir les horaires les plus récents). Même sans monter à bord de l'engin, cela vaut la peine de se rendre à la gare pour assister au départ du train.

En Zambie, le **Royal Livingstone Express** (☑0213-4699300 ; www.royal-livingstone-express.com ; Mosi-oa-Tunya Rd ; 180 $US dîner, boissons et transferts inclus ; ⊘16h30 mer et sam) effectue un périple de 3 heures 30. Au programme : dîner de 5 plats et boissons dans un train à vapeur de classe 10 ou 12, de 1924, à bord duquel vous traverserez le Mosi-oa-Tunya National Park, installé sur de luxueuses banquettes en cuir, pour rejoindre le pont des chutes et prendre un verre au coucher du soleil (180 $US avec transferts compris depuis Livingstone).

Tyroliennes et balancier

Glissez à 106 km/h le long d'une tyrolienne (en solo/tandem 69/111 $US), ou prenez votre envol entre le Zimbabwe et la Zambie avec la "grande tyrolienne" qui fait franchir la gorge de Batoka (en solo/tandem 45/70 $US). Il existe aussi d'autres types de glissades en tyrolienne similaires (42 $US).

Expérience un tantinet moins impressionnante que le saut à l'élastique, le balancier à travers la gorge (95 $US) permet de plonger les pieds en premier dans la gorge et de se balancer comme un pendule humain. Rien de moins !

Visite guidée du pont

Si le saut à l'élastique ne vous tente pas, faites une visite guidée des chutes Victoria le long de passerelles situées en dessous du pont – tout en étant harnaché. Activité idéale pour en apprendre plus sur cette merveille d'ingénierie et pour faire de belles photos. Il faut compter 65 $US par personne. N'oubliez pas de prendre votre passeport.

Vols panoramiques

Peut-être encore plus spectaculaire, le "Flight of Angels" vous permet de survoler les chutes en hélicoptère : la vue est à couper le souffle. C'est cher, mais le jeu en vaut la chandelle. La **Zambezi Helicopter Company** (☑013-43569 ;

CHUTES VICTORIA LA SEPTIÈME MERVEILLE DE LA NATURE

www.zambezihelicopters.com ; vols 13/25 min 150/284 \$US, plus 12 \$US pour l'entrée du parc) ; **Bonisair** (☑ 0776 497888 ; www.bonisair.com ; 15/22/25 min 150/235/277 \$US) au Zimbabwe ; **United Air Charter** (☑ 0955 204282, 0213-323095 ; www.uaczam.com ; Baobab Ridge, Livingstone ; 15/20/30 min 165/235/330 \$US) et **Batoka Sky** (☑ 0213-323589 ; www.seasonsi-nafrica.com ; vols de 15 min à partir de 155 \$US) en Zambie proposent tous de survoler les chutes. Le prix d'un vol démarre à 150 \$US, et des sorties plus longues sont possibles pour voir les alentours.

Du côté zambien, les ULM de Batoka Sky offrent une fabuleuse vue du ciel.

❶ Renseignements

Backpackers Bazaar (☑ 013-45828, 013-44511, 013-42208 ; www.backpackersba zaarvicfalls.com ; près de Parkway, Shop 5, Bata Bldg ; ⊗ 8h-17h lun-ven, 9h-16h sam-dim) dans la ville de Victoria Falls, est de loin la meilleure source indépendante de renseignements. Sa propriétaire passionnée, Joy, vous donnera quantité d'infos et de conseils sur les chutes et les alentours. À Livingstone, le personnel de Jollyboys Backpackers (p. 202) est aussi très au fait des dernières nouveautés. Les deux lieux sont parfaits pour réserver des activités et organiser la suite de votre périple.

ZAMBIE

☑ 260

Tout en continuant à surfer sur la vague du tourisme généré par les chutes, la Zambie conserve néanmoins son atmosphère de pays modeste et discret. En outre, la rive du Zambèze, qui poursuit son développement rapide aux abords des chutes, est en train de devenir l'une des destinations les plus sélectes d'Afrique australe.

Livingstone

136 897 HABITANTS / ☑ 0213

Installée à 11 km des chutes Victoria, la paisible et sympathique ville de Livingstone est une excellente base pour visiter le côté zambien de cette merveille du monde. Les voyageurs viennent, bien sûr, pour la splendeur des cataractes, mais aussi pour le grand frisson des sports d'aventure. La ville est aujourd'hui un haut lieu du tourisme sac au dos. Elle s'organise autour d'une artère principale, Mosi-oa-Tunya Rd, qui se prolonge vers le sud sur une portion magnifique du Zambèze, à 7 km de la ville.

❶ VISAS

Un visa est nécessaire pour se rendre du Zimbabwe en Zambie ou vice versa. On se le procure aux frontières, ouvertes approximativement de 6h à 22h.

Notez qu'il est impossible de se procurer un visa à entrées multiples à ces frontières-là. Dans la plupart des cas, vous devrez en faire la demande à l'ambassade de votre pays d'origine, avant le départ.

À destination de la Zambie

Les ressortissants français, belges, suisses et canadiens se procureront un visa. Un visa pour 24 heures (vous aurez besoin d'un visa zimbabwéen à entrée double pour revenir) coûte 20 \$US, un visa à entrée simple revient à 50 \$US et un visa à double entrée à 80 \$US.

À destination du Zimbabwe

Le visa à entrée simple coûte 30 \$US et celui à double entrée revient à 45 \$US pour les ressortissants français, belges, suisses et canadiens.

Le KAZA Uni-Visa (qui permettait de voyager entre les deux pays) a été suspendu en 2016, mais vérifiez avant de partir s'il n'a pas été de nouveau autorisé.

👁 À voir

💙 **Victoria Falls World Heritage National Monument Site** CHUTES

(Mosi-au-Tunya National Park ; adulte/enfant/guide 20/10/10 \$US ; ⊗ 6h-18h). Voici le site du patrimoine national zambien des majestueuses chutes Victoria, qui font officiellement partie du Mosi-oa-Tunya National Park, à 11 km de la ville, juste avant la frontière zambienne. Du centre, un réseau de sentiers se faufile à travers la végétation dense jusqu'à plusieurs points de vue.

Pour voir de près l'**Eastern Cataract** (cataracte de l'Est), rien de tel que la terrifiante passerelle qui franchit des nuages de gouttelettes tournoyants avant d'atteindre l'éperon à pic appelé **Knife Edge** ("lame de couteau").

💙 **Devil's Pool** BELVÉDÈRE

(www.devilspool.net ; Livingstone Island ; à partir de 90 \$US). Le trajet proprement ébouriffant jusqu'à **Livingstone Island** est une expérience mémorable. Sur place, on se baigne dans le Devil's Pool (bassin du Diable), sorte de piscine à débordement naturelle creusée au bord des chutes. On peut plonger dans le bassin puis passer la tête au-dessus de l'eau et jouir d'une vue extraordinaire sur le vertigineux à-pic de 100 m. Vous y verrez une plaque marquant l'emplacement d'où David Livingstone aperçut les chutes pour la première fois.

Mosi-oa-Tunya National Park   PARC NATIONAL
(adulte/enfant 15/7,50 $US ; ⊘6h-18h). Le parc se scinde en deux parties distinctes : celle réservée aux chutes Victoria et celle hébergeant une faune sauvage. Cette dernière, célèbre pour ses rhinocéros blancs que l'on peut suivre à la trace, n'est qu'à 3 km au sud-ouest de Livingstone. Pour assurer leur protection, ils sont accompagnés jour et nuit de rangers antibraconnage. Vous verrez ces animaux dans le cadre d'une visite (80 $US/ pers, comprenant l'accès au parc et les transferts à l'hôtel) qu'il faut réserver auprès de Livingstone Rhino Walks ou Savannah Southern Safaris.

Livingstone Museum   MUSÉE
(☑0213-324429 ; www.museumszambia.org ; Mosi-oa-Tunya Rd ; adulte/enfant 5/3 $US ; ⊘9h-16h30). L'excellent Livingstone Museum est le musée le plus ancien, le plus grand et le plus prestigieux du pays. Il comporte 5 départements consacrés à l'archéologie, à l'histoire, à l'ethnographie et à l'histoire naturelle. Il contient en particulier une collection de souvenirs liés à David Livingstone (notamment des lettres signées), des objets tribaux (tissu d'écorce, instruments de sorcellerie), la reproduction grandeur nature d'un village africain, des animaux empaillés et des explications sur la Zambie d'aujourd'hui.

☞ Circuits organisés

Savannah Southern Safaris   FAUNE, RANDONNÉE
(☑0973 471486 ; www.savannah-southern-safaris. com). Cette agence organise différents types de circuits, mais ce sont les itinéraires pédestres pour observer les rhinocéros blancs au parc national Mosi-au-Tunya qui en font sa renommée. Pour 2 personnes ou plus, il faut compter 70 $US, ou 80 $US pour des personnes seules (le prix comprend le transport et les frais de parking). Les enfants doivent être âgés de plus de 12 ans. Également, des visites de communautés locales et des circuits guidés à pied de Livingstone.

Livingstone Rhino Walks   SAFARI
(☑0213-322267 ; www.livingstonerhinosafaris.com ; 80 $US/pers). Organisme basé à Livingstone spécialisé dans les safaris pédestres pour observer les rhinocéros blancs dans le parc national Mosi-au-Tunya. Les enfants doivent être âgés de plus de 12 ans. Le prix comprend l'entrée au parc et les transferts depuis Livingstone.

ZIMBABWE OU ZAMBIE ?

À cheval entre le Zimbabwe et la Zambie, les chutes Victoria sont aisément accessibles depuis ces deux pays. Bien des voyageurs se demandent toutefois s'il vaut mieux les visiter depuis Victoria Falls (Zimbabwe) ou Livingstone (Zambie). Ce dilemme appelle une réponse simple : découvrez le site de part et d'autre de la frontière et séjournez dans les deux villes. Il faudra vous acquitter de visas, mais vous n'avez pas fait toute cette route pour rien ; le jeu en vaut la chandelle.

Côté zimbabwéen, vous serez plus éloigné des chutes, mais profiterez d'une meilleure vue d'ensemble. Côté zambien, les plus audacieux auront la possibilité de se poster, au sommet des cataractes, directement dans le Devil's Pool, mais avec une perspective plus restreinte.

Ville construite pour répondre aux besoins des touristes juste à l'entrée des chutes, Victoria Falls se parcourt facilement à pied et possède la beauté naturelle du bush africain. Quant à la question de savoir si c'est un endroit sûr au vu de la situation sensible du Zimbabwe, la réponse est, résolument, oui.

La jolie Livingstone dévoile quant à elle une atmosphère décontractée et un cachet historique. Longtemps moins fréquentée que sa voisine, elle conserve une certaine authenticité car ses habitants ne dépendent pas exclusivement de l'industrie touristique. Assez étendue et sise à 11 km des chutes, elle reçoit désormais de nombreux voyageurs tout au long de l'année.

Livingstone

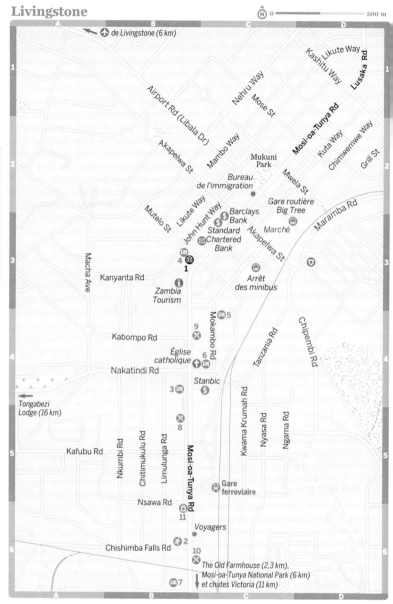

Où se loger

**Jollyboys
Backpackers** AUBERGE DE JEUNESSE, CAMPING **$**
(☎ 0213-324229 ; www.backpackzambia.com ;
34 Kanyanta Rd ; camping 9 $US/pers, dort
12-15 $US, d à partir de 65 $US, d/tr/qua avec sdb

partagée 45/50/80 $US ; ✱ @ 🛜 🏊). Ses
propriétaires connaissent parfaitement
les attentes des voyageurs sac au dos, d'où
l'immense succès de leur établissement.
Au programme : personnel sympathique,
bar-restaurant, salon de lecture et piscine

Livingstone

CHUTES VICTORIA ZAMBIE

éclatante – une excellente adresse pour se prélasser. Les dortoirs et les salles de bains sont impeccables (l'option "flashpacker" pour routard "raffiné" est disponible). Les chambres privées, tout confort, disposent de la climatisation et d'une salle de bains, certaines sont installées dans des cottages en bois en forme de A.

Rose Rabbit Zambezi River Bushcamp
CAMP DE BROUSSE **$**

(☑ in Zimbabwe 0784 007283, 0773 368608 ; www.facebook.com/theroserabbit ; Rapid 21, Lower Zambezi River ; par pers camping/dort/camp sous tente/cabane dans les arbres 10/15/20/40 $US). Ce camp en bordure de fleuve est idéal pour les voyageurs indépendants à la recherche d'un lieu atypique. À proximité du rapide 21 du bas Zambèze, il ravira non seulement les fans de rafting, mais aussi les hédonistes adeptes de fêtes autour d'un feu de camp, aimant nager et se prélasser sur la plage. En plus du camping, il y a aussi des dortoirs, un camp sous tente et des cabanes dans les arbres.

Livingstone Backpackers
AUBERGE DE JEUNESSE, CAMPING **$**

(☑ 0213-324730 ; www.livingstonebackpackers.com ; 559 Mokambo Rd ; camping 7 $US, dort à partir de 12 $US, d 45 $US, avec sdb commune 65 $US ; 🛜🛏). Cet établissement a un côté gentiment fêtard, en particulier lorsque des cohortes de jeunes de la génération Y sont en vacances, se prélassant au bord de la piscine ou dans le bungalow extérieur au sol sablonneux, se balançant dans les hamacs ou grimpant à l'assaut du mur d'escalade. Sur place également : Jacuzzi, cuisine extérieure et salon. Le personnel est très aimable.

Fawlty Towers
AUBERGE DE JEUNESSE, LODGE **$**

(☑ 0213-323432 ; www.adventure-africa.com ; 216 Mosi-oa-Tunya Rd ; dort 12 $US, ch à partir de 50 $US, avec sdb commune 45 $US ; ✳@🛜🛏). Sans doute les dortoirs les plus plaisants et les plus spacieux que nous avons pu voir. Cet établissement a été rafraîchi et transformé en lodge plutôt chic – ne s'adressant plus uniquement à la clientèle sac au dos. Le Wi-Fi est gratuit, le terrain herbeux est bien entretenu. Il y a une superbe piscine, un bar, un salon douillet, une cuisine commune et des pancakes gratuits qui accompagnent votre thé.

Olga's Guesthouse
PENSION **$$**

(☑ 0213-324160 ; www.olgasproject.com ; angle Mosi- oa-Tunya Rd et Nakatindi Rd ; s/d/f avec petit-déj 40/60/80 $US ; ✳🛜). 🍽 Située en plein centre ; les chambres sont propres et spacieuses, avec jolis sols carrelés, mobilier en teck et élégantes salles de bains à deux pas. Les bénéfices sont reversés à une organisation locale d'aide aux jeunes. Le bonus : son restaurant italien, Olga's Italian Corner.

ZigZag
PENSION **$$**

(☑ 0213-322814 ; www.zigzagzambia.com ; 693 Linda Rd, près de Mosi-oa-Tunya Rd ; s/d/tr avec petit-déj 50/70/90 $US ; ℗✳@🛜🛏). Ne vous laissez pas leurrer par l'aspect mi-motel mi-camping de l'établissement. Ses chambres tiennent davantage du B&B de charme. Elles sont impeccables, entourées d'un grand jardin pourvu d'arbres fruitiers, de tables de pique-nique, d'une piscine et d'une aire de jeux pour enfants. Son excellent restaurant est aussi un atout.

Victoria Falls Waterfront
LODGE, CAMPING **$$**

(☑ 0213-320606 ; www.thevictoriafallswaterfront.com ; Sichango Dr ; camping 13 $US/pers, s/d camp sous tente 36/48 $US, s/d bungalow avec petit-déj à partir de 165/215 $US ; ✳🛜🛏). Partageant les berges du Zambèze avec des *resorts* de luxe, voici le seul lodge au bord de l'eau pour les petits budgets, ce qui en fait un établissement populaire, au cadre naturel (un petit ruisseau de la propriété abrite des crocodiles). Il dispose d'un camping, de tentes en dôme ou de charmants chalets au bord de l'eau, ainsi que d'une piscine et d'un bar-terrasse qui surplombe le fleuve, prisé au soleil couchant.

Stanley Safari Lodge
LODGE **$$$**

(☑ à Malawi 0265-1794491 ; www.stanleysafaris. com ; Stanley Rd ; pension complète, activités comprises à partir de 510 $US/pers ; @☎✉). Intimiste et confortable, cet établissement à 10 km de route des chutes est situé dans un coin paisible, entouré d'une forêt de mopanes. Comme on peut s'y attendre au vu des prix, les chambres, disséminées dans le jardin paysager, sont luxueuses. Mention spéciale aux suites en plein air où l'on peut profiter de la nature depuis son propre bassin privé. Ensuite, il n'y a plus qu'à se blottir au coin du feu dans le salon extérieur. Tarifs tout compris.

Tongabezi Lodge
LODGE **$$$**

(☎ 0979 312766, 0213-327468 ; www.tongabezi. com ; cottage/maison par pers en pension complète, activités comprises à partir de 775/875 $US ; ❄☎✉). Des cottages somptueux et spacieux côtoient des "maisons dans les arbres" ouvertes, dotées d'une véranda où l'on peut dîner. Les maisons possèdent des bassins privés et sont parfaites pour les familles. Les hôtes sont invités à passer une soirée sur Sindabezi Island (à partir de 595 $US/pers), pour une escapade chic et rustique.

✗ Où se restaurer

♥ Da Canton
GLACIER **$**

(Mosi-Oa-Tunya Rd ; glace petite/grande 8/24 ZMW, pizza à partir de 19 ZMW ; ☺ 9h-23h). Si la cuisine italienne servie à cette adresse est savoureuse et authentique, ce sont surtout ses glaces faites maisons qui font fureur auprès des habitants. Les propriétaires italiens préparent 18 parfums, les glaces classiques côtoyant quelques concoctions originales.

♥ Cafe Zambezi
AFRICAIN **$$**

(☑ 0978 978578 ; www.facebook.com/cafezambezi ; 217 Mosi-oa-Tunya Rd ; plats 6-10 $US ; ☺ 7h15-minuit ; ☎✉). Installez-vous dans la cour, ensoleillée en journée et éclairée aux bougies le soir. Un établissement très couleur locale au menu proposant des plats typiques de la région : viande de chèvre, queue de crocodile et vers de mopane. Mention spéciale aux délicieuses pizzas au feu de bois, mais vous

pouvez aussi manger de l'impala ou des burgers aubergines/fromage *halloumi*.

♥ Olga's Italian Corner
ITALIEN **$$**

(www.olgasproject.con ; angle Mosi-oa-Tunya Rd et Nakatindi Rd ; pizza et pâtes 35-88 ZMW ; ☺ 7h-22h ; ☎✉). On prépare ici d'authentiques pizzas au feu de bois à pâte fine, ainsi que de savoureuses recettes de pâtes maison, le tout servi sous un grand toit de chaume. Les végétariens trouveront leur bonheur, notamment grâce aux lasagnes croustillantes servies à même le plat. Tous les bénéfices sont reversés à un organisme caritatif local venant en aide aux jeunes défavorisés.

Golden Leaf
INDIEN **$$**

(☑ 0213-321266 ; 1174 Mosi-Oa-Tunya Rd ; plats 54-95 ZMW ; ☺ 12h30-22h). En arrivant, en humant les premiers effluves, vous réaliserez que Golden Leaf est le top du top en matière de cuisine indienne. Une excellente adresse pour les végétariens avec un vaste choix, notamment des plats au *paneer* fait maison, du curry crémeux d'Inde du Nord et du tandoori servi le soir.

ZigZag
CAFÉ **$$**

(Mango Tree Café ; www.zigzagzambia.com/the-mango-tree-cafe ; 693 Linda Rd, près de Mosi-oa-Tunya Rd ; plats à partir de 25-62 ZMW ; ☺ 7h-21h ; ☎). ZigZag propose d'appétissants muffins maison, de l'excellent café zambien et des smoothies concoctés avec les fruits frais du jardin, et une petite carte régulièrement renouvelée de bons plats tous simples (pancakes au sirop d'érable, pizzas à pâte fine, hamburgers…)

Où prendre un verre et faire la fête

The Sundeck
BAR

(royal-livingstone.anantara.com/the-sun decks ; Mosi-au-Tunya Rd ; cocktail à partir de 40 ZMW ; ☺ 10h30-19h ; ☎). Ce bar à ciel ouvert du Royal Linvingstone Hotel est l'endroit idéal pour prendre un verre au coucher du soleil face au Zambèze. En plus d'un choix standard de boissons, il propose de vénérables cocktails tels que le Manhattan ou l'Americano. Le menu comprend des hamburgers, des plateaux de mezze et des salades. Les chutes se trouvent à 15 minutes à pied.

🔒 Achats

Wayawaya
MODE ET ACCESSOIRES

(www.wayawaya.no ; Mosi-oa-Tunya Rd ; ☺ 9h-17h). ⌀ Entreprise solidaire, créée par deux

Norvégiennes, où vous pourrez vous procurer des sacs contemporains, et de qualité, confectionnés par des femmes de la région, s'inscrivant dans le mouvement de la "slow fashion". Vous pouvez rencontrer ces femmes lors de votre visite.

ℹ Renseignements

ARGENT

Les banques suivantes acceptent les cartes MasterCard et Visa, mais elles sont parfois sujettes à des coupures d'électricité.

Barclays au centre (à l'angle de Mosi-oa-Tunya Rd et de Akapelwa St) est dans le *resort* AVANI.

Stanbic (Mosi-oa-Tunya Rd) au centre.

Standard Chartered Bank (Mosi-oa-Tunya Rd) au centre.

DÉSAGRÉMENTS ET DANGERS

Ne vous rendez pas à pied aux chutes depuis la ville, car un certain nombre d'agressions ont été enregistrées sur ce tronçon. Il s'agit de toute façon d'un trajet long et sans grand intérêt. Inutile de prendre des risques (surtout qu'il y a des éléphants dans le coin). Prenez plutôt un taxi ou faites-vous accompagner par le service de transfert gratuit de votre pension. Livingstone est une ville sûre, mais il vaut mieux éviter de se déplacer à pied une fois la nuit tombée.

IMMIGRATION

Bureau de l'immigration (☎ 0213-3320648 ; www.zambiaimmigration.gov.zm ; Mosi-oa-Tunya Rd ; ⊙8h-13h et 14h-17h lun-ven).

OFFICE DU TOURISME

Centre d'information touristique (☎ 0213-321404 ; www.zambia tourism.com ; Mosi-oa-Tunya Rd ; ⊙8h-17h lun-ven, 8h-12h sam). D'une utilité relative, il peut aider à réserver des circuits et un hébergement. Adressez-vous plutôt à Jollyboys et Fawlty Towers, qui fournissent quantité d'informations.

POLICE

Police (☎ 0213-320116, 0213-323575 ; Maramba Rd)

POSTE

Bureau de poste (Mosi-oa-Tunya Rd). Service de poste restante.

SERVICES MÉDICAUX

SES-Zambia (www.ses-zambia.com ; Mosi-au-Tunya Rd, AVANI Victoria Falls Resort ; ⊙8h-17h). Le meilleur centre médical de la région, pour les urgences et la médecine générale. Il se trouve au sein du *resort* **AVANI**

(☎ 0978 777044 ; www.minorhotels.com/en/avani ; Mosi-oa-Tunya Rd).

ℹ Depuis/vers Livingstone

AVION

L'aéroport de Livingstone récemment rénové – dont le nom officiel est Harry Mwanga Nkumbula International Airport – est situé à 6 km au nord-ouest de la ville. Il dispose d'un DAB et du Wi-Fi gratuit. Il faut compter environ 5 $US pour une course en taxi jusqu'au centre-ville ou 8 $US pour les hôtels en bordure du fleuve.

South African Airways (☎ 0213-323031 ; www.flysaa.com) et **British Airways** (Comair ; ☎ en Afrique du Sud +27 10-3440130 ; www.british airways.com) effectuent des vols quotidiens depuis/vers Johannesburg (1 heure 45) ; le tarif minimum en classe économique est d'environ 270 $US aller-retour.

Proflight Zambia (☎ 0977 335563, à Lusaka 0211-252452 ; www.proflight-zambia.com) assure la liaison quotidienne de Livingstone à Lusaka pour environ 210 $US l'aller simple (1 heure 15).

BUS ET MINIBUS

Quantité de minibus et taxis collectifs circulent depuis la gare routière près du marché de Livingstone, le long de Senanga Rd. Notez qu'il est prévu de transférer cette gare sur Nakatindi Rd. Des agressions s'étant produites, mieux vaut toutefois prendre un taxi si vous arrivez la nuit.

TRAIN

On circule bien plus rapidement en bus, mais le voyage jusqu'à Lusaka plaira aux amateurs de trains et de rythmes plus nonchalants. Un seul mot d'ordre ici : la lenteur. Il faut entre 15 et 20 heures de trajet pour atteindre Lusaka (wagon-lit classe économique/business/1re 70/90/135 ZMW), en passant par Choma. Départ à 20h le lundi et le vendredi. Apportez de quoi manger à bord. Réservations à la **gare ferroviaire** (☎ 0961 195353), indiquée par des panneaux près de Mosi-oa-Tunya Rd.

VOITURE ET MOTO

En conduisant une voiture ou une moto de location, vérifiez bien tous les détails concernant l'assurance, et veillez à détenir tous les documents nécessaires au contrôle des postes de police et des frontières (documents relatifs aux "propriétaires" du véhicule, "autorisation de conduire", papiers d'assurance et photocopie du reçu de la taxe carbone).

Attendez-vous à payer autour de 100 $US de frais divers au passage de la frontière du Zimbabwe.

ℹ Comment circuler

TAXIS

Des minibus circulent régulièrement dans Mosi-oa-Tunya Rd à destination des chutes Victoria côté de la frontière zambienne (5 ZMW, 15 min). Les taxis bleus demandent 60-80 ZMW de la frontière à Livingstone. En venant de la frontière, les taxis collectifs sont stationnés juste après les taxis. Ils partent une fois au complet.

VOITURE ET MOTO

Hemingways (☎ 0213-323097 ; www.heming wayszambia.com), à Livingstone, propose des 4x4 Toyota Hiluxes pour environ 225 $US par jour. Les véhicules sont très bien équipés, notamment en matériel de camping et de cuisine. Les conducteurs doivent être âgés d'au moins 25 ans.

Voyagers (☎ 0213-320517, 0213-323259 ; www.voyagerszambia.com ; 163 Mosi-oa-Tunya Rd).Prestataire zambien affilié à Europcar qui propose des 4x4 à prix raisonnables (environ 100 $US/jour).

ZIMBABWE

☎ 263

Le chemin est encore long, néanmoins l'avenir du Zimbabwe semble enfin s'éclaircir. La réforme agraire galopante, l'hyperinflation et les tristes pénuries alimentaires paraissent désormais appartenir au passé. En réalité, la sécurité n'a jamais été un motif d'inquiétude pour les voyageurs dans ce pays. Même au plus fort de la crise, les visiteurs n'ont nullement été la cible de violences politiques. Désormais, les touristes reviennent nombreux du côté zimbabwéen des chutes.

Ville de Victoria Falls

33 360 HABITANTS / ☎ 013

Destination incontournable, Victoria Falls est une ville prise d'assaut par les touristes. Non seulement elle offre la meilleure vue sur les chutes, mais c'est également un endroit très apprécié pour le tourisme d'aventure et les safaris.

Malgré la situation politique et économique difficile du Zimbabwe, la ville a toujours été un lieu sûr pour les voyageurs. Les habitants sont extrêmement sympathiques. Et si elle a eu, quelques années durant, l'allure d'un centre de villégiature morose, plus aucun doute n'est permis : les affaires reprennent bel et bien.

La ville, où règne une atmosphère calme, a été conçue spécialement pour accueillir les voyageurs. Les rues, bordées d'hôtels, de bars et de boutiques d'artisanat parmi les plus intéressantes d'Afrique australe, peuvent aisément être parcourues à pied (hormis la nuit, à cause des animaux sauvages).

👁 À voir

💙 Victoria Falls
National Park   CHUTES

(30 $US ; ⊙ 6h-18h). Les chutes côté zimbabwéen sont absolument magiques. Deux tiers des chutes sont situées à cet endroit, notamment la tonitruante cataracte principale, qui se déverse tout le long de l'année. On les découvre depuis un sentier au sommet de la gorge, ponctué de plusieurs excellents belvédères à la vue imprenable.

💙 Jafuta Heritage
Centre   CENTRE CULTUREL

(www.elephantswalk.com/heritage.htm ; Adam Stander Dr, Elephant's Walk ; don apprécié ; ⊙ 8h-17h). GRATUIT Petit, mais impressionnant, ce musée est consacré au patrimoine culturel de diverses ethnies du Zimbabwe. Il propose un éclairage sur les Shona, Ndebele, Tonga et Lozi et présente de magnifiques objets, bijoux et costumes.

Zambezi National Park   PARC NATIONAL

(☎ 013-42294 ; www.zimparks.org ; jour/nuit 15/23 $US ; ⊙ 6h-18h). À seulement 5 km du centre-ville, ce parc national largement sous-estimé est composé de forêts de mopanes et de savanes abritant une abondante faune. Il s'étend sur 40 km le long du Zambèze. Réputé pour ses troupeaux d'hippotragues noirs, d'éléphants, de girafes, de zèbres et de buffles, il permet de voir également quelques lions, léopards et guépards (plus rares). Facilement accessible avec un véhicule de tourisme.

Stanley and Livingstone
Private Game Reserve   RÉSERVE NATURELLE

(Victoria Falls Private Game Reserve ; ☎ 013-44571 ; www.stanleyandlivingstone.com/activities). Cette réserve privée de 4 000 ha à 12 km de la ville recèle les Big Five, notamment le rhinocéros noir menacé d'extinction, que vous pouvez être quasiment sûr d'apercevoir. Les safaris coûtent 100 $US ; il faut compter 135 $US pour une excursion de nuit avec dîner dans la brousse.

Ville de Victoria Falls

N 0 ————————————— 500 m

A'Zambezi River Lodge (3 km),
Zambezi National Park (5 km)
et Elephant Hills Hotel Golf Course (5,5 km)

Courtney Selous Cres

Victoria Falls
Backpackers (950 m),
Boma (1,5 km)
et Buffalo Bar
(1,5 km)

Chutes Victoria (600 m),
Lookout Cafe (1 km),
douane du Zimbabwe (1,5 km)
et douane de la Zambie (2 km)

Dale Cres

Parkway

Livingstone Way

7 **Jafuta**
1 **Heritage**
8 ◎ **Centre**
9

Fox Rd

West Dr

Parkway

3

11 12

17

14

13

Batonka Guest
Lodge (480 m)

10 16
15

Metcalfe Rd

6

Lawley Rd

Mallet Dr

Livingstone Way

Silitoe Rd

Gare
ferroviaire

18

Pioneer Rd

2

4

de Victoria Falls
(21 km)

Lawley Rd

de Chinotimba
(1 km)

Stanley and Livingstone
Private Game Reserve
et Stanley and Livingstone
Safari Lodge (2,5 km)

CHUTES VICTORIA ZIMBABWE

Ville de Victoria Falls

◎ Les incontournables
1 Jafuta Heritage Centre C2

✦ Activités
2 Bushtracks Express C4
3 Wild Horizons..B2

🛏 Où se loger
4 Victoria Falls Hotel C4
5 Victoria Falls Restcamp & Lodges B2

✕ Où se restaurer
Africa Café.......................................(voir 8)
In Da Belly Restaurant ....(voir 5)
6 Lola's Tapas & Carnivore
Restaurant...C3

☕ Où prendre un verre et faire la fête
Stanley's Terrace ....(voir 4)

🔒 Achats
7 Big Curio Open Market...........................C2
8 Elephant's Walk Shopping
& Artist Village......................................C2
Matsimela ....(voir 8)
Ndau Collection...............................(voir 8)
Prime Art Gallery.............................(voir 8)
9 Tshaka's Den Complex...........................C2

ⓘ Renseignements
10 Backpackers Bazaar...............................B3
11 Barclays Bank..C2
12 Standard Chartered Bank......................C2
13 Zimbabwe Tourism Authority B3

ⓘ Transports
14 Avis...C3
15 FastJet...B3
16 Hertz B3
17 Intercape Pathfinder C3
18 Billetterie (gare ferroviaire)................C3

Parcs nationaux de Victoria Falls et Mosi-oa-Tunya

Où se loger

Victoria Falls Backpackers

AUBERGE DE JEUNESSE, CAMPING $

(☏013-42209 ; www.victoriafallsbackpackers.com ; 357 Gibson Rd ; camping/dort par personne 10/18 $US, d 60 $US, avec sdb commune 50 $US ; @🛜📺). Parmi les meilleurs établissements économiques de la ville et accueillant de longue date les touristes sac au dos. Des rénovations ont été effectuées récemment. Mélange éclectique de chambres éparpillées dans le jardin soigné aux touches originales. Ses autres atouts : le bar, la petite piscine, la salle de jeux et la salle télé ainsi que la cuisine commune. Possède aussi un spa avec massages et "fish pédicure".

Victoria Falls Restcamp & Lodges

CAMPING, LODGE $

(☏013-40509 ; www.vicfallsrestcamp.com ; angle Parkway et West Dr ; camping/dort 16/20 $US, s/d tentes igloos aménagées à partir de 29/40 $US, s/d chalets sans sdb 35/46 $US, cottages à partir de 127 $US ; ❄🛜📺). Une excellente adresse pour les voyageurs indépendants avec un côté camp de vacances tranquille, établi sur un terrain sécurisé et recouvert d'herbe. L'hébergement se fait dans des dortoirs basiques, des chambres de style lodge (ou des chambres plus chères avec clim et sdb)

ou dans des campements de tentes safari. Ravissante piscine et formidable restaurant en plein air, l'In Da Belly. Wi-Fi payant.

Zambezi National Park Lodge

CHÂLETS, CAMPING $$

(☏013-42294 ; www.zimparks.org ; camping 17 $, cottage 138 $; ❄). Ces superbes cottages composés de 2 chambres se trouvent pile en bordure du Zambèze. Il faut apporter de quoi préparer ses repas ; les cottages disposent d'un réfrigérateur, d'une cuisine équipée, de canapés, d'une télé, d'une baignoire et même de la climatisation. Vous trouverez aussi un coin barbecue à l'extérieur. Plus loin dans le parc, il y a un terrain de camping rudimentaire (le bois coûte 5 $US), sans eau ni toilette.

Victoria Falls Hotel

HÔTEL DE LUXE $$$

(☏0772 132175, 013-44751 ; www.victoriafalls hotel.com ; 1 Mallet Dr ; s/d avec petit-déj à partir de 423/455 $US ; ❄🛜📺). Construit en 1904, cet hôtel historique, le plus ancien du pays, brille par son élégance raffinée et occupe un emplacement très pittoresque. À défaut de voir les chutes à proprement parler, on aperçoit depuis certaines chambres, par-delà les pelouses (où se promènent des phacochères) donnant sur la gorge et le pont, les embruns

entourée de vérandas et arborant un intérieur design avec des œuvres originales.

Elephant Camp
LODGE $$$

(☎ 013-44571 ; www.theelephantcamp.com ; s/d en pension complète 838/1 118 $US ; @🖥🐾). L'une des meilleures adresses pour dépenser sans compter. Les luxueuses "tentes" ont le cachet rustique des lodges classiques et sont situées dans une concession privée à l'intérieur du parc national Victoria Falls. Chaque chambre possède son propre bassin extérieur et une véranda conçue pour observer les animaux en train de paître, ou les embruns des chutes. Vous croiserez peut-être Sylvester, le guépard du lieu.

🍴 Où se restaurer

💙 Lookout Cafe
CAFÉ $$

(☎ 0782 745112 ; www.wildhorizons.co.za/the-lookout-cafe ; Batoka Gorge ; plats 12-15 $US ; ⊙8h-19h ; 🖥). Superbe endroit surplombant la gorge Batoka. Vous pouvez profiter de la vue sur le pont et sur le Zambèze tout en dégustant un hamburger, un kebab au crocodile, ou boire un verre sur la terrasse en plein air ou sur la pelouse. L'établissement est géré par **Wild Horizons** (☎ 013-44571, 0712 213721 ; www.wildhorizons.co.za ; 310 Parkway Dr), et vous aurez aussi le privilège d'observer les casse-cou faire le grand saut ou s'envoler à travers la gorge.

💙 Lola's Tapas & Carnivore Restaurant
ESPAGNOL, AFRICAIN $$

(☎ 013-42994 ; 8B Landela Complex ; plats 8-20 $US ; ⊙8h-22h ; 🖥). Tenu par l'accueillante Lola, de Barcelone, ce restaurant populaire combine la cuisine méditerranéenne aux gibiers locaux. Au menu : des raviolis au crocodile, de la paella au koudou, des steaks de zèbre, des boulettes de viande d'impala et des plats de tapas plus traditionnels. Il y a aussi, au choix, un buffet de gibier pour 30 $US.

💙 Boma
AFRICAIN $$

(☎ 013-43211 ; www.victoria-falls-safari-lodge.com ; Squire Cummings Rd, Victoria Falls Safari Lodge ; buffet 40 $US ; ⊙dîner 19h, café à partir de 7h). Au menu : buffet de spécialités africaines (pintade fumée en entrée, terrine de jarret d'impala ou phacochère rôti) à déguster sous un immense toit de chaume. Vous pouvez aussi savourer de la queue de crocodile fumée, du phacochère grillé, du ragoût de pintade et des rôtis cuits à la broche. Les plus téméraires peuvent goûter les vers de

des chutes. Le *high tea* servi au Stanley's Terrace fait figure d'institution.

Stanley and Livingstone Safari Lodge
LODGE $$$

(☎ 013-44571 ; www.stanleyandlivingstone.com ; Stanley & Livingstone Private Game Reserve ; ch par pers avec pension complète et activités 436 $US ; 🖥🐾). Installé dans une réserve privée à 15 km de Victoria Falls, ce lodge luxueux ravira les visiteurs qui n'ont pas le temps de visiter le parc national, mais qui souhaitent quand même s'entourer de la faune sauvage. Les chambres de cet établissement comportent tout le confort moderne, avec une décoration de style victorien dans la salle de bains (baignoire à pieds), le salon et le patio.

Batonka Guest Lodge
PENSION $$$

(☎ 013-47189/90 ; www.batonkaguestlodge.com ; Reynard Rd ; s/d petit-déj inclus 195/300 $US ; 🖥🐾). 🌿 Alliant le confort moderne au charme colonial, Batonka est une excellente alternative aux grands complexes hôteliers. Une ambiance calme ; des chambres qui donnent sur un jardin paysager et une belle piscine, comprenant élégante salle de bains, télé câblée et cafetière. Le bar/restaurant/réception est situé dans une belle maison mopane (et obtiendront un certificat du chef pour saluer leur courage). On peut assister à des danses traditionnelles (20h), s'essayer aux percussions (20h45) ou consulter un sorcier-guérisseur qui lit l'avenir. Il est important de réserver.

Africa Café
CAFÉ **$$**

(www.elephantswalk.com/africa_cafe.htm ; Adam Stander Dr, Elephant's Walk ; petit-déj/hamburger 7/11 $US ; ☉8h-17h ; 🕿🖉). Cet agréable café en plein air offre le meilleur café de Victoria Falls, préparé par des serveurs professionnels qui utilisent des grains provenant des montagnes de l'est du Zimbabwe. L'endroit ne manque pas de tables pour savourer un bon petit-déjeuner, des burgers, des plats végétariens et des desserts, tels que sa spécialité : le cheese-cake à la poudre de baobab. Vous y trouverez aussi un bar.

In Da Belly Restaurant
AFRICAIN, INTERNATIONAL **$$**

(☎013-332077 ; Parkway, Victoria Falls Restcamp & Lodges ; repas 5-15 $US ; ☉7h-21h30). Installé sous une grande hutte de chaume, et donnant sur la piscine, ce restaurant en plein air décontracté propose un menu comportant de l'escalope de phacochère à la viennoise, du curry de crocodile et des burgers à la viande d'impala, ainsi que l'une des meilleures cartes de petit-déjeuner de la ville. Le nom du lieu renvoie sous forme de jeu de mots aux Ndébélé, l'un des deux principaux peuples du Zimbabwe.

🍷 Où prendre un verre et faire la fête

♥ Stanley's Terrace
HIGH TEA

(☎013-44751 ; www.victoriafallshotel.com/stanleys-terrace ; Mallet Dr, Victoria Falls Hotel ; high tea 1/2 pers 15/30 $US ; ☉high tea 15h-18h ; 🕿). Une atmosphère coloniale toute britannique se dégage du majestueux Victoria Falls Hotel. L'incontournable *high tea* du Terrace (couverts en argent, petits gâteaux et plateaux étagés de sandwichs pain de mie/concombre) se déguste avec, en arrière-plan, de splendides jardins et le pont des chutes Victoria. Les pichets de Pimms (24 $US) sont un régal par une belle journée d'été. Il ne manque plus que le croquet...

Buffalo Bar
BAR

(www.victoria-falls-safari-lodge.com ; Squire Cummings Rd, Victoria Falls Safari Lodge ; ☉7h-22h). Sans conteste le meilleur endroit de la ville pour prendre un verre au soleil

couchant, tout en observant au loin des animaux sur les plaines du Zambezi National Park. Rattachée au Victoria Falls Safari Lodge, cette adresse est idéale pour prendre l'apéritif avant d'aller dîner au restaurant de l'hôtel Boma. Sinon vous pouvez aussi y aller pendant la journée afin d'assister au repas des vautours, à 13h.

Achats

♥ Elephant's Walk Shopping & Artist Village
CENTRE COMMERCIAL

(☎0772 254552 ; www.elephantswalk.com ; Adam Stander Dr ; ☉9h-17h). Un must pour qui cherche de l'artisanat de qualité, du Zimbabwe et d'autres pays africains. Ce village dédié à l'artisanat abrite des boutiques et des galeries appartenant à un collectif qui œuvre à promouvoir les artistes du coin.

À l'arrière de l'Elephant's Walk Village, vous trouverez des vendeurs de la région au **Big Curio Open Market** (Adam Stander Dr) et au **Tshaka's Den Complex** (☉7h30-18h), proposant des objets d'artisanat produits localement et des sculptures shona.

Matsimela
COSMÉTIQUES

(www.matsimela.co.za ; Adam Stander Dr, Elephant's Walk ; ☉8h-17h). La marque sud-africaine de soins pour le corps Matsimela a ouvert une boutique ici. Il y flotte un délicieux parfum de savons, de gommages et de mousse pour le bain aux arômes naturels (rose, litchi) et d'huile de graines de baobab. Il est aussi possible d'obtenir des massages (à partir de 30 $US) ; manucure et soin des pieds.

Prime Art Gallery
ART

(☎0772 239805 ; www.primeart-gallery.com ; Adam Stander Dr, Elephant's Walk ; ☉8h-17h). Cette belle galerie tenue par deux frères sympathiques représente plus de 40 artistes locaux et vend des pièces originales de Dominic Benhura, actuellement le sculpteur shona le plus éminent du Zimbabwe, dont le travail est exposé partout dans le monde.

Ndau Collection
BIJOUX

(☎013-386221 ; www.ndaucollectionstore.com ; Adam Stander Dr, Elephant's Walk ; ☉8h-18h). Boutique haut de gamme qui fabrique sur place des pièces uniques : bracelets, bagues et colliers en argent. On y vend aussi de ravissantes perles anciennes africaines qui servaient jadis de monnaie d'échange, et qui peuvent être serties dans les bijoux exécutés sur mesure. Les parfums bio ont aussi beaucoup de succès. Ils mettent l'accent sur la production locale, tout comme les sacs et serviettes en croco.

 Renseignements

ACCÈS INTERNET

La plupart des lodges et des restaurants proposent le Wi-Fi. Il existe aussi quelques cybercafés au centre, notamment **Econet** (Park Way ; 30 min/1 heure 1/2 $US ; ☺8h-17h lun-ven, jusqu'à 13h sam-dim).

ARGENT

Barclays Bank (près de Livingstone Way)
Standard Chartered Bank (près de Livingstone Way)

DÉSAGRÉMENTS ET DANGERS

Si les agressions ne constituent plus un problème, des animaux sauvages tels qu'éléphants et phacochères peuvent vagabonder dans les rues à l'écart du centre, à l'aube et au crépuscule. Il est donc recommandé de circuler en taxi à ces moments de la journée. Bien qu'il soit parfaitement sûr de se rendre à pied aux chutes ou d'en revenir, mieux vaut ne pas s'écarter des zones les plus touristiques.

OFFICES DU TOURISME

Backpackers Bazaar (p. 200). Incontournable pour les renseignements et les réservations touristiques.

Zimbabwe Tourism Authority (☎0772 225427, 013-44202 ; zta@vicfalls.ztazim. co.zw ; Park Way ; ☺8h-18h). Office de peu d'utilité, distribuant tout de même quelques brochures.

POSTE

Bureau de poste (près de Livingstone Way)

 Depuis/vers la ville de Victoria Falls

AVION

L'aéroport de Victoria Falls est situé à 18 km au sud-ouest de la ville. Son terminal international a été inauguré fin 2015.

Bien que les choses aient changé depuis l'âge d'or des années 1980 et 1990, il y a encore beaucoup de vols qui desservent Victoria Falls. La plupart proviennent de Johannesburg (entre 150 et 500 $US l'aller-retour). L'aéroport est aussi régulièrement desservi depuis Harare (Zimbabwe), avec FastJet et Air Zimbabwe, pour la modique somme de 20 $US.

Cherchez et réservez vous-même les vols les plus économiques sur les sites www.flightsite.

co.za et www.travelstart.co.za, qui répertorient les compagnies aériennes, y compris celles à bas prix, et les agences de location de voitures.
Air Namibia (☎0774 011320, 0771 401918 ; www.airnamibia.com)
Air Zimbabwe (☎0712 212121, 013-443168, 013-44665 ; www.airzimbabwe.aero)
British Airways (☎013-2053 ; www.britishair ways.com)
FastJet (☎86 7700 6060 ; www.fastjet. com/zw ; à l'angle de Livingstone Way et Parkway Dr ; ☺9h-16h lun-ven, jusqu'à 13h sam)
South African Airways (☎04-702702 ; www.flysaa.com)

BUS ET TAXI COLLECTIF

Bien que la qualité du service se soit détériorée ces dernières années, **Intercape Pathfinder** (☎0778 888880 ; www.intercapepathfinder. com) reste la compagnie de bus la plus sûre et la plus confortable du Zimbabwe.

Vers Bulawayo et Harare

Intercape Pathfinder assure la liaison avec Hwange National Park (10 $US, 2 heures), Bulawayo (15 $US, 6 heures) et Harare (35 $US, 12 heures) mercredi, vendredi et dimanche à 7h30, depuis l'arrêt situé à l'extérieur du Kingdom Hotel. Vous pouvez réserver vos billets en ligne. Si vous avez prévu d'aller à Hwange National Park, vous devrez prévenir le chauffeur car il ne s'y arrête que sur demande. Il n'y a pas de bus direct pour Harare, vous devrez prendre la correspondance à Bulawayo.

Depuis Chinotimba Bus Terminal, Bravo Tours et Extra City desservent tout au long de la journée Bulawayo (13 $US) et Harare (25 $US). Vous pouvez acheter les billets à la gare routière. Possibilité d'être déposé sur la route principale en dehors du Hwange National Park, mais il vous faudra réserver un transport à partir de là.

Notez qu'il y a beaucoup d'éléphants et d'ânes sur cette route ; il vaut mieux éviter d'effectuer ce trajet de nuit.

Vers Johannesburg

Il est désormais presque plus rapide de prendre l'avion, mais vous pouvez aussi prendre un bus de l'Intercape Pathfinder qui va de Victoria Falls à Bulawayo, puis prendre l'Intercaper Greyhound jusqu'à Johannesburg.

TRAIN

Faire le trajet depuis/vers la ville de Victoria Falls en train de nuit à bord du Mosi-oa-Tunya est très prisé. Le train quitte Victoria Falls tous les jours à 19h pour Bulawayo (économique/2e/1re classe 8/10/12 $US, 12 heures). La 1re classe (compartiments à 2 couchettes) est vivement recommandée. Les retards de plusieurs heures ne sont pas rares ; vous devez apporter votre pique-nique. Réservez à la **billetterie** (🕐7h-12h et 14h-19h) située dans la gare.

La luxueuse compagnie **Rovos Rail** (📞 en Afrique du Sud 012-315 8242 ; www.rovos.com ; à partir de 1 650 $US) en direction de Pretoria part aussi de cet endroit.

VOITURE ET MOTO

Si vous souhaitez aller en Zambie avec une voiture de location, assurez-vous de posséder une assurance et le reçu de la taxe carbone, ainsi que les papiers originaux du propriétaire du véhicule. À l'entrée sur le territoire zambien, on vous délivrera un "Temporary Import Permit" (permis d'importation provisoire), valable le temps de votre séjour dans le pays. Vous devrez ensuite le rendre au bureau d'immigration pour qu'il laisse passer le véhicule.

 Comment circuler

TAXI

La course de taxi en ville tourne autour de 10 $US, un peu plus après la tombée de la nuit.

VOITURE ET MOTO

Zimbabwe Car Hire (📞 0783 496253, 09-230306 ; www.zimbabwecarhire.com ; aéroport de Victoria Falls) reçoit de bonnes critiques pour ses tarifs raisonnables ; idéal pour les 4x4. Toutes les grandes agences de location de voitures, telles que **Hertz** (📞 013-47012 ; www.hertz.co.za ; 1 Bata Bldg, Parkway ; 🕐8h-17h lun-ven), **Avis** (📞 091 2511128 ; www.avis.com ; 251 Livingstone Way) et **Europcar** (📞 013-43466 ; Victoria Falls Airport) ont des bureaux au centre-ville et à l'aéroport.

Comprendre la Namibie

La Namibie aujourd'hui

Cette nation démocratique relativement récente a su mieux maîtriser sa stabilité politique et sa prospérité économique que d'autres pays d'Afrique. La Namibie est un pays qui s porte bien, malgré un taux de croissance au ralenti depuis deux ans. Certes, une bonn partie de ses habitants vit encore dans une extrême pauvreté et les inégalités de richesse restent un vrai problème, toutefois les performances du pays en matière d'économie e d'harmonie sociale sont impressionnantes. Tout laisse à penser que cette tendance s poursuivra dans l'avenir.

À voir

Namibie, de l'Okavango aux chutes Victoria : Carnet de voyages dans le Caprivi (Slatkine, 2006), d'Éric Alibert. Ce carnet de voyages présente de magnifiques photos du nord-est de la Namibie.
Carnet de voyages en Namibie et en Ethiopie : aquarelles et portraits (Presses du Midi, 2009), de Véronique Marsal. Aquarelles et photographies évoquant les moments les plus significatifs d'un voyage en Afrique.
Désert du Namib (Éd. du Mont, 2015), de Philippe Frey et Robert Putinier. Des photographies pour découvrir le désert côtier du Namib.

À lire

La Namibie (Karthala, 1997), de Christian Bader, est un livre de référence sur la Namibie et permet d'en apprendre beaucoup sur les plans historique, géographique et ethnologique.
Fille de l'Okavango : de Namibie au Botswana, peuples herero et bushman (Éd du Cygne, 2013), de Serge Rubio. Un roman historique sur fond de colonialisme et de traditions ancestrales.
Pieds nus sur la terre rouge (Robert Laffont, 2008), de Solenn Bardet, est le récit d'une étudiante qui, au hasard d'une rencontre à Windhoek, découvre les Himba. Elle passera 3 ans et demi avec eux et partagera leurs traditions.

Progrès économique

Bien que le pays ait été touché par la récession mondial en 2008-2009, ses gisements miniers ont assuré s reprise économique, avec le rétablissement des cour de l'uranium et du diamant en 2010. En 2015, le pay affichait un taux de croissance dépassant les 5%, ma réduit à 1% seulement en 2016.

La Namibie peut toutefois se réjouir d'un bel aveni économique. La prospection de pétrole offshore et d gaz naturel se montre prometteuse. Le pays est l'u des plus gros producteurs de diamants et d'uranium a monde, il recèle aussi d'importantes réserves d'or, d cuivre et de zinc. En parallèle, le tourisme se porte bier La Namibie accueille environ 1 million de visiteur chaque année – un chiffre considérable pour un pay de 2,44 millions d'habitant. En 2014, le secteur d tourisme aurait généré la création d'un emploi sur cin

Cependant, la Namibie doit faire face à un défi d taille : garantir que la prospérité du pays profite tous. Durement mis à l'épreuve par des sécheresse dévastatrices, le pays ne produit que la moitié de se besoins céréaliers et, selon l'ONU, presque un tiers d sa population vit sous le seuil de pauvreté, et à peu prè la même proportion se trouve au chômage.

Une voix indépendante

Comme les occupants allemands et sud-africain ont pu le constater au cours de l'histoire, la Namibi n'apprécie pas qu'on lui dicte ses actes. Quand d'autre pays africains ont commencé à contester la Cour pénal internationale en dénonçant des poursuites judiciaire ciblant en grande partie les ressortissants africain elle s'est jointe à eux et a été jusqu'à demander so retrait de la CPI. Début 2014, alors que le monde ava les yeux braqués sur la Namibie à la suite de la vent aux enchères d'un permis de tuer un vieux rhinocéro dont la mort était susceptible de menacer l'espèce, l gouvernement est resté ferme : au lieu d'interdire l chasse comme l'avait fait le Botswana la même année, la Namibie s'est plainte que le tollé général avait fait baisser les enchères et, par la même, la somme qui devait revenir à la conservation des rhinocéros noirs.

Et cela ne s'arrête pas là. Si la Namibie a tissé des liens économiques et politiques forts avec l'Occident, l'année 2007 a pourtant marqué un tournant subtil. Le pays s'est en effet rapproché de la Chine, tout en poursuivant ses échanges avec l'Europe et les États-Unis, et ce malgré les préoccupations formulées par certaines capitales occidentales sur l'influence chinoise dans les décisions économiques, sociales et environnementales de la Namibie. En 2016, le pays a également créé la surprise en refusant de critiquer le président du Zimbabwe, Robert Mugabe, arguant ne pas vouloir se mêler de la politique intérieure de son voisin.

Cependant, la volonté de la Namibie de tracer sa propre voie sur l'échiquier international rend compte d'une vraie indépendance, que l'on adhère ou non à ses prises de position politiques.

Conflits entre l'homme et l'habitat sauvage

Comme bon nombre de pays d'Afrique australe, la Namibie peine à subvenir aux besoins de sa population croissante tout en respectant son environnement.

La plupart des grands prédateurs – notamment les guépards et les lions – atteignent en Namibie une densité beaucoup plus élevée qu'ailleurs en Afrique. Pourtant l'équilibre délicat entre la nature et les hommes pourrait facilement être rompu. On entend souvent dire que le guépard se plaît à rôder autour des fermes. Bien souvent, sa seule présence, qu'il s'en prenne ou non à un agneau ou à une génisse, justifie la vengeance du fermier. Il suffit de multiplier ce scénario à travers le pays pour comprendre que même la plus importante population de guépards d'Afrique peut devenir rapidement vulnérable. Comme l'atteste le nombre de refuges pour animaux sauvages à travers le pays, ce problème est loin d'être éradiqué.

D'un autre point de vue, les agriculteurs namibiens sont généralement beaucoup plus tolérants devant les pertes de bétail que les éleveurs occidentaux. Mais en période de sécheresse, la donne change : il n'est plus question pour un éleveur de partager sa terre avec un prédateur alors que la perte d'un agneau ou d'une chèvre peut menacer sa survie.

La Namibie met cependant en œuvre des solutions créatives : à travers le pays, des fermes en difficulté se voient transformées en réserves naturelles, plus prospères. Sur la bande de Caprivi, des *kraals* (abris) pour le bétail ont été construits et on enseigne aux gardiens de troupeaux de meilleures pratiques pour protéger leurs bêtes des prédateurs. Enfin, la chasse commerciale ciblée sur certains prédateurs sert à lever des fonds d'aide à la conservation des espèces. Les résultats ne sont pas toujours au rendez-vous, et la lutte pour la survie tant pour les éleveurs que pour la faune sauvage continue de s'intensifier.

POPULATION :
2,44 MILLIONS D'HABITANTS

SUPERFICIE : **824 270 KM²**

PIB (2016) : **1%**

CROISSANCE DÉMOGRAPHIQUE : **1,98%**

Sur 100 personnes en Namibie

50 sont owambo
9 sont kavango
7 sont herero/himba
7 sont damara
6 sont afrikaners et allemandes
5 sont nama

4 sont capriviennes
3 sont san
2 sont chinoises
2 sont basters
0,5 est tswana
4 sont d'autres origines

Religions
(% de la population)

chrétiens (luthériens et catholiques) — 85

animistes — 15

Population au km²

NAMIBIE   CANADA   FRANCE

≈ 3 personnes

Histoire

L'histoire de la Namibie est commune à l'Afrique. Elle commence avec ses peuples ancestraux et par leurs récits desssinés sur des parois rocheuses de sites reculés. Puis son entrée dans le monde moderne est marquée par la répression coloniale et une guerre d'indépendance brutale. Mais l'histoire ne s'arrête pas là. De ces turbulences a émergé un pays confiant et indépendant, dont l'avenir est bien plus prometteur que son récent passé.

Les origines

La Namibie, pièce du puzzle de l'évolution des premiers êtres humains plonge ses racines dans la nuit des temps. On a retrouvé dans toute la région des traces de campements et d'outils de pierre appartenant à l'*Homo erectus* ("l'homme debout"), et un site archéologique du désert du Namib apporte la preuve que, il y a 750 000 ans, ces hommes chassaient l'ancêtre de l'éléphant et en découpaient la viande à l'aide de haches de pierre.

Vers le milieu du paléolithique – période qui s'est achevée il y a 20 000 ans environ –, les Boskop, ancêtres présumés des San, avaient constitué une société organisée de chasseurs-cueilleurs. L'usage du feu était universel, les outils (fabriqués à partir du bois, d'éléments d'origine animale ou de la pierre) étaient devenus plus sophistiqués, et l'on avait recours à des pigments naturels pour les parures corporelles. Vers 8 000 av. J.-C. (paléolithique supérieur), ces populations commencèrent à fabriquer des poteries et à s'installer dans des grottes et des cavernes, comme celles de Twyfelfontein et du Brandberg.

Pour vous tenir au courant des principaux sujets d'actualité en Namibie, connectez-vous sur l'excellent site Web du journal *The Namibian* (www.namibian.com.na, en anglais).

Le peuplement de la Namibie

Si la transition archéologique entre les hommes du paléolithique supérieur et l'arrivée des premiers Khoisan reste peu claire, on s'accorde à penser que les premiers habitants connus de l'Afrique australe étaient les San, des nomades organisés en groupes familiaux étendus et capables de s'adapter aux rudes conditions géographiques.

CHRONOLOGIE	30 000 av. J.-C.	30 000-10 000 av. J.-C.	8000 av. J.-C.
	Les fragments bien conservés d'instruments de pierre retrouvés en certains lieux attestent de la présence et de l'activité des premiers *Homo sapiens* en Namibie.	Les Boskop, que l'on pense être les ancêtres des San, constituent une société de chasseurs-cueilleurs bien organisée et inaugurent une nouvelle période du paléolithique.	Grâce aux progrès du paléolithique supérieur – maîtrise des teintures et pigments naturels –, les habitants commencent à orner les grottes d'œuvres pariétales plus travaillées.

Dans la première période de l'âge du fer, il y a 2 400 ou 2 300 ans, les techniques de culture rudimentaires firent leur apparition sur les plateaux de l'Afrique australe et centrale. On ne sait toutefois pas de manière certaine si ces premiers fermiers étaient des Khoisan sédentarisés ou des migrants venus de l'est et du centre du continent. Une chose est sûre : des groupes de langue bantoue arrivèrent du Nord par vagues successives au fil des siècles.

Les premiers agriculteurs et artisans du fer dont on peut attester l'origine bantoue appartenaient à la civilisation gokomere. Ils s'établirent dans les savanes tempérées et les plateaux moins torrides du sud-est du Zimbabwe, dans une société qui s'organisa peu à peu autour de l'élevage en enclos. Les groupes de chasseurs-cueilleurs san se replièrent alors en direction de l'ouest ou bien furent réduits en esclavage ou assimilés par la population bantoue.

Dans le même temps, les San eurent aussi à subir la pression des Khoi-Khoi, les ancêtres des Nama, sans doute arrivés du Sud. Plus ou moins organisés en groupes tribaux, les Khoi-Khoi vivaient de l'élevage et poussèrent peu à peu les San à l'exil. Ils constituèrent le principal groupe de la région jusqu'à l'an 1500 environ.

Le XVIe siècle vit l'arrivée en Namibie des Herero. Venus de la vallée du Zambèze, ils s'établirent dans le nord et l'ouest du pays. Ces pasteurs se heurtèrent évidemment aux Khoi-Khoi au moment de partager les meilleurs pâturages et les sources d'eau les plus abondantes. Plus forts et en nombre supérieur, les Herero finirent par s'imposer à la quasi-totalité des groupes namibiens autochtones. À la fin du XIXe siècle, un nouveau groupe bantou, les Owambo, s'installa dans le Nord sur les rives de l'Okavango et du Kunene.

Exploration et premiers établissements des Européens

En 1486, le navigateur portugais Diogo Cão parvint au cap Cross, où il érigea une croix de pierre en hommage au roi Jean II, son protecteur. L'année suivante, Bartolomeu Dias dressa une autre croix à Lüderitz, mais ce n'est qu'au début du XVIIe siècle que les marins hollandais des colonies du Cap commencèrent à explorer la côte désertique – et encore s'abstinrent-ils de tout établissement permanent.

Poussés par des intérêts commerciaux et territoriaux, les Européens envoyèrent toutefois peu de temps après une poignée d'hommes ambitieux vers l'intérieur de la Namibie. En 1750, le chasseur d'éléphants Jacobus Coetsee, un Hollandais, fut le premier Européen à traverser le fleuve Orange. Marchands, chasseurs et missionnaires lui emboîtèrent le pas et, au début du XIXe siècle, des missions étaient implantées dans plusieurs lieux, notamment à Bethanie, Windhoek,

500-1500	**1487**	**1500-1600**	**1750**
La migration vers le nord des Khoi-Khoi, venus d'Afrique du Sud, repousse peu à peu les San. Les Khoi-Khoi restent le principal groupe ethnique de la région jusqu'à l'arrivée d'autres populations, en 1500.	Cherchant une route maritime vers l'Asie du Sud, le navigateur portugais Bartolomeu Dias érige une croix de pierre à Lüderitz, puis dépasse le cap de Bonne-Espérance.	Des groupes de Herero arrivent en Namibie et s'installent dans le nord et l'ouest du pays, réduisant à néant la résistance des populations locales grâce à leur supériorité numérique.	Jacobus Coetsee, un Hollandais chasseur d'éléphants, est le premier Européen à franchir le fleuve Orange. Négociants, chasseurs et missionnaires lui emboîtent le pas.

Rehoboth et Keetmanshoop. Sous la houlette de Hugo Hahn, la Société missionnaire rhénane commença à travailler parmi les Herero en 1844 sans grand succès. Arrivés dans le nord du pays en 1870, les luthériens de l'Église de Finlande rencontrèrent un écho plus favorable parmi les populations owambo.

Les riches dépôts côtiers de guano (excréments d'oiseaux marins utilisés comme engrais et également comme composant de la poudre à canon) présents dans le Namib méridional éveillèrent l'intérêt dès 1843. En 1867, les Britanniques annexèrent les îles à guano, puis ils mirent la main sur Walvis Bay en 1878. Durant cette période, ils jouèrent par ailleurs les médiateurs dans les guerres interminables entre Khoisan et Herero.

> Quelque 200 livres sterling et 100 fusils : c'est ce qu'ont coûté le port et la région d'Angra Pequena à Adolf Lüderitz.

L'Afrique, foire d'empoigne des nations européennes

L'Allemagne de Bismarck entra tardivement dans la course des nations européennes pour le partage du gâteau africain. Le chancelier ne s'était jamais montré enthousiaste à l'idée de posséder des colonies, qu'il tenait pour de coûteuses chimères. "Ma carte de l'Afrique se trouve ici, en Europe", affirmait-il. Mais les entreprises d'un négociant brêmois nommé Adolf Lüderitz devaient l'entraîner dans une malheureuse aventure coloniale.

Lüderitz, qui avait installé un comptoir commercial à Lagos (Nigeria) en 1881, convainquit le chef nama Joseph Fredericks de lui vendre Angra Pequena, où il établit un second poste, dédié au commerce du guano. Il demanda alors au chancelier allemand de placer la région sous protection. Peu désireux de s'impliquer en Afrique, Bismarck s'enquit poliment auprès des Britanniques présents à Walvis Bay de leur éventuel intérêt dans cette affaire, mais ceux-ci ne prirent même pas la peine de lui répondre. Lüderitz fut donc officiellement intégrée à l'Empire allemand en 1884.

Jusqu'en 1890, les effectifs de l'administration coloniale se composèrent en tout et pour tout de trois fonctionnaires. Une compagnie coloniale du même type que la Compagnie anglaise des Indes orientales veillait aux intérêts allemands, mais était dans l'incapacité de maintenir l'ordre public.

Après la reprise des hostilités entre Nama et Herero dans les années 1880, le gouvernement allemand dépêcha sur place Curt von François ainsi que 23 soldats, afin qu'ils mettent un terme aux livraisons d'armes en provenance de Walvis Bay (sous domination britannique). Ce petit régiment de maintien de la paix devait devenir plus tard la puissante Schutztruppe (l'armée impériale allemande), qui construisit des forts dans tout le pays afin de lutter contre l'opposition croissante.

1828	XIXe siècle	1884	1884-1915
La Société missionnaire rhénane établit ses premières missions en Afrique du Sud, d'où elle remonte peu à peu vers le nord pour œuvrer en Namibie.	Les gisements côtiers de guano suscitent l'intérêt des négociants. Le marchand de Brême Adolf Lüderitz fonde son deuxième comptoir commercial et requiert la protection des autorités allemandes.	Bismarck invite les puissances européennes à participer à la conférence de Berlin. C'est le début officiel du processus de partage de l'Afrique. L'Allemagne émerge en tant que puissance coloniale.	Bismarck fonde la colonie du Sud-Ouest africain allemand – dont le territoire est plus d'une fois et demie supérieur à la superficie de l'Allemagne.

La Namibie devint alors un protectorat allemand à part entière, baptisé Sud-Ouest africain allemand. Arrivés en 1892, les premiers fermiers allemands s'installèrent sur les terres du plateau central acquises par expropriation ; marchands et autres colons débarquèrent ensuite. À la fin des années 1890, les Allemands, les Portugais (présents en Angola) et les Anglais (établis au Bechuanaland, l'actuel Botswana) s'accordèrent sur le tracé des frontières de la Namibie.

La fin de la domination allemande

Entre-temps, un ouvrier sud-africain, Zacharias Lewala, avait découvert des diamants à Grasplatz, à l'est de Lüderitz. Bien que jugé peu prometteur par le conglomérat diamantaire De Beers, le gisement attira quantité de prospecteurs. En 1910, les autorités allemandes octroyèrent les droits exclusifs à la Deutsche Diamanten Gesellschaft.

L'Allemagne ne devait toutefois jamais tirer profit des richesses découvertes et mises sous contrôle au prix de grands bouleversements pour la population locale. Le déclenchement de la Première Guerre mondiale, en 1914, sonna le glas de la domination coloniale allemande sur le Sud-Ouest africain. Les Allemands étaient toutefois pratiquement parvenus à démanteler les structures tribales herero et s'étaient approprié toutes les terres herero et khoi-khoi. Plus chanceux, les Owambo, dans le Nord, avaient réussi à éviter la conquête allemande et ne furent défaits que durant la Première Guerre mondiale par l'armée portugaise, qui combattait dans les forces alliées.

En 1914, la Grande-Bretagne fit pression sur l'Afrique du Sud pour qu'elle envahisse la Namibie. Sous le commandement du Premier ministre, Louis Botha, et du général Jan Smuts, l'armée sud-africaine marcha vers le nord et contraignit la Schutztruppe, inférieure en nombre, à battre en retraite. Le coup final fut porté en mai 1915 à Khorab, près de Tsumeb. Une semaine après la défaite, une administration sud-africaine était mise en place à Windhoek.

En 1920, un grand nombre de fermes allemandes avaient été vendues à des colons afrikaners. Les intérêts miniers allemands du sud du pays passèrent aux mains de la compagnie sud-africaine Consolidated Diamond Mines (CDM), qui devint ultérieurement la Namdeb Diamond Corporation Limited (Namdeb).

L'occupation sud-africaine

En vertu du traité de Versailles, l'Allemagne dut renoncer à ses possessions coloniales ; en 1920, la Société des nations donna à l'Afrique du Sud le mandat d'administrer la Namibie, en tant que partie intégrante de l'Union.

Après la Seconde Guerre mondiale, l'Afrique du Sud, résolue à faire du Sud-Ouest africain une province à part entière de l'Union, décida

---

Dans son film *La Piste* (2006), qui relate l'histoire d'un géologue pris en otage par des chasseurs de diamants, le Français Éric Valli a su saisir la beauté des paysages naturels namibiens et traiter le triste problème de l'exploitation et de la vente illégale des diamants extraits dans des zones de conflit.

1892-1905

La Schutztruppe (armée impériale allemande) réprime violemment les soulèvements herero et nama contre la puissance coloniale, faisant 65 000 victimes chez les Herero et 10 000 chez les Nama.

1908

Des diamants sont découverts dans la Sperrgebiet en 1908 et la ville de Lüderitz est officiellement fondée. Les années suivantes, elle connaît un véritable essor.

CLARA NILA/STOCK.ADOBE.COM ©

» L'architecture germanique de Lüderitz (p. 181)

de passer outre les termes du mandat qui avait été renouvelé par les Nations unies et modifia la Constitution. La Cour internationale de justice jugea que le pays avait outrepassé ses droits, et l'ONU créa un Comité sur le Sud-Ouest africain, chargé de faire appliquer les termes du mandat. En 1956, les Nations unies décidèrent qu'il fallait mettre un terme à l'administration sud-africaine sur le pays.

Mais le gouvernement sud-africain, ferme dans sa détermination, avait resserré son emprise sur le territoire et accordé en 1949 à la population namibienne blanche une représentation au Parlement de Pretoria. La majeure partie des terres cultivables de la Namibie fut divisée en quelque 6 000 fermes destinées aux colons blancs. Les autres groupes ethniques furent relégués dans des "*homelands* tribaux" nouvellement créés. Sous le prétexte fallacieux d'"orienter le développement économique vers les zones rurales pauvres", il s'agissait, de toute évidence, de réserver la plus grande partie du pays aux éleveurs blancs.

Une ligne de démarcation très nette s'établit donc entre les terres propices à l'élevage du centre et du sud du pays, principalement occupées par les Blancs, et celles plus pauvres, mais mieux arrosées, du Nord, dévolues aux populations tribales. Cette organisation fut maintenue jusqu'à l'indépendance du pays, en 1990, et, dans une certaine mesure, perdure encore aujourd'hui.

La Swapo

Malgré les pressions croissantes des Nations unies tout au long des années 1950, l'Afrique du Sud refusa de desserrer son emprise sur la Namibie. Cette intransigeance reposait sur la crainte de perdre les revenus de l'exploitation minière sur ce territoire et d'avoir à compter avec un gouvernement hostile de plus à sa porte.

Le travail forcé, qui avait été le lot de la plupart des Namibiens depuis l'annexion allemande, fut l'un des principaux facteurs déclencheurs de la montée du sentiment nationaliste et des grandes manifestations de la fin des années 1950. Parmi les partis qui virent le jour à cette époque figure le Congrès du peuple de l'Owamboland fondé au Cap par Samuel Daniel Shafiishuna Nujoma et Herman Andimba Toivo ya Toivo.

La formation prit le nom d'Organisation du peuple de l'Owamboland en 1959. Cette même année, Sam Nujoma soumit le problème de l'occupation sud-africaine aux Nations unies à New York. En 1960, le parti fusionna avec d'autres mouvements proches et donna naissance à l'Organisation du peuple du Sud-Ouest africain (Swapo), dont le siège s'établit à Dar es-Salaam (Tanzanie).

En 1966, la Swapo saisit la Cour internationale de justice sur la question de l'occupation sud-africaine. La Cour statua en faveur de Pretoria, mais l'Assemblée générale des Nations unies vota la révocation

1910	1915-1919	1920	1949
La région diamantifère située entre Lüderitz et le fleuve Orange est déclarée zone interdite (*Sperrgebiet*). Le déclenchement de la Première Guerre mondiale vient stopper les opérations de prospection.	Défaite par l'armée sud-africaine à Tsumeb en mai 1915, l'Allemagne perd le pouvoir en Namibie, avant de devoir renoncer officiellement, en vertu du traité de Versailles, signé en 1919, à ses colonies.	L'Afrique du Sud obtient de la Société des nations un mandat lui permettant d'administrer le Sud-Ouest africain, mais se voit refuser l'incorporation du territoire au titre de province.	L'Union sud-africaine accorde une représentation parlementaire aux Blancs vivant dans le Sud-Ouest africain. La Cour internationale de justice ouvre une enquête pour trancher la légalité de cette initiative.

du mandat de l'Afrique du Sud et son remplacement par un Conseil pour le Sud-Ouest africain (rebaptisé Conseil pour la Namibie en 1973), chargé d'administrer le territoire.

La Swapo déclencha la lutte armée le 26 août 1966 (célébré aujourd'hui comme le "Jour des héros") à Ongulumbashe, dans le nord du pays. L'année suivante, l'un des fondateurs du mouvement, Toivo ya Toivo, fut condamné pour terrorisme et incarcéré en Afrique du Sud, où il resta détenu jusqu'en 1984. Sam Nujoma, pour sa part, demeura en Tanzanie et échappa aux poursuites pénales. En 1972, les Nations unies déclarèrent officiellement illégale l'occupation sud-africaine, demandèrent le retrait de Pretoria et reconnurent la Swapo comme représentant légitime du peuple namibien.

En 1975, le voisin angolais accéda à l'indépendance. Le tout jeune gouvernement du Mouvement populaire de libération de l'Angola (MPLA, soutenu par Cuba) regardait avec bienveillance le combat de la Swapo en faveur de l'indépendance et accorda au mouvement une base arrière dans le sud du pays, d'où les rebelles purent intensifier leurs actions.

L'Afrique du Sud riposta en pénétrant en Angola afin de soutenir le parti de l'opposition, l'Union nationale pour l'indépendance totale de l'Angola (Unita), une initiative qui déclencha à son tour l'intervention de Cuba, qui envoya des centaines de soldats pour soutenir le MPLA. L'intervention sud-africaine échoua et s'acheva par un retrait en mars 1976, mais de violentes et sanglantes incursions se poursuivirent durant les années 1980.

Au bout du compte, ce ne furent pas les actions de la Swapo ni les sanctions internationales qui contraignirent l'Afrique du Sud à s'asseoir à la table des négociations. Le fait est que toutes les parties prenantes étaient lasses de la guerre, dont l'économie sud-africaine pâtissait lourdement. En 1985, le coût du conflit s'élevait à quelque 480 millions de rands (environ 250 millions de dollars) par an, et la conscription était généralisée. Les exportations de minerais, qui représentaient auparavant près de 88% du PIB, avaient chuté à 27% en 1984.

L'Indépendance

En décembre 1988, Cuba, l'Angola, l'Afrique du Sud et la Swapo parvinrent à un accord prévoyant le retrait des troupes cubaines d'Angola et des troupes sud-africaines de Namibie, ainsi que le démarrage, à compter du 1er avril 1989, de la transition vers l'indépendance de la Namibie. Des élections au suffrage universel supervisées par l'ONU devaient être organisées en novembre 1989. Quelques querelles au sein de la Swapo menacèrent de faire échouer le processus, mais celui-ci put néanmoins suivre son cours. Réfugié à l'étranger depuis 30 ans, Sam Nujoma rentra d'exil en septembre, et la Swapo obtint les deux tiers des suffrages lors

1959	1966	1972	1975
L'ONU demande à l'Union sud-africaine de renoncer au Sud-Ouest africain. Le Congrès du peuple de l'Ovamboland, qui deviendra l'Organisation du peuple du Sud-Ouest africain (Swapo) est fondé.	La Swapo lance la résistance contre le pouvoir occupant. Sam Nujoma, futur président, en devient l'une des figures les plus marquantes.	Les Nations unies déclarent illégale l'occupation du Sud-Ouest africain, reconnaît la Swapo comme représentant du peuple namibien et demande la libération des dirigeants du mouvement.	Devenu indépendant, l'Angola du Mouvement populaire pour la libération de l'Angola (MPLA, soutenu par Cuba) offre une base arrière commode aux combattants de la Swapo.

PÉRIODE SOMBRE

Dès la fin du XIXe siècle, la Namibie est victime de l'expansion coloniale allemande. En 1904, les Herero, dont les terres ont été spoliées, se soulèvent contre la colonie. La garnison est détruite et des centaines d'Allemands sont tués. La réponse de l'armée impériale allemande ne se fait pas attendre et, sous les ordres du général Lothar von Trotha, des milliers de Herero sont assassinés sur le plateau de Waterberg. Les survivants s'enfuient dans le désert du Kalahari et les autres sont emmenés dans des camps de concentration. Beaucoup y trouvèrent la mort. En 1905, les Nama se rebellent à leur tour, dans le sud du pays. S'ensuit une guérilla qui se termine en 1906 avec la capture du dernier chef Nama. Ce peuple est lui aussi envoyé dans des camps de concentration de sinistre réputation. Entre 1904 et 1908, ces exactions (considérées comme le premier génocide de l'histoire) auraient causé la mort de 100 000 personnes.

Depuis les années 1990, les leaders Herero et Nama réclament des excuses officielles et une compensation financière du gouvernement allemand. En 2015, le double génocide est officiellement reconnu par l'Allemagne, qui participe au développement de la Namibie depuis une dizaine d'années en lui allouant 11,5 millions d'euros par an. En janvier 2017, une plainte officielle contre l'Allemagne est déposée à New York par des représentants Nama et Herero, mais à ce jour, les deux peuples attendent toujours des réparations pour les "dommages incalculables" qu'ils ont subis.

des élections. Cette majorité restait insuffisante pour permettre au parti de rédiger seul la nouvelle Constitution, ce qui vint finalement apaiser les craintes de voir les groupes minoritaires exclus du processus démocratique.

Un projet de Constitution fut élaboré à l'issue de consultations entre l'Assemblée constituante (la future Assemblée nationale) et des conseillers internationaux, notamment l'Allemagne, les États-Unis, la France et l'URSS. Le texte proclamait les droits des citoyens, mettait en place un système multipartite et limitait à deux quinquennats le nombre de mandats présidentiels. L'indépendance fut proclamée en mars, un mois après l'adoption de la Constitution. Sam Nujoma devint le premier président de la Namibie.

Les premières années de l'indépendance

Dans le vent d'optimisme qui soufflait durant les premières années de la présidence, Sam Nujoma et la Swapo axèrent leur politique sur un programme de réconciliation nationale destiné à panser les blessures ouvertes par 25 ans de conflit armé. Un plan de reconstruction fondé sur le maintien d'une économie mixte et du partenariat avec le secteur privé fut également mis en place.

Cette politique modérée et porteuse de stabilité reçut un accueil favorable au sein de la population qui, en 1994, renouvela sa confiance

1989	1990	1994	1999
Après la conclusion d'un accord de paix entre Cuba, l'Angola, l'Afrique du Sud et la Swapo, le processus de transition vers l'indépendance démarre le 1er avril.	L'ONU organise des élections générales au suffrage universel. Rentré dans son pays après 30 ans d'exil, Sam Nujoma devient le premier président du pays.	À l'issue de 4 années d'une relative stabilité et grâce au succès reconnu d'un vaste programme de reconstruction, Sam Nujoma et la Swapo sont reconduits au pouvoir avec une large majorité.	Sam Nujoma est réélu pour un troisième mandat dans un climat de polémique. Peu après sa victoire, l'état d'urgence est décrété dans la bande de Caprivi, en proie à une vague d'attaques séparatistes

Sam Nujoma et à la Swapo, vainqueurs des élections avec 68% des voix contre le principal parti d'opposition, l'Alliance démocratique de la Turnhalle (DTA). Le scrutin de 1999, remporté de nouveau par la Swapo, cette fois avec 76,8% des suffrages, se déroula dans un climat d'inquiétude après que Sam Nujoma eut fait adopter une modification de la Constitution lui permettant d'exercer un troisième mandat.

Dans le même temps, les troubles dans la bande de Caprivi (p. 88) constituaient un autre sujet de préoccupation. Ils commencèrent en 1999, lorsque des rebelles tentèrent de s'emparer de la ville de Katima Mulilo. Les combats qui en résultèrent éloignèrent les Capriviens (et repoussèrent les touristes) jusqu'à la fin du conflit en 2002.

En 2004, la communauté internationale craignait que Sam Nujoma ne s'accroche au pouvoir pour exercer un quatrième mandat, et l'on put quasiment entendre un soupir de soulagement lorsque le président annonça qu'il se retirait au profit de son successeur désigné, Hifikepunye Pohamba.

Comme Sam Nujoma, Pohamba est un militant de la première heure de la Swapo. Il remporta la victoire haut la main avec presque 77% des suffrages. En 2009, il fut réélu pour un second mandat. Ancien ministre des Terres, c'est lui qui a mis en place le programme d'expropriation des terres appartenant aux fermiers blancs, l'une des réformes les plus controversées du pays. Cette réforme faisait partie du programme de lutte contre la pauvreté et figure aux premiers rangs des enjeux nationaux de sa présidence, aux côtés du sida, de l'inégalité de la répartition des revenus, de la gestion des ressources et de la nécessité d'augmenter le niveau de vie des populations les plus pauvres.

En 2011, la Namibie annonce la découverte d'une réserve de pétrole en mer, estimée à 11 milliards de barils, mais le doute persiste sur sa viabilité commerciale. La même année, les efforts constants du gouvernement pour obtenir réparation des fautes coloniales ont continué à porter leurs fruits : les crânes de 20 Herero et Nama furent rendus à la Namibie par un musée en Allemagne.

En accord avec la Constitution, et poursuivant sa remarquable transition tranquille vers l'indépendance, le président Phamba a tenu parole en choisissant de ne pas se représenter en 2014. Son successeur, Hage Geingo, a remporté les élections haut la main en novembre de cette même année. Bien que des troubles inhabituels aient marqué l'approche des élections et qu'un manifestant ait été tué par la police, les observateurs internationaux saluèrent toutefois le pays pour ses élections libres (et pour l'utilisation du vote électronique, une première en Afrique). Ces considérations, ainsi que la victoire écrasante de la Swapo (elle a remporté 87% des voix lors des élections présidentielles et occupe 80% des sièges à l'Assemblée), laissent à penser que ce parti n'est pas près de cesser de dominer la politique du pays.

Consultez le site Jeune Afrique (www.jeuneafrique.com) qui propose toute l'actualité africaine en continu.

2004	**2006**	**2009**	**2014**
L'Allemagne présente des excuses officielles pour la mort de dizaines de milliers de Herero et de Nama pendant la période coloniale, mais exclut de verser aux descendants des victimes une indemnité.	Dans le cadre d'une réforme agraire très polémique, conduite à grand renfort de publicité, le gouvernement lance un programme d'expropriation des exploitations agricoles détenues par les Blancs.	À l'âge de 77 ans, Sam Nujoma décroche une maîtrise de géologie à l'université de Namibie et déclare que les richesses minières du pays n'ont pas été encore pleinement exploitées.	Élections présidentielles remportées par le candidat de la Swapo, Hage Geingo.

Peuples de Namibie

En 2016, on estimait à 2 436 469 le nombre d'habitants en Namibie, avec un taux d'accroissement annuel de près de 2%. Avec un peu plus de 2 habitants au km², la Namibie affiche l'un des taux de densité de population les plus bas d'Afrique, tandis que 60% de sa population a moins de 25 ans.

La population se répartit pour l'essentiel en 12 grands groupes ethniques. Les Owambo représentent environ 50% des habitants. Les autres communautés forment des groupes beaucoup plus réduits : Kavango (9%), Herero/Himba (7%), Damara (7%), Afrikaners et Allemands (6%), Nama (5%), Capriviens (4%), San (3%), Basters (2%) et Tswana (0,5%).

Comme la quasi-totalité des pays d'Afrique subsaharienne, la Namibie rencontre d'immenses difficultés pour maîtriser l'épidémie de sida, qui a de très lourdes répercussions sur l'espérance de vie moyenne et le taux d'accroissement de la population. Le sida est devenu la principale cause de mortalité dans le pays en 1996. L'espérance de vie est descendue à 63,6 ans, mais ce chiffre est en augmentation depuis quelques années. En 2015, la part de la population séropositive était passée juste en dessous de 9%. D'ici à 2021, on estime qu'environ un tiers des enfants namibiens âgés de moins de 15 ans deviendront orphelins.

Les San

San est un terme collectif qui désigne un groupe de chasseurs cueilleurs établis dans l'Afrique subsaharienne et parlant des langues de la famille du khoisan. Des vestiges archéologiques, notamment des peintures rupestres, témoignent que les San vivaient en Namibie il y a 20 000 ans. Vers l'an 1 000, les Bantous qui migrèrent vers le sud repoussèrent les San vers des zones inhospitalières, comme le désert du Kalahari. Des anthropologues ont surnommé le San notre "Adam génétique", établissant que tous les êtres humains sont des descendants de ce groupe de population.

Si, dans la plupart des pays, la population san a disparu en raison des guerres et du métissage, ce n'est pas le cas en Namibie, où vivent encore des descendants des communautés d'origine (voir p. 96). Il reste aujourd'hui en Afrique australe à peine 100 000 San au total, dont sans doute une bonne partie de métis. Environ 60% sont botswanais et 35% namibiens (les Naro, les Xukwe, les Hei//kom et les Ju/'hoansi), le reste de la population se répartissant entre l'Afrique du Sud, l'Angola, la Zambie et le Zimbabwe.

Nomades, les San se déplaçaient en petits groupes familiaux (généralement de 25 à 35 personnes) dans des territoires bien établis. Dans ces communautés fonctionnant sans chef ni hiérarchie, les décisions se prenaient par consensus. Ne possédant aucun bien ni aucun animal et ne pratiquant pas l'agriculture, les San pouvaient emporter avec eux tout ce dont ils avaient besoin pour leur existence au quotidien et vivaient dans une grande mobilité.

La souplesse de leur organisation sociale leur permit, dans un premier temps, d'échapper aux tentatives de conquête ou de domination. Inévitablement, l'arrivée d'autres groupes importants qui possédaient de vastes troupeaux et entendaient cultiver la terre fit surgir des conflits fonciers ; l'extrême mobilité des San (certains de leurs territoires s'étendaient sur plus de 1 000 km²) ne s'accommodant guère du mode de vie sédentaire des agriculteurs. La situation s'aggrava avec l'arrivée des colons européens, au milieu du XVIIᵉ siècle. Les Boers menèrent pendant 200 ans une campagne d'extermination qui se solda par la mort de 200 000 personnes. Les politiques de protection de la nature mises en place plus récemment venant s'ajouter à celles des conflits fonciers, les San se sont retrouvés peu à peu privés de leurs droits et de leurs terres. En raison de leur structure sociale éclatée, il leur est difficile, à l'inverse d'autres groupes, de s'organiser collectivement pour défendre leurs intérêts.

Une grande partie des San appartient aujourd'hui aux catégories les plus démunies de la société. Beaucoup travaillent dans des fermes et des élevages ou survivent grâce à une aide extérieure dans les villages du nord-est de la Namibie où ils ont été réinstallés après avoir été chassés de leurs terres ancestrales. L'alcool fait des ravages dans ces communautés en proie à de multiples interrogations quant à leur place dans la société contemporaine.

PROGRAMME DE LUTTE CONTRE LA PAUVRETÉ

La réforme agraire est un sujet controversé en Afrique australe. En Namibie, où la majorité des terrains cultivables appartiennent à des Blancs, le gouvernement cherche à redistribuer ces derniers aux paysans noirs sans terre. Les autorités namibiennes ont cherché à obtenir des résultats en incitant les propriétaires à céder leurs terres sur la base du volontariat, encouragé par le versement d'indemnités, cependant, elles ont également eu recours à l'expropriation de biens.

Le Centre d'aide juridique (LAC) – organisation non gouvernementale de défense des droits de l'homme basée à Windhoek – a déclaré que ce programme avait permis de "remettre 800 exploitations aux mains des Noirs en 17 ans depuis l'indépendance", soit 12% du total des fermes namibiennes. Le Syndicat agricole de Namibie (NAU) parle, lui, de plus de 1 000 fermes cédées, soit 16% des exploitations. On craint cependant que ce rythme ne soit pas assez soutenu. Le LAC indique également dans son rapport que ces fermes réaffectées fonctionnent mal et que les paysans noirs obtiennent des subdivisions des exploitations initiales pour le même volume de bétail, ce qui ne permet pas à leur exploitation d'être rentable. Certains estiment que ce programme équivaut à remplacer une forme de pauvreté par une autre.

Malgré des demandes d'accélération du processus, le NAU explique que les Namibiens défavorisés possèdent actuellement plus de 9 millions d'hectares d'exploitations commerciales dans le pays, soit près des deux tiers de l'objectif fixé par le gouvernement pour 2020, et estime que la réforme agraire est sur la bonne voie mais nécessite du temps.

Ces dernières années, des hommes politiques ont demandé une augmentation des cessions obligatoires afin d'accélérer la réforme, mais pour les sceptiques, peu d'effets économiques positifs sont à espérer. Même si un grand nombre de personnes sont favorables par principe à la réforme agraire, il reste que ce pays aride ne présente pas la configuration souhaitée pour un système de petites exploitations cultivées par des gens pauvres, sans moyens économiques ni ressources techniques nécessaires pour mettre en valeur le terrain. Le véritable enjeu, disent certains, n'est pas tant la réforme agraire que l'incapacité du gouvernement à donner du travail aux habitants.

Cependant, il est clair que la plupart des Namibiens ne veulent pas voir chez eux le chaos social et économique qui règne au Zimbabwe voisin.

Les Owambo

Fonctionnant comme une sorte de confédération peu structurée, les Owambo ont toujours été suffisamment puissants pour repousser les intrus, notamment les négriers des temps anciens et les envahisseurs allemands du XIXe siècle. Ces combattants pugnaces étaient tout désignés pour mener la lutte en faveur de l'indépendance. Les Owambo constituent le groupe ethnique le plus important du pays (près de 50% de la population) et, logiquement, forment le gros des rangs de l'Organisation du peuple du Sud-Ouest africain (Swapo, au pouvoir).

Traditionnellement présents dans le nord du pays, ils se subdivisent en 12 groupes – dont 4 vivent de fait dans la région du Kunene, dans le sud de l'Angola. Les Kwanyama constituent la communauté la plus importante (35% des Owambo de Namibie) et sont majoritaires au sein du gouvernement.

Ces derniers temps, un grand nombre d'Owambo ont quitté leur village pour s'installer à Windhoek ou dans des villes du Nord et travailler comme ouvriers, artisans, employés ou fonctionnaires qualifiés. Ils jouissent des faveurs des autorités et, à l'exception des Namibiens blancs d'origine européenne, comptent parmi les catégories de population les plus prospères.

Les Kavango

Les Kavango sont issus de la tribu Wanbo, venue d'Afrique de l'Est et établie dans un premier temps sur les rives du fleuve Kwando, en Angola, qui migra vers le sud à la fin du XVIIIe siècle et s'installa aux confins septentrionaux de l'Okavango. Depuis les années 1970 et la guerre civile en Angola, un grand nombre de Kavango ont repris le chemin du sud et sont venus grossir les rangs de la population namibienne, dont ils constituent désormais le deuxième groupe ethnique. Ils se subdivisent en 5 sous-groupes : les Mbukushu, les Sambiyu, les Kwangari, les Mbunza et les Geiriku.

Connus comme des sculpteurs sur bois de talent, les Kavango sont néanmoins contraints, comme d'autres populations du nord de la Namibie, à partir en grand nombre pour le Sud afin de tenter de trouver un emploi dans les mines, les fermes ou les centres urbains.

Les Herero/Himba

Les 120 000 Herero de Namibie sont présents dans quelques régions du pays et se subdivisent en plusieurs sous-groupes, notamment les Tjimba et les Ndamuranda (dans le Kaokoveld), les Maherero (région d'Okahandja) et les Zeraua (à Omaruru et autour). Les Himba du Kaokoveld constituent également un sous-groupe herero, de même que les Mbandero, qui occupent la région de Gorabis, dans l'est de la Namibie – un territoire dont les limites avaient été tracées par le pouvoir colonial et appelé auparavant Hereroland.

Les Herero font partie des peuples bantous originaires d'Afrique centrale qui ont migré vers le sud. Arrivés dans l'actuelle Namibie au milieu du XVIe siècle, ils se sont d'abord établis dans le Kaokoveld avant de s'installer, quelque 200 ans plus tard, dans la vallée de la Swakop et sur le plateau central. Jusqu'à la période coloniale, ils demeurèrent dans ces prairies assez riches, élevant du bétail et vivant de façon semi-nomade.

Toutefois, des heurts sanglants avec les Nama (arrivant du Sud) et les colons et soldats allemands provoquèrent un soulèvement à la fin du XIXe siècle. Celui-ci s'acheva en août 1904 par l'effroyable bataille de Waterberg, dont les prolongements réduisirent drastiquement la population herero : 80% de ses membres trouvèrent la mort et les survivants furent dispersés dans tout le pays, terrifiés et totalement abattus. Un grand nombre se réfugia au Botswana, où ils se mirent à pratiquer une agriculture de subsistance – ils sont depuis devenus de prospères éleveurs.

La tenue très caractéristique des femmes herero – une énorme crinoline portée sur une kyrielle de jupons, associée à une coiffe en forme de corne – est un héritage des missionnaires allemands de l'époque victorienne. Si vous vous trouvez à Okahandja le week-end le plus proche du 23 août, vous verrez des milliers de Herero impeccablement vêtus de leur habit traditionnel pour rendre hommage à leurs chefs tombés au combat à l'occasion du jour de Maherero.

Même ceux qui n'ont jamais entendu parler des Himba avant de venir en Namibie ne tardent pas à tomber sous le charme de cette population de quelque 50 000 âmes, des éleveurs semi-nomades proches des Herero qui mènent encore de nos jours une vie très proche de celle de leurs ancêtres. On connaît en particulier la tradition perpétuée par les femmes, qui s'enduisent le corps d'un mélange odorant de beurre, d'ocre et d'herbes. La substance, qui pare leur peau d'une teinte orange foncé, fait fonction de protection contre le soleil et les insectes. Elle est également appliquée sur les cheveux tressés, leur donnant l'aspect de dreadlocks. Les femmes himba ne s'habillent pas à l'occidentale et portent pour tout vêtement une jupe plissée en peau.

Comme les Massaï du Kenya et de Tanzanie, les Himba élèvent du bétail (vaches, chèvres et moutons). Mais leurs territoires ne rappellent en rien la savane de l'Afrique de l'Est et se trouvent dans un environnement parmi les plus rudes au monde. La survie des Himba tient donc essentiellement à l'existence de solides alliances entre villages ou clans différents. C'est d'ailleurs l'extrême dureté des conditions climatiques et l'isolement qui en a résulté qui a permis aux Himba, tenus à l'écart des influences extérieures, de conserver relativement intact leur patrimoine culturel.

Après avoir survécu à la sécheresse et à la guerre des années 1980 et du début des années 1990, les Himba connaissent un véritable renouveau depuis plusieurs années. La population dans son ensemble a repris la main sur ses territoires et joue véritablement un rôle politique au plan national.

Les Damara

La ressemblance des Damara avec certains Bantous d'Afrique de l'Ouest a conduit plusieurs anthropologues à penser qu'ils ont été parmi les premiers peuples à entrer en Namibie par le nord, et qu'ils ont dû adopter la langue khoisan pour mener à bien leurs échanges commerciaux avec les Nama et les San.

On sait de manière certaine qu'avant les années 1870, les Damara occupaient la plus grande partie de la Namibie centrale, des environs du site de Rehoboth jusqu'aux fleuves Swakop et Kuiseb, à l'ouest, et à Outjo et Khorixas, au nord. Un grand nombre de Damara furent contraints à l'exil, tués ou capturés et réduits en esclavage lorsque les Herero et les Nama entreprirent d'étendre leurs domaines sur leurs terres traditionnelles. L'inimitié entre ces groupes ethniques se traduisit par le soutien damara aux Allemands durant la période coloniale – une attitude récompensée par l'octroi d'un vaste "homeland", qui correspond de nos jours à la moitié sud de la région de Kunene.

Les premiers Européens arrivés sur place trouvèrent un peuple d'éleveurs semi-nomades se livrant aussi à échelle artisanale à l'extraction minière, à la fonderie et aux échanges commerciaux. Les Damara se sédentarisèrent plus ou moins durant la période coloniale pour pratiquer un élevage et une agriculture de subsistance.

Dans les années 1960, l'Afrique du Sud acquit au profit des Damara plus de 4,5 millions d'hectares de terres marginales appartenant à des Européens dans les étendues désolées de l'actuel Damaraland.

Il n'y avait toutefois pas grand-chose à tirer du sol de cette région, peu fertile dans l'ensemble, dépourvu des riches pâturages que l'on trouve dans le centre et le sud du pays et en grande partie détenu en propriété collective. De nos jours, la plupart des 80 000 Damara travaillent dans les zones urbaines ou dans des fermes détenues par des Blancs ; un quart seulement vit au Damaraland.

Les Namibiens d'origine européenne

Les premiers Européens se sont installés en 1884 lors de la création d'un comptoir allemand dans la baie de Lüderitz. Devenue colonie allemande dans les années 1890, la Namibie vit affluer un nombre croissant de colons, tandis que, dans le même temps, des Boers (Sud-Africains blancs d'origine hollandaise) migraient vers le nord depuis Le Cap. Leur nombre ne cessa de s'accroître après la Première Guerre mondiale, lorsque la Namibie passa sous le contrôle de l'Afrique du Sud.

Quelque 85 000 Blancs, pour la majorité d'origine afrikaner, vivent aujourd'hui en Namibie. La plupart résident dans les zones urbaines, dans le centre et le sud du pays, et travaillent dans l'élevage, le commerce, le secteur industriel et l'administration. Ce sont eux, par ailleurs, qui contrôlent la quasi-totalité du secteur touristique.

Les Capriviens

Les 80 0000 Capriviens, répartis en 5 grands groupes ethniques – lozi, mafwe, subia, yei et mbukushu – sont installés dans l'extrême nord-est du pays, sur les rives fertiles du Zambèze et du Kwando. La plupart vivent de la pêche, de l'agriculture de subsistance et de l'élevage.

La bande de Caprivi a été gouvernée jusqu'à la fin du XIXe siècle par les rois lozi. Le rotse, langue véhiculaire des diverses tribus capriviennes, est issu du lozi, que l'on parle encore dans certaines régions de Zambie et d'Angola.

Les Nama

Les Nama, qui appartiennent au groupe khoisan et comptent parmi les plus anciennes populations de Namibie, parlent une langue proche de celle des San du Botswana et d'Afrique du Sud.

Ces populations originaires du sud du Cap ont été en partie massacrées au début de la colonisation. Repoussés vers le nord par les fermiers européens, les survivants se sont fixés au Namaqualand, près du fleuve Orange, menant une vie de pasteurs semi-nomades. Vers le milieu du XIXe siècle, leur chef Jan Jonker Afrikaner les conduisit dans la région de l'actuelle Windhoek.

Sur le plateau central, ils se heurtèrent aux Herero, déjà installés. Les deux communautés se livrèrent à une succession de guerres sanglantes jusqu'à ce que le gouvernement allemand établisse la paix en les confinant dans des réserves séparées.

Il y a de nos jours quelque 60 000 Nama en Namibie. Ils vivent dans la région correspondant au Namaqualand de l'époque coloniale, qui s'étend de Mariental jusqu'à Keetmanshoop, au sud-ouest. Ils manifestent un talent reconnu dans la musique traditionnelle, les contes populaires, les proverbes et la poésie, qui se sont transmis de génération en génération et forment aujourd'hui le socle de leur culture.

Les Topnaar

Les Topnaar (ou Aonin), qui forment au sens strict une branche des Nama, occupent essentiellement l'ouest du Namib central, dans la région de Walvis Bay, sur la côte atlantique. Contrairement aux Nama, dont les terres étaient en propriété collective, ils se transmettaient les biens fonciers par héritage.

Ces populations qui vivaient autrefois de la cueillette d'un melon sauvage, le *!nara* (p. 170), figurent aujourd'hui parmi les plus marginalisées du pays. Leurs zones de cueillette se trouvent désormais au cœur du parc du Namib-Naukluft. Les Topnaar qui sont demeurés dans le désert subsistent en cultivant des *!nara* et en élevant du bétail (des chèvres pour l'essentiel).

La plupart des Topnaar sont toutefois partis pour Walvis Bay, où ils travaillent dans des conserveries de poisson. Ils vivent dans le township de Narraville ou dans des bidonvilles. Au sud de Walvis Bay, un village topnaar dispose d'une école primaire et d'un foyer, mais n'accueille que peu d'enfants topnaar.

Les Coloured

Le passage du Sud-Ouest africain allemand sous administration sud-africaine, après la Première Guerre mondiale, s'est accompagné de l'introduction progressive des lois de l'apartheid. La cohabitation entre Blancs et non-Blancs a ainsi été interdite au début des années 1950 – mais les mariages restèrent autorisés plusieurs années encore et, dans tout le pays, des fermiers afrikaners ou allemands ont épousé des femmes herero et damara.

Stigmatisés par les deux communautés, les enfants de ces unions ont vécu un sort peu enviable. Quelque 52 000 métis *coloured* vivent aujourd'hui en Namibie, principalement dans les agglomérations de Windhoek, Keetmanshoop et Lüderitz.

Les Basters

Ce sont les descendants d'unions contractées entre Nama et fermiers hollandais de la colonie du Cap. Rejetés par les colons boers, les Basters ont traversé le fleuve Orange à la fin des années 1860 et ont fondé le village de Rehoboth en 1871, instaurant une administration spécifique fonctionnant sous l'autorité d'un chef (Kaptein) et d'un conseil législatif (Volksraad). Leur soutien aux Allemands durant la période coloniale leur a gagné un certain nombre de prébendes, ainsi que la reconnaissance de leurs droits fonciers.

La plupart des 35 000 Basters continuent de vivre à Rehoboth et dans ses environs. Certains ont adopté un mode de vie citadin, d'autres élèvent du bétail.

Les Tswana

Les Tswana (8 000 personnes) constituent le plus petit groupe ethnique de Namibie. Apparentés aux Tswana d'Afrique du Sud et du Botswana, ils vivent principalement dans l'est du pays, dans les régions d'Aminuis et d'Epukiro.

La société namibienne

Dans cette société plutôt conservatrice et croyante – environ 85% des habitants sont chrétiens – il convient de faire preuve de discrétion dans sa tenue vestimentaire et, plus généralement, dans son comportement. Si l'éducation occupe une place centrale dans les progrès que fait le pays, les Namibiens (surtout les femmes) ne bénéficient pas encore directement des bénéfices générés par une économie, en grande partie, florissante.

Être une femme en Namibie

Dans cette culture qui exalte le pouvoir masculin, il reste encore beaucoup de chemin à parcourir dans la lutte pour le respect des droits des femmes. On considère encore aujourd'hui qu'il est normal pour un homme d'avoir des partenaires multiples et, jusqu'à une époque récente, une femme qui était abandonnée avec ses enfants par son mari ne disposait guère de voies de recours. Depuis l'accession à l'indépendance, le gouvernement namibien s'est attaché à améliorer les choses et a notamment fait adopter, en 1996, la loi relative à l'égalité des personnes mariées, qui octroie les mêmes droits patrimoniaux aux deux conjoints et accorde à la femme le droit de garde de ses enfants.

Cela étant, et comme l'admet le gouvernement lui-même, le progrès sur la voie de l'égalité des sexes passera davantage par l'évolution des comportements traditionnels que par l'adoption de dispositions législatives. Selon le rapport sur les droits de l'homme publié en 2015 par le Département d'État américain, les violences domestiques sont très courantes. La pauvreté et l'alcoolisme, entre autres problèmes sociaux endémiques, ainsi que la précarité provoquée par le chômage de longue durée ne font qu'accroître la vulnérabilité des femmes face à la violence. Bien que le gouvernement namibien ait fait adopter l'une des lois contre le viol les plus complètes au monde, les groupes de femmes et les ONG révèlent que de nombreux crimes sexuels contre les femmes ne sont jamais dénoncés.

Les Namibiennes tiennent un rôle essentiel dans la vie locale et municipale, et beaucoup ont participé de manière héroïque à la lutte en faveur de l'indépendance.

VIE RURALE OU VIE URBAINE

La plupart des Namibiens vivent encore les zones rurales et selon le mode de vie traditionnel. Généralement organisés autour du clan ou de la famille, les villages traditionnels ont à leur tête un *elenga* (chef) élu, qui a la charge de toutes les affaires locales. Bien que chaque année la proportion de citadins augmente, ils sont moins de 50% à s'être installés dans les zones urbaines, et ils conservent malgré tout un lien fort avec leur village.

Malheureusement, une grande majorité des Namibiens vit dans des conditions difficiles, surtout en ville – vous apercevrez dans de nombreuses périphéries des bidonvilles dénués de tout service de base.

LES STRUCTURES DE LA SOCIÉTÉ

La Namibie a encore du chemin à parcourir sur la voie de la cohésion nationale. Les générations qui ont grandi durant la lutte pour l'indépendance restent fortement marquées par l'histoire, d'où la persistance de tensions aiguës entre les différents groupes sociaux et ethniques.

Les voyageurs seront, dans la grande majorité des cas, accueillis très chaleureusement, non sans une certaine dose de curiosité. On ne peut toutefois exclure des attitudes racistes et injustement hostiles – lesquelles dépassent d'ailleurs le cadre des rapports Noirs/Blancs, en raison de la diversité des groupes ethniques en Namibie. Une bonne connaissance de l'histoire complexe et troublée du pays vous permettra d'identifier les situations potentiellement délicates, et vos rapports avec la population se trouveront en outre facilités par le respect de quelques principes de base – s'habiller de manière appropriée, se montrer cordial avec les personnes rencontrées et apprendre quelques mots des langues locales.

Les Namibiens, qui vivent en clans, ont un sens très fort de l'appartenance communautaire. Les membres du clan sont les personnes vers lesquelles on se tourne en cas de besoin, et l'obligation d'aider celui qui est en difficulté est réelle, qu'il s'agisse de donner à manger à celui qui a faim, de prendre soin de celui qui est malade ou même d'adopter un enfant orphelin. Au-delà du clan, les Namibiens se montrent ouverts aux autres et le voyageur pourra très bien être invité à participer à une partie de football improvisée ou à partager le repas d'une famille.

Dans cette structure sociale, la famille traditionnelle s'entend dans un sens très large et comprend souvent quantité d'oncles et de tantes auxquels on se réfère parfois comme à un père ou une mère. Cousins et frères et sœurs sont interchangeables et, dans certaines régions rurales, les hommes ont des dizaines d'enfants et sont parfois incapables de dire si tel ou tel garçon est bien leur fils. Cette fluidité de l'organisation sociale a d'une certaine manière permis aux familles de faire face aux conséquences désastreuses de l'épidémie due au virus du sida.

En 2016, les femmes occupaient le chiffre impressionnant de 43 sièges sur 104 à l'Assemblée nationale. De même, elles sont de plus en plus nombreuses à accéder à des postes ministériels, grâce à la "politique du zèbre", un système de parité à la tête de chaque ministère mis en place par le parti au pouvoir. Néanmoins, dans le secteur privé les femmes demeurent sous-représentées aux postes décisionnels.

Les femmes sont également sans contestation possible le pilier de la vie domestique, assumant la double tâche de contribuer aux revenus de la famille et de s'occuper des enfants ainsi que de tous les membres de la famille. Une charge que les conséquences dramatiques de l'épidémie de sida ne font qu'alourdir. Même si ce chiffre est en baisse, en 2015, plus de 13% (taux de prévalence) des adultes étaient porteurs du VIH (contre 18% en 2009).

Le taux alphabétisation des femmes (84,5% en 2015) est plus élevé que celui des hommes (79,2%), mais la mortalité infantile reste accrue (265 pour 100 000 naissances en Namibie contre 129 au Botswana et 138 en Afrique du Sud).

> Pour vous tenir au courant des principaux sujets d'actualité en Namibie, connectez-vous sur l'excellent site web du journal *The Namibian* (www.namibian.com.na, en anglais).

Religion

Entre 80% et 90% des Namibiens sont chrétiens. La majorité appartient à l'Église luthérienne, mais l'héritage des premières missions et l'influence portugaise véhiculée par l'Angola se retrouvent dans la présence d'une importante population catholique, en particulier dans le centre et le nord du pays.

Les Namibiens non chrétiens – Himba et San pour la plupart, Herero dans une moindre mesure – vivent dans le Nord et restent fidèles aux

SALUTATIONS

Saluer en Namibie est tout un art. La version la plus courte pourrait ressembler à quelque chose comme : *"T'es-tu levé en forme ? Oui. Vas-tu bien ? Oui."* Mais les salutations peuvent se prolonger au gré de questions répétées concernant la santé de l'interlocuteur et de sa famille ou l'état de ses cultures. Il faudra vous évertuer à la patience si vous êtes pressé.

Il est en effet absolument indispensable de saluer toutes les personnes que vous rencontrez, qu'il s'agisse d'une première entrevue décisive avec un partenaire dans un cadre professionnel ou d'un simple contact avec un passant dans la boutique du coin. Les gens d'ici trouvent extrêmement impoli de ne pas être salué, et cet impair est certainement l'une des erreurs les plus fréquentes commises par les personnes étrangères.

Apprenez à dire "bonjour" et "au revoir" dans la langue utilisée localement, et distribuez vos salutations sans compter. Si vous en avez le temps et l'envie, essayez d'élargir votre vocabulaire et d'utiliser des expressions plus longues et plus complexes. Pour mieux connaître les nombreuses langues locales de Namibie, reportez-vous au chapitre *Langue*, p. 282.

Si vous n'osez pas vous lancer, n'oubliez pas qu'une poignée de main est un merveilleux moyen de rompre la glace. En Afrique, elle se décompose souvent en trois phases : une poignée de main à l'occidentale, suivie d'un geste par lequel on replie ses doigts sur ceux de son interlocuteur tout en faisant se toucher les pouces, puis d'une nouvelle poignée de main.

traditions animistes. Ils pratiquent généralement le culte des ancêtres, les défunts étant considérés comme des intercesseurs entre leurs descendants et les dieux.

La population compte entre 1 et 3% de musulmans.

Économie

L'économie du pays est dominée par l'extraction et la transformation de minéraux destinés à l'exportation. Si l'industrie minière ne représente que 11,5% du PNB, elle compte pour plus de 50% des recettes en devises étrangères. Les vastes gisements alluvionnaires diamantifères font de la Namibie l'un des premiers producteurs au monde de pierres de qualité gemme. En outre, le pays figure également parmi les premiers producteurs d'uranium, de plomb, de zinc, d'étain, d'argent et de tungstène.

L'économie namibienne est toujours performante avec un taux de croissance favorable – bien qu'en baisse ces dernières années – qui avoisinait les 5% en 2015 et seulement les 1% en 2016. Toutefois, le chômage reste élevé avec un taux officiel atteignant les 28,1% en 2014 – un chiffre qui, officieusement, approcherait les 50% – et touche les trois quarts des 15-19 ans.

L'industrie minière n'emploie que 2% de la population, tandis que plus de la moitié des habitants vivent encore d'une agriculture de subsistance. En temps normal, la Namibie importe environ 50% des céréales nécessaires à ses besoins et, pendant les années de sécheresse, les zones rurales doivent faire face à de graves pénuries alimentaires. Et si l'industrie de la pêche se porte bien, la plupart des produits de la mer sont mis en conserve avant d'être exportés.

Le tourisme a connu un essor considérable ces dernières années – mais le secteur reste, pour l'essentiel, aux mains de la population blanche.

L'économie namibienne est étroitement liée à celle de l'Afrique du Sud, et le dollar namibien fonctionne à parité fixe avec le rand sud-africain.

Arts

L'environnement aride et la présence d'une population disparate et démunie expliquent l'absence d'un patrimoine artistique et architectural institutionnel. Le pays possède en revanche une riche tradition d'artisanat (sculpture, vannerie, tapisserie, travail des perles et tissage).

Il existe par ailleurs d'excellents festivals artistiques en Namibie. L'Artist's Trail, qui a lieu en septembre à Omaruru, au nord-ouest de Windhoek, est l'un des plus intéressants – et des plus récents.

Littérature

Dans ce pays qui a traversé des siècles d'oppression et d'isolement dans une société frappée par la pauvreté et dépourvue de structures éducatives, la littérature écrite est totalement absente du patrimoine national avant l'indépendance – à l'inverse d'une tradition orale bien vivante. Signalons durant cette période quelques romans de la période coloniale allemande, notamment *Peter Moors Fahrt nach Südwest* (en allemand), de Gustav Frenssen, quelques écrits en afrikaans, ainsi qu'un ouvrage de 1956 qui a connu le succès, *La guerre venue, nous sommes partis dans le désert* (actuellement épuisé ; disponible en anglais sous le titre *The Sheltering Desert*), dans lequel le géologue allemand Henno Martin fait le récit des deux années passées dans le désert en compagnie de son ami Hermann Korn afin d'éviter la captivité dans un camp de prisonniers durant la Seconde Guerre mondiale.

Il fallut attendre la lutte pour l'indépendance pour qu'une littérature autochtone voie le jour. Joseph Diescho (né en 1955) figure parmi les écrivains namibiens contemporains les plus importants. Son premier roman, *Born of the Sun*, a été publié en 1988 alors qu'il vivait aux États-Unis. Cette œuvre originale et sans prétention – à ce jour toujours la plus connue de la littérature namibienne – est un récit largement autobiographique évoquant la jeunesse du personnage principal dans un village, son entrée dans l'âge adulte et son premier contact avec le christianisme. On suit alors le protagoniste dans les mines d'Afrique du Sud, où il s'ouvre à la politique. Le deuxième roman de Joseph Diescho, *Troubled Waters* (1993), est centré sur le personnage d'un Sud-Africain blanc envoyé en Namibie pour y effectuer son service militaire, durant lequel s'éveille sa conscience politique.

Les femmes sont également bien représentées dans la littérature namibienne. Plusieurs des auteures ayant publié depuis 1990, elles relatent ce qu'elles ont vécu pendant les années de lutte en faveur de l'indépendance et dressent un tableau des conditions sociales dans le pays depuis l'indépendance. Les ouvrages d'Ellen Namhila (*The Price of Freedom* ; 1998), Kaleni Hiyalwa (*Meekulu's Children* ; 2000) et de Neshani Andreas (*The Purple Violet of Oshaantu* ; 2001) offrent ainsi un regard passionnant sur la situation sociopolitique dans la Namibie de l'époque postcoloniale.

Le collectif Sister Namibia a publié en 1994 un recueil de poèmes et de nouvelles intitulé *A New Initiation Song*, ouvrage en 7 parties sur les thèmes des souvenirs de jeunesse, de la représentation du corps et des relations hétérosexuelles et lesbiennes. Les contributions de Liz Frank et d'Elizabeth !Khaxas figurent parmi les plus créatives, de même que les nouvelles de Jane Katjavivi, dont *Uerieta*, centrée sur le personnage d'une femme blanche qui finit par accepter la vie africaine, et *When the Rains Came*, de Marialena van Tonder, qui relate la lutte d'un couple de fermiers contre la sécheresse. L'une des auteures ayant contribué au recueil, Nepeti Nicanor, a également publié, en collaboration avec Marjorie Orford, un autre ouvrage intitulé *Coming on Strong* (1996).

Les germanophones apprécieront les œuvres de Giselher Hoffmann (né en 1958), qui évoquent les enjeux de la Namibie contemporaine et certaines questions historiques. Son premier roman, *Im Bunde der Dritte*, traite du braconnage, tandis que *Die Erstgeboren* est écrit du point de vue d'un groupe san qui se heurte à des colons allemands. De manière similaire, le conflit nama-herero de la fin du XIXe siècle est relaté depuis une perspective nama dans *Die Schweigenden Feuer*, ouvrage traitant par ailleurs des répercussions de la modernisation sur les cultures traditionnelles.

Cinéma

Depuis 2002, la Commission namibienne du film soutient la production locale et s'emploie à promouvoir le pays comme lieu de tournage. La même année, *Sans frontière*, un film relativement méconnu qui traite de la famine en Éthiopie en 1984, a été tourné en Namibie – l'actrice principale, Angelina Jolie, y est par ailleurs revenue en 2006 pour donner naissance à l'une de ses filles. Dans un domaine moins "people", le Wild Cinema Festival (p. 45) gagne en importance et attire chaque année à l'automne des milliers de cinéphiles.

Après quelques difficultés, l'histoire du premier président namibien Sam Nujoma, fut portée à l'écran dans le film *Namibia, La lutte pour la liberté* (2007), de Charles Burnett, sorti en France en 2012, qui fit l'objet de critiques mitigées. En juillet 2011, le tournage chaotique de *Mad Max 4* fut déplacé en Namibie, après que des pluies inattendues eurent transformé le désert australien en un tapis de fleurs.

Musique

Les premiers musiciens du pays ont été les San, dont les mélopées certaines inspirées des cris des animaux, rythmaient danses et séances de contes. Les Nama firent montre d'une technique plus élaborée et utilisaient des percussions, des flûtes et des instruments à cordes simples pour accompagner les danses. Plusieurs de ces instruments furent adoptés et adaptés par les Bantous, qui y ajoutèrent marimbas, calebasses et trompes en corne d'animal. Ils sont toujours couramment utilisés, et l'on voit aujourd'hui aussi des danseurs rythmer leurs pas grâce à leurs ceintures de canettes de soda remplies de petits cailloux.

La musique chorale constitue une importante contribution européenne à la tradition namibienne, les missionnaires ayant monté des chorales au sein de la population locale dès le début de l'époque coloniale. Des chœurs scolaires ou paroissiaux continuent de se produire régulièrement de nos jours, les plus connus étant le Cantare Audire Choir et le Mascato Coastal Youth Choir (www. mascatoyouthchoir.com), la jeune chorale nationale. Les colons allemands ont par ailleurs introduit leurs orchestres traditionnels qui jouent toujours leur musique à flonflons à l'Oktoberfest (p. 45) et lors d'autres fêtes allemandes.

Pour vous tenir compagnie sur les longues routes namibiennes désolées, écoutez la musique mélancolique du conteur et musicien Hishishi Papa – son album *Aantu Aantu* est parfait.

Architecture

Si la plupart des visiteurs viennent en Namibie pour ses splendeurs naturelles, le pays compte également un grand nombre de merveilles architecturales. On retrouve dans les étonnants bâtiments laissés par les Allemands l'empreinte de la présence européenne en Namibie.

Ville moderne et bétonnée – comme la plupart des grandes agglomérations du continent – Windhoek a conservé quelques joyaux, notamment la Christuskirche (p. 40). Construite avec du grès local, cette église luthérienne allemande de style néogothique européen domine la ville. Autre bâtiment intéressant, l'Alte Fest ("vieux fort") a été érigé en 1890 par Curt von François pour abriter la garnison allemande. Le plus ancien édifice de la ville abrite aujourd'hui le Musée national (p. 40).

Pour admirer le meilleur de l'architecture namibienne, il faut cependant se rendre sur la côte pour découvrir, coincés entre les eaux glaciales de l'Atlantique Sud et la chaleur torride du désert du Namib, les vestiges du passé colonial que sont Swakopmund (p. 139) et Lüderitz (p. 181). En se promenant dans les rues de ces deux villes, on pourrait se croire dans un *dorfchen* (petit village) bavarois ! Swakopmund et Lüderitz, qui semblent avoir traversé l'histoire sans que le temps ne laisse de trace, mêlent joliment l'Art nouveau et le style impérial allemand – une vision étonnante sur un arrière-plan de dunes et de mer déchaînée.

Danse

Expressions de valeurs sociales et reflets, pour la plupart, de l'environnement dans lequel elles sont pratiquées, les danses namibiennes sont caractéristiques des divers groupes ethniques.

Les Ju/'hoansi (!Kung), un groupe san du nord-est du pays, imitent dans leurs danses les animaux qu'ils chassent, ou bien introduisent des éléments importants de la vie quotidienne. Dans la danse du "melon", par exemple, les hommes lancent et attrapent des *tsama* (melons du désert) sur un rythme spécifique. L'*ondjongo*, pratiquée par les propriétaires de bétail himba, représente les soins apportés aux bêtes.

Des danses spécifiques ont lieu par ailleurs à l'occasion de certains événements – rites de passage, cérémonies spirituelles, rassemblements politiques et réunions de famille, notamment. La *tcòcmà* est, par exemple, la danse d'initiation des hommes ju/'hoansi, à laquelle les femmes ne peuvent pas assister. Dans la région de Kavango et de la bande de Caprivi, les guérisseurs effectuent une danse en agitant constamment les calebasses qu'ils tiennent dans chaque main. Les danses pratiquées dans les fêtes, par exemple l'*epera* et la *dipera*, dans le Kavango, rassemblent généralement hommes et femmes dans des groupes séparés.

Arts plastiques

La plupart des photographes et peintres modernes sont d'origine européenne et travaillent généralement sur les paysages évocateurs du pays, sa lumière ensorcelante, sa faune et, depuis des temps plus récents, ses différents peuples. François de Necker, Axel Eriksson, Fritz Krampe et Adolph Jentsch figurent parmi les artistes les plus connus. Les paysagistes de l'époque coloniale Carl Ossman et Ernst Vollbehr sont exposés en Allemagne. À Windhoek, la National Art Gallery (p. 43) compte dans sa collection permanente de nombreuses œuvres de tous ces artistes ; elle organise par ailleurs des expositions temporaires de talents locaux et étrangers.

Les Namibiens d'origine non européenne, qui se consacrent surtout aux arts tridimensionnels, cultivent une tradition qui leur est propre. L'art des townships – généralement des sculptures utilisant des matériaux recyclés comme des canettes de soda et du fil de fer – est un traitement expressif et coloré de thèmes simples. Apparu dans les townships d'Afrique du Sud durant l'apartheid, il s'est répandu en Namibie au cours des deux dernières décennies et est devenu très populaire.

Un groupe d'artistes, parmi lesquels Joseph Madesia et François de Necker, a créé en 1994 le Tulipamwe International Artists' Workshop, qui vise à développer et à faire mieux connaître les arts plastiques namibiens. Ils ont organisé dans ce cadre de nombreux ateliers dans des fermes et des lodges du pays, au cours desquels des artistes namibiens et étrangers peuvent se rencontrer, échanger et travailler ensemble.

La cuisine de Namibie

La nourriture, pour les Namibiens, a toujours été une question de survie plutôt que d'inventivité. Aussi, il est rare de trouver les plats traditionnels au menu des restaurants pour touristes, lesquels servent principalement une cuisine internationale, relevée de quelques variantes locales – ne manquez pas les spécialités allemandes (en particulier les gâteaux et les pâtisseries) et le large choix de gibier (l'éland, l'oryx ou le koudou).

Produits locaux et spécialités

La cuisine traditionnelle comporte un nombre restreint de plats, le plus courant étant l'*oshifima*, une bouillie épaisse de millet servie généralement avec des légumes ou une viande en sauce. L'*oshiwambo*, une savoureuse alliance d'épinards et de bœuf, est également courant, de même que le *mealie pap*, un porridge frugal.

Dans les restaurants des grandes villes comme Windhoek, Swakopmund et Lüderitz, la carte présentée aux étrangers comporte rarement ce genre de plats et propose plutôt une version locale de plats d'influence européenne (italiens et français par exemple), ainsi que des poissons et fruits de mer. En dehors des grandes agglomérations, vous trouverez plutôt des établissements servant des produits frits.

Dans la plupart des restaurants, quelle que soit leur enseigne, il est difficile d'échapper à la viande – encore que certaines cartes comportent quelques plats d'accompagnement végétariens. La raison en est simple : vaste étendue désertique, la Namibie importe d'Afrique du Sud une bonne partie des fruits et des légumes frais qu'elle consomme. Elle produit toutefois plusieurs variétés de courges, notamment la délicieuse *gem squash* (courge verte) et la courge *butternut* (à chair douce). Les oranges namibiennes sont délicieuses et l'on trouve dans la région de Kavango des papayes servies avec un trait de citron ou vert.

On retrouve l'influence allemande, en particulier dans les *konditoreien* (pâtisseries), où l'on peut s'empiffrer d'*Apfelstrudel* (gâteau à base de pommes), de *Sachertorte* (gâteau au chocolat fourré à la confiture d'abricots), de *Schwartzwälder Kirschtorte* (forêt-noire) et d'autres délicieuses douceurs. Certains établissements de Windhoek et de Swakopmund sont de véritables institutions. Vous pouvez aussi goûter les *Koeksesters* (petits beignets dégoulinants de miel) et la *Melktart* (tarte au lait) afrikaners.

Bacon, œufs et *Boerewors* ("saucisse paysanne") figurent au menu du petit-déjeuner complet, qui peut comporter aussi des ingrédients plus surprenants – rognons au curry par exemple, ou bœuf préparé de diverses manières.

On mange généralement de la viande (bœuf ou gibier) au dîner. Un énorme chateaubriand ou une escalope de koudou ne reviennent qu'à 100 $N environ. Dans certains lodges, attendez-vous à voir figurer

Denrée de base en Afrique australe, le sorgho se trouve au cœur des repas. Les convives se servent en principe dans le plat commun avec la main droite, et forment une boulette qu'ils trempent dans une sauce.

au menu de l'éland ou de l'oryx (gemsbok). Quant aux produits de la mer, vous trouverez en particulier du *kingklip* (abadèche du Cap), du *kabeljou* (morue) et des crustacés en tout genre. On en sert partout dans le pays, mais dans les bons restaurants de Windhoek, Swakopmund et Lüderitz, vous pouvez être sûr qu'ils sont tout frais pêchés.

Boissons

La Windhoek Lager est brassée conformément au décret allemand sur la pureté de la bière de 1516 (*Reinheitsgebot*), qui stipule que la bière ne peut contenir que de l'orge, du houblon et de l'eau.

Dans les zones rurales owambo, les habitants se retrouvent dans de minuscules bars de fortune pour boire une *oshikundu* (bière de *mahango*, c'est-à-dire de millet), un *mataku* (vin de pastèque), un *tambo* (millet fermenté additionné de sucre), une *mushokolo* (bière brassée à partir d'une graine locale) ou un *walende* (alcool distillé à partir de la sève de palmier makalani dont le goût rappelle celui de la vodka). À l'exception de ce dernier, toutes ces boissons sont brassées le matin et consommées le jour même, et coûtent un prix dérisoire.

Les palais moins hardis se satisferont des multiples bières brassées sur place. La plus répandue est la Windhoek Lager, une blonde légère et désaltérante, mais les brasseries produisent également la Tafel Lager, la Windhoek Export, plus forte et plus amère, et la Windhoek Special, un peu âpre. La Windhoek Light et la DAS Pilsener sont considérées comme des boissons sans alcool – la DAS est surnommée la "bière du petit-déjeuner"... En hiver, Namibia Breweries fabrique une brune à 7%, l'Urbock. Les bières sud-africaines telles que la Lion, la Castle et la Black Label sont proposées un peu partout.

Bien que la bière soit la boisson préférée de la plupart des Namibiens, le pays compte aussi quelques vignobles, notamment Kristall Kellerei (p. 60), à 3 km à l'est d'Omaruru. Il produit du Paradise Flycatcher – un vin rouge à base de ruby cabernet, de cabernet sauvignon et de Tinta Barrocca – du colombard et un alcool de figue de Barbarie (qui décoiffe). Les vins sud-africains sont largement représentés, notamment plusieurs bonnes variétés de pinot et de cabernet produites dans la région de Stellenbosch, dans la province du Cap Ouest. Comptez entre 100 et 250 $N pour une bonne bouteille.

Environnement

La Namibie présente une extraordinaire variété de paysages – des dunes de sable désertiques bordant le littoral aux massifs montagneux austères de l'intérieur des terres – qui abritent une faune merveilleusement diversifiée, en particulier dans le nord du pays. Mais c'est aussi l'une des contrées les plus sèches et les plus arides de la planète, dont l'avenir se voit menacé par la désertification et la pénurie d'eau. Contrairement à son voisin, le Botswana, la Namibie autorise la chasse commerciale et à trophée.

Paysages

La Namibie abrite le plus vieux désert du monde. Sortie de terre il y a 130 millions d'années, cette étendue de basalte brûlé, d'un rouge noirâtre, s'est solidifiée pour former le paysage aride de la Namibie, le pays le plus sec au sud du Sahara. Rien ou presque ne survit dans cet environnement impitoyable, à l'exception de quelques rares animaux et plantes illustrant l'extraordinaire capacité d'adaptation de la vie sur Terre.

Le pays présente une géographie et une géologie très variées. Le territoire peut être divisé en cinq grandes régions : le désert du Namib et les plaines côtières du Sud et du Centre ; le plateau central descendant vers l'est et ses *inselbergs* (montagnes isolées) ; le sable du Kalahari – la plus vaste étendue de sable de la planète – bordant les frontières du Botswana et de l'Afrique du Sud ; le bushveld boisé de la région du Kavango et de la bande de Caprivi ; et les célèbres dunes de la côte des Squelettes, aussi passionnante qu'inquiétante.

Le désert du Namib s'étire tout le long de la côte atlantique du pays. Il est traversé par de nombreux cours d'eau, dont le niveau s'élève dans le plateau central, mais qui sont souvent à sec. Certains, telle l'éphémère rivière Tsauchab, rejoignaient autrefois l'océan, mais viennent aujourd'hui mourir dans les dunes en formant des couches de calcrète (calcaire altéré). D'autres ne coulent plus que pendant la saison des pluies alors qu'ils charriaient jadis d'énormes volumes d'eau, creusant d'impressionnants canyons, comme le Fish River Canyon ou celui de Kuiseb, où le géologue allemand Henno Martin et son ami Hermann Korn s'étaient réfugiés au cours de la Seconde Guerre mondiale.

Contrastant avec la majeure partie du pays, la région du Kavango et la bande de Caprivi sont un paradis de verdure. Bordant l'Angola au nord, ces régions sont encadrées par quatre grands fleuves : le Kunene, l'Okavango, le Kwando-Mashi-Linyanti-Chobe et le Zambèze, coulant toute l'année.

Afrique australe : l'avenir d'un monde sauvage (National Geographic, 2003), de Peter Godwin et Chris Johns, est un splendide ouvrage de photographies, sur une culture et une faune savage unique au monde.

Faune et flore

Les trois principales zones d'observation de la faune en Namibie se concentrent dans le nord du pays : le Kaokoveld, où les rares éléphants du désert et rhinocéros noirs suivent le cours de la rivière jusqu'à la côte des Squelettes ; la bande de Caprivi et le Khaudum National Park, refuge des derniers lycaons de Namibie et où le lion est revenu ; et surtout le parc national d'Etosha, l'une des belles réserves animalières au monde.

Plus au sud, le Namib-Naukluft Park, couvrant 6% de la superficie du pays, constitue l'une des plus grandes réserves naturelles d'Afrique. Il abrite essentiellement des étendues désertiques où les grands mammifères sont très dispersés. Toutefois, on peut y apercevoir des zèbres de montagne typiques de la région, ainsi que des espèces d'Afrique australe plus communes (springboks, gemsboks). Les dunes du désert du Namib sont peuplées de nombreux animaux plus petits, des espèces endémiques d'oiseaux, de reptiles et d'insectes qui se sont adaptées aux conditions désertiques.

Si la côte namibienne inhospitalière recèle peu de grands animaux, c'est le seul endroit au monde où d'immenses colonies d'otaries à fourrure sont attaquées par des hyènes brunes et des chacals à chabraque. On y croise aussi un très grand nombre d'échassiers d'été tels que des flamants, des bécasseaux sanderling, des tournepierres et des pluviers argentés, tandis que dauphins du Cap et dauphins de Gray évoluent au large, dans les eaux peu profondes.

En 2009, le gouvernement namibien a ouvert le Sperrgebiet National Park, qui s'étend sur 16 000 km². On y trouve la grenouille *Breviceps macrops*, en voie d'extinction, et les seuls chevaux sauvages d'Afrique, ainsi que d'impressionnantes formations rocheuses et des mines de diamants désaffectées. Rehaussé par d'étincelantes étendues de sel et des dunes de sable couleur safran, ce site d'une grande beauté offre l'un des plus fantastiques décors au monde pour les amoureux de faune et de flore.

Mammifères

Le nord de la Namibie fait partie des destinations d'Afrique australe les plus réputées pour l'observation de la faune.

Parmi les mammifères emblématiques que vous pourrez voir figurent l'éléphant du désert, le rhinocéros noir, le lion, le léopard, le guépard et, si vous avez vraiment de la chance, le lycaon, ou encore le rare zèbre de montagne d'Hartmann.

Parmi les espèces les plus communes et faciles à observer, on compte les zèbres, phacochères, grands koudous, girafes, gemsboks (oryx), springboks, steenboks, mangoustes, écureuils terrestres et d'autres animaux en petit nombre tels le chacal à chabraque ou l'otocyon (renard à oreilles de chauve-souris) ; enfin, si la chance vous sourit (on peut rêver) vous apercevrez peut-être le caracal, le protèle, le pangolin ou encore l'hyène brune.

Le long du littoral désertique du pays, des otaries à fourrure côtoient manchots du Cap et flamants.

Reptiles

Les terres asséchées de Namibie abritent plus de 70 espèces de serpents, dont 3 espèces de cobras cracheurs. Mais la vipère heurtante, peuplant les lits de rivière sablonneux asséchés, reste celle qui pose le plus de problèmes pour l'homme. La vipère à cornes et les serpents de sable vivent dans les plaines caillouteuses du Namib, tandis que la vipère de Péringuey investit la mer de dunes de ce désert. Les autres serpents venimeux incluent le serpent-liane, les mambas noir et vert, un dangereux cobra cracheur zébré et le boomslang ("serpent arboricole" en afrikaans), mince reptile bleu-vert mesurant 2 m de long et dont les écailles présentent une extrémité noire. Même si cette liste est impressionnante, il est très rare de voir des serpents, et il est d'autant plus rare d'être inquiété par eux.

Dans son livre *Safari* (Flammarion, 2004), Patrick de Wilde a photographié le monde animal dans sept pays d'Afrique renommés pour leurs safaris, dont la Namibie et le Botswana.

Les lézards sont également omniprésents. Le plus grand est le leguaan (varan du Nil), créature docile atteignant 2 m de long et passant son temps dans les (ou autour des) points d'eau. Plus petit, le varan des savanes habite les *kopjes* (petites collines) et zones sèches. Les geckos, caméléons, amphisbènes et lézards plats sont également nombreux.

Le désert du Namib abrite notamment une grande diversité de lézards, dont une grande espèce végétarienne, l'*Angolosaurus skoogi*, et l'*Aporosaura anchietae*, qui s'enfonce dans le sable, connu pour sa "danse thermorégulatrice". Peu fréquent, le gecko palmé aux yeux exorbités vit dans les hautes dunes, tout comme une espèce de caméléon.

Dans les marécages et les fleuves du nord du pays, on trouve le plus imposant reptile de Namibie, le crocodile du Nil. Pouvant atteindre 5 ou 6 m de long, c'est l'une des plus grandes espèces de crocodiles de la planète. Il a une réputation de mangeur d'hommes, probablement parce qu'il vit proche des populations humaines – demander toujours conseil aux habitants avant de nager dans une rivière. Par le passé, sa chasse excessive a été source d'inquiétude, mais aujourd'hui le nombre d'individus a augmenté, et le crocodile est surtout menacé par la pollution ou par les filets de pêche dans lesquels il s'emmêle.

Insectes et arachnidées

Bien que les insectes ne soient pas aussi nombreux ici que dans certains pays plus au nord, quelques spécimens intéressants bourdonnent, rampent et grouillent en Namibie. Ainsi, plus de 500 espèces de papillons colorés, dont le monarque d'Afrique, le *Papilio demodocus* et le *Precis pelarga*, vivent ici, ainsi que de nombreux papillons de nuit.

Parmi les insectes intéressants, notons le très répandu *shongololo* (mille-pattes) pouvant atteindre 30 cm. Les dunes sont également connues pour abriter une extraordinaire variété de scarabées du Namib (ou *toktokkie*).

Le désert du Namib compte plusieurs espèces d'araignées impressionnantes, parmi lesquelles la grosse, venimeuse (et très poilue) *Pelinobius muticus*, qu'il vaut mieux éviter. L'araignée blanche du désert, ressemblant à une mygale, est poilue et attirée par la lumière. On trouve également quelques rares solifuges, désignés par le nom trompeur d'"araignées du soleil". Leur système circulatoire est visible à travers leur carapace translucide.

Des insectes répandus, tels que fourmis, punaises, sauterelles, vers de mopane et locustes, finissent parfois à la poêle pour servir d'en-cas. Pour les voyageurs, picorer dans un cornet de papier journal contenant des insectes grillés peut relever du défi culinaire, mais les habitants y puisent un complément de protéines essentiel.

Oiseaux

Malgré ses paysages désertiques inhospitaliers, on dénombre plus de 700 espèces d'oiseaux en Namibie, dont le plus gros d'entre eux, l'autruche, commune dans les zones arides. La luxuriante bande de Caprivi, qui s'étire jusqu'au delta de l'Okavango, est un paradis pour les amateurs d'oiseaux. Là, dans la Mahango Game Reserve, s'ébattent les mêmes espèces exotiques qu'au Botswana, comme l'exquis rollier à longs brins, la sarcelle à oreillons (famille des canards) et les guêpiers à front blanc, carmins ou nains. Autres espèces des zones humides : le jacana à poitrine dorée, l'anhinga d'Afrique, l'ibis, la cigogne, la pie-grièche, le martin-pêcheur, l'aigrette blanche et les hérons pourpré et vert. On y trouve aussi des oiseaux de proie : chouette pêcheuse de Pel (très recherchée des passionnés), autour, différents vautours, bateleur et pygargue vocifère.

Les réserves d'oiseaux de la côte renferment un grand nombre d'espèces : pélicans blancs, flamants, cormorans, et des centaines d'autres oiseaux de zones humides. Plus au sud, autour de Walvis Bay et de Lüderitz, flamants (p. 157) et manchots du Cap cohabitent sur la même côte aride.

Située sur un itinéraire clé de migration, la Namibie abrite aussi nombre d'oiseaux migrateurs, surtout des rapaces, qui arrivent vers septembre et octobre et repartent en avril. Dans les canyons et lits de rivière serpentant au centre du désert du Namib vivent neuf espèces de rapaces. Dans les régions désertiques, on peut apercevoir l'intrigant tisserin (ou républicain social), qui construit un gigantesque nid collectif, l'équivalent à échelle humaine d'un immeuble de dix étages. Le centre du pays recèle également des espèces que l'on ne trouve nulle part ailleurs, comme le ganga namaqua et l'ammomane de Gray.

Les amateurs d'oiseaux ne manqueront pas d'observer pendant leur séjour, entre autres espèces emblématiques : le francolin de Hartlaub (sur les plateaux rocheux de la Namibie du Centre et du Nord), l'outarde de Rüppell (en bordure du Namib), l'alouette de Barlow (dans le Sud, autour de Sperrgebiet), le perroquet de Rüppell (dans les forêts d'acacia et les lits de rivières asséchés), le calao de Monteiro (dans les forêts arides à l'intérieur des terres), l'alouette à dos roux (sur les lits de rivière asséchés du Namib), le namiorne héréro et l'achétope à flancs roux (dans les terres arides du Centre et du Nord), ainsi que la mésange de Carp (dans les forêts du Nord).

Poissons

Les eaux côtières namibiennes figurent parmi les plus riches au monde, essentiellement grâce au courant froid de Benguela, remontant de l'Antarctique et exceptionnellement riche en plancton – d'où l'abondance d'anchois, de sardines, de maquereaux et d'autres poissons blancs. Cependant, l'imposition de quotas pour la pêche au large des côtes du pays a été source de problèmes et a alimenté le ressentiment envers des pays tels que l'Espagne ou la Russie, pouvant pêcher légalement dans ce secteur. La Namibie a récemment déclaré une zone économique exclusive de 200 milles nautiques afin de rendre la pêche namibienne compétitive.

La pêche est une activité très prisée des visiteurs, surtout le long de la côte des Squelettes, au nord de Swakopmund.

Espèces en danger

La Namibie compte un grand nombre d'espèces en danger, parmi lesquelles : le rhinocéros noir, l'éléphant du désert, les lions et les lycaons. La lutte pour la sauvegarde des guépards se joue aussi sur son sol. Le braconnage continue malheureusement de décimer certaines espèces comme le rhinocéros.

Aux confins oriental de la bande de Caprivi, et de l'autre côté de la frontière, dans le parc national Chobe au Botswana, survit une petite population de pukus (antilopes des marais), les dernières d'Afrique australe (d'autres groupes en bonne santé, mais sur le déclin, vivent encore en Tanzanie et en Zambie du Nord).

La population des lions de mer a été décimée par la surpêche et par la marée rouge (due à une prolifération d'algues donnant à l'eau cette couleur) de 1993 à 1994 le long de la côte des Squelettes ; ces animaux sont donc morts de faim ou ont été pêchés dans un but commercial.

Les autres espèces d'oiseaux et de plantes, telles que les lichens, la welwitschia (p. 150), la sterne des baleiniers, le vautour chasse-

ASSOCIATIONS DE SAUVEGARDE

Quiconque manifeste un intérêt pour un problème particulier d'ordre écologique est invité à contacter une ou plusieurs des associations suivantes. Celles-ci ne fournissent toutefois pas de renseignements touristiques et n'organisent pas de visites (sauf mention contraire). Certaines gèrent des centres que vous pouvez visiter pour plus d'informations.

Afri-Cat Foundation (www.africat.org). Association à but non lucratif se concentrant sur la recherche et la réintroduction des félins dans la nature. Possède un centre d'enseignement sur place ainsi qu'une clinique vétérinaire spécialisée.

Cheetah Conservation Fund (www.cheetah.org). Un centre de recherche et d'enseignement sur les guépards et leur sauvegarde. Possibilité d'y travailler en tant que bénévole.

Integrated Rural Development & Nature Conservation (www.irdnc.org.na). IRDNC a pour objectif d'améliorer la vie des communautés rurales en diversifiant leurs opportunités économiques et en y incluant la gestion de la faune sauvage et des autres ressources naturelles de valeur. Ses deux principaux projets ont lieu dans la région de Kunene et dans la bande de Caprivi.

Panthera (www.panthera.org). La principale ONG dédiée à la conservation des félins sauvages développe des programmes d'aide aux léopards, guépards et lions. Ses initiatives sur la bande de Caprivi ont joué un rôle important pour l'amélioration du rapport entre les lions et les hommes.

Save the Rhino Trust (www.savetherhino.org). SRT travaille à la mise en œuvre d'une sauvegarde impliquant les communautés locales depuis le début des années 1980. D'ici à 2030, elle espère que ses efforts seront récompensés par le rétablissement d'une population saine et reproductrice de rhinocéros noirs en Namibie.

fiente et nombre d'autres espèces moins connues, ont sans nul doute été malmenées par l'activité touristique croissante dans des régions autrefois reculées. Toutefois, voyagistes et touristes ont pris conscience des dangers qu'encourent ces espèces, ce qui donne une lueur d'espoir concernant leurs chances de survie.

Éléphants

La Namibie a malheureusement choisi de ne pas participer au grand recensement des éléphants de 2016 (Great Elephant Census ; www.greatelephantcensus.com), qui a dénombré 352 271 éléphants à travers 18 pays. Aussi ne connaissons-nous pas précisément le nombre de ces pachydermes vivant sur le territoire namibien. Le gouvernement, qui continue d'encourager légalement le commerce de l'ivoire, estime cette population à 22 711 éléphants, dont 13 136 dans le Nord-Est, et affirme qu'elle serait stable.

Lions

Après quelques décennies difficiles, les lions de Namibie font leur retour. Selon le Dr Paul Funston, directeur du programme lions de Panthera (www.panthera.org), la Namibie compte environ 800 lions, un chiffre en très nette progression par rapport à ces dernières années.

Le parc national d'Etosha est le plus important bastion de lions en Namibie, abritant entre 450 et 500 individus. Ceux-ci, confinés dans les limites du parc, font partie de la population plus large d'Etosha-Kunene, un territoire incluant des fermes privées, des zones de conservation et des secteurs non protégés du nord de la Namibie, dont le Kaokoveld et le Damaraland.

Appartenant au groupe d'Etosha-Kunene, le lion du désert, qui vit sur la côte des Squelettes, a lui aussi vu s'accroître de manière spectaculaire sa population, laquelle compte entre 180 et 200 individus. Ce lion, que l'on pensait disparu dans les années 1980, a connu un regain de notoriété grâce à un documentaire récent du National Geographic, *Lions de Namibie, les rois du désert.* On y suit cinq mâles de la vallée de Gomatum dans la région de Kunene. Malheureusement, quatre d'entre eux ont été tués en 2016 – trois ont été empoisonnés et un a été abattu : un épilogue qui en dit long sur le sort des lions en Namibie. La Desert Lion Conservation Foundation (www.desertlion.org) est une mine d'informations sur les lions du désert.

Une autre population de lions – entre 70 et 80 individus – peuple un territoire allant du Khaudum National Park aux parcs et réserves de la bande de Caprivi (Bwabwata, Mudum et Nkasa Rupara). Malgré son petit nombre, cette population doit son importance à sa situation géographique : celle-ci fournit une zone de dispersion supplémentaire pour les lions du nord du Botswana et un passage pour ceux vivant de part et d'autre des frontières de l'Angola et de la Zambie, au sein d'une grande région transfrontalière, qui s'étend jusqu'au Zimbabwe. Comptant environ 3 500 lions, c'est la région de la planète (dont fait partie l'ensemble Khaudum-Caprivi) où les lions sont le plus nombreux.

Quelques groupes de lions isolés se rencontrent parfois dans d'autres régions namibiennes, notamment au sud du pays, à la frontière avec le Botswana et l'Afrique du Sud sur le Kgalagadi Transfrontier Park. Dans la plupart des cas, dès que des lions quittent les zones protégées, les fermiers ne tardent pas à les abattre pour protéger leur bétail.

Rhinocéros noirs

Dans les années 1960, 100 000 rhinocéros noirs vivaient en Afrique. Désormais, il en resterait moins de 5 000, dont 96% en Namibie, en Afrique du Sud, au Zimbabwe et au Kenya. Selon certaines estimations, la moitié d'entre eux vivent en Namibie, qui est donc le principal territoire de cette espèce gravement menacée.

Bien que les chiffres du braconnage des rhinocéros noirs en Namibie ne soient pas aussi élevés que ceux d'Afrique du Sud, ils restent alarmants. L'organisation Save the Rhino Trust (www.savetherhinotrust.org), qui surveille la plus grande population de rhinocéros noirs en liberté au Damaraland, rapporte 25 individus tués en Namibie en 2015, un chiffre qui passe dramatiquement à plus de 60, au milieu de l'année 2016. En août 2016, les autorités namibiennes avancent un chiffre encore plus élevé : 162 rhinocéros victimes du braconnage en 18 mois, la plupart au parc national d'Etosha et au nord de la région de Kunene.

Malgré cela, vous avez de bonnes chances d'en apercevoir. Les points d'eau du parc national d'Etosha, immortalisés notamment par un documentaire de la série *Africa* de la BBC Earth, sont les meilleurs espaces d'observation ; notamment après le coucher du soleil autour des points d'eau à proximité des sites de camping d'Olifantsrus (p. 76) et d'Okaukuejo (p. 77).

Pour vivre une formidable expérience, ne manquez pas de faire étape au Desert Rhino Camp (p. 126) ou au Palmwag Lodge (p. 127), dans le Damaraland, pour participer à une sortie de pistage des rhinocéros noirs dans les zones protégées alentour. Vous pouvez aussi tenter de les voir dans la région de Kunene, du Waterberg Plateau et dans l'Erongo.

Lycaons

Refuge du Sud-Ouest africain des derniers lycaons, la Namibie abrite cette espèce sur ses territoires de l'extrémité nord-est, ainsi que quelques groupes isolés (sans doute en voie d'extinction) dans le reste

OÙ OBSERVER LA FAUNE

Doté sans conteste d'une faune exceptionnellement riche, le parc national d'Etosha (p. 74) est l'une des meilleures réserves animalières d'Afrique. Son nom signifie "le lieu des mirages" et fait référence à l'étendue de sel poussiéreuse située au cœur du parc. À la saison sèche, d'immenses troupeaux d'éléphants, de zèbres, d'antilopes et de girafes, et quelques rhinocéros noirs solitaires se rassemblent dans cet étrange décor blanc, qui attire aussi souvent les prédateurs.

Les autres grands parcs qui offrent de bonnes conditions d'observation sont le Bwabwata National Park (p. 88) et le Nkasa Rupara National Park (p. 95), sur la bande de Caprivi.

Le long de la côte, les manchots et les otaries prospèrent dans les courants atlantiques glacés ; une colonie d'otaries à fourrure à la **Cape Cross Seal Reserve** (p. 133) figure parmi les curiosités du pays.

Mais la faune de Namibie n'est toutefois pas confinée dans les parcs. Dans le nord-ouest du pays, le Damaraland (p. 120), non protégé, abrite bon nombre d'espèces d'antilopes et autres ongulés, mais également des rhinocéros du désert, des éléphants, lions, hyènes tachetées et d'autres sous-espèces adaptées au climat.

du pays. Le Khaudum National Park comme les parcs de la bande de Caprivi, tels que le Bwabwata National Park, sont les meilleurs endroits pour en apercevoir. Le groupe de lycaons du Nord-Est a bénéficié d'une expansion après que l'association Panthera a découvert une petite mais non négligeable population de ces animaux dans le sud-ouest de l'Angola.

Lors de notre passage, l'Okonjima Nature Reserve comptait deux lycaons rescapés (sans doute plus) dans son périmètre, bien qu'elle envisage à moyen terme de les réintroduire dans une autre zone protégée plus appropriée. Le parc national d'Etosha, qui n'abrite aucun lycaon, est souvent évoqué comme lieu potentiel pour la réintroduction de l'espèce, sans toutefois qu'un programme soit actuellement mis en place.

Enfin, une vingtaine de lycaons vivent en captivité à la Harnas Wildlife Foundation (p. 56), au nord-ouest de Gobabis.

Zèbres de montagne de Hartmann

Sous-espèce du zèbre de montagne du Cap – bien que quelques scientifiques le considèrent comme une espèce à part entière –, le zèbre de Hartman est la plus petite espèce de zèbre, classée comme vulnérable selon la liste rouge des espèces menacées de l'UICN (Union internationale pour la conservation de la nature).

Agile et timide, ce zèbre habite des territoires rocheux et arides. Il se différencie du zèbre des plaines, plus commun, par des zébrures plus denses sur le corps et plus larges sur la croupe, et par son ventre blanc. On le trouve au nord-ouest de l'Afrique du Sud et au sud-ouest de l'Angola, mais aussi dans les terres intérieures et rocheuses de la Namibie, notamment dans la province de Kunene au nord, dans les monts Erongo, le massif du Naukluft et le Fish River Canyon.

Guépards

Selon les estimations de l'UICN, le nombre de guépards dans le monde s'élève à seulement 6 700 adultes et juvéniles répartis sur 29 groupes. Ils n'occupent plus que 10% de leurs territoires d'autrefois. Presque les deux tiers d'entre eux vivent en Afrique australe. La Namibie compte le plus d'individus.

Malgré la faible densité de guépards en Namibie, le rétrécissement de leur habitat et l'empiétement de l'homme sur les espaces sauvages ont engendré de plus en plus de conflits entre ces félins et les éleveurs. Le guépard en sort presque toujours perdant. Des organismes tels que le Cheetah Conservation Fund (CCF ; www.cheetah.org ; p. 243) œuvrent pour résoudre ces conflits.

Les guépards sont difficiles à observer, toutefois le parc national d'Etosha est probablement l'endroit offrant le plus de chances de les voir, de même que les parcs nationaux de Bwabwata et de Nkasa Rupara. Une autre excellente option consiste à participer au pistage des guépards dans l'Okonjima Nature Reserve, où les félins qui ont été réintroduits portent un collier émetteur.

Pour assister au repas de guépards sauvés par des réfuges, visitez la Harnas Wildlife Foundation (p. 56) ou l'Otjitotongwe Cheetah Guest Farm (p. 125).

Questions environnementales

La Namibie étant l'un des pays les plus secs de l'Afrique subsaharienne, doit, sans surprise, faire face à des défis urgents en matière d'environnement.

Selon le Programme des Nations unies pour l'environnement (PNUE), les 99% de sa surface sont menacés de désertification. Le pays compte plus de bétail que d'habitants et le surpâturage représente un facteur décisif dans le processus de désertification, qui se manifeste par l'érosion du sol, la diminution des nappes phréatiques, l'altération de la fertilité du sol et la déforestation. La pénurie d'eau, problème connexe, fait peser de sérieuses inquiétudes tant sur la production agricole que sur l'approvisionnement en eau potable de sa population croissante.

Chasse

La Namibie autorise la chasse, mais dans un cadre réglementé, et celle-ci fait l'objet d'un permis. Contrôlée par le ministère de l'Environnement et du Tourisme et par la Namibia Professional Hunting Association (www.napha-namibia.com), la chasse représente 5% des revenus namibiens tirés de la faune sauvage.

Le gouvernement namibien considère sa politique de chasse comme un moyen concret de gérer et protéger la vie sauvage. Le constat est le suivant : d'une part, de nombreux chasseurs étrangers sont prêts à payer grassement les trophées de gros animaux ; d'autre part, les éleveurs et propriétaires de ranch se plaignent souvent des ravages causés par les animaux sauvages sur leur bétail. L'idée est donc de fournir aux éleveurs des aides financières afin de les inciter à protéger la vie sauvage évoluant en liberté sur leurs terres. L'encouragement à chasser les animaux les plus vieux, l'évaluation des conditions de chasse et l'établissement de quotas en fonction des fluctuations de populations font partie des stratégies de gestion.

En outre, un certain nombre de fermes privées sont réservées à la chasse. Les propriétaires s'approvisionnent en animaux auprès de fournisseurs (principalement d'Afrique du Sud) et les relâchent ensuite sur leurs terres. Bien que quelques concessions de chasse impliquant la communauté locale aient fait leur apparition dans l'Otjozondjupa, celles-ci restent peu nombreuses.

Plantes

La Namibie étant essentiellement aride, la majeure partie de la flore est typique des terres sèches d'Afrique : broussailles et cactées, comme l'euphorbe. Le long de la plaine côtière, dans les environs de Swakopmund, poussent les champs de lichens les plus grands et les plus diversifiés au monde, se couvrant de fleurs colorées dès qu'il pleut.

Les prairies broussailleuses (*Stipagrostis*, *Eragrostis* et *Aristida*) de la savane, ponctuées de quelques arbres, recouvrent la majeure partie du pays. Dans le Sud, elles sont entrecoupées de cours d'eau éphémères bordés de tamaris, de jujubiers de l'hyène et d'acacias à girafe. Parmi les curiosités botaniques uniques de la région, citons le *kokerboom* (arbre à carquois), un aloès poussant uniquement dans le sud de la Namibie.

Dans les plaines sablonneuses du Sud-Est, les *Grewia* et l'*Acacia hebeclada* poussent parmi les broussailles, tandis que les flancs des collines sont couverts des fleurs d'*Aloe viridiflora* et de *Tarchonanthus camphoratus*.

La partie est du Namib-Naukluft Park présente essentiellement une savane semi-désertique, comprenant quelques espèces rares d'aloès (*Aloe karasbergensis* et *Aloe sladeniana*). Les plaines à l'est de la côte des Squelettes abritent l'étrange *Welwitschia mirabilis*, petite plante pouvant vivre plus de mille ans.

Dans les régions plus humides, la savane cède la place à des forêts d'acacias. Le parc national d'Etosha possède deux sortes de végétation : boisée à l'est et broussailleuse à l'ouest. Les précipitations plus importantes de la bande de Caprivi et de la région du Kavango favorisent l'épanouissement des mopanes, et autour des cours d'eau croît une végétation clairsemée de milieu humide, de prairies et d'acacias. Dans les environs de Katima Mulilo dominent des forêts subtropicales mixtes comprenant copayers, tecks du Zambèze et chigomiers, entre autres feuillus.

Parcs nationaux et réserves

Malgré son climat désertique, la Namibie possède des parcs nationaux parmi les plus remarquables d'Afrique australe, depuis le parc national d'Etosha, connu à l'échelle internationale pour sa faune et sa flore, jusqu'au gigantesque Namib-Naukluft Park, avec ses dunes, ses plaines désertiques, ses montagnes sauvages et sa végétation unique. N'oublions pas les petites réserves (d'une grande importante écologique) émaillant la bande de Caprivi, la célèbre côte des Squelettes et le magnifique Fish River Canyon qui fait partie du |Ai-|Ais Richtersveld Transfrontier Park, l'une des merveilles naturelles les plus spectaculaires du continent.

Environ 15% du territoire namibien est classé parc national ou zone de conservation protégée.

Visiter les parcs nationaux

L'accès à presque toutes les réserves animalières est réservé aux véhicules fermés. Un véhicule de tourisme ordinaire est suffisant pour la plupart des parcs, mais pour le Nkasa Rupara National Park, le Khaudum National Park et certaines parties du Bwabwata National Park, il faut un 4x4 robuste surélevé.

Les permis d'entrée sont délivrés aux accès (*gates*) des parcs nationaux. Bien qu'il soit parfois possible de trouver un hébergement à la dernière minute, il est préférable de réserver les emplacements de camping et les chambres d'hôtel le plus tôt possible ; à certaines périodes de l'année, il n'est pas rare que les hébergements affichent complet.

VOYAGEUR ÉTRANGER	TARIF
Adulte	80 $N/jour (Etosha, Cape Cross, |Ai-|Ais/Fish River, Skeleton Coast, Naukluft Park, Waterberg) ; 40 $N/jour pour les autres parcs
Enfant (moins de 16 ans)	Gratuit
Camping	Variable
Véhicules	10 $N/jour

Namibia Wildlife Resorts (NWR)

L'entreprise semi-privée Namibia Wildlife Resorts (p. 52) basée à Windhoek gère de nombreux camps privés (*rest camps*), campings et hôtels dans les parcs nationaux du pays. Si vous n'avez pas fait de réservation (par exemple si vous décidez de visiter un parc sans avoir prévu votre séjour), il y a de bonnes chances pour que vous trouviez un logement libre sur place, mais prévoyez un plan B au cas où aucune place ne serait disponible. Il est fortement conseillé de réserver pour Etosha et Sossusvlei, qui affichent constamment complet.

PARCS NATIONAUX ET RÉSERVES

PARC	CARACTÉRISTIQUES	ACTIVITÉS	MEILLEURE PÉRIODE
DOROB NATIONAL PARK (P. 132)	S'étend de l'Ugab, au nord, jusqu'à Sandwich Harbour, au sud (il absorbe l'ancienne National West Coast Tourist Recreation Area) ; côte bordée de dunes ; plantes du désert ; dunes de sable ; vastes plaines de cailloux ; abondante avifaune ; importants réseaux fluviaux	Pêche ; observation des oiseaux	juin-nov
PARC NATIONAL D'ETOSHA (P. 74)	22 275 km² ; savane semi-aride autour d'un bassin salifère ; 114 espèces de mammifères	Observation de la faune, des oiseaux ; sortie de nuit	mai-sept
FISH RIVER CANYON (JAI-JAIS RICHTERSVELD TRANSFRONTIER PARK) (P. 189)	Plus long canyon d'Afrique (161 km) ; sources chaudes ; strates rocheuses multicolores	Randonnées ; baignade	mai-nov
KHAUDUM NATIONAL PARK (P. 87)	3 840 km² ; paysage de bushveld traversé par des vallées fluviales fossiles	Observation de la faune ; randonnées ; excursions en 4x4	juin-oct
NAMIB-NAUKLUFT PARK (P. 158)	50 000 km² ; plus grande région protégée de Namibie ; rares zèbres de montagne	Observation de la faune ; randonnées	toute l'année
NKASA RUPARA NATIONAL PARK (P. 95)	320 km² (mini-delta de l'Okavango) ; 430 espèces d'oiseaux ; parc traversé de voies de canotage	Observation de la faune, des oiseaux ; sorties en canoë	sept-avr
MUDUMU NATIONAL PARK (P. 93)	850 km² ; riche environnement fluvial ; 400 espèces d'oiseaux	Observation de la faune, des oiseaux ; sentiers balisés	mai-sept
SKELETON COAST NATIONAL PARK (P. 134)	20 000 km² ; nature sauvage et brouillard sur la côte des Squelettes ; animaux adaptés au désert	Observation de la faune ; randonnées ; safaris en avion	toute l'année
WATERBERG PLATEAU PARK (P. 66)	400 km² ; plateau d'altitude ; refuge du rhinocéros noir et blanc, et rares antilopes	Observation de la faune ; pistage des rhinocéros ; randonnées	mai-sept

Zones de conservation et réserves privées

En Namibie, une zone de conservation est une communauté de fermes privées ou un territoire partagé où les fermiers et/ou les habitants décident de mettre en commun des ressources au profit des animaux sauvages, de la population locale et du tourisme. Ces initiatives viennent compléter l'action des parcs nationaux. Elles peuvent générer d'importants revenus pour le développement local et concernent plus de 17% du pays. Il s'agit d'immenses réserves dépourvues de clôtures où les animaux sauvages peuvent circuler en toute liberté, souvent situées dans de splendides cadres naturels. Les lodges et campings communautaires offrent de bonnes possibilités de découvrir ces espaces sauvages, et parfois de participer à un safari de nuit (contrairement aux parcs nationaux).

Les réserves privées sont un autre type de zones protégées. On en compte désormais plus de 180 en Namibie. Avec ses 200 000 ha, la plus grande est de loin la NamibRand Nature Reserve (p. 169), attenante au Namib-Naukluft Park. Elle est suivie du Gondwana Cañon Park (p. 193) dont les 102 000 ha jouxtent le Fish River Canyon. L'Okonjima Nature Reserve (p. 62) en est un autre bon exemple. Dans les trois réserves hébergements et activités pour les visiteurs sont prévus par les concessionnaires. La plupart des petites réserves sont soit consituées de fermes privées d'animaux sauvages, soit de réserves de chasse, qui élèvent des espèces animales endémiques et non du bétail.

Namibie pratique

Carnet pratique

Achats

Vous trouverez en Namibie quantité de souvenirs bon marché, des bibelots et batiks africains aux remarquables vanneries owambo et sculptures sur bois du Kavango. La plupart des articles vendus au Post Street Mall, à Windhoek, sont des babioles à bas prix importées du Zimbabwe. Au bord des routes principales de tout le pays, des étals sont parfois installés pour vendre des créations locales : paniers, pots en terre, mais aussi de jolies nattes tressées et des avions en bois qui sont les spécialités du Kavango. À Rundu, et dans d'autres secteurs du Nord-Est, vous trouverez des réalisations san typiques – arcs et flèches, perles en coquille d'œuf d'autruche et bourses de cuir. Le **Namibia Crafts Centre** (p. 48), à Windhoek, possède un vaste choix de productions artisanales.

Les douces teintes du Namib inspirent nombre d'artistes locaux et plusieurs galeries de Windhoek et de Swakopmund exposent des peintures et des sculptures de la région. Le travail de la laine karakul donne lieu à de ravissantes réalisations, dont des couvertures, des tentures et des textiles. Les plus beaux magasins de tissage se situent à Dordabis, à Swakopmund et à Windhoek.

Windhoek constitue le centre de l'industrie du cuir haut de gamme et vous y trouverez des produits de grande qualité : ceintures, sacs à main, mais aussi vestes sur mesure. Attention aux articles fabriqués en croco ou à partir d'autres espèces protégées. De même, il faut savoir que les chaussures confortables appelées Swakopmunders étant faites en peau de koudou, plusieurs magasins ont cessé de les commercialiser.

Les gemmes et les pierres précieuses font partie des articles les plus prisés. Malachite, améthyste, calcédoine, aigue-marine, tourmaline, jaspe et quartz rose comptent parmi les plus belles pierres. Vous trouverez les meilleures bijouteries à Windhoek et à Swakopmund. La plus réputée est la **House of Gems** (p. 51), à Windhoek.

Marchandage

Le marchandage n'est envisageable que pour les objets artisanaux ou les objets d'art achetés directement au fabricant ou à l'artiste. Dans les régions isolées, les prix pratiqués sont généralement proches de la valeur marchande de l'objet. Les articles importés du Zimbabwe, souvent vendus sur les grands marchés d'artisanat à des tarifs excessifs, sont en revanche toujours négociables.

Activités de plein air

Compte tenu de ses paysages exceptionnels, la Namibie permet de pratiquer une multitude d'activités de plein air, qu'il s'agisse de randonnées ou de trek, d'excursions en 4x4 ou de sandboard (surf des sables) sur les dunes, ou bien de sorties en quadbike, de vol en parapente ou en montgolfière, ou encore de balade à dos de chameau. La plupart de ces activités peuvent aisément être organisées sur place et sont assez peu onéreuses.

Canoë et rafting

Les circuits en canoë et le rafting sur le fleuve Orange, dans le sud du pays, connaissent un succès croissant. Plusieurs tour-opérateurs de Noordoewer (p. 194) proposent des descentes d'un bon rapport qualité/prix dans les spectaculaires canyons de l'Orange, le long de la frontière sud-africaine. Le rafting en eaux vives sur le Kunene est proposé à prix modique par le **Kunene River Lodge** (p. 130), à Swartbooi's Drift, ainsi que par d'autres organismes plus haut de gamme.

LA NAMIBIE PRATIQUE

Journaux Il existe un certain nombre de journaux, parmi lesquels les excellents *Namibian* et *Windhoek Advertiser*. Le *Windhoek Observer*, publié le samedi, est également de qualité.

Radio La Namibian Broadcasting Corporation (NBC) gère une dizaine de stations de radio diffusant en 9 langues sur différentes fréquences. Les deux principales stations de Windhoek sont Radio Energy (100 FM) et Radio Kudu (103.5 FM). La meilleure station de pop est Radio Wave, qui émet sur 96.7FM à Windhoek.

Télévision La NBC diffuse en anglais et en afrikaans des émissions approuvées par le gouvernement. Les informations sont diffusées à 22h tous les soirs. La plupart des hôtels haut de gamme et des lodges avec télévision offrent un accès à la DSTV, diffusée par satellite, qui retransmet la NBC et un éventail de chaînes câblées.

Poids et mesures Système métrique.

Tabac Il est interdit de fumer dans tous les lieux publics en Namibie. Les sanctions vont de 500 $N d'amende à un mois de prison ! Les tribunaux ne s'étant pas encore prononcés sur la définition de "lieux publics", soyez discret quand vous en grillez une.

Escalade

Parmi les sites d'escalade les plus appréciés figurent les spectaculaires formations rocheuses du Damaraland, en particulier les massifs du Spitzkoppe et du Brandberg, mais les participants doivent être équipés et se charger eux-mêmes du transport. Pour les moins expérimentés, l'aventure peut s'avérer dangereuse dans la chaleur du désert ; demandez conseil autour de vous avant de vous lancer et ne tentez jamais l'ascension seul.

Pêche

La Namibie attire les amateurs de pêche à la ligne de toute l'Afrique australe. Le courant du Benguela (Atlantique sud), le long de la côte des Squelettes, pousse vers le rivage des espèces comme le kabeljou, le steenbras, le galjoin franc, le sar commun du Cap et le requin-cuivre. Parmi les meilleurs spots figurent les différentes plages au nord de Swakopmund, ainsi que des lieux plus isolés situés plus au nord.

Dans les lacs et autres plans d'eau, en particulier à Hardap et à Von Bach, vous pouvez espérer prendre du tilapia, de la carpe, du poisson jaune, du mulet et du barbillon. La pêche à la mouche est possible sur le Chobe et le Zambèze dans la région de Caprivi ; vous y trouverez du barbillon, de la brème commune, du brochet et le fameux poisson-tigre d'Afrique, qui peut peser jusqu'à 9 kg.

Pistes de 4x4

Traditionnellement, les excursions en 4×4 se limitaient aux pistes difficiles du Kaokoveld, du Damaraland et de l'Otjozondjupa, mais ces dernières années ont vu apparaître des itinéraires fixes pour amateurs de 4×4. Les participants doivent s'acquitter d'un tarif journalier, parcourir une certaine distance chaque jour et séjourner dans des campings définis au préalable. Vous devrez réserver au moins quelques semaines à l'avance auprès de **Namibian Wildlife Resorts** (p. 52). Contactez l'organisme afin de connaître les pistes qui sont actuellement praticables. Vous pouvez aussi recourir au site Internet www.namibian.org/travel/adventure/4x4_action.htm, qui compte un service de réservation, et au site www.drivesouthafrica.co.za/blog/best-4x4-trails-in-namibia, pour plus de renseignements.

Randonnée

La randonnée est particulièrement appréciée des voyageurs en Namibie. Un nombre croissant de ranchs privés ont tracé de superbes itinéraires pour leurs hôtes.

Plusieurs parcs nationaux proposent également de remarquables circuits. Il existe des itinéraires de grande randonnée au Waterberg Plateau (boucle de 4 et 8 jours dans le massif du Naukluft), le long de l'Ugab, dans le Daan Viljoen Game Park et dans le Fish River Canyon. Les départs étant limités, il est conseillé de réserver le plus tôt possible.

Dans la plupart des parcs nationaux, les groupes de randonneurs doivent se composer d'au moins 3 personnes (et de 10 au maximum). En théorie, chaque randonneur doit disposer d'un certificat médical (les formulaires sont disponibles auprès du bureau de la Namibia Wildlife Resorts, à Windhoek) délivré moins de 40 jours avant la date de début de la randonnée. Si vous êtes jeune et que vous semblez en bonne santé, le document ne vous sera peut-être pas demandé sur la plupart des itinéraires, sauf pour la difficile randonnée de 85 km dans le Fish River

Canyon. La NWR peut vous recommander des médecins. Dans la plupart des cas, toutefois, cette exigence est ignorée.

La demande de certificat médical peut paraître restrictive à certains voyageurs habitués à s'emparer de leur sac à dos et à se mettre en route, mais elle protège l'environnement d'un tourisme incontrôlé et vous assure d'avoir le parcours pour vous seul, ou presque. Il est fort probable que vous ne croisiez aucun autre groupe.

Si vous préférez une randonnée guidée, contactez **Trail Hopper** (☎061-264521 ; www.namibweb.com/ trailhopper.htm), qui en propose dans tout le pays, notamment dans le Fish River Canyon, pour l'ascension du Brandberg (5 jours) et les treks dans le massif du Naukluft. Les tarifs dépendent du nombre de participants.

Sandboard (surf des sables)

Le surf des sables fait l'objet d'un engouement croissant et l'activité est officiellement proposée à Swakopmund et à Walvis Bay. Vous pouvez choisir entre une formule de type luge, où vous vous allongez sur une planche en aggloméré et descendez les dunes à toute allure ; ou la version debout, qui permet de faire du tout schuss sur une planche de snowboard.

Alimentation

Les fourchettes de prix dans les restaurants correspondent à un plat principal.

$	Moins de 75 $N
$$	75-150 $N
$$$	Plus de 150 $N

Ambassades et consulats

Ambassades et consulats de Namibie à l'étranger

Pour tout ce qui concerne les visas, adressez-vous plutôt au consulat qu'à l'ambassade (lorsque les deux structures sont présentes). La majorité des visiteurs se rendant en Namibie n'ont cependant pas besoin de visa (voir p. 258). La Namibie ne possède pas de représentation diplomatique en Suisse, ni au Canada. Les Canadiens devront s'adresser à l'ambassade de Namibie à Washington et les Suisses à l'ambassade de Namibie à Bruxelles.

Belgique (☎(02) 771 14 10 ; www.namibiaembassy.be ; avenue de Tervuren 454, 1150 Bruxelles ; ◷9h-13h et 13h30-16h30 lun-ven)
États-Unis (☎202 986 0540 ; www. namibianembassyusa.org ; 1605 New Hampshire Ave NW, Washington, DC)
France (☎01 44 17 32 65 ; www.embassyofnamibia.fr ; 42 rue Boileau, 75016 Paris ; ◷9h-13h et 14h-17h lun-ven)

Ambassades et consulats étrangers en Namibie

Il n'existe pas de représentation diplomatique belge en Namibie. Les Belges peuvent demander l'assistance consulaire à une représentation diplomatique d'un autre État membre de l'Union européenne ou aux représentations belges en Afrique du Sud. Le consulat du Canada à Windhoek ne peut fournir qu'une aide limitée pour les passeports. Les ressortissants canadiens pourront s'adresser au Haut-Commissariat du

Canada à Pretoria (Afrique du Sud), chargé d'assurer les services consulaires en Namibie.

Il est important de savoir ce que votre ambassade pourra ou non faire pour vous aider en cas d'ennuis. De manière générale, elle ne pourra pas grand-chose pour vous si la responsabilité de la situation vous incombe entièrement. N'oubliez pas que vous êtes tenu de respecter la loi du pays dans lequel vous vous trouvez. Votre ambassade ne pourra vous soutenir si vous êtes incarcéré pour avoir commis un délit sur place, même s'il s'agit d'une action légale dans votre pays. Les ambassades indiquées ici se trouvent toutes à Windhoek.

Afrique du Sud (carte p. 41 ; ☎061-2057111 ; www.dirco.gov.za/windhoek ; angle Jan Jonker St et Nelson Mandela Dr, Klein Windhoek ; ◷8h15-12h15)
Allemagne (carte p. 44 ; ☎061-273 100 ; www.windhuk. diplo.de ; 6e ét, Sanlam Centre 154 Independence Ave ; ◷9h-12h lun-ven, et 14h-16h merc)
Angola (carte p. 44 ; ☎061-227 535 ; embaixada.namibia@ mirex.gov.ao ; 3 Dr Agostino Neto St ; ◷9h-15h)
Belgique Ambassade en Afrique du Sud (☎27 12 440 32 01 ; www.southafrica. diplomatie.belgium.be ; Leyds Street 625, Muckleneuk, 0002 Pretoria ; ◷ 8h30-16h30 lun-ven) ; Affaires consulaire (☎27 21 419 46 90 ; 1 Thibault Square (LG building) ; 19e ét, Thibault Square, Foreshore, 8001 Le Cap)
Botswana (carte p. 41 ; ☎061-221 941 ; botnam@gov. bw ; 101 Nelson Mandela Ave ; ◷8h-13h et 14h-16h30)
Canada Consulat (☎251 254 ; 4 Eadie Street, Klein Windhoek ; ◷8h-12h30) ; Haut-Commissariat en Afrique du Sud (☎27 (12) 42 3000 ; pret@international.gc.ca

.03 rue Arcadia, Hatfield,
retoria 0083)

rance (carte p. 41 ;
061-276 700 ; www.
a.ambafrance.org ;
Goethe St ; 8h-12h30 et
4h-17h45 lun-jeu, 8h-13h ven)

uisse (223 853 ;
indhoek@honrep.ch ;
dependence Ave 175,
athemann Building)

ambie (carte p. 44 ;
061-237610 ; www.zahico.
vay.na ; 22 Sam Nujoma Dr,
ngle Mandume Ndemufeyo
ve ; 9h-13h et 14h-16h)

imbabwe (carte p. 44 ;
061-227 738 ; www.zimwhk.
om ; Gamsberg Bldg,
ngle Independence Ave
t Grimm St ; 8h30-13h
t 14h-16h30 lun-jeu,
h30-12h ven)

Argent

ous pouvez changer de
argent dans les banques
t les bureaux de change.
es banques proposent
énéralement de meilleurs
aux.

Cartes bancaires

es cartes bancaires sont
cceptées dans la plupart
es magasins, hôtels et
estaurants et permettent de
etirer des espèces dans les
istributeurs automatiques.
enseignez-vous auprès de
otre banque pour connaître
e montant des commissions
ɔrs de paiement et de retrait
 l'étranger.

Vous pouvez également
etirer des espèces à l'aide
e votre carte bancaire
uprès du service de change
e la plupart des banques,
nais comptez au moins une
eure ou deux pour procéder
 cette opération fastidieuse.

Gardez à portée de main
e numéro d'urgence à
ontacter en cas de perte
u de vol de votre carte
ancaire.

Chèques de voyage

Les chèques de voyage
(travellers cheques)
peuvent être changés
(à un taux normalement plus
avantageux que les espèces)
dans la plupart des banques
et bureaux de change. Les
réseaux American Express
(Amex), Thomas Cook et
Visa sont les plus répandus.

Il est préférable d'acheter
des chèques de voyage
libellés en euros ou en
dollars américains, ces
devises étant les mieux
acceptées. Pour diminuer
les frais de commission par
chèque, essayez de prendre
de nombreuses grosses
coupures. On peut aussi
changer les chèques de
voyage contre des dollars
américains – si ces espèces
sont disponibles –, mais
les banques prélèvent une
commission onéreuse.

Vous devez être muni de
votre passeport pour changer
vos chèques de voyage.

Distributeurs automatiques de billets (DAB)

Les cartes bancaires – les
réseaux Visa et MasterCard
figurent parmi les plus
répandus – fonctionnent
dans les DAB (en anglais,
ATM) affichant l'enseigne
correspondante, ainsi que
pour obtenir des espèces
au comptoir de nombreuses
banques. Vous trouverez des
DAB dans toutes les agences
des principales banques
du pays et cette solution
est incontestablement la
manière la plus simple (et
la plus sûre) de gérer votre
argent au cours du voyage.

Espèces

Les devises les plus
courantes sont acceptées à
Windhoek et à Swakopmund.
Ailleurs, vous rencontrerez
des difficultés si vous ne
disposez pas de dollars
américains, d'euros ou de
rands sud-africains. Jouez
la sécurité et simplifiez-vous
la vie en vous munissant
de dollars américains
(ou d'euros).

En changeant de l'argent,
vous vous verrez peut-être
remettre des rands sud-
africains ou des dollars
namibiens. Si vous comptez
reconvertir des devises
après avoir quitté la Namibie,
mieux vaut opter pour
le rand.

Le marché noir n'existe
pas pour le change. Méfiez-
vous donc des personnes
dans la rue vous proposant
des taux de change peu
réalistes.

Pourboires

Les pourboires sont
appréciés partout, mais
obligatoires uniquement
dans les restaurants
touristiques huppés, où il
faut prévoir un supplément
de 10 à 15%. Certains
restaurants ajoutent
automatiquement des
frais pour le service. On ne
laisse généralement pas de
pourboire aux chauffeurs
de taxi. En revanche, il est
habituel de donner de 2 à
5 \$N aux pompistes des
stations-service qui nettoient
votre pare-brise et/ou
vérifient les niveaux d'huile
et d'eau. Les pourboires sont
officiellement interdits dans
les parcs nationaux et les
réserves.

Dans les lodges
de brousse, guides
et chauffeurs de safari
attendent aussi un
pourboire, surtout s'ils
se sont occupés de vous
plusieurs jours.

La plupart des
organisateurs de safari
suggèrent de l'attribuer
comme suit :
» guides/chauffeurs :
10 \$US par personne
et par jour
» personnel du camp
ou du lodge : 10 \$US par
client et par jour (à déposer

généralement dans un pot commun)

» chauffeurs (pour les transferts) et porteurs : 3 $US

Assurance

Il est conseillé de souscrire une police d'assurance qui vous couvrira en cas d'annulation de votre voyage, de vol, de perte de vos affaires, de maladie ou encore d'accident ; voir p. 274 pour les détails. Concernant l'assurance d'un véhicule, reportez-vous à la p. 272.

Bénévolat

La Namibie a fait ses preuves en matière de projets menés sur le terrain et de tourisme au niveau local. Toutefois, en raison des restrictions concernant les visas et des budgets limités, les opportunités de travail bénévole sont rares. Toutes les organisations proposant des missions de volontariat/ bénévolat doivent être contactées bien avant la date de départ. De nombreux sites œuvrant dans le secteur de la protection recherchent des bénévoles possédant des compétences spécifiques qui pourront être utiles sur le terrain.

Parmi les organisations les plus réputées offrant du travail bénévole figurent Save the Rhino (p. 123, p. 243), la fondation Afri-Cat (p. 243) et le Cheetah Conservation Fund (p. 243). Des propositions émanent parfois d'organisations comme Integrated Rural Development and Nature Conservation (p. 243).

En France, peu d'organismes offrent des opportunités de travail bénévole sur des projets de développement ou d'environnement en Namibie. Il s'agit cependant d'une bonne formule pour s'immerger dans le pays, connaître l'envers du décor touristique et bénéficier d'une ambiance internationale (les volontaires viennent de divers pays en général). En revanche, les conditions de vie sur un chantier sont spartiates, et prenez garde au décalage fréquent entre le programme et la réalité.

Voici deux organismes à connaître :

» **Comité de coordination du service volontaire international** (CCIVS ; ☎01 45 68 49 36 ; www.ccivs. org, www.servicevolontaire.org)

» **Maison de l'Unesco** (☎01 45 68 10 00 ; www. unesco.org ; 1 rue Miollis, 75015 Paris)

Cartes et plans

Cartes du pays

La meilleure carte imprimée est la carte *Namibia* (1/1 000 000) publiée par Tracks4Africa (www. tracks4africa.co.za). Mise à jour tous les deux ans environ en tenant compte des informations indiquées par les voyageurs, elle est imprimée sur papier indéchirable et imperméable, et indique les distances et une estimation des temps de trajet. Utilisée conjointement aux très pratiques cartes GPS Tracks4Africa, c'est de loin la meilleure carte sur le marché.

Il existe notamment une carte *Namibia* de Reise-Know-How-Verlag (1/250 000) et de Freytag & Berndt (1/200 000). Les cartes *Shell Roadmap – Namibia* ainsi qu'*InfoMap Namibia* sont également de bonnes références pour les itinéraires éloignés. InfoMap fournit des coordonnées GPS et ces deux derniers éditeurs proposent des cartes de zones reculées, tels les confins nord-ouest de la Namibie ou la bande de Caprivi.

Pour une vue d'ensemble, la *Namibia Map*, approuvée par la Roads Authority, indique les routes principales et les hébergements. Même la carte *Namibia* de Globetrotter est facile à lire et assez détaillée. Pensez aussi aux cartes *Namibia* de Nelles Vertag (1/1 500 000) et de Map Studio (1/1 550 000), qui publie aussi un atlas routier (1/500 000).

Cartes régionales

InfoMap publie des cartes détaillées de certaines régions du pays, notamment *Damaraland – Western Namibia* (1/430 000) et *Kaokoland – North Western Namibia* (1/600 000). L'abondance de coordonnées GPS concernant les villes, curiosités, hébergements et intersections routières les rend particulièrement utiles.

OÙ ACHETER DES CARTES ET DES PLANS

Les stations-service sont les meilleurs endroits pour se procurer des cartes en Namibie. Vous trouverez toutefois des cartes plus générales dans les librairies locales.

Dans le nord du pays, des cartes régionales InfoMap sont disponibles dans certains supermarchés et stations-service.

Cartes des parcs nationaux

Vous trouverez des cartes du parc national d'Etosha dans tout le pays. La *Map of Etosha* (anglais-allemand ; à partir de 40 $N) de NWR est fiable ; c'est la meilleure et on la trouve un peu partout. Elle comprend en outre des informations sur le parc et des fiches complètes pour reconnaître mammifères et oiseaux.

Nouveauté bienvenue, la carte *Kavango-Zambezi National Parks*, basique mais commode, comprend des vues d'ensemble détaillées des parcs du nord-est du pays : Khaudum, Mahango, Bwabwata, Mudumu et Nkasa Rupara. On la trouve dans certains lodges ou en ligne sur www.thinkafricadesign.com.

Cartes de réduction

Une carte d'étudiant donne droit à une remise de 15% dans les bus Intercape Mainliner et parfois à des réductions dans les musées. Les personnes de plus de 60 ans, munies d'une pièce d'identité, bénéficient également de 15% de réduction avec Intercape Mainliner et de remises avantageuses sur Air Namibia.

Climat

Windhoek

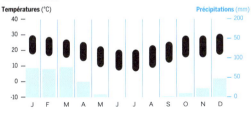

Douane

La plupart des articles provenant d'autres pays de l'Union douanière d'Afrique australe – Botswana, Afrique du Sud, Lesotho et Swaziland – peuvent être importés hors taxes. Depuis les autres pays, les visiteurs peuvent importer sans payer de taxes 400 cigarettes ou 250 g de tabac, 2 l de vin, 1 l de spiritueux et 250 ml d'eau de Cologne. Les moins de 18 ans ne peuvent importer ni tabac ni boisson alcoolisée. Le montant de devises importées n'est pas limité, mais les formulaires d'entrée et de sortie vous demandent la somme d'argent que vous avez l'intention de dépenser ou avez dépensé dans le pays – n'ayant jamais rempli ce formulaire à chacune de nos entrées dans le pays, nous n'avons jamais été inquiétés à ce sujet.

Vous ne pouvez pas vendre de voiture en Namibie sans vous acquitter d'une taxe. En ce qui concerne les animaux de compagnie, vous devez disposer d'une déclaration de l'état de santé et de l'ensemble des renseignements vétérinaires ; les animaux ne sont admis ni dans les parcs nationaux ni dans les réserves.

Électricité

220-230 V/50 Hz

Enfants

De nombreux parents considèrent l'Afrique comme une destination trop risquée avec des enfants. En réalité, la Namibie présente peu de difficultés pour les familles. Ayant voyagé avec nos enfants dans ce pays, nous en sommes tous revenus indemnes et avons passé un merveilleux séjour.

Il s'agit d'un pays comportant peu de risques sanitaires, du fait de son climat sec et de la qualité des services médicaux. La Namibie dispose d'un bon réseau d'hébergements à prix abordables et d'une excellente infrastructure routière. Les visiteurs avec enfants sont souvent traités avec une grande gentillesse ; l'affection généralisée des Namibiens pour les plus jeunes permet des rencontres enrichissantes.

Les principaux obstacles risquent d'être la chaleur et les longues distances.

Vous pouvez consulter l'ouvrage *Voyager avec ses enfants*, publié chez Lonely Planet, qui donne toutes les clés pour réussir vos vacances en famille.

À voir et à faire

Se déplacer en camping-car et camper, ou dormir dans une tente de lodge, constitue une expérience palpitante pour les jeunes. La faune et la flore du parc d'Etosha ou encore les dunes de sable de Sossusvlei offrent de quoi distraire toute la famille.

Les safaris conviennent généralement aux enfants plus âgés. Sachez que certains lodges haut de gamme et agences organisant des safaris refusent les enfants au-dessous d'un certain âge. Certains établissements peuvent exiger que vous réserviez des safaris à part. Les longues heures de route, tout comme la patience nécessaire à l'observation des animaux, peuvent paraître insoutenables à de jeunes bambins. Il faudra ponctuer votre voyage de nombreux arrêts : pause pique-nique ou baignade dans une piscine.

Toutes sortes d'activités passionnantes s'adressent aux plus grands. Swakopmund constitue pour cela un excellent point de départ. Parmi cet éventail d'activités figurent les balades à cheval, le sandboard, le vol en montgolfière et le parapente. Il existe aussi des passe-temps plus tranquilles, comme partir à la recherche de roches intéressantes (et la Namibie en compte un certain nombre !), paresser sur la plage le long de la côte des Squelettes ou courir et rouler dans les dunes à Lüderitz, Sossusvlei, Swakopmund et dans de nombreux autres endroits sur la côte.

Documents indispensables

Les personnes voyageant avec des enfants doivent détenir certains documents pour voyager en Namibie. Tous les parents qui arrivent, quittent ou transitent par l'Afrique du Sud, la Namibie et le Botswana doivent présenter un acte de naissance de leurs enfants mentionnant le nom des deux parents. Les familles dépourvues de ce document pourront se voir interdites de voyage.

Si un parent voyage seul avec ses enfants, il doit avoir sur lui une déclaration du parent absent (mentionné sur le certificat de naissance), donnant son accord pour que le voyage se déroule sans lui. À défaut, une décision de justice accordant l'autorité parentale pleine et entière à l'un des parents ou un certificat de décès du parent absent devront être produits.

Nous avons voyagé à de nombreuses reprises entre ces trois pays avec nos enfants : si l'on ne nous a pas demandé ces documents à chaque fois, on nous a demandé au moins une fois chacun d'entre eux. Voyager sans ces papiers, c'est donc prendre un risque.

Pratique

Il existe peu de sites ou d'installations destinés aux enfants. La nourriture et l'hébergement sont en revanche assez peu dépaysants. Les chambres familiales et les chalets ne coûtent en général pas beaucoup plus cher que des chambres doubles ; ils disposent souvent d'un lit double et de deux lits simples. On peut aussi aisément faire ajouter des lits dans une double standard moyennant un léger surcoût.

Le camping peut être une aventure tentante, à condition de redoubler de vigilance pour que les enfants ne s'éloignent pas sans surveillance. Il faut également veiller aux risques potentiels que représentent les moustiques et les feux de camp. La plupart des répulsifs antimoustiques contenant des taux élevés de diéthyltoluamide (DEET) ne sont pas adaptés aux jeunes enfants. Les petits devront également porter des chaussures fermées et solides pour protéger leurs pieds des épines et des piqûres d'insectes et de scorpions.

Si vous voyagez avec des enfants, il est conseillé d'investir dans une voiture de location, à moins de vouloir passer des heures dans les transports publics. Il est rare de trouver des ceintures de sécurité fonctionnelles, même dans les taxis, et les accidents sont fréquents. Amenez un siège pour enfant si vous louez une voiture ou si vous effectuez un safari. Et même au volant de votre propre véhicule, les distances entre les villes et les parcs peuvent être longues. Mieux vaut prévoir un minimum de distractions (jouets, livres, jeux, Nintendo DS, etc.).

Les petits pots pour bébé, le lait en poudre, les couches jetables et les produits similaires sont disponibles dans la plupart des grands supermarchés.

Formalités et visas

Les ressortissants de nombreux pays, dont la France, la Belgique, la Suisse et le Canada (ainsi que la plupart des pays de l'Union européenne et du Commonwealth), n'ont pas besoin de visa pour visiter la Namibie.

Les séjours touristiques sont délivrés gratuitement à l'arrivée et sont valables 90 jours maximum, mais les officiers de l'immigration vous demandent souvent combien de temps vous comptez rester dans le pays et établissent la durée de votre visa en conséquence.

Le cas échéant, il est possible de faire prolonger son visa au **ministère de l'Intérieur** (p. 52), à Windhoek. Tâchez d'arriver à l'ouverture des bureaux à 8h et de remettre votre demande aux services du 3ᵉ étage (et non au bureau du rez-de-chaussée).

Avant le départ, il est impératif de contacter les ambassades et les consulats pour s'assurer que les modalités d'entrée sur le territoire namibien n'ont pas changé. Nous vous conseillons aussi de photocopier tous vos documents importants (pages d'introduction de votre passeport, cartes bancaires, police d'assurance, billets de train/d'avion/de bus, permis de conduire, etc.). Emportez un jeu de ces copies, que vous conserverez à part des originaux. Vous remplacerez ainsi plus aisément ces documents en cas de perte ou de vol.

Pour des renseignements concernant les passeports, consultez la p. 266.

Handicapés

Il existe peu d'installations adaptées et les personnes à mobilité réduite n'auront pas la vie facile en Namibie. Aidés d'un compagnon de voyage valide, les visiteurs en fauteuil roulant pourront néanmoins trouver des solutions. La Namibie présente certains avantages par rapport à d'autres pays en développement :

les trottoirs et les espaces publics sont souvent goudronnés ou bétonnés, et de nombreuses constructions (dont les lodges de brousse et les gîtes des parcs nationaux) sont de plain-pied. La location de voitures est aisée et les véhicules de location peuvent circuler dans les pays voisins. Une assistance pour personnes handicapées est généralement disponible sur les vols intérieurs et régionaux. De plus, la plupart des tour-opérateurs – y compris ceux à petits budgets – proposant des safaris en Namibie peuvent organiser le séjour des voyageurs ayant des besoins spécifiques.

En France, l'**APF** (Association des paralysés de France ; ☎01 40 78 69 00 ; www.apf.asso.fr ; 17 boulevard Auguste-Blanqui, 75013 Paris) et l'association **Handi Voyages** (handivoyages. free.fr) peuvent fournir des informations utiles sur les voyages accessibles. L'association **Ailleurs & Autrement** (www. ailleursetautrement.fr) organise des voyages adaptés aux personnes à mobilité réduite. **Yanous** (www.yanous.com) et **handicap.fr** (www. handicap.fr) constituent également de bonnes sources d'information.

Hébergement

Les hébergements namibiens sont très variés, sont souvent bien tenus et proposent des tarifs parmi les plus intéressants d'Afrique australe.

B&B et pensions Présents dans tout le pays, ils sont souvent basiques, mais accueillants et à prix étudié.

Rest camps, campings et caravanings Clos pour la plupart, ils possèdent parfois un petit kiosque, voire une piscine.

Fermes d'agrotourisme Souvent situées dans des secteurs isolés. Logement rustique et diverses activités.

Hôtels et auberges de jeunesse Les auberges pour globe-trotters se situent à Windhoek et Swakopmund, entre autres. On trouve des hôtels, de qualité variée, un peu partout.

Lodges de brousse Du lodge relativement simple à prix étudié aux établissement luxueux à tarifs astronomiques.

Prix des hébergements

Les fourchettes correspondent au prix d'une chambre double avec salle de bains en haute saison :

$	Moins de 1 050 $N (75 $US)
$$	1 050-2 100 $N (75-150 $US)
$$$	Plus de 2 100 $N (150 $US)

Auberges de jeunesse

À Windhoek, à Swakopmund, à Lüderitz et dans d'autres villes, vous trouverez des auberges de jeunesse privées, offrant des hébergements bon marché en dortoir, avec salles de bains et cuisine communes. La plupart sont très plaisantes et extrêmement prisées par les voyageurs à budget restreint. En moyenne, comptez environ 100 $N par personne et par nuit. Certaines auberges proposent des doubles privatives moyennant 250-400 $N.

B&B

Le nombre de B&B augmente de façon spectaculaire dans tout le pays. Comme ce sont des maisons privées, le standing, l'atmosphère et l'accueil sont très variables. Les séjours en B&B s'avèrent dans l'ensemble agréables et peuvent compter parmi les moments forts de votre voyage. Certains B&B ne servant pas le petit-déjeuner, pensez à vous renseigner lors de la réservation.

Pour obtenir la liste des B&B, procurez-vous la brochure *Namibia B&B Guide* ou contactez la Association of Namibia (www.bedandbreakfastnamibia.com), qui répertorie aussi un certain nombre d'appartements tout équipés et de fermes d'agrotourisme.

Camping

La Namibie est un paradis pour les campeurs et, où que vous vous rendiez, il y aura toujours un camping à proximité. Ces terrains vont de la simple parcelle de brousse équipée d'installations rudimentaires aux campings bien aménagés, avec blocs sanitaires et eau courante (dont l'eau chaude).

Dans de nombreux parcs nationaux, les campings sont gérés par **Namibia Wildlife Resorts**, et l'hébergement doit être réservé en ligne ou dans les bureaux de cet organisme à Windhoek (p. 52), Swakopmund (p. 153) et au Cap (Afrique du Sud). Ces terrains sont tous bien entretenus et nombre d'entre eux disposent de bungalows. La plupart des campings sont clos, du moins dans les parcs nationaux.

Pour camper sur des terres privées, vous devrez d'abord obtenir l'autorisation du propriétaire. Sur des terres communales – à moins que vous ne soyez très éloigné de toute habitation, informez par courtoisie les anciens du village le plus proche.

La plupart des bourgades possèdent un *caravan park* (camping-caravaning) doté de bungalows ou de *rondavels* (cases rondes traditionnelles), ainsi que d'une piscine, d'un restaurant et d'un magasin. Les tarifs sont établis en fonction de l'emplacement, avec un maximum de 8 personnes et 2 véhicules par emplacement ; un surcoût est généralement appliqué par véhicule. Des camps privés (*rest camps*), bien aménagés, fleurissent actuellement dans les régions rurales et le long des grands axes touristiques.

Fermes d'agrotourisme

Les séjours à la ferme sont particulièrement développés en Namibie et permettent aux visiteurs de passer une nuit dans l'une des immenses exploitations privées du pays. Ils sont l'occasion de découvrir le mode de vie d'habitants ruraux, la plupart blancs. Comme pour les B&B, le niveau d'hospitalité et la qualité des chambres et des prestations sont extrêmement variables. Les points forts sont ici l'accueil personnalisé et le cachet d'un certain luxe rural. Une nuit dans une vaste propriété au milieu de la brousse peut se révéler une expérience unique.

Autre atout, de nombreuses exploitations possèdent des parcelles de terrain considérées comme des réserves animalières. Elles offrent ainsi d'excellentes possibilités d'observer et de photographier la faune et la flore. Sachez toutefois que quantité de fermes sont également des réserves de chasse – un point à retenir si vous ne souhaitez pas entendre les exploits des chasseurs de trophées au cours du dîner.

La réservation est impérative pour tous les séjours à la ferme.

Hôtels

Les hôtels de Namibie ressemblent beaucoup à ceux de n'importe quel autre pays : on trouve aussi bien des établissements vieillots et fatigués que des temples du luxe. Vous croiserez toutefois peu d'hôtels sales ou peu sûrs, compte tenu du système relativement rigoureux de classification répertoriant aussi bien les petites pensions (*guesthouses*) que les quatre-étoiles.

Les hôtels une étoile doivent disposer d'un certain ratio de chambres avec installations privées/communes. Ces établissements sans prétentions appartiennent, pour la plupart, à des habitants et proposent un hébergement propre et confortable avec une literie et du linge de toilette corrects. Les tarifs vont de 350 à 500 $N pour une chambre double, petit-déjeuner compris. Si ces hôtels disposent toujours d'un petit bar-restaurant, ils offrent rarement des prestations additionnelles, telles que la climatisation.

Les hôtels à deux et trois étoiles, souvent plus confortables, sont fréquentés par une clientèle d'affaires locale. Pour une double, comptez au minimum 450 $N, et jusqu'à 650 $N dans les établissements plus élégants.

La Namibie compte peu de véritables quatre-étoiles, même si la plupart des lodges haut de gamme pourraient prétendre à cette classification. Un quatre-étoiles namibien doit, en théorie, être un hôtel de luxe climatisé, doté d'un petit salon, d'un service de voiturier et de toute une gamme de services annexes répondant aux attentes d'une clientèle constituée d'hommes d'affaires et de diplomates.

Lodges

Au cours des dix dernières années, le marché du lodge de brousse (*safari lodge*) huppé s'est fortement développé.

La plupart des lodges sont installés dans de vastes ranchs privés ou sur des concessions. Certains sont des établissements relativement abordables, tenus en famille et proposant des repas standards ou permettant de se préparer soi même à manger. Les lodges namibiens demeurent en général moins onéreux que ceux de la région des chutes Victoria, mais ils sont plus coûteux qu'en Afrique du Sud.

Heure locale

L'été (d'octobre à avril), l'heure namibienne est en avance de 2 heures par rapport à celle de Greenwich (GMT). Quand il est midi en Namibie, il est 11h du à Paris et 5h du matin à Montréal. En hiver (d'avril à octobre), la Namibie recule ses pendules d'une heure. Le pays n'a plus qu'une heure d'avance sur l'heure de Greenwich.

Heures d'ouverture

Banques 8h ou 9h à 15h du lundi au vendredi, 8h à 12h30 samedi
Bars et lieux de sortie 17h à minuit-3h du lundi au samedi

Commerces 8h ou 9h à 17h ou 18h du lundi au vendredi, 9h-13h ou 17h samedi ; nocturnes jusqu'à 21h le jeudi ou le vendredi
Postes 8h à 16h30 du lundi au vendredi, 8h30 à 11h samedi
Renseignements 8h ou 9h à 17h ou 18h du lundi au vendredi
Restaurants Petit-déjeuner 8h à 10h, déjeuner 11h à 15h, dîner 18h à 22h ; certains établissements ouvrent de 8h à 22h du lundi au samedi
Stations-service Quelques-unes seulement sont ouvertes 24h/24 ; dans les secteurs les plus reculés, l'essence est difficile à trouver en dehors des horaires habituels ainsi que le dimanche.

Homosexualité

Comme dans de nombreux pays d'Afrique, l'homosexualité est illégale en Namibie et est considérée par la loi comme un "délit de relations sexuelles contre nature". Compte tenu des convictions chrétiennes fortement enracinées de la majorité de sa population, la Namibie demeure un pays très conservateur. De ce fait, la discrétion constitue certainement la meilleure attitude car le traitement réservé aux homosexuels peut aller du simple ostracisme à l'agression physique. En 1996, le président Sam Nujoma a lancé une campagne très médiatisée à l'encontre des homosexuels, recommandant que tous les gays et lesbiennes étrangers soient expulsés ou exclus du pays.

La situation des gays et des lesbiennes s'est toutefois légèrement améliorée ces dernières années. Aucune poursuite en vertu de la loi contre la sodomie n'ayant eu lieu depuis l'Indépendance,

le Comité des Nations unies pour les droits de l'homme a demandé en 2016 l'abrogation de cette loi et la promulgation de lois contre la discrimination basée sur l'orientation sexuelle. Cet appel, publiquement approuvé par le médiateur namibien, a déclenché un débat de société. La même année, un sondage d'opinion Afrobarometer révélait que 55% des Namibiens accepteraient volontiers ou ne verraient pas d'inconvénient à avoir un voisin homosexuel. La Namibie est le seul des quatre pays africains sondés à présenter une majorité en faveur de la proposition.

Ressources utiles

Afriboyz (www.afriboyz.com/ Homosexuality-in-Africa.html). Liens sur la condition gay en Afrique.
African Horizons (www.africanhorizons.com). Tour-opérateur gay-friendly proposant des voyages en Afrique australe.
Global Gayz (www.globalgayz. com/africa/namibia). Site dédié à la condition gay en Namibie et dans d'autres pays africains.

Organisations

Un certain nombre de groupes de défense agissent ouvertement (mais discrètement) à Windhoek. Citons Out-Right Namibia (www.osisa.org), un organisme basé à Windhoek, créé par des activistes gays et lesbiennes pour combattre l'homophobie et militer en faveur de l'égalité des droits. Les droits des lesbiennes namibiennes (et des autres femmes) sont également représentés par Sister Namibia (www.sisternamibia.org).

Internet (accès)

Les services Internet sont largement répandus en Namibie, où les vitesses de connexion sont assez stables. Les grandes villes et celles orientées vers le tourisme disposent au moins d'un cybercafé. Comptez environ 50 $N l'heure de connexion. De plus en plus d'auberges de jeunesse, d'hôtels (dans les grandes villes) et certains lodges fournissent aussi l'accès Wi-Fi, bien que celui-ci s'étende rarement au-delà de la réception de l'hôtel.

Jours fériés

Les banques, les administrations et la plupart des boutiques sont fermées lors des jours fériés suivants. Lorsqu'un jour férié tombe un dimanche, le lundi suivant est également férié.

New Year's Day (Jour de l'an) 1er janvier

Good Friday (Vendredi saint) mars ou avril

Easter Sunday (dimanche de Pâques) mars ou avril

Easter Monday (lundi de Pâques) mars ou avril

Independence Day 21 mars

Ascension Day avril ou mai

Workers' Day (fête du Travail) 1er mai

Cassinga Day 4 mai

Africa Day 25 mai

Heroes' Day 26 août

Human Rights Day 10 décembre

Christmas (Noël) 25 décembre

Family/Boxing Day 26 décembre

Offices du tourisme

À l'étranger

Il n'existe que très peu d'offices du tourisme de Namibie présents à l'étranger.

Afrique du Sud
Le Cap (☎021-422 32 98 ; namibia@saol.com ; The Pinnacle, Burg St, 8001 Cape Town)

En France et en Belgique, ce sont les ambassades (voir p. 254) qui informent habituellement les voyageurs sur les questions d'ordre touristique. Renseignez-vous également sur le site officiel de l'office du tourisme de Namibie (NTB) : www.namibiatourism.com.na.

En Namibie

Les offices du tourisme namibiens offrent généralement des services de qualité et les membres du personnel y parle parfaitement l'anglais, l'allemand et l'afrikaans.

Namibia Tourism Board (p. 52), l'office national du tourisme (NTB), est à Windhoek, où se trouve aussi le **Windhoek Information & Publicity Office** (p. 52), l'office du tourisme local.

C'est également à Windhoek qu'est installé le bureau de **Namibia Wildlife Resorts** (p. 52), qui fournit des renseignements sur les parcs nationaux et réserve dans n'importe quel camping NWR.

Il existe d'autres offices du tourisme pratiques dans d'autres villes namibiennes, dont **Lüderitz Safaris & Tours** (p. 183) à Lüderitz et **Namib-i** (p. 153) à Swakopmund.

Photographie

De nombreux Namibiens apprécient d'être photographiés, mais pas tous. Si possible, demandez leur accord. Il va sans dire que vous devrez toujours respecter le souhait de la personne concernée en ne prenant pas de photo si elle s'y oppose.

En Namibie, les représentants de l'État acceptent mieux d'être photographiés que dans certains autres pays africains. Évitez toutefois de photographier les frontières, les aéroports, le matériel de communication ou les installations militaires sans demander l'autorisation des agents éventuellement présents.

Avec un appareil numérique, vous n'aurez aucun mal à vous procurer des cartes mémoire à Windhoek et à Swakopmund

Vous trouverez des conseils sur la photographie en Afrique dans l'ouvrage *La Photo de voyage*, publié par Lonely Planet.

CONSEILS AUX VOYAGEURS

La plupart des gouvernements possèdent des sites Internet qui recensent les dangers possibles et les régions à éviter. Consultez notamment les sites suivants :

» **Ministère des Affaires étrangères français** (www.diplomatie.gouv.fr)

» **Ministère des Affaires étrangères de Belgique** (www.diplomatie.belgium.be)

» **Département fédéral des Affaires étrangères suisse** (www.eda.admin.ch/eda/fr)

» **Ministère des Affaires étrangères du Canada** (www.voyage.gc.ca)

Poste

La distribution du courrier sur le réseau national est assez lente ; une lettre peut mettre plusieurs semaines à être acheminée de Lüderitz à Katima Mulilo, par exemple. Le service par avion vers l'international est normalement plus efficace.

Problèmes juridiques

Toutes les drogues sont illégales en Namibie : les peines encourues sont lourdes et les séjours en prison, particulièrement éprouvants. Aussi, n'envisagez pas de pénétrer sur le territoire avec une substance illicite ou d'en acheter durant votre séjour. Pour arrêter les délinquants, les agents de police recourent à des subterfuges comme celui de se faire passer pour des dealers ; ne vous laissez pas tenter.

Les agents de police et les soldats sont généralement courtois et adoptent un comportement bienveillant. Lors des échanges avec l'administration, il importe de s'efforcer de demeurer tout aussi patient et aimable.

Sécurité en voyage

La Namibie est l'un des pays les plus sûrs d'Afrique. Sur ce territoire immense à la population très clairsemée, même la capitale, Windhoek, évoque davantage une bourgade de province qu'une jungle urbaine. Malheureusement, la délinquance est en augmentation dans les villes les plus importantes, en particulier à Windhoek. En ville, il convient surtout de faire preuve de bon sens.

Escroqueries

Des vendeurs de noix de palmiers doums (palm-ivory nuts) présents dans plusieurs stations-service tentent parfois une arnaque relativement inoffensive. Deux jeunes hommes vous abordent gentiment en vous demandant votre prénom. Sans que vous le remarquiez, ils le gravent sur une noix qu'ils vous proposent d'acheter à un prix pouvant atteindre 70 $N, espérant que vous vous sentirez obligé d'acheter cet article personnalisé. Vous pourrez trouver exactement la même chose dans n'importe quel magasin de souvenirs pour environ 20 $N. Ce n'est pas l'escroquerie du siècle, mais mieux vaut être informé de la pratique.

Plus grave, il arrive qu'un individu se charge de distraire un automobiliste en stationnement pendant qu'un complice ouvre la portière et s'empare des bagages sur le siège arrière ou sur le siège passager à l'avant. Verrouillez toujours les portières de votre véhicule et méfiez-vous des personnes cherchant à détourner votre attention. Ces vols sont rares mais se sont déjà produits ; il fut un temps où ils faisaient rage à Walvis Bay.

Sperrgebiet

Si vous vous dirigez vers Lüderitz en venant de l'est, restez à bonne distance de la Sperrgebiet ("zone interdite"), le secteur de l'industrie diamantifère hautement surveillé et interdit d'accès. Les patrouilles, bien armées, font parfois preuve d'un excès de zèle. Cette région débute immédiatement au sud de la route A4 Lüderitz-Keetmanshoop et continue juste à l'ouest d'Aus, où la limite de la zone interdite oblique vers le

sud en direction du fleuve Orange. Par précaution, il est évidemment préférable de respecter ces délimitations.

Vol

Le vol n'est pas très répandu en Namibie, mais Windhoek, Swakopmund, Tsumeb et Grootfontein sont confrontées à nombre de larcins et d'agressions. Mieux vaut dissimuler vos objets de valeur, ne rien laisser dans votre véhicule et éviter de vous déplacer seul la nuit. Il paraît plus prudent d'éviter de déambuler en ville en exposant bijoux, montres et appareils photo de grande valeur. La plupart des hôtels disposent d'un coffre ou d'un lieu sécurisé où l'on peut déposer ses objets précieux. Restez attentif à vos effets personnels dans certains établissements pour petits budgets.

À Windhoek ou à Swakopmund, il va de soi que vous ne devez jamais laisser un véhicule équipé pour un safari stationné ailleurs que sur un parking privé ou gardé.

Le risque de vol en camping n'est pas à écarter, en particulier à proximité des zones urbaines. Il peut être judicieux de fermer votre tente avec un cadenas. Tout objet laissé sans surveillance court toutefois le risque d'être dérobé.

Plantes

L'euphorbe est une plante qui représente un danger inhabituel. Ses branches séchées ne doivent jamais servir de combustible car elles dégagent une toxine mortelle en se consumant. Respirer la fumée d'un feu contenant de l'euphorbe ou consommer des aliments cuits sur ce feu peut être fatal. Si vous doutez du bois que vous avez ramassé, ne le faites pas brûler. Les gardiens de camping se

UN FIL D'ARIANE EN VOYAGE

Le **portail Ariane** (pastel.diplomatie.gouv.fr/fildariane), mis en place par le Centre de crise du ministère des Affaires étrangères, est un service gratuit permettant au voyageur français à l'étranger d'être contacté par le service consulaire, sur son téléphone portable ou par e-mail, au cas où des événements graves (crise politique, catastrophe naturelle, attentat...) se produiraient dans le pays durant son séjour, ou de contacter rapidement sa famille ou ses proches en France en cas de besoin.

La procédure d'inscription se réalise en ligne, où vous donnez des informations sur votre voyage (date de départ, de retour, numéro de téléphone portable, coordonnées d'éventuels contacts sur place, adresses de séjour et itinéraire prévu, etc.).

Grâce à ce service, vous recevrez en outre, avant votre départ, des recommandations de sécurité par e-mail si la situation dans le pays le justifie.

chargent généralement de supprimer ces plantes des abords des emplacements de tentes et des foyers, inutile donc de vous tracasser outre mesure. Par précaution, essayez de ne brûler que les fagots de bois que vous avez achetés dans un magasin. Si vous campez dans la brousse, il vaut mieux vous familiariser avec l'apparence de cette plante, qui compte plusieurs variétés. Vérifiez leurs photos en ligne ou auprès des offices du tourisme de Windhoek.

Téléphone

Le réseau de téléphonie fixe, géré par Telecom Namibia (www.telecom.na), est très efficace et appeler vers les numéros fixes est un jeu d'enfant. Toutefois, comme dans le reste de l'Afrique, la téléphonie fixe est rapidement en train de céder la place aux téléphones portables prépayés qui jouissent d'un immense succès.

Un appel vers l'Europe et les États-Unis/Canada par téléphone fixe coûte environ 3,60-5 $N la minute aux heures pleines ; à destination des pays voisins, comptez 2,40-4,14 $N la minute. Pour connaître les coûts exacts, allez sur le site Internet et cliquez sur "Tariffs" puis sur "International Services".

Compte tenu de l'augmentation du nombre de bornes Wi-Fi, le recours à Skype est de plus en plus répandu (et beaucoup moins onéreux).

Cartes téléphoniques

Les cartes téléphoniques de Telecom Namibia sont en vente dans les bureaux de poste aux tarifs de 20, 50 ou 100 $N. Elles sont aussi disponibles dans la plupart des magasins et dans un certain nombre d'hôtels. Vous trouverez des cabines téléphoniques publiques dans la plupart des bureaux de poste ainsi qu'un peu partout en ville.

Indicatifs téléphoniques

Pour appeler la Namibie depuis l'étranger, composez le code d'accès international (⏹00 depuis la France), suivi de l'indicatif du pays ⏹264, de l'indicatif régional (sans le 0) et du numéro de téléphone de votre correspondant. Depuis la Namibie, composez le code d'accès international ⏹00 suivi de l'indicatif du pays (⏹33 pour la France, 32 pour la Belgique, 41 pour la Suisse et 1 pour le Canada), de l'indicatif régional (le cas échéant) et du numéro de votre correspondant (sans le 0 initial pour la France).

Pour les appels nationaux longue distance, composez l'indicatif régional à 3 chiffres, avec le 0, suivi du numéro à 6 ou 7 chiffres.

Téléphones portables

MTC (www.mtc.com.na), le plus important fournisseur de téléphonie mobile de Namibie, utilise le système GSM 900/1800, compatible avec l'Europe et l'Australie, mais pas avec le système nord-américain (GSM 1900). L'autre fournisseur est Telecom Namibia (www.telecom.na).

En théorie, le réseau couvre tout le pays. En pratique, il est difficile d'obtenir du réseau en dehors des grandes villes et des axes routiers les plus importants – plus on s'éloigne, moins on a de couverture, ce qui rend le téléphone satellite très utile pour qui compte s'écarter des sentiers battus et des zones habitées.

Les deux fournisseurs cités plus haut vendent des cartes prépayées. Si vous visitez le pays, mieux vaut investir dans une carte SIM puis acheter des coupons prépayés dans les boutiques de téléphonie omniprésentes dans le pays.

Vous pourrez aisément acheter un téléphone à partir de 600 $N dans toutes les grandes villes.

L'indicatif du réseau cellulaire est généralement le ☑081, suivi d'un numéro à 7 chiffres.

Voyager en solo

Femmes seules

La Namibie constitue globalement une destination sûre pour les voyageuses en solo. Rares sont nos lectrices indiquant avoir subi une quelconque forme de harcèlement. Cela dit, la société namibienne demeure néanmoins conservatrice. De nombreux bars ne sont fréquentés que par des hommes

(que ce soit le règlement ou les convenances). Même dans les établissements accueillant les femmes, les voyageuses se sentiront peut-être plus à l'aise au sein d'un groupe ou accompagnées d'un homme. Sachez qu'accepter un verre offert par un homme est généralement interprété comme une invitation.

Le risque d'agression sexuelle n'est pas plus élevé qu'en Europe. Les femmes doivent toutefois éviter de se promener seules dans les parcs et les ruelles, en particulier le soir. Il est déconseillé de faire de l'auto-stop seule. Ne faites jamais d'auto-stop le soir et, si possible, trouvez un compagnon pour sillonner les régions peu peuplées.

En faisant preuve de bon sens, vous ne devriez pas rencontrer de difficultés.

À Windhoek et dans d'autres zones urbaines, il est possible de porter des shorts et des robes ou des chemises sans manches. Dans les régions rurales, optez plutôt pour des jupes tombant aux genoux ou des pantalons larges, avec des chemises à manches. Au bord de la piscine d'un hôtel ou d'un lodge fréquenté par une clientèle essentiellement étrangère, il est envisageable de porter un maillot de bain un peu échancré ; ailleurs, mieux vaut faire preuve de retenue et vous inspirer de ce que portent les autres femmes.

Transports

DEPUIS/VERS LA NAMIBIE

À moins que vous ne voyagiez déjà dans la région, au Botswana ou en Afrique du Sud par exemple, l'avion est le moyen le plus pratique pour rejoindre la Namibie. Mais comme le pays n'est ni une plaque tournante, ni un point de transit sur les grands axes internationaux, le plus probable est que vous fassiez une escale en Afrique du Sud ou dans un autre pays d'Afrique australe.

Entrer en Namibie

Entrer en Namibie ne présente pas de difficulté. Les ressortissants de l'Union européenne, les Suisses et les Canadiens n'ont pas besoin de visa. À l'arrivée comme au départ, il faut remplir une fiche d'immigration. La queue est parfois longue lorsqu'on arrive en avion, surtout si plusieurs avions atterrissent simultanément (pour gagner du temps, remplissez votre fiche d'arrivée en faisant la queue). Si vous passez la frontière depuis l'un des pays frontaliers, aucun problème particulier n'est à signaler. Vous devrez toutefois présenter tous les documents nécessaires, ainsi que l'assurance de votre véhicule (voir p. 272), le cas échéant.

Les parents voyageant avec un enfant doivent présenter un certificat de naissance, voire d'autres documents (p. 258).

Passeport

Tous les voyageurs arrivant en Namibie doivent posséder un passeport valable au moins 6 mois après la fin de leur séjour. Prévoyez quelques pages vierges pour les nombreux tampons de l'immigration, surtout si vous passez par le Zimbabwe et/ou la Zambie pour voir les chutes Victoria. En théorie, vous devez également détenir la preuve de votre départ du pays (billet retour ou poursuite du voyage). En pratique, on vous le demande rarement.

Voie aérienne

La plupart des vols internationaux s'arrêtent à Johannesburg ou au Cap, en Afrique du Sud, où l'on prend généralement une correspondance avec un vol de South African Airways (carte p. 44 ; 061-273340 ; www.flysaa.com ; Independence Ave) pour terminer le trajet jusqu'à Windhoek. South African Airways propose des vols quotidiens depuis Le Cap et Johannesburg pour Windhoek. Johannesburg est aussi le principal carrefour pour les correspondances vers d'autres villes africaines.

Les voyageurs nord-américains se renseigneront sur le prix d'un vol via Francfort, qui peut revenir moins cher qu'un vol direct pour l'Afrique du Sud.

Réservez longtemps à l'avance les vols desservant les pays voisins suivants :

Botswana Air Namibia assure plusieurs liaisons hebdomadaires entre Windhoek et Maun.

Zimbabwe Air Namibia dessert Victoria Falls plusieurs fois par semaine.

Zambie Vous devrez transiter par Johannesburg pour prendre un vol en direction de Lusaka ou de Livingstone.

AVERTISSEMENT

Les informations contenues dans ce chapitre sont particulièrement susceptibles de changements. Vérifiez directement auprès de la compagnie aérienne ou de l'agence de voyages les modalités d'utilisation de votre billet d'avion. N'hésitez pas à comparer les prestations. Les détails fournis ici doivent être considérés à titre indicatif et ne remplacent en rien une recherche personnelle attentive.

VOYAGES ET CHANGEMENTS CLIMATIQUES

Tous les moyens de transport fonctionnant à l'énergie fossile génèrent du CO_2 – la principale cause du changement climatique induit par l'homme. L'industrie du voyage est aujourd'hui dépendante des avions. Si ceux-ci ne consomment pas nécessairement plus de carburant par kilomètre et par personne que la plupart des voitures, ils parcourent en revanche des distances bien plus grandes et relâchent quantité de particules et de gaz à effet de serre dans les couches supérieures de l'atmosphère. De nombreux sites Internet utilisent des "compteurs de carbone" permettant aux voyageurs de compenser le niveau des gaz à effet de serre dont ils sont responsables par une contribution financière à des projets respectueux de l'environnement. Lonely Planet "compense" les émissions de tout son personnel et de ses auteurs.

Aéroports et compagnies aériennes

C'est à l'**aéroport international Chief Hosea Kutako** (WDH ; ☏061-2996602 ; www.airportdesk.fr/afrique/namibie) qu'atterrissent la plupart des vols internationaux pour la Namibie. Il se situe à 42 km à l'est de la capitale.

L'**aéroport Eros** (ERS ; ☏061-2955500) de Windhoek sert surtout aux petits vols charters, mais **Air Namibia** (☏061-2996333, 061-2996600 ; www.airnamibia.com.na ; aéroport international Chief Hosea Kutako) l'utilise aussi pour ses vols à destination de Katima Mulilo, Ondangwa et Walvis Bay.

Air Namibia est également la principale compagnie assurant les vols intérieurs ; elle dessert notamment d'autres régions d'Afrique australe.

Depuis la France

Il n'existe pas de vols directs depuis la France. Comptez au moins 13 heures 30 de voyage pour un vol avec escale (la plupart du temps à Johannesburg, en Afrique du Sud). Les tarifs les plus avantageux pour des vols aller-retour correspondent à des vols avec 2 escales (au moins 18 heures de trajet, mais parfois beaucoup plus).

Les vols avec une escale, sur Air France ou Air Namibia, débutent à environ 1 300 €, et ceux avec une ou 2 escales, sur Ethiopian Airlines ou Qatar Airways par exemple, à environ 700 € en basse saison.

Voici quelques adresses d'agences et de transporteurs :

Air France (☏3654, 0,35 €/min ; www.airfrance.fr)

Air Namibia (☏01 86 46 79 70 ; www.airnamibia.com.na)

Ethiopian Airlines (www.ethiopianairlines.com ; ☏0 800 901 031)

South Africa Airlines (www.southafrica.com)

Nouvelles Frontières (☏0 825 000 825, 0,20 €/min ; www.tui.fr)

Thomas Cook (☏0 892 701 088, 0,60 €/min ; www.thomascook.fr)

Depuis la Belgique

Il n'existe pas de vols directs depuis la Belgique. Depuis Bruxelles, comptez au moins 2 escales, dans une ville européenne et à Johannesburg généralement. Au moment de la rédaction de ce guide, les vols sur Lufthansa ou South African Airways, par exemple, commençaient à environ 700 €.

Voici des compagnies aériennes et agences recommandées à partir de la Belgique :

Brussels Airlines (☏0 902 51 600, 0,75 €/min ; www.brusselsairlines.com)

Lufthansa (☏0 892 231 690, 0,35 €/min ; www.lufthansa.com)

South Africa Airlines (www.southafrica-airlines.com).

Airstop (☏070 233 188 ; www.airstop.be)

Connections (☏070 23 33 13 ; www.connections.be)

Gigatours Voyages Éole (☏02 672 35 03 ; www.voyageseole.be)

Depuis la Suisse

Il n'existe pas de vols directs depuis la Suisse. Au départ de Genève, comptez au moins 12 heures 30 de vol (avec une escale).

Les vols avec une escale, sur la compagnie Air Namibia débutent autour de 1 400 CHF, et ceux avec 2 escales, sur South African Airways, par exemple, sont à partir de 1 000 CHF.

En partant de Zurich, vous paierez moins cher.

Voici quelques adresses d'agences et de transporteurs :

Swiss International Air Lines (☏0 848 700 700 ; www.swiss.com)

Air Namibia (☏44 286 99 88 ; www.airnamibia.com.na)

South African Airways (www.southafrica-airlines.com)

Jerrycan Voyages (☏022 346 92 82 ; www.jerrycan-travel.ch)

STA Travel (☏058 450 49 49 ; www.statravel.ch)

Depuis le Canada

Depuis le Canada, il vous faudra faire une escale en Europe ou aux États-Unis. Comptez à partir de 2 000 $C le vol depuis

AGENCES EN LIGNE

Vous pouvez réserver votre vol via une agence en ligne ou vous renseigner auprès d'un comparateur de vols :

- » www.bourse-des-vols.com
- » www.ebookers.fr
- » www.expedia.fr
- » www.govoyages.com
- » www.illicotravel.com
- » www.kayak.fr
- » www.opodo.fr
- » www.skyscanner.fr
- » voyages.kelkoo.fr
- » www.voyages-sncf.com

Montréal avec 2 escales (à New York ou Washington sur Air Canada ou à Londres sur South African Airways, ainsi qu'à Johannesburg, en Afrique du Sud).

En partant de Toronto, les vols avec une escale à Addis-Abeba, sur Ethiopian Airlines, débutent à 1 500 $C.

Voici quelques adresses d'agences et de transporteurs :

Air Canada (☎1-888 247 2262 ; www.aircanada.com)

Ethiopian Airlines (www.ethiopianairlines.com ; ☎1 800 445 2733)

South African Airways (www.southafrica-airlines.com)

Expedia (☎1 866 904 8766 ; www.expedia.ca)

Flight Hub (☎1 800 900 1431 ; www.flighthub.com)

Travel CUTS (☎1 800 667 2887 ; www.travelcuts.com)

Voie terrestre

Grâce à l'Union douanière d'Afrique australe, il est possible de traverser la Namibie, le Botswana, l'Afrique du Sud et le Swaziland en voiture avec un minimum de formalités. Pour se rendre plus au nord, il faut posséder un carnet de passage, qui peut coûter cher.

Entrer en Namibie au volant d'une voiture de location nécessite une permission écrite de la société de location.

Passage de frontières

La Namibie dispose d'un réseau routier bien développé doté d'accès faciles depuis/vers les pays limitrophes. Voici les principaux postes-frontières du pays :

Afrique du Sud Noordoewer, Ariamsvlei

Angola Oshikango, Ruacana, Rundu

Botswana Buitepos, Mahango et Ngoma

Zambie Katima Mulilo

Les frontières sont ouvertes tous les jours, et les principaux postes-frontières depuis l'Afrique du Sud (Noordoewer et Ariamsvlei) sont ouverts 24h/24. Les autres sont généralement ouverts de 8h à 17h (au moins), et la plupart le sont de 6h à 18h. Les bureaux d'immigration de certains postes plus petits ferment entre 12h30 et 13h45. Il est recommandé d'arriver le plus tôt possible aux frontières, en raison d'éventuels retards. Pour plus de renseignements sur les heures d'ouverture, consultez le site www.namibweb.com/border.htm.

DEPUIS/VERS L'AFRIQUE DU SUD

Les postes-frontières vers l'Afrique du Sud sont parmi les plus fréquentés du pays, mais il n'y a généralement pas de complications. Ceux de Noordoewer et Ariamsvlei sont ouverts 24h/24 (nous vous déconseillons toutefois de rouler de nuit d'un côté comme de l'autre). Il existe un autre poste-frontière sur le littoral, entre Alexander Bay et Oranjemund (6h-22h), mais il est fermé aux touristes et à toute personne non autorisée par la direction des mines de diamants Namdeb.

DEPUIS/VERS L'ANGOLA

Pour entrer en Namibie par voie terrestre, un visa angolais autorisant l'entrée sur le territoire est obligatoire. Vous pouvez néanmoins passer la frontière temporairement pour visiter les chutes de Ruacana sans visa en signant le registre de l'immigration.

DEPUIS/VERS LA ZAMBIE

Le poste-frontière entre la Zambie et la Namibie se trouve à Katima Mulilo, dans la bande de Caprivi. Côté namibien, les choses se passent généralement vite et sans problème ; les formalités zambiennes peuvent être plus longues.

Le visa pour entrer en Zambie coûte 50 US$ par personne pour la plupart des ressortissants étrangers, mais il faut aussi payer le péage routier (48 US$), la taxe carbone (150 ZMK), l'assurance au tiers de votre véhicule (487 ZMK, valable un mois et exigible même si vous êtes déjà assuré). Une banque se trouve près du poste-frontière. Il est préférable de changer votre argent à la banque plutôt que via les jeunes gens qui vous abordent avec des liasses de kwachas.

Si vous arrivez en dehors des heures d'ouverture de la banque et n'avez pas d'autre solution, soyez au courant du taux de change, comptez soigneusement votre argent et ne vous laissez pas entraîner dans une transaction trop rapide qui risque de ne pas être à votre avantage.

Pour ceux qui se dirigent vers le Liuwa National Park ou d'autres secteurs des confins occidentaux de la Zambie, une bonne route asphaltée (très récente et inconnue du système GPS de Tracks4Africa lors de notre passage) relie la frontière à Mongu et Kalabo, à l'entrée du Liuwa National Park.

Pour aller à Livingstone, la route est goudronnée mais en mauvais état. Elle reste néanmoins accessible aux véhicules conventionnels.

DEPUIS/VERS LE BOTSWANA

Le poste-frontière le plus utilisé est celui de Buitepos/Mamuno entre Windhoek et Ghanzi, mais les postes-frontière de Mohembo/Mahango et Ngoma (à un court trajet en voiture de Kasane, au Botswana), dans la bande de Caprivi, sont aussi très fréquentés. Le poste-frontière entre l'île Mpalila/Kasane n'est ouvert qu'aux voyageurs ayant réservé un lodge haut de gamme sur l'île.

Le poste-frontière de Mohembo/Mahango relie le nord-est de la Namibie à Shakawe, Maun et l'Okavango Panhandle. Les automobilistes qui y passent la frontière traversent la Mahango Game Reserve à Popa Falls. Il est gratuit si vous ne faites que passer, et coûte 5 $US par personne et par jour, plus 5 $US par véhicule et par jour pour circuler dans la réserve (c'est possible avec un véhicule de tourisme). Les

motos ne sont pas autorisées dans le parc national.

Il existe aussi un poste-frontière peu fréquenté à Gcangwa-Tsumkwe, sur une piste réservée aux 4×4, près du site de Tsodilo au Botswana.

DEPUIS/VERS LE ZIMBABWE

Il n'y a pas de poste-frontière direct entre la Namibie et le Zimbabwe. Pour passer la frontière, il faut emprunter la route traversant le Chobe National Park depuis le pont de Ngoma jusqu'au nord du Botswana, à Kasane/Kazungula, puis continuer jusqu'aux chutes Victoria.

Bus

Il n'existe qu'un véritable service de bus interrégional entre la Namibie, le Botswana et l'Afrique du Sud. **Intercape Mainliner** (☎061-227847 ; www.intercape.co.za) relie Windhoek à Johannesburg et Le Cap (Afrique du Sud), mais assure aussi des liaisons vers Victoria Falls au nord-est, et entre de grandes villes namibiennes. Des bus Intercape Mainliner relient aussi Windhoek à Livingstone (Zambie).

Le **Tok Tokkie Shuttle** (☎061-300743 ; www.shuttlesnamibia.com) relie Windhoek à Gaborone (Botswana) (aller simple 500 N$) en 12 heures ; il part de Windhoek les mercredis et vendredis à 6h et de Gaborone les jeudis et samedis à 13h ; Wi-Fi et climatisation à bord.

Autrement, il faut parfois faire du stop entre Gobabis et la frontière, franchir la frontière à pied (environ 1 km) puis faire du stop entre la frontière et Ghanzi, à moins d'arriver à temps pour prendre le minibus circulant quotidiennement entre le poste-frontière de Mamuno et Ghanzi.

Voiture et moto

Passer les frontières terrestres à bord de votre véhicule ou en voiture de location se fait généralement facilement, du moment que vous possédez les documents nécessaires : les papiers du véhicule si c'est le vôtre, ou une autorisation de l'agence de location d'aller à l'étranger avec la voiture, ainsi qu'une attestation d'assurance. L'entreprise de location doit vous fournir une lettre indiquant les numéros de moteur et de châssis, qui peuvent vous être demandés.

Notez que la Namibie applique des frais de passage de frontière, appelés "Cross-border Charge" (CBC), aux véhicules étrangers pénétrant sur son territoire. Les personnes voyageant dans un véhicule transportant moins de 25 passagers devront s'acquitter de 140 $N par entrée ; les motards paieront 90 $N. Conservez soigneusement votre reçu, car il pourra vous être demandé aux barrages de police, et vous aurez une amende si vous ne pouvez le produire.

Conduire depuis/vers l'Afrique du Sud

Les routes qui mènent en Namibie depuis l'Afrique du Sud, du Cap (1 490 km) au sud en passant la frontière à Noordoewer, ou de Johannesburg (1 970 km) à l'est, par le poste-frontière de Nakop, sont bitumées et en bon état.

Louer une voiture en Afrique du Sud revient parfois moins cher qu'en Namibie, encore que la plupart des sociétés de location namibiennes (surtout de 4×4) soient maintenant des antennes d'entreprises sud-africaines. Si la location journalière est généralement moins chère en Afrique du Sud, il faut y ajouter le coût du trajet depuis/vers ce pays et le coût pour la restitution du véhicule en Namibie.

Les voitures de tourisme les moins chères reviennent, en rands sud-africains, à l'équivalent d'environ 50 $US par jour, et 100 $US par jour pour un 4x4.

VOYAGES ORGANISÉS

Les tour-opérateurs proposent généralement plusieurs types de circuits. Les circuits aventure (ou observation de la faune en safari) accompagnés sont les plus chers (groupes de 10 à 20 pers). Ils incluent habituellement la location d'un 4x4, la présence d'un chauffeur-guide, les repas et l'hébergement. Les circuits autotours (les moins chers) laissent au voyageur le soin de conduire d'étape en étape. Tous mettent à leur programme les incontournables de la Namibie : Windhoek, le parc national d'Etosha, Swakopmund, Walvis Bay, Twyfelfontein, le Damaraland et le désert du Namib. Les séjours sont parfois couplés avec des excursions au Botswana et aux chutes Victoria.

D'autres agences figurent aussi p. 267.

Spécialistes de l'Afrique australe et généralistes

Akaïna (☎04 76 86 30 26 ; www.akaina.fr ; 4 rue Gabriel-Péri, 38000 Grenoble). Autotours, voyages en famille et circuits avec guide.

Bourse des Voyages (☎0 899 650 649, 0,60 €/min ; www.bourse-des-voyages.fr). Circuits, autotours et safaris.

Cercle des vacances (Afrique) (☎01 40 15 15 13 ; www.cercledesvacances.com ; 31 avenue de l'Opéra, 75001 Paris). Autotours,

circuits individuels ou accompagnés.

Comptoir des Voyages (☎01 53 10 30 15 ou 01 85 08 22 99 ; www.comptoir.fr ; 2-18 rue Saint-Victor, 75005 Paris). Agences à Lyon, Marseille, Toulouse, Bordeaux et Lille. Autotours et voyages itinérants.

La Maison de l'Afrique (☎01 56 81 38 29 ; www.maisondelafrique.fr ; 3 rue Cassette, 75006 Paris). Circuits accompagnés, autotours, safaris et treks.

Nomade Aventure (☎01 46 33 84 23 ; www.nomade-aventure.com ; 40 rue de la Montagne-Sainte-Geneviève, 75005 Paris). Autres agences à Lyon, Toulouse et Marseille. Différents circuits (notamment en famille) et randonnées.

Terres d'Aventure (☎01 70 82 90 00 ; www.terdav.com ; 30 rue Saint-Augustin, 75002 Paris). Plusieurs agences en France, et agences à Bruxelles et Genève. Voyages à thème, safaris et treks.

Un Monde Namibie (☎0 892 234 970, 0,60 €/min ; www.unmondenamibie.com ; 17 rue de l'Échiquier, 75010 Paris). Safaris, circuits et autotours.

Voyageurs du Monde (☎01 42 86 16 00 ou 01 83 64 79 41 ; www.vdm.com ; 55 rue Sainte-Anne, 75002 Paris). Agences en Suisse et en Belgique, et nombreuses agences en France. Voyages itinérants, dont des circuits en famille.

Safaris

Voici quelques voyagistes proposant des safaris en Namibie. Voir aussi p. 30.

Namikala Safaris (☎+264 61 222 353 ; www.namikala-safaris.com ; PO Box 90461, Windhoek). Un tour-opérateur français basé à Windhoek. Safaris, autotours, raids aventure et moto-tours.

SafariVO (☎01 76 60 40 80 ; www.namibievo.com ; 9 rue Portalis, 75008 Paris). Safaris en Namibie, dunes et canyons.

Treks

Un trek permet un voyage unique dans des décors naturels exceptionnels : le Fish River Canyon, le parc national d'Etosha, le désert du Namib, ou même les chutes Victoria sur le fleuve Zambèze.

Allibert (☎04 76 45 50 50 ou 01 44 59 35 35 en France ; ☎02 318 32 02 en Belgique ; ☎022 519 03 23 en Suisse ; www.allibert-trekking.com ; 37 bd Beaumarchais, 75003 Paris). Six agences en France. Randonnée, trekking et circuits.

Atalante (☎01 55 42 81 00 à Paris ; ☎04 72 53 24 80 à Lyon ; ☎02-627 07 97 à Bruxelles ; www.atalante.fr ; 18 rue Séguier, 75006 Paris). Randonnée (et observation de la vie sauvage) et treks.

COMMENT CIRCULER

La Namibie est un pays peu peuplé, où les distances entre les villes peuvent être importantes. Cependant, le pays possède une excellente infrastructure de routes bitumées, et de routes de gravier ou de sel pour les destinations reculées. Avec une densité de population si faible, rien d'étonnant à ce que le réseau de transports en commun soit limité. Des bus publics desservent les grandes villes, mais pas les principaux sites d'intérêt du pays. La voiture de location reste donc le meilleur moyen pour profiter de la Namibie.

Avion

Air Namibia (www.airnamibia.com.na) propose de nombreux vols locaux depuis l'**aéroport Eros** (p. 267). Il y a 6 vols par semaine pour Rundu, Katima Mulilo et Ondangwa.

Au départ de l'**aéroport international Chief Hosea Kutako** de Windhoek (p. 267), les destinations intérieures desservies comprennent notamment Lüderitz et Oranjemund (3 fois/semaine), ainsi que Walvis Bay (tous les jours).

Bus

Les bus ne sont pas très répandus en Namibie. Les lignes de luxe se limitent à **Intercape Mainliner** (p. 269), depuis Windhoek jusqu'à Swakopmund, Walvis Bay, Grootfontein, Rundu, Katima Mulilo, Keetmanshoop et Oshikango. Les tarifs incluent les repas dans le bus.

Des *combis* (minibus) partent lorsqu'ils sont pleins et suivent les principales routes du pays. Depuis la station-service du Rhino Park à Windhoek, ils rejoignent des dizaines de destinations.

En stop et covoiturage

Bien qu'il soit possible de faire du stop en Namibie (les habitants y ont souvent recours), cette pratique est interdite dans les parcs nationaux, et les routes, même les plus grandes, sont assez peu fréquentées. Le côté positif est qu'il n'est pas rare de pouvoir couvrir 1 000 km sans avoir à changer de chauffeur. En général, les routiers s'attendent à être payés. Entendez-vous sur un prix à l'avance : le tarif habituel est de 15 $N pour 100 km.

Pour faire du covoiturage, les offres et les demandes sont affichées tous les jours dans les auberges de jeunesse **Cardboard Box Backpackers** (p. 46) et **Chameleon Backpackers Lodge** (p. 46) à Windhoek. Au bureau du Namibia

Wildlife Resorts, également à Windhoek, un tableau affiche les propositions de location partagée de voiture, ainsi que les demandes et les offres de trajets en covoiturage.

Dans tous les pays, faire du stop n'est jamais exempt de risque. Si vous choisissez d'en faire, sachez que vous prenez un risque certes faible, mais potentiellement sérieux. Voyagez à deux et, si possible, informez une tierce personne de votre destination.

Train

Trans-Namib Railways (☎061-298 2032 ; www.transnamib.com.na) dessert certaines villes de Namibie, mais il faut savoir que les trains sont désespérément lents. De plus, un même train se compose à la fois de wagons de passagers et de marchandises : il s'arrête donc dans toutes les petites gares du parcours, ce qui fait que le chemin de fer n'est guère apprécié et les trains rarement pleins.

Windhoek est sans surprise la plaque tournante ferroviaire de la Namibie. Vers le sud, des lignes partent en direction de Keetmanshoop, à l'ouest vers Swakopmund, et à l'est vers Gobabis. Il existe une classe économique et une classe affaires, mais bien que la plupart des lignes soient desservies la nuit, il n'y a pas de couchettes. Réservez votre billet à la gare ou au bureau des réservations de Windhoek. Il faut retirer son billet avant 16h le jour du départ.

Trains touristiques

Il existe également deux trains touristiques, qui ne circulent pas sur les lignes régulières. Haut de gamme, leur objectif est de recréer la magie du chemin de fer du temps jadis. La "croisière du rail", plutôt luxueuse, à bord du **Desert Express** (☎061-298

2600 ; www.transnamib.com.na/services/passenger-service) est un voyage de nuit de Windhoek à Swakopmund (simple/double à partir de 6 000/9 400 $N), qui circule deux fois par semaine, dans les deux sens. Les compartiments équipés de sanitaires, de vrais lits et de mobilier sont chauffés et climatisés. Leurs fenêtres panoramiques permettent d'admirer le paysage. Il existe également une formule de 7 jours combinant Swakopmund et le parc national d'Etosha, et incluant des safaris, des pique-niques dans la brousse – et quantité de paysages splendides à contempler.

Le **Shongololo Dune Express** (☎ en Afrique du Sud 27-861-777 014 ; www.shongololo.com) circule entre Pretoria et Swakopmund via le Fish River Canyon, Lüderitz, Kolmanskop, Keetmanshoop, Windhoek et le parc d'Etosha. Il effectue des itinéraires de 12 jours couvrant les principales curiosités de Namibie. Les tarifs tout compris vont de 59 800 à 75 000 rands par personne, selon le type de compartiment. Quelle que soit la classe que vous choisirez, le Shongololo est une sorte d'hôtel cinq étoiles roulant. Au programme : repas copieux, lits douillets, douche chaude, salon spacieux et atmosphère nostalgique du chemin de fer d'autrefois.

Transports en commun

En Namibie, les transports en commun répondent aux besoins de la population locale, et se limitent aux grands axes reliant les principaux centres urbains. Bien que fiables et bon marché, ils sont peu utiles pour les voyageurs car la plupart des sites touristiques de Namibie ne sont pas desservis.

Vélo

La Namibie est un pays désertique difficilement adapté à un circuit à vélo. Les distances sont gigantesques et les horizons dégagés, le climat et les paysages sont chauds et très arides, et le soleil tape fort ; et même le long des grandes routes, l'eau est rare et les villages très espacés. De plus, l'exposition prolongée aux ultraviolets est dangereuse pour la santé. Si cela ne vous a pas encore découragé, rappelez-vous que les vélos ne sont autorisés dans aucun parc national.

Bien sûr, les Namibiens circulent beaucoup à vélo, et se déplacer à bicyclette en ville est beaucoup plus simple que de faire la traversée du pays. Cela étant dit, attention sur les routes de terre, car les épines de certains arbres causent de nombreuses crevaisons. Heureusement, les petites boutiques de réparation sont assez répandues le long des routes fréquentées.

Voiture et moto

En Namibie, le plus simple est de se déplacer dans sa propore voiture, car l'excellent réseau de routes bitumées traverse le pays, de la frontière sud-africaine à Noordoewer jusqu'au pont de Ngoma au Botswana, et à Ruacana au nord-ouest. Des routes secondaires bitumées relient également les principaux axes nord-sud jusqu'à Buitepos, Lüderitz, Swakopmund et Walvis Bay. Partout ailleurs, les villes et la grande majorité des curiosités sont desservies par de bonnes routes de gravier. La plupart des routes C sont bien entretenues et sont accessibles à tous types de véhicules, tandis que les véhicules de tourisme conventionnels peuvent

habituellement circuler (mais pas toujours) sur les routes D, un peu plus cahoteuses. Toutefois dans le Kaokoveld, la plupart de ces routes ne s'empruntent qu'en 4x4.

Presque toutes les principales agences de location de voitures possèdent des bureaux à l'aéroport international Chief Hosea Kutako.

Les vacances à moto sont très prisées en Namibie, où l'on peut s'offrir le plaisir de rouler "off-road" (hors piste). Malheureusement, il est difficile de louer une moto dans le pays, même si les plus grandes agences de location de voitures citées dans ce chapitre en proposent généralement quelques-unes. Attention : les motos sont interdites dans les parcs nationaux, à l'exception des principales routes qui traversent le Namib-Naukluft Park.

Assurance

Peu importe où vous louez votre véhicule, assurez-vous d'avoir compris tout ce qui est inclus dans le tarif (kilométrage illimité, taxes, assurance, assurance collision, etc.), et de vos responsabilités. La plupart des polices d'assurance locales ne couvrent pas les dommages faits au pare-brise et aux pneus.

La responsabilité civile automobile à l'égard des tiers est un minimum requis en Namibie. Toutefois, il est recommandé de souscrire une assurance collision (dégâts) à environ 25 $US supplémentaires par jour pour un véhicule classique, et environ 50 $US par jour pour un 4x4. L'assurance perte (vol) est également un plus.

Pour ces deux types d'assurances, la franchise se monte à environ 1 500 $US pour un véhicule classique, et à 3 000 $US pour un 4x4. Si vous ne partez que pour

une courte période, il est intéressant de contracter l'assurance "supercollision" qui couvre tous les risques, mais au prix fort.

Automobile club

L'**Automobile Association of Namibia** (AAN ; 061-224201 ; www.aa-namibia.com) fait partie de l'automobile club (AA) international. Elle donne des informations sur les autoroutes et distribue également des cartes aux membres des automobiles clubs étrangers.

Code de la route

Il faut être âgé d'au moins 21 ans pour conduire en Namibie. Comme dans la plupart des autres pays d'Afrique australe, on roule à gauche. La limitation de vitesse nationale est de 120 km/h sur routes bitumées en dehors des zones habitées, de 80 km/h sur routes de gravier, et de 40-60 km/h dans tous les parcs naturels et réserves.

La police des routes utilise des radars et inflige fréquemment des amendes aux automobilistes pour excès de vitesse (le tarif est officiellement 70 $N environ pour chaque tranche de 10 km au-dessus de la vitesse autorisée, mais il est souvent plus élevé – il semble que la somme exacte soit laissée à la discrétion de la police en question...). Voyager assis sur le toit d'un véhicule en mouvement est interdit, et le port de la ceinture de sécurité (lorsqu'elle est installée) est obligatoire à l'avant (mais pas à l'arrière). Conduire en état d'ébriété est également illégal, et votre assurance ne vous couvrira peut-être pas en cas d'accident dû à l'alcool. En Namibie, le taux d'alcool maximal dans le sang toléré est de 0,05%. Conduire sans permis de conduire constitue aussi une grave infraction.

Si vous êtes impliqué dans un accident ayant causé des blessures, il doit être rapporté aux autorités dans les 48 heures. Si les véhicules ne présentent que des dommages mineurs, qu'il n'y a pas de blessure grave, et que toutes les parties sont d'accord, vous pouvez échanger noms et adresses pour régler l'affaire plus tard avec vos compagnies d'assurance respectives.

En théorie, les propriétaires doivent veiller à ce que leur bétail ne vienne pas sur la route, mais en pratique les animaux vont et viennent à leur gré. Si vous percutez un animal, votre tâche consistera à rechercher son propriétaire et à remplir la paperasserie en cas de plainte (et/ou d'éventuels dommages matériels).

Essence et pièces détachées

Le réseau de stations-service est bien établi en Namibie, et la plupart des petites villes en sont équipées. Elles vendent principalement du diesel, sans plomb et super (avec plomb), à des prix variant selon l'emplacement de la station. Si quelques-unes sont ouvertes 24h/24, la plupart ouvrent de 7h à 19h.

Aucune station-service n'est en libre-service, et un petit pourboire de quelques dollars namibiens s'impose, surtout si l'employé a lavé votre pare-brise.

Adoptez une règle de base sur la route : ne passez jamais devant une station-service sans faire le plein, et emportez 100 l d'essence supplémentaires (dans un réservoir de grande capacité ou des jerrycans) si vous comptez vous rendre dans des régions reculées. En Namibie, il arrive que les stations-service soient à court d'essence. Il n'est donc pas toujours possible de faire le plein à la suivante. Dans les secteurs isolés, on ne peut payer qu'en espèces.

Les pièces détachées sont disponibles dans la plupart des grandes villes, mais pas ailleurs. Si vous envisagez un circuit en 4x4, emportez les pièces suivantes avec vous : deux roues de secours, des câbles de démarrage, une courroie de ventilateur de rechange, corde et câble de remorquage, quelques litres d'huile, une clé en croix et une boîte à outils complète. Un solide rouleau de ruban adhésif peut aussi rendre bien des services.

Si vous louez une voiture, assurez-vous d'avoir un cric qui marche (et que vous savez vous en servir !), ainsi qu'une roue de secours. Deux précautions valent mieux qu'une : vérifiez que celle-ci est suffisamment gonflée pour ne pas vous retrouver dans le désert avec seulement trois roues !

Location

Quel que soit le véhicule que vous louez, vérifiez toujours attentivement les papiers et examinez soigneusement le véhicule avant de l'accepter. Les agences de location de voitures namibiennes appliquent des franchises très élevées en raison des risques liés à la conduite sur les routes de gravier du pays. Vérifiez bien l'état de votre voiture et n'acceptez jamais *aucun* compromis si vous n'êtes pas totalement satisfait des réparations.

Laissez-vous toujours du temps lorsque vous rendez votre voiture de location, afin de vous assurer que la vérification des dommages est faite correctement, etc. L'agence doit ensuite vous délivrer la facture finale avant que vous ne quittiez son bureau.

Permis de conduire

Les étrangers peuvent conduire pendant 90 jours en Namibie avec leur permis national, et la plupart (si ce n'est toutes) des agences de location acceptent des permis de conduire étrangers pour une location de voiture. Néanmoins, si votre permis national n'est pas rédigé en anglais, mieux vaut vous procurer un permis de conduire international (à demander en ligne ; www.permis-international.com) avant votre arrivée.

Sécurité routière

La Namibie a l'un des taux d'accidents de la route les plus élevés au monde – respectez toujours les limitations de vitesse, tenez compte de l'état de la route et attendez-vous à ce que d'autres conducteurs circulent à grande vitesse. Évitez de conduire de nuit, quand la vitesse excessive d'autres véhicules et les phares défectueux peuvent vous mettre en danger. Les animaux, domestiques ou sauvages, représentent aussi un danger, même sur les grandes routes. N'oubliez jamais que le risque d'en percuter un est nettement plus élevé la nuit.

Outre son bon réseau de routes bitumées, la Namibie possède des routes de tout type, depuis les voies rapides en gravier jusqu'aux routes secondaires en mauvais état, aux routes de campagne, aux chemins de sable, aux routes de sel et aux pistes réservées aux 4x4. Conduire dans ces conditions fait appel à des techniques adaptées, une préparation du véhicule, un peu de pratique et... une bonne dose de prudence.

Autour de Swakopmund et de Lüderitz, attention au sable, car il peut rendre la route glissante, la voiture pouvant facilement se retourner à trop grande vitesse. Tôt le matin, le brouillard sur la côte des Squelettes est également dangereux. Respectez les limitations de vitesse.

Santé

Dans la mesure où vos vaccins sont à jour et où vous adoptez les mesures préventives essentielles, il est très peu probable que vous souffriez d'un sérieux problème sanitaire. En Namibie, le risque d'être victime d'un épisode de diarrhée ou d'attraper un rhume est largement supérieur à celui de contracter une maladie tropicale. L'unique véritable exception est le paludisme (voir p. 279), qui représente un risque réel dans les zones de basses terres du pays.

AVANT LE DÉPART

Assurances et services médicaux

Il est conseillé de souscrire une assurance qui vous couvrira en cas d'annulation de votre voyage, de vol, de perte de vos affaires, de maladie ou encore d'accident.

Vérifiez notamment que les "sports à risques", comme la plongée, la moto ou même la randonnée ne sont pas exclus de votre contrat, ou encore que le rapatriement médical d'urgence, en ambulance ou en avion, est couvert. De même, le fait d'acquérir un véhicule dans un autre pays ne signifie pas nécessairement que vous serez protégé par votre propre assurance.

Vous pouvez contracter une assurance qui réglera directement les hôpitaux et les médecins, vous évitant ainsi d'avancer des sommes qui ne vous seront remboursées qu'à votre retour. Dans ce cas, conservez avec vous tous les documents nécessaires (les consultations médicales se règlent généralement en espèces : demandez un reçu pour le remboursement).

Attention ! Avant de souscrire une police d'assurance, vérifiez bien que vous ne bénéficiez pas déjà d'une assistance par votre carte de crédit, votre mutuelle ou votre assurance automobile.

N'oubliez pas de prendre avec vous les documents relatifs à l'assurance ainsi que les numéros à appeler en cas d'urgence.

Quelques conseils

Assurez-vous que vous êtes en bonne santé avant de partir. Si vous suivez un traitement de façon régulière, n'oubliez pas votre ordonnance (avec le nom du principe actif).

Vaccins

Plus vous vous éloignez des circuits classiques, plus il faut prendre vos précautions. Faites inscrire vos vaccinations dans un carnet international de vaccination (livret jaune), que vous pourrez vous procurer auprès de votre médecin ou d'un centre.

Le **ministère des Affaires étrangères** (www.diplomatie.gouv.fr/voyageurs) effectue une veille sanitaire et met régulièrement en ligne des recommandations sur les vaccinations.

Planifiez vos vaccinations à l'avance (au moins 6 semaines avant le départ, car certaines demandent des rappels ou sont incompatibles entre elles. Les vaccins ont des durées d'efficacité très variables ; certains sont contre-indiqués pour les femmes enceintes.

Voici les coordonnées de quelques centres de vaccination :

Institut Pasteur (☑01 45 68 80 88 ; www.pasteur.fr/fr/sante ; 209-211 rue de Vaugirard, 75015 Paris ; ⊙lun-sam, vaccinations sans rdv)

Centre de vaccination Air France (☑01 43 17 22 00 ; www.vaccinations-airfrance.fr ; 38 quai de Jemmapes, 75010 Paris ; ⊙lun-ven sur rdv)

Hôpital Saint-Louis (Centre de vaccinations internationales et d'information aux voyageurs ; ☑ 01 42 49 46 83 ; www.vaccin-voyage-ghparis10.aphp.fr ; 1 av. Claude-Vellefaux, 75010 Paris ; ⊙lun sur rdv, sam sans rdv)

Centre de vaccinations ISBA (☑04 72 76 88 66 ; www.isbasante.com ;

VACCINS RECOMMANDÉS

Maladie	Durée du vaccin	Précautions
Diphtérie	10 ans	Recommandé
Fièvre jaune	10 ans	Obligatoire dans les régions où la maladie est endémique (Afrique et Amérique du Sud) et dans certains pays lorsque l'on vient d'une région infectée. À éviter en début de grossesse.
Hépatite virale A	5 ans (environ)	Il existe un vaccin combiné hépatites A et B qui s'administre en trois injections.
Hépatite virale B	10 ans (environ)	
Méningite	sans	Fortement recommandé pour les voyageurs se rendant en zone d'infection pendant la saison épidémique
Rage	sans	Vaccination préventive lors d'un long séjour ou dans les zones reculées
Rougeole	toute la vie	Indispensable chez l'enfant
Tétanos et poliomyélite	10 ans	Fortement recommandé.
Typhoïde	3 ans	Recommandé si vous voyagez dans des conditions d'hygiène médiocres.

7 rue Jean-Marie-Chavant, 69007 Lyon ; ⊘lun-ven sur rdv). Autres centres en France. Coordonnées sur le site Web.

Les vaccins recommandés pour la Namibie sont : l'hépatite A, l'hépatite B, la rage, la typhoïde, et des rappels contre le tétanos et la diphtérie. La vaccin contre la fièvre jaune a un caractère obligatoire dans certaines conditions. Si vous avez visité une zone à risque (autres pays d'Afrique ou Amérique du Sud) dans les 6 jours précédant votre arrivée en Namibie, on vous demandera la preuve de votre vaccination.

PENDANT LE VOYAGE

Vols longs courriers

Les trajets en avion, principalement du fait d'une immobilité prolongée, peuvent favoriser la formation de caillots sanguins dans les jambes (par exemple une phlébite). Le risque est d'autant plus élevé que le vol est plus long.

Généralement, l'un des premiers symptômes est un gonflement ou une douleur du pied, de la cheville ou du mollet.

En prévention, buvez en abondance des boissons non alcoolisées, faites jouer les muscles de vos jambes lorsque vous êtes assis et levez-vous de temps à autre pour marcher dans la cabine.

Décalage horaire et mal des transports

Le décalage horaire est fréquent dans le cas de trajet traversant plus de trois fuseaux horaires. Il se manifeste par des insomnies, de la fatigue, des malaises ou des nausées. En prévention, buvez abondamment (des boissons non alcoolisées) et mangez léger. En arrivant, exposez-vous à la lumière naturelle et adoptez les horaires locaux aussi vite que possible (pour les repas, le coucher et le lever).

Pour réduire les risques d'avoir le mal des transports, mangez légèrement avant et pendant le voyage. Essayez de trouver un siège dans une partie du véhicule où les oscillations sont moindres : près de l'aile dans un avion, au centre sur un bateau et dans un bus. Les antihistaminiques préviennent efficacement le mal des transports, qui se caractérise principalement par une envie de vomir, mais ils peuvent provoquer une somnolence.

EN NAMIBIE

Services médicaux

Les services médicaux sont de bonne qualité dans tous les grands centres urbains, et les hôpitaux privés sont généralement excellents.

En revanche, les hôpitaux publics souffrent souvent de pénuries d'équipement et sont surchargés. Dans les régions isolées, il est rare de trouver des services médicaux de bonne qualité. Vous aurez besoin de vos ordonnances médicales en Namibie et vous devrez emporter vos médicaments si vous souffrez d'une maladie chronique. Attention, le risque d'infection par le VIH est relativement élevé à partir de transfusions sanguines. Mieux vaut s'adresser à une clinique réputée pour minimiser les risques. La **BloodCare Foundation** (www.bloodcare.org.uk) gère l'envoi de produits sanguins sains partout dans le monde, dans un délai de 24 heures.

Précautions élémentaires

Faire attention à ce que l'on mange et à ce que l'on boit est la première des précautions à prendre. Les troubles gastriques et intestinaux sont fréquents, même si la plupart du temps ils restent sans gravité. Ne soyez cependant pas paranoïaque et ne vous privez pas de goûter la cuisine locale, cela fait partie du voyage. N'hésitez pas également à vous laver les mains fréquemment.

TROUSSE MÉDICALE DE VOYAGE

Veillez à emporter avec vous une petite trousse à pharmacie contenant quelques produits indispensables. Certains ne sont délivrés que sur ordonnance médicale. Attention, dans les avions, les contenants liquides de plus de 100 ml (à l'exception de ceux achetés habituellement dans les boutiques hors taxe des aéroports) et les objets contondants sont interdits en cabine.

» un **antidiarrhéique**

» un **antihistaminique** en cas de rhumes, allergies, piqûres d'insectes, mal des transports – évitez de boire de l'alcool

» un **antiseptique** ou un **désinfectant** pour les coupures, les égratignures superficielles et les brûlures, ainsi que des pansements gras pour les brûlures

» de l'**aspirine** ou du **paracétamol**

» un **répulsif** contre les moustique

» de la **perméthrine** (insecticide synthétique) en aérosol pour vos vêtements, chaussures, tentes et moustiquaires

» une **bande Velpeau** et des **pansements** pour les petites blessures

» une **paire de lunettes de secours** (si vous portez des lunettes ou des lentilles de contact) et la copie de votre ordonnance

» une **paire de ciseaux** à bouts ronds, une **pince à épiler** et un **thermomètre**

» des **préservatifs**

Eau

Règle d'or : ne buvez jamais l'eau du robinet (même sous forme de glaçons). Préférez les eaux minérales et les boissons gazeuses, tout en vous assurant que les bouteilles sont décapsulées devant vous. Évitez les jus de fruits, souvent allongés à l'eau. Attention au lait, rarement pasteurisé. Pas de problème pour le lait bouilli et les yaourts. Thé et café, en principe, sont sûrs, puisque l'eau doit bouillir. Par prudence, évitez également les crudités, qui sont bien souvent lavées avec de l'eau.

Pour stériliser l'eau, la meilleure solution est de la faire bouillir durant 15 minutes. N'oubliez pas qu'à haute altitude elle bout à une température plus basse que les germes ont plus de chances de survivre.

Si vous ne pouvez faire bouillir l'eau, traitez-la chimiquement avec des comprimés ou des gouttes, comme le Micropur (vendu en pharmacie) très efficace.

Vous éviterez bien des problèmes de santé en vous lavant souvent les mains. Brossez-vous les dents avec de l'eau traitée.

Problèmes de santé et traitement

L'autodiagnostic et l'autotraitement sont risqués ; aussi, chaque fois que cela est possible, adressez-vous à un médecin. Les ambassades et consulats pourront en général vous en recommander un. Les grands hôtels également, mais les honoraires risquent d'être très élevés.

Affections liées à l'environnement

Coup de chaleur

De longues périodes d'exposition à des températures élevées

peuvent vous rendre vulnérable au coup de chaleur. Cet état grave survient quand le mécanisme de régulation thermique du corps ne fonctionne plus : la température s'élève alors de façon dangereuse. Évitez l'alcool et les activités fatigantes lorsque vous arrivez dans un pays à climat chaud.

Symptômes : malaise général, transpiration faible ou inexistante et forte fièvre (39 à 41°C) et céphalée lancinante, difficultés à coordonner ses mouvements, signes de confusion mentale ou d'agressivité. Il faut absolument hospitaliser le malade. En attendant les secours, installez-le à l'ombre, ôtez-lui ses vêtements, couvrez-le d'un drap ou d'une serviette mouillés et éventez-le continuellement.

Maladies infectieuses et parasitaires

Nous dressons ci-après une liste de maladies sévissant en Namibie, même si, avec quelques gestes préventifs simples, il est fort peu probable que vous attrapiez l'une d'elles.

Bilharzioses

Le risque de contracter cette infection existe dans certaines régions de Namibie. Les bilharzioses (ou schistosomiases) sont des maladies transmises par les douves (de minuscules vers) elles-mêmes propagées par une espèce d'escargot d'eau douce qui les répand dans de l'eau plus ou moins stagnante. Les parasites traversent les cellules cutanées lors d'une baignade puis migrent vers la vessie ou les intestins. Ils sont éliminés par les selles ou l'urine et

SANTÉ SUR INTERNET

Il existe de très bons sites Internet consacrés à la santé en voyage. Avant de partir, vous pouvez consulter les conseils en ligne du **ministère des Affaires étrangères** (www.diplomatie.gouv.fr), de l'**Organisation mondiale de la santé** (OMS ; www.who.int/fr), de l'**Agence de la santé publique du Canada** (www.phac-aspc.gc.ca) ou le site très complet du **ministère français de la Santé** (www.sante.gouv.fr). Vous trouverez, par ailleurs, plusieurs liens sur le site de **Lonely Planet** (www.lonelyplanet.fr).

contaminent alors l'eau où le cycle se reproduit. Il faut éviter de se baigner dans les lacs d'eau douce ou dans les rivières à faible courant qui semblent suspects. Il peut ne pas y avoir de symptômes ou ils peuvent prendre la forme d'une fièvre et d'une éruption passagère. Au stade avancé, on peut constater la présence de sang dans les selles ou les urines. Une prise de sang permet de détecter la présence d'anticorps révélant l'exposition aux parasites. Le traitement est facilement disponible. Si elle n'est pas soignée, cette infection peut provoquer des complications rénales et des lésions intestinales irréversibles. La bilharziose n'est pas contagieuse. Il n'existe pas de possibilité d'automédication.

Hépatites

L'hépatite est un terme général qui désigne une inflammation du foie. Elle est le plus souvent due à un virus. Les formes les plus habituelles se manifestent par une fièvre, une fatigue qui peut être intense, des douleurs abdominales, des nausées, des vomissements, associés à la présence d'urines très foncées et de selles décolorées presque blanches. La peau et le blanc des yeux prennent une teinte jaune (ictère). L'hépatite peut parfois se résumer

à un simple épisode de fatigue sur quelques jours ou quelques semaines.

Hépatite A

Elle sévit en Namibie. C'est la plus répandue, mais il existe un vaccin, recommandé en cas de fort risque d'exposition. La contamination est alimentaire : l'hépatite A se transmet par l'eau, les coquillages et, d'une manière générale, tous les produits manipulés à mains nues. Il n'y a pas de traitement médical ; il faut simplement se reposer, boire beaucoup, manger légèrement et s'abstenir totalement de toute boisson alcoolisée pendant au moins six mois.

Hépatite B

Elle est présente en Namibie. Elle est très répandue, mais la vaccination est très efficace. Elle se transmet par voie sexuelle ou sanguine (piqûre, transfusion). Évitez de vous faire percer les oreilles, tatouer, raser ou de vous faire soigner par piqûres si vous avez des doutes quant à l'hygiène des lieux. Les symptômes de l'hépatite B sont les mêmes que ceux de l'hépatite A.

Rage

Très répandue, cette maladie est transmise par un animal contaminé. Morsures, griffures ou même simples coups de langue d'un mammifère doivent être nettoyés immédiatement et à fond. Frottez avec du savon et de l'eau courante, puis nettoyez avec de l'alcool. S'il y a le moindre risque que l'animal soit contaminé, allez immédiatement voir un médecin. Même si l'animal n'est pas enragé, toutes les morsures doivent être surveillées de près pour éviter les risques d'infection et de tétanos.

Un vaccin antirabique est disponible. Il faut y songer si vous comptez séjourner longtemps dans des zones rurales, travailler avec des animaux ou pratiquer la spéléologie (les morsures de chauves-souris peuvent être dangereuses). La vaccination préventive ne dispense pas de la nécessité d'un traitement antirabique immédiatement après un contact avec un animal enragé.

De rares cas de rage ont été signalés en Namibie, avec un risque accru dans les zones rurales.

Tuberculose (TB)

La tuberculose se propage par contacts rapprochés ou, plus rarement, par du lait ou des produits laitiers contaminés. La vaccination par le BCG est recommandée si vous avez l'intention de fréquenter la population locale, surtout en cas de séjour de longue durée, bien que ce geste n'offre qu'une protection modérée contre la maladie. La tuberculose peut être asymptomatique et détectée uniquement lors d'une banale radio du thorax. Elle peut aussi provoquer une toux chronique, une perte de poids ou de la fièvre, qui n'apparaissent parfois qu'après plusieurs mois ou plusieurs années d'exposition. Aucune possibilité d'automédication.

Typhoïde

Cette maladie se transmet par de l'eau ou de la nourriture contaminées par des matières fécales humaines. La fièvre et une éruption rose sur l'abdomen sont généralement les premiers symptômes, qui s'accompagnent parfois d'une septicémie (empoisonnement du sang). Le vaccin contre la typhoïde protège pendant trois ans.

VIH/sida

L'infection au VIH, agent causal du sida, est épidémique en Namibie, provoquant des effets dévastateurs sur les systèmes de soin et les structures communautaires. Le pays compte plus de 13% de séropositifs. La transmission de cette infection se fait : par rapport sexuel (hétérosexuel ou homosexuel – anal, vaginal ou oral), d'où l'impérieuse nécessité d'utiliser des préservatifs à titre préventif ; par le sang, les produits sanguins et les aiguilles contaminées. Il est impossible de détecter la présence du VIH chez un individu apparemment en parfaite santé sans procéder à un examen sanguin.

Évitez, s'ils ne sont pas stérilisés, tous les instruments de chirurgie, les aiguilles d'acupuncture et de tatouage, ainsi que les instruments utilisés pour percer les oreilles ou le nez.

Toute demande de certificat attestant la séronégativité pour le VIH est contraire au Règlement sanitaire international (article 81).

Il n'existe pour l'instant pas de remède pour guérir la maladie, mais uniquement des traitements permettant d'enrayer son évolution. En Namibie, les antirétroviraux demeurent globalement peu disponibles ou trop onéreux pour la majorité des habitants.

Diarrhée

Le changement de nourriture, d'eau ou de climat suffit à provoquer la diarrhée ; si elle est causée par des aliments ou de l'eau contaminés, le problème est plus grave. En dépit de toutes vos précautions, vous aurez peut-être la turista, mais quelques visites aux toilettes sans aucun autre symptôme n'ont rien d'alarmant. Il est fortement recommandé d'emmener avec soi un antidiarrhéique et un antiseptique intestinal (de type Intétrix et Ercéfuryl). Demandez conseil à votre pharmacien et à votre médecin (certains médicaments ne peuvent être délivrés sans ordonnance). La déshydratation est le danger principal lié à toute diarrhée, particulièrement chez les enfants. Ainsi, le premier traitement consiste à boire beaucoup. Quand vous irez mieux, continuez à manger légèrement. Les antibiotiques peuvent être utiles dans le traitement de diarrhées très fortes, en particulier si elles sont accompagnées de nausées, de vomissements, de crampes d'estomac ou d'une fièvre légère. Trois jours de traitement sont généralement suffisants, et on constate normalement une amélioration dans les 24 heures. Toutefois, lorsque la diarrhée persiste au-delà de 48 heures ou s'il y a présence de sang dans les selles, il est préférable de consulter un médecin.

Dysenterie amibienne

Due à des aliments ou à de l'eau contaminés, la dysenterie amibienne se manifeste par la présence de sang et de mucus dans les selles. La maladie peut être relativement bénigne et évolue en général graduellement. Une consultation médicale est impérative car la dysenterie dure tant qu'elle n'est pas traitée (avec des antibiotiques spécifiques).

Giardiase

Ce parasite intestinal est présent dans l'eau souillée ou dans les aliments souillés par l'eau. Symptômes : crampes d'estomac, nausées, estomac ballonné, selles très liquides et nauséabondes, et gaz fréquents. La giardiase peut n'apparaître que plusieurs semaines après la contamination. Les symptômes peuvent disparaître pendant quelques jours puis réapparaître, et ceci pendant plusieurs semaines.

Affections transmises par les insectes

Voir aussi la rubrique *Affections moins fréquentes*.

Fièvre jaune

Bien que cette maladie ne soit pas répertoriée en Namibie, vous devrez apporter un certificat de vaccination si vous arrivez d'un pays infecté. Vous trouverez la liste des pays où la fièvre jaune est très répandue sur le site de l'**Organisation mondiale de la santé** (www.who.int/wer/fr).

Paludisme

Hormis le risque d'accident de voiture, le paludisme (ou malaria) est sans doute le problème de santé majeur dans ce pays et les précautions s'imposent. La maladie est transmise par un parasite qui se répand dans le système sanguin à la suite d'une piqûre de la femelle du moustique anophèle. Il existe différentes formes de paludisme (ou malaria) ; le *Plasmodium falciparum* est une des espèces les plus dangereuses et les plus répandues en Namibie. Les taux de contamination varient avec la saison et le climat ; renseignez-vous avant le départ. Il existe différents traitements préventifs, et de nouvelles formules sont prévues. Renseignez-vous auprès d'un médecin spécialiste car certains traitements sont plus adaptés à certains voyageurs qu'à d'autres (les épileptiques doivent éviter la méfloquine, et la doxycycline ne doit pas être donnée aux femmes enceintes ni aux enfants de moins de 12 ans). Il faut absolument suivre un traitement préventif (uniquement sur ordonnance), qu'il faut en général poursuivre après le retour. Indispensable également : vous protéger des moustiques (voir l'encadré).

Le paludisme survient généralement dans le mois suivant le retour de la zone d'endémie. Symptômes : maux de tête, fièvre et troubles digestifs. Non traité, il peut avoir des suites graves, parfois mortelles. Il existe différentes espèces de paludisme et le traitement devient de plus en plus difficile à mesure que la résistance du parasite aux médicaments gagne en intensité.

Tout voyageur atteint de fièvre ou montrant les symptômes de la grippe doit se faire examiner. Il suffit d'une analyse de sang pour établir le diagnostic. Contrairement à certaines croyances, une crise de paludisme ne signifie pas que l'on est touché à vie.

Dengue

Il n'existe pas de traitement prophylactique contre cette maladie propagée par

SE PROTÉGER DES MOUSTIQUES

Hormis les traitements préventifs, la protection contre les piqûres de moustiques est le premier moyen d'éviter d'être contaminé par le paludisme. Le soir, dès le coucher du soleil, couvrez vos bras et surtout vos chevilles, et mettez de la crème antimoustiques. Ils sont parfois attirés par le parfum ou par l'après-rasage.

» En dehors du port de vêtements longs, l'utilisation d'insecticides ou de répulsifs à base de DEET (de type Cinq sur Cinq) sur les parties découvertes du corps est à recommander (sauf pour les enfants de moins de 2 ans).

» Évitez de sortir vers le lever et le coucher du soleil.

» En vente en pharmacie, les moustiquaires constituent en outre une protection efficace, à condition qu'elles soient imprégnées d'insecticide. De plus, ces moustiquaires sont radicales contre les insectes à sang froid (puces, punaises, etc.) et permettent d'éloigner serpents et scorpions. Vérifiez que les moustiquaires dans les hôtels n'ont pas de trous.

» D'une manière générale, le risque de contamination est plus élevé en zone rurale et pendant la saison des pluies.

les moustiques. Poussée de fièvre, maux de tête, douleurs articulaires et musculaires précèdent une éruption cutanée sur le tronc qui s'étend ensuite aux membres puis au visage. Au bout de quelques jours, la fièvre régresse, et la convalescence commence. Les complications graves sont rares.

Coupures, piqûres et morsures

Piqûres et morsures d'insectes

Les insectes les plus dangereux se trouvent dans l'extrême nord-ouest du pays, dans les zones humides proches des cours du Kunene, de l'Okavango et du Kwando et de leurs affluents. Le pire reste la fréquence de la mouche tsé-tsé dans l'est de Caprivi, insecte particulièrement actif à l'aube.

Les moustiques ne propagent pas nécessairement le paludisme ou la dengue mais, à l'instar d'autres insectes, ils peuvent être la source d'irritations et de piqûres surinfectées. Pour éviter ces désagréments, prenez les mêmes précautions que pour vous prémunir contre le paludisme. Utilisez des répulsifs à base de diéthyltoluamide. Il existe d'excellents traitements vestimentaires qui tuent les moustiques lorsqu'ils se posent sur le tissu.

Les piqûres de guêpe ou d'abeille ne sont dangereuses que pour les personnes présentant des réactions allergiques graves (anaphylaxie). Si vous en faites partie, ayez toujours sur vous un EpiPen – une injection d'adrénaline (épinéphrine) que vous pouvez vous-même vous

administrer. Ce geste peut vous sauver la vie.

Les piqûres de scorpion, que l'on trouve dans les régions arides, sont très douloureuses et parfois mortelles. En cas de piqûre, appelez immédiatement les secours. Un traitement médical doit être administré si un collapsus survient.

Le risque d'attraper des tiques existe surtout en dehors des zones urbaines. Si vous êtes mordu par une tique, utilisez une pince à épiler et pressez la peau autour de la tête de la tique. Saisissez la tête et tirez pour la retirer. Évitez d'appuyer sur l'arrière du corps car vous risquez d'enfoncer les organes de la tique sous la peau et d'augmenter le risque d'infection et de maladie. Il est inutile et déconseillé d'appliquer des produits chimiques sur la tique.

On trouve parfois des punaises dans les auberges de jeunesse et les hôtels bon marché. Asperger le matelas d'insecticide contre les rampants après avoir changé les draps permet de se débarrasser de ces parasites, qui provoquent piqûres et démangeaisons. Les piqûres de punaises forment des alignements réguliers. Une pommade calmante apaisera la démangeaison.

Le risque d'attraper la gale existe dans les hébergements à prix modiques. Cette maladie cutanée est due à de minuscules acariens vivant sous la peau, souvent entre les doigts. Elle provoque une éruption qui démange intensément. Les démangeaisons peuvent être aisément soignées avec une lotion disponible en pharmacie. Même s'ils ne présentent aucun symptôme, les autres membres du foyer doivent également être traités pour éviter la propagation de la gale.

Serpents

Portez toujours bottes, chaussettes et pantalons longs pour marcher dans la végétation à risque. Ne hasardez pas la main dans les trous et les anfractuosités, et faites attention lorsque vous ramassez du bois pour faire du feu. Si vous faites du camping ou du trekking dans les canyons et zones caillouteuses, rangez toujours votre sac de couchage quand vous ne l'utilisez pas, et secouez vos chaussures pour vous assurer qu'aucun animal ne s'y est glissé pendant la nuit. Pensez aussi à secouer vos vêtements avant de les enfiler. Et n'oubliez pas que les serpents ne mordent que s'ils se sentent menacés ou qu'on leur marche dessus.

Les morsures de serpent ne provoquent pas instantanément la mort, et il existe généralement des antivenins. Il faut calmer la victime, lui interdire de bouger, bander étroitement le membre comme pour une foulure et l'immobiliser avec une attelle. Trouvez ensuite un médecin, et essayez de lui apporter le serpent mort. N'essayez en aucun cas d'attraper le serpent s'il y a le moindre risque qu'il morde à nouveau. Il ne faut absolument pas sucer le venin ou poser un garrot.

Affections moins fréquentes

Choléra

Les cas de choléra sont généralement signalés à grande échelle dans les médias, ce qui permet d'éviter les régions concernées. La protection conférée par le vaccin n'étant guère fiable, celui-ci n'est pas recommandé. Prenez donc toutes les précautions alimentaires nécessaires. En général, on peut éviter de contracter cette maladie en ne buvant pas l'eau du robinet et en ne consommant pas de fruits et légumes crus ou non épluchés. Symptômes : diarrhée soudaine, selles très liquides et claires, vomissements, crampes musculaires et extrême faiblesse. Il faut consulter un médecin ou aller à l'hôpital au plus vite, mais on peut commencer à lutter immédiatement contre la déshydratation qui peut être très forte. Une boisson à base de cola salée, dégazéifiée et diluée au 1/5 ou encore du bouillon bien salé seront utiles en cas d'urgence.

Filarioses

Ce sont des maladies parasitaires transmises par des piqûres d'insectes. Les symptômes varient en fonction de la filaire concernée : fièvre, ganglions et inflammation des zones de drainage lymphatique ; œdème (gonflement) au niveau d'un membre ou du visage ; démangeaisons et troubles visuels. Un traitement permet de se débarrasser des parasites, mais certains dommages causés sont parfois irréversibles. Si vous soupçonnez une possible infection, il vous faut rapidement consulter un médecin.

Médecine traditionnelle

Selon certaines estimations, jusqu'à 85% de la population namibienne a recours, essentiellement ou en partie, à la médecine traditionnelle. Étant donné le coût élevé de la médecine occidentale et la difficulté d'y accéder dans de nombreuses régions rurales, quantité de malades se tournent d'abord vers un guérisseur. Le *sangoma* (guérisseur traditionnel) et l'*inyanga* (herboriste) sont des personnes hautement considérées dans la plupart des communautés. La pharmacopée de la médecine traditionnelle est facilement disponible sur les marchés locaux. Hélas, certains produits de cette pharmacopée sont issus d'espèces en danger ou menacées comme l'oryctérope, le guépard et le léopard.

Santé au féminin

Grossesse

La plupart des fausses couches ont lieu pendant les trois premiers mois de la grossesse. C'est donc la période la plus risquée pour voyager. Pendant les trois derniers mois, il vaut mieux rester à distance raisonnable de bonnes infrastructures médicales. Les femmes enceintes doivent éviter de prendre inutilement des médicaments. Cependant, certains vaccins et traitements préventifs contre le paludisme restent nécessaires. Mieux vaut consulter un médecin avant de prendre quoi que ce soit.

Problèmes gynécologiques

Une nourriture pauvre, une résistance amoindrie par l'utilisation d'antibiotiques contre des problèmes intestinaux peuvent favoriser les infections vaginales lorsqu'on voyage dans des pays à climat chaud. Respectez une hygiène intime scrupuleuse, et portez jupes ou pantalons amples et sous-vêtements en coton.

Les champignons, caractérisés par une éruption cutanée, des démangeaisons et des pertes, peuvent se soigner facilement. En revanche, les trichomonas sont plus graves ; pertes blanches et sensation de brûlure lors de la miction en sont les symptômes. Le partenaire masculin doit également être soigné.

Il n'est pas rare que le cycle menstruel soit perturbé lors d'un voyage.

Langues

L'anglais est la langue officielle de la Namibie, mais la lingua franca est l'afrikaans. Il n'y a en réalité que dans la bande de Caprivi que l'anglais prend le pas sur l'afrikaans comme langue véhiculaire. La plupart des Namibiens ont comme première langue un dialecte bantou ou une langue khoisan. Le groupe linguistique bantou comprend l'owambo, le kavango, le herero et le caprivien. Les dialectes khoisan incluent le khoïkhoï (nama), le damara et des dialectes san comme le !kung san. Nombre de Namibiens de langue khoisan maîtrisent au moins un dialecte bantou et une langue européenne, d'ordinaire l'afrikaans. En raison du passé colonial de la Namibie, l'allemand demeure aussi largement parlé. On entend également parler portugais dans l'extrême Nord, à la frontière de l'Angola.

AFRIKAANS

L'afrikaans dérive du dialecte que parlaient les colons néerlandais en Afrique du Sud au XVIIe siècle. Jusqu'à la fin du XIXe siècle, il était considéré comme un dialecte néerlandais, mais devint en 1925 l'une des langues officielles de l'Afrique du Sud. Aujourd'hui, c'est la première langue de quelque 6 millions de personnes. C'est aussi la première langue de plus de 150 000 Namibiens.

POUR ALLER PLUS LOIN

Indispensable pour mieux communiquer sur place : les *guides de conversation Anglais* et *Allemand*, de Lonely Planet. Pour réserver une chambre, lire un menu ou simplement faire connaissance, ce manuel permet d'acquérir des rudiments d'anglais et d'allemand. Inclus : un minidictionnaire bilingue.

Pour vous faire comprendre, il est bon de savoir que, dans notre guide de prononciation, nous avons signalé les syllabes accentuées en italique. Sachez aussi que aw se prononce comme le "o" de "donner", eu et uh comme le "eu" de "leur", ew comme "i", oh comme le o de "beau", kh comme la jota espagnole (r guttural), zh comme "j". Enfin, le r est roulé.

Conversation de base

Bonjour.	Hallo.	ha·*loh*
Au revoir.	Totsiens.	tot·*sins*
Oui.	Ja.	yaa
Non.	Nee.	ney
S'il vous plaît.	Asseblief.	a·si·*blif*
Merci.	Dankie.	*dang*·ki
Pardon.	Jammer.	*ya*·min

Comment allez-vous ?
Hoe gaan dit ? — hu khaan dit

Bien merci, et vous ?
Goed dankie, en jy ? — khut *dang*·ki en yay

Comment vous appelez-vous ?
Wat's jou naam ? — vats yoh naam

Je m'appelle...
My naam is ... — may naam is ...

Parlez-vous anglais ?
Praat jy Engels? — praat yay *eng*·ils

Je ne comprends pas.
Ek verstaan nie. — ek vir·*staan* ni

Hébergement

Où y a-t-il un (e)... ?	Waar's 'n ...?	vaars i ...
camping	kampeerplek	kam·*peyr*·plek
pension	gastehuis	*khas*·ti·hays
hôtel	hotel	hu·*tel*

Avez-vous une chambre simple/double ?
Het jy 'n enkel/ het yay i *eng*·kil/
dubbel kamer? di·bil *kaa*·mir

Combien cela coûte-t-il par nuit/personne ?
Hoeveel kos dit per nag/ hu·fil kos dit pir nakh/
persoon ? pir·*soun*

Aliments et boissons

Pouvez-vous *Kan jy 'n ...* kan yay i ...
recommander *aanbeveel?* *aan*·bi·feyl
un... ?

  bar *kroeg* krukh

  plat *gereg* khi·*rekh*

  restaurant *eetplek* *eyt*·plek

Je voudrais... *Ek wil asseblief* ek vil a·si·*blif*
s'il vous plaît. *hê.* ... he

  une table *'n tafel vir* i *taa*·fil fir
  pour deux *twee* twey

  l'addition *die rekening* di *rey*·ki·ning

  le menu *die* di
    spyskaart *spays*·kaart

Servez-vous de la cuisine végétarienne ?
Het julle vegetariese kos ?
het *yi*·li fe·gi·*taa*·ri·si kos

bière	*bier*	bir
boisson	*drankie*	*drang*·ki
café	*koffie*	*ko*·fi
déjeuner	*middagete*	*mi*·dakh·ey·ti
dîner	*aandete*	*aant*·ey·ti
eau	*water*	*vaa*·tir
fruit	*vrugte*	*frikh*·ti
fruits de mer	*seekos*	*sey*·kaws
lait	*melk*	melk
légumes	*groente*	*khrun*·ti
marché	*mark*	mark
noix	*neute*	*ney*·ti
œufs	*eiers*	*ay*·irs
petit-déjeuner	*ontbyt*	awnt·*bayt*
poisson	*vis*	fis
produits	*suiwel*	*soy*·vil·
laitiers	*produkte*	pru·dik·ti
restaurant	*restaurant*	*res*·toh·rant
sucre	*suiker*	*say*·kir
thé	*tee*	tey
viande	*vleis*	vlays
vin	*wyn*	vayn

Urgences

Au secours !	*Help !*	help
Appelez	*Kry*	kray
un médecin !	*'n dokter !*	i *dok*·tir

Appelez la police !
Kry die polisie ! kray di pu·*li*·si

Je suis perdu.
Ek is verdwaal. ek is fir·*dwaal*

Où sont les toilettes ?
Waar is die toilette ? vaar is di toy·*le*·ti

Il faut que je voie un médecin.
Ek het 'n dokter nodig.
ek het i *dok*·tir nou·dikh

J'ai mal ici.
Dis hier seer. dis hir seyr

Je suis allergique à (la pénicllline).
Ek's allergies vir eks a·*ler*·khis fir
(penisillien). (pi·ni·si·*lin*)

Achats et services

Je cherche...
Ek soek na ... ek suk naa ...

Combien cela coûte-t-il ?
Hoeveel kos dit ? hu·fil kos dit

Quel est votre dernier prix ?
Wat is jou laagste prys ? vat is yoh *laakh*·sti prays

Il y a une erreur dans l'addition.
Daar's 'n fout op daars i foht op
die rekening. di *rey*·ki·ning

Je voudrais acheter une carte téléphonique.
Ek wil asseblief ek vil a·si·*blif*
'n foonkaart koop. i *foun*·kaart koup

Je voudrais changer de l'argent.
Ek wil asseblief ek vil a·si·*blif*
geld ruil. khelt rayl

Je voudrais utiliser Internet.
Ek wil asseblief die ek vil a·si·*blif* di
Internet gebruik. *in*·tir·net khi·*brayk*

Horaires, dates et chiffres

Quelle heure est-il ?
Hoe laat is dit ? hu laat is dit

Il est (deux) heures.
Dis (twee-)uur. dis (*twey*·)ewr

(Une heure) et demie.
Half (twee). half (twey)

hier	*gister*	*khis*·tir
aujourd'hui	*vandag*	fin·*dakh*
demain	*môre*	*mo*·ri

lundi	Maandag	maan·dakh
mardi	Dinsdag	dins·dakh
mercredi	Woensdag	wuns·dakh
jeudi	Donderdag	don·ir·dakh
vendredi	Vrydag	vray·dakh
samedi	Saterdag	sa·tir·dakh
dimanche	Sondag	son·dakh

1	een	eyn
2	twee	twey
3	drie	dri
4	vier	fir
5	vyf	fayf
6	ses	ses
7	sewe	si·vi
8	agt	akht
9	nege	ney·khi
10	tien	tin
20	twintig	twin·tikh
30	dertig	der·tikh
40	veertig	feyr·tikh
50	vyftig	fayf·tikh
60	sestig	ses·tikh
70	sewentig	sey·vin·tikh
80	tagtig	takh·tikh
90	negentig	ney·khin·tikh
100	honderd	hon·dirt
1 000	duisend	day·sint

Transports

bateau	boot	bout
bus	bus	bis
avion	vliegtuig	flikh·tayg
train	trein	trayn
Un... billet, s'il vous plaît.	Een ... kaartjie, asseblief.	eyn ... kaar·ki a·si·blif
aller simple	eenrigting	eyn·rikh·ting
aller-retour	retoer	ri·tur

DAMARA/NAMA

Les dialectes très proches des ethnies Damara et Nama, dont le territoire traditionnel englobe la majeure partie des régions désertiques les plus sauvages de Namibie, appartiennent au groupe linguistique khoisan.

À l'instar des dialectes san, ils comportent plusieurs formes de "clics" prononcés en faisant claquer la langue contre les dents, le palais ou le côté de la bouche. Ces sons sont transcrits au moyen d'un point d'exclamation (!), d'un simple ou d'un double slash (/, //) et d'une ligne verticale barrée de deux lignes horizontales (‡).

Conversation de base

Bonjour.	!Gâi tses.
Bonjour (matin).	!Gâi-//oas.
Bonsoir.	!Gâi-!oes.
Au voir. (à celui qui reste)	!Gâise hâre.
Au revoir. (à celui qui part)	!Gâise !gûre.
Oui.	Î.
Non.	Hâ-â.
S'il vous plaît.	Toxoba.
Merci.	Aio.
Excusez-moi.	‡Anba tere.
Désolé.	Mati.
Comment allez-vous ?	Matisa?
Je vais bien.	!Gâi a.
Parlez-vous anglais ?	Engels !khoa idu ra ?
Quel est votre nom ?	Mati du/onhâ?
Mon nom est...	Ti/ons ge a ...
Où est le ?	Mapa hâ ?
Allez tout droit.	‡Khanuse ire.
Tournez à gauche.	//Are/khab ai ire.
Tournez à droite.	//Am/khab ai ire.
loin	!nu a
près	/gu a
Je voudrais...	Tage ra ‡khaba ...
Combien ?	Mati ko?
marché	‡kharugu
boutique	!khaib
petit	‡khariro
grand	kai
babouin	//arub
cheval	hab
chèvre	piri
chien	arib
éléphant	‡khoab
girafe	!naib
hyène	‡khira

lapin	!oâs
léopard	/garub
lion	xami
phacochère	gairib
rhinocéros	!nabas
singe	/norab
zèbre	!goreb

Quelle heure est-il ?	Mati ko/laexa i ?
aujourd'hui	nets
demain	//ari

1	/gui
2	/gam
3	!nona
4	haka
5	kore
6	!nani
7	hû
8	//khaisa
9	khoese
10	disi
50	koro disi
100	/oa disi
1 000	/gui/oa disi

ALLEMAND

L'allemand est parlé en Namibie. Pour vous faire comprendre, il est bon de savoir que, dans notre guide de prononciation, nous avons signalé les syllabes accentuées en italique. Sachez aussi que kh se prononce comme la jota espagnole (r guttural), r se prononce aussi du fond de la gorge, mais presque comme un g, zh correspond au son "j", et ü à un "i" long.

Conversation de base

Bonjour.	Guten Tag.	gou·ten tahk
Au revoir.	Auf Wiedersehen.	owf vi·der·zay·en
Oui.	Ja.	yah

Non.	Nein.	nain
S'il vous plaît.	Bitte.	bi·te
Merci.	Danke.	dang·ke
Je vous en prie.	Bitte.	bi·te
Excusez-moi./ Désolé.	Entschuldigung.	ent·shul·di·gung

Comment allez-vous ?		
Wie geht es Ihnen/dir? (poli/informel)		vi gayt es i·nen/dir

Bien. Et vous ?		
Danke, gut. Und Ihnen/dir? (poli/familier)		dang·ke gout unt i·nen/dir

Comment vous appelez-vous ?		
Wie ist Ihr Name? (poli)		vi ist ir nah·me
Wie heißt du? (familier)		vi haist dou

Je m'appelle...		
Mein Name ist ... (poli)		main nah·me ist ...
Ich heiße ... (familier)		ikh hai·se ...

Parlez-vous anglais ?		
Sprechen Sie Englisch? (poli)		shpre·khen zi eng·lish
Sprichst du Englisch? (familier)		shprikhst dou eng·lish

Je ne comprends pas.		
Ich verstehe nicht.		ikh fer·shtay·e nikht

Hébergement

camping	Campingplatz	kem·ping·plats
chambre chez un particulier	Privatzimmer	pri·vaht·tsi·mer
hôtel	Hotel	ho·tel
pension	Pension	pahng·zyawn
Avez-vous une chambre... ?	Haben Sie ein ...?	hah·ben zi ain ...
double	Doppelzimmer	do·pel·tsi·mer
simple	Einzelzimmer	ain·tsel·tsi·mer
Combien cela coûte-t-il par... ?	Wie viel kostet es pro ...?	vi fil kos·tet es praw ...
nuit	Nacht	nakht
personne	Person	per·zawn

Le petit-déjeuner est-il compris ?		
Ist das Frühstück inklusive?		ist das frü·shtük in·klou·zi·ve

Aliments et boissons

Je voudrais le menu, s'il vous plaît.

Ich hätte gern die Speisekarte, bitte.		ikh he·te gern di shpai·ze·kar·te bi·te

Que recommandez-vous ?
Was empfehlen Sie ? — vas emp·*fay*·len zi

Je suis végétarien(ne).
Ich bin Vegetarier/ — ikh bin ve·ge·*tah*·ri·er/
Vegetarierin. (m/f) — ve·ge·*tah*·ri·e·rin

L'addition, s'il vous plaît.
Bitte bringen Sie — bi·te bring·en zi
die Rechnung. — di *rekh*·nung

bière	*Bier*	bir
café	*Kaffee*	ka·fay
déjeuner	*Mittagessen*	mi·tahk·e·sen
dîner	*Abendessen*	ah·bent·e·sen
eau	*Wasser*	va·ser
épicerie	*Lebensmittel-laden*	lay·bens·mi·tel·lah·den
fromage	*Käse*	kay·ze
fruit	*Frucht/Obst*	frukht/awpst
fruits de mer	*Meeresfrüchte*	mair·res·frükh·te
jus	*Saft*	zaft
lait	*Milch*	milkh
légumes	*Gemüse*	ge·mü·ze
marché	*Markt*	markt
œuf/œufs	*Ei/Eier*	ai/ai·er
pain	*Brot*	brawt
petit-déjeuner	*Frühstück*	frü·shtük
restaurant	*Restaurant*	res·to·rahng
sel	*Salz*	zalts
sucre	*Zucker*	tsu·ker
thé	*Tee*	tay
viande	*Fleisch*	flaish
vin	*Wein*	vain

Urgences

Au secours !
Hilfe ! — hil·fe

Allez vous-en !
Gehen Sie weg ! — gay·en zi vek

Appelez la police !
Rufen Sie die Polizei ! — rou·fen zi di po·li·tsai

Appelez un médecin !
Rufen Sie einen Arzt! — rou·fen zi ai·nen artst

Où sont les toilettes ?
Wo ist die Toilette? — vo ist di to·a·le·te

Je suis perdu.
Ich habe mich verirrt. — ikh hah·be mikh fer·irt

Je suis malade.
Ich bin krank. — ikh bin krangk

Achats et services

Je voudrais acheter...
Ich möchte ... kaufen. — ikh merkh·te ... kow·fen

Puis-je jeter un coup d'œil ?
Können Sie es mir — ker·nen zi es mir
zeigen ? — tsai·gen

Combien cela coûte-t-il ?
Wie viel kostet das ? — vi fil kos·tet das

C'est trop cher.
Das ist zu teuer. — das ist tsou toy·er

Pouvez-vous baisser le prix ?
Können Sie mit dem — ker·nen zi mit dem
Preis heruntergehen? — prais he·run·ter·gay·en

DAB	*Geldautomat*	gelt·ow·to·maht
poste	*Postamt*	post·amt
office du tourisme	*Fremden-verkehrsbüro*	frem·den·fer·kairs·bü·raw

Horaires, dates et chiffres

Quelle heure est-il ?
Wie spät ist es ? — vi shpayt ist es

Il est (10) heures.
Es ist (zehn) Uhr. — es ist (tsayn) our

À quelle heure ?
Um wie viel Uhr ? — um vi fil our

À
Um ... — um ...

matin	*Morgen*	mor·gen
après-midi	*Nachmittag*	nahkh·mi·tahk
soir	*Abend*	ah·bent
hier	*gestern*	ges·tern
aujourd'hui	*heute*	hoy·te
demain	*morgen*	mor·gen
lundi	*Montag*	mawn·tahk
mardi	*Dienstag*	dins·tahk
mercredi	*Mittwoch*	mit·vokh
jeudi	*Donnerstag*	do·ners·tahk
vendredi	*Freitag*	frai·tahk
samedi	*Samstag*	zams·tahk
dimanche	*Sonntag*	zon·tahk
1	*eins*	ains
2	*zwei*	tsvai
3	*drei*	drai
4	*vier*	fir
5	*fünf*	fünf

6	sechs	zeks
7	sieben	zi·ben
8	acht	akht
9	neun	noyn
10	zehn	tsayn
20	zwanzig	tsvan·tsikh
30	dreißig	drai·tsikh
40	vierzig	fir·tsikh
50	fünfzig	fünf·tsikh
60	sechzig	zekh·tsikh
70	siebzig	zeep·tsikh
80	achtzig	akht·tsikh
90	neunzig	noyn·tsikh
100	hundert	hun·dert
1 000	tausend	tow·sent

Transports et orientation

avion	Flugzeug	flouk·tsoyk
bateau	Boot	bawt
bus	Bus	bus
train	Zug	tsouk
À quelle heure est le... bus?	Wann fährt der ... Bus?	van fairt dair... bus
premier	erste	ers·te
dernier	letzte	lets·te
billet 1re classe	Fahrkarte erster Klasse	fahr·kar·te ers·ter kla·se
billet 2e classe	Fahrkarte zweiter Klasse	fahr·kar·te tsvai·ter kla·se
aller simple	einfache Fahrkarte	ain·fa·khe fahr·kar·te
aller-retour	Rückfahrkarte	rük·fahr·kar·te

À quelle heure arrive-t-il ?
Wann kommt es an ? van komt es an

S'arrête-t-il à ?
Hält es in ? helt es in ...

Quel arrêt est-ce ?
Welcher Bahnhof ist das ? vel·kher bahn·hawf ist das

Quel est le prochain arrêt ?
Welches ist der nächste Halt ? vel·khes ist dair naykh·ste halt

Je veux descendre ici.
Ich möchte hier aussteigen. ikh merkh·te hir ows·shtai·gen

Où est ?
Wo ist ...? vaw ist ...

Quelle est l'adresse ?
Wie ist die Adresse? vi ist di a·dre·se

À quelle distance est-ce ?
Wie weit ist es ? vi vait ist es

Pouvez-vous me montrer (sur la carte) ?
Können Sie es mir (auf der Karte) zeigen ? ker·nen zi es mir (owf dair kar·te) tsai·gen

HERERO/HIMBA

Assez semblables, les langues herero et himba se révèlent particulièrement utiles lorsqu'on voyage dans les zones reculées du Centre-Nord, en particulier au Kaokoveld, où l'afrikaans demeure la lingua franca et où peu de gens parlent anglais.

Le herero se caractérise par des sonorités mélodieuses et un vocabulaire imagé. La majorité des toponymes namibiens commençant par un "O" – Okahandja, Omaruru et Otjiwarongo par exemple – viennent de le herero.

Conversation de base

Bonjour.	Tjike.
Bonjour (matin).	Wa penduka.
Bon après-midi.	Wa uhara.
Bonsoir.	Wa tokerua.
Bonne nuit.	Ongurova ombua.
Oui./Non.	Ii./Kako.
S'il vous plaît.	Arikana.
Merci.	Okuhepa.
Comment allez-vous ?	Kora ?
Bien, merci.	Mbiri naua, okuhepa.
Pardon.	Makuvi.
Parlez-vous afrikaans/anglais ?	U hungira Otjimburu/Otjingirisa ?
Combien (quantité) ?	Vi ngapi ?
Quand ?	Rune ?
Où ?	Pi ?
arrivée	omiro
aller simple	ourike
aller-retour	omakotokero
billet	okatekete

Urgences - Herero/Himba

Au secours !	Vatera !
Appelez un médecin !	Isana onganga !
Appelez la police !	Isana oporise !
Je suis perdue.	Ami mba pandjara.

départ	*omairo*
depuis	*okuza*
vers	*ko*
voyage	*ouyenda*
camping	*omasuviro*
pour caravanes	*uo zo karavana*
réserve animalière	*orumbo ro vipuka*
(court/long) sentier de randonnée	*okaira komakaendro uo pehi (okasupi/okare)*
marais	*eheke*
montagne	*ondundu*
point	*onde*
rivière (lit)	*omuramba*
aujourd'hui	*ndinondi*
demain	*muhuka*
hier	*erero*
lundi	*Omandaha*
mardi	*Oritjaveri*
mercredi	*Oritjatatu*
jeudi	*Oritjaine*
vendredi	*Oritjatano*
samedi	*Oroviungura*
dimanche	*Osondaha*
1	*iimue*
2	*imbari*
3	*indatu*
4	*iine*
5	*indano*
6	*hamboumue*
7	*hambomabari*
8	*hambondatu*
9	*imuvyu*
10	*omurongo*

!KUNG SAN

Les langues de plusieurs groupes san de Namibie sont des langues à "clics". Le dialecte des !Kung, concentrés dans le nord du pays, est sans doute le plus utile au voyageur.

Les "clics" se prononcent en faisant claquer la langue contre différentes parties de la bouche. Les noms comportant un point d'exclamation sont d'origine khoisan et se prononcent avec un clic émis en faisant claquer la langue sur le côté de la bouche, semblable au son qu'on émet pour faire avancer un cheval, mais avec une sonorité mate (un peu comme le bruit d'une bouteille qu'on débouche).

Dans le parler standard, on dénombre quatre sortes de clics – latéral, palatal, dental et labial –, habituellement transcrits en Namibie par les signes //, ‡, / et !. Il existe cependant d'autres transcriptions telles que "nx", "ny", "c", "q", "x", "!x", "!q", "k", "zh", etc. Afin de simplifier les choses, nous avons représenté tous les clics par "!k" (les autochtones ne se formalisent pas lorsqu'on émet le son "k" à la place du clic, quel que soit le clic en question).

Conversation de base

Bonjour.	*!Kao.*
Bonjour (matin).	*Tuwa.*
Au revoir, bonne chance.	*!King se !kau.*
Comment allez-vous ?	*!Ka tseya ?* (à un homme) *!Ka tsiya?* (à une femme)
Merci (beaucoup).	*(!Kin)!Ka.*
Comment vous appelez-vous ?	*!Kang ya tsedia ?* (à un homme) *!Kang ya tsidia ?* (à une femme)
Je m'appelle...	*!Kang ya tse/tsi ...* (h/f)

LOZI

Le lozi (ou rotsi), le plus courant des dialectes capriviens, est utilisé dans une bonne partie de la bande de Caprivi, en particulier à Katima Mulilo. Il est originaire du Barotseland, en Zambie. Les quelques mots et phrases ci-après trahissent l'importance accordée au statut social dans cette culture.

Conversation de base

Bonjour.	*Eeni, sha.* (à tout le monde) *Lumela.* (à un pair) *Mu lumeleng' sha.* (à une ou plusieurs personnes de rang supérieur)
Au revoir.	*Siala foo/hande/sinde.* (à un pair) *Musiale foo/hande/sinde.* (à plus d'un pair ou à une ou plusieurs personnes de rang supérieur)
Bonjour (matin).	*U zuhile.* (à un pair) *Mu zuhile.* (à des pairs ou à une ou plusieurs personnes de rang supérieur)
Bon après-midi/	*Ki manzibuana.* (à tout le monde)
Bonsoir.	*U tozi.* (à un pair) *Mu tozi.* (à une ou plusieurs personnes de rang supérieur)
Bonne nuit.	*Ki busihu.* (à tout le monde)

S'il vous plaît.	*Sha.* (uniquement envers les personnes de rang supérieur)
Merci (beaucoup).	*N'i tumezi (hahulu).*
Excusez-moi.	*Ni swalele.* (familier) *Mu ni swalele.* (poli)
Oui.	*Ee.* (à un pair) *Eeni.* (supérieur).
Non.	*Awa.* (à un ou plusieurs pairs) *Batili.* (à une ou plusieurs personnes de rang supérieur)
Parlez-vous anglais ?	*Wa bulela sikuwa ?* (à un pair) *W'a utwa sikuwa ?* (à des pairs ou à une ou plusieurs personnes de rang supérieur) *Mw'a bulela sikuwa ? Mw'a utwa sikuwa ?*
Je ne comprends pas.	*Ha ni utwi.*
Quel est votre nom ?	*Libizo la hao ki wena mang' ?* (à un pair) *Libizo la mina ki mina bo mang' ?* (à une personne de rang supérieur)
Qu'est-ce que c'est ?	*S'ale king'?* (près) *Ki sika mang' s'ale ?* (loin)
Où ?	*Kai ?*
Ici.	*Fa./Kafa./Kwanu.*
(Par) là.	*F'ale./Kw'ale.*
Combien ?	*Ki bukai ?*
Assez.	*Ku felile.*
Quelle heure est-il ?	*Ki nako mang' ?*
aujourd'hui	*kachenu*
demain	*kamuso*
hier	*mabani*
1	*il'ingw'i*
2	*z'e peli or bubeli*
3	*z'e t'alu or bulalu*
4	*z'e ne or bune*
5	*z'e keta-lizoho*
6	*z'e keta-lizoho ka ka li kang'wi*
7	*supile*
10	*lishumi*
20	*mashumi a mabeli*
1 000	*likiti*

OWAMBO

Il existe 8 dialectes owambo, le kwanyama et le ndonga étant les langues owambo officielles. L'owambo (ou oshiwambo), en particulier le dialecte kwanyama, compte comme première langue pour plus de locuteurs que n'importe quelle autre en Namibie. C'est la seconde langue de nombreux Namibiens non owambo d'origine bantoue et khoisan.

Conversation de base

Bonjour (matin).	*Wa lalapo.*
Bonsoir.	*Wa tokelwapo.*
Comment allez-vous ?	*Owu li po ngiini ?*
Je vais bien.	*Ondi li nawa.*
Oui.	*Eeno.*
Non.	*Aawe.*
S'il vous plaît.	*Ombili.*
Merci.	*Tangi.*
Excusez-moi.	*Ombili manga.*
Je suis désolé.	*Onde shi panda.*
Parlez-vous anglais ?	*Oho popi Oshiingilisa ?*
Pouvez-vous m'aider s'il vous plaît ?	*Eto vuluwu pukulule ndje ?*
Combien coûte ceci ?	*Ingapi tashi kotha ?*
Je suis perdu.	*Ombili, onda puka.*
Où est le ?	*Openi pu na …?*
ici/là	*mpaka/hwii*
près/loin	*popepi/kokule*
par ici	*no onkondo*
par là	*ondjila*
Tournez à droite.	*Uka kohulyo.*
Tournez à gauche.	*Uka kolumoho.*
aujourd'hui	*nena*
demain	*ohela*
hier	*ungula*
lundi	*Omaandaha*
mardi	*Etiyali*
mercredi	*Etitatu*
jeudi	*Etine*
vendredi	*Etitano*
samedi	*Olyomakaya*
dimanche	*Osoondaha*
1	*yimwe*
2	*mbali*
3	*ndatu*
4	*ne*
5	*ntano*
6	*hamano*
7	*heyali*
8	*hetatu*
9	*omugoyi*
10	*omulongo*

GLOSSAIRE

ablutions block – bloc sanitaire (dans les campings)

afrikaans – langue parlée en Afrique du Sud ; elle est issue du néerlandais

ANC – Congrès national africain ; c'est le parti au pouvoir en Afrique du Sud

apartheid – littéralement : "développement séparé des races" ; système politique fondé sur la ségrégation des populations en fonction de leurs origines ethniques

ATV – véhicules tout-terrain

bantou – peuple rassemblant plus de 400 groupes ethniques africains dont les langues sont apparentées

barkhanes – dunes de sable mouvantes en forme de croissant

biltong – viande séchée (bœuf, koudou, autruche…)

biodiversity hotspot – désigne une zone dotée d'une grande diversité biologique et menacée de destruction

boerewors – saucisse paysanne afrikaner

Boer – désigne les personnes de langue afrikaans ; à l'origine, c'est le mot néerlandais signifiant "fermier"

bogobe – porridge de sorgho, aliment de base

bojalwa – bière de sorgho bon marché et très courante

boomslang – serpent venimeux très dangereux pouvant atteindre 2 m de long ; il loge dans les arbres

borehole – puits creusé profondément dans la terre et utilisé pour l'extraction de l'eau, du pétrole ou du gaz

braai – terme afrikaans désignant un barbecue (*braaivleis*)

BSAC – British South Africa Company ; compagnie fondée à la fin du XIXe siècle par l'homme d'affaires britannique Cecil Rhodes

bushveld – plaines de broussailles épineuses

CDM – Consolidated Diamond Mines, compagnie minière sud-africaine

Chibuku – marque commerciale de la *bojalwa* ; c'est "la bière de la bonne humeur" au Zimbabwe

combi – désigne couramment un minibus

conflict diamonds – diamants extraits dans des zones de conflit et vendus illégalement

courant de Benguela – courant froid originaire de l'Antarctique et remontant le long de la côte occidentale de l'Afrique jusqu'à l'Angola

cuca shops – échoppes de brousse dans le nord de la Namibie ; leur nom vient d'une bière angolaise qu'elles proposaient à la vente autrefois

difaqane – au XIXe siècle, migration forcée de certains groupes ethniques sud-africains poussés à l'exil par les attaques zouloues

drift – gué de rivière, généralement à sec

DTA – Democratic Turnhalle Alliance

elenga – chef de village

euphorbes – variétés de plantes grasses

filon de kimberlite – en géologie, désigne un type d'intrusion éruptive, où une chaleur et une pression très puissantes ont transformé le charbon en diamant

Gemütlichkeit – terme allemand qualifiant une atmosphère de bien-être et d'hospitalité

Gondwana – supercontinent des temps préhistoriques englobant la plupart des masses terrestres de l'actuel hémisphère Sud

guano – fientes d'oiseaux marins ou de chauves-souris collectées et utilisées comme engrais

inselberg – montagnes ou collines isolées caractéristiques des plaines du Pro-Namib et du Damaraland

jol – fête ; faire la fête

Jugendstil – terme allemand désignant l'Art nouveau ; ce style caractérise l'architecture de Swakopmund et de certains quartiers de Windhoek et de Lüderitz

karakul – variété de mouton originaire d'Asie centrale qui produit une laine et une peau de grande qualité

karata – carte de téléphone ; billet

khoisan – groupe linguistique comprenant toutes les langues autochtones d'Afrique australe

kloof – ravin ou petite vallée

koeksesters – petits beignets afrikaners

dégoulinants de miel ou de sirop de sucre

kokerboom – arbre à carquois, qui pousse essentiellement dans le sud de la Namibie

konditorei – pâtisserie allemande ; ces boutiques sont surtout présentes dans les grandes villes du pays

kopje (ou kopie) – petite colline

kraal – terme afrikaans équivalent à *corral* ; désigne un enclos à bétail

lapa – espace circulaire avec un foyer, où les villageois se réunissent

location – autre nom pour un township, en Namibie comme en Afrique du Sud

mahango – millet ; cet aliment de base chez les Owambo est également distillé pour la confection d'un alcool très prisé

marimba – xylophone africain fabriqué avec des lames de bois et des calebasses de tailles différentes servant de caisse de résonance

mbira – sorte de piano dont les touches, étroites et en fer, sont alignées sur une table d'harmonie ; le joueur pince l'extrémité des touches avec les pouces

mealie pap – nom afrikaans du porridge de maïs, qui constitue la base de l'alimentation de nombreux Namibiens

MET – ministère de l'Environnement et du Tourisme

morama – tubercule géant dont la pulpe, qui contient de grandes quantités d'eau, permet aux habitants du désert d'absorber du liquide

Nacobta – Namibian Community-Based Tourism Association : Association namibienne du tourisme local, qui met en place et gère des structures d'accueil et des activités au niveau local (*rest camps*, circuits dans les villages traditionnels, etc.)

!nara – variété de melon qui pousse dans le désert du Namib

NDF – Namibian Defence Forces : armée namibienne

Ndjambi – être surnaturel herero représentant le Bien

NGO – ONG (organisation non-gouvernementale)

N!odima – chez les San, créature surnaturelle représentant le Bien

n!oresi – littéralement les "terres où se trouve le cœur" : terres traditionnelles des San

NWR – Namibian Wildlife Resorts : organisme semi-public chargé de la gestion des infrastructures touristiques dans les parcs nationaux

omaeru – lait aigre ; aliment de base des Herero

omulilo gwoshilongo – "feu sacré" des *eumbo* owambo, où brûle en permanence du bois de mopane ; c'est le lieu de culte du village

oshana – lit de rivière à sec (dans le nord du pays)

oshikundu – boisson alcoolisée fabriquée à partir de *mahango* ; on la trouve dans le nord du pays

pan – zone plane et aride couverte d'herbe ou de sel ; il s'agit souvent du lit d'un lac saisonnier

panhandle – (littéralement "queue de poêle") ; terme utilisé en géographie pour décrire l'extension d'une entité géopolitique similaire dans sa forme à une péninsule et créée généralement lors de la délimitation des frontières au niveau international ; dans le cas de la Namibie, ce terme fait référence à la bande de Caprivi

panveld – zone renfermant de nombreux pans

pap – voir *mielie pap*

participation safari – formule de safari bon marché dans laquelle les clients montent eux-mêmes leur tente, aident à charger les véhicules et préparent les repas

pronking – bond sur les quatre pattes effectué par certaines antilopes, en particulier les springboks

quad – véhicule tout-terrain à quatre roues. Le quadbike est une version légère du quad

robot – feu de signalisation

rondavel – case ronde traditionnelle, généralement recouverte de chaume

SACU – Southern African Customs Union, Union douanière d'Afrique australe, qui rassemble l'Afrique du Sud, le Botswana, le Lesotho, la Namibie et le Swaziland

San – groupe ethnique présent au Botswana depuis au moins 30 000 ans

savane – plaines herbeuses ponctuées d'arbres

seif – ligne de dunes saillantes comme on en trouve dans le centre du désert du Namib

shebeen – débit de boisson clandestin

shongololo – mille-pattes géant très répandu

Sperrgebiet – "zone interdite" : région du

sud-ouest de la Namibie où se situent les gisements alluvionnaires de diamants

strandwolf – terme afrikaans désignant l'hyène brune du désert du Namib

Swapo – South-West Africa People's Organization : Organisation du peuple du Sud-Ouest africain, qui a mené la lutte pour l'indépendance et est actuellement au pouvoir

toktokkie – nom afrikaans du ténébrion du désert du Namib, un scarabée adepte du brouillard

township – quartier à forte densité démographique situé à la périphérie des villes

tsama – melon du désert traditionnellement consommé par les San ; le bétail s'en nourrit également

Unita – Union nationale pour l'indépendance totale de l'Angola

Uri – véhicule adapté aux conditions désertiques, et fabriqué en Namibie

veld – étendues herbeuses, en général situées sur les plateaux

vlei – (se prononce "flaï") étendue de basses terres marécageuses et recouvertes d'eau à la saison des pluies

welwitschia – plante conifère endémique des plaines du nord du Namib

wildlife drive – ou "game drive" ; safari en véhicule

WMA – Wildlife Management Area, réserve naturelle

En coulisses

Vos réactions ?

Vos commentaires nous sont très précieux et nous permettent d'améliorer constamment nos guides. Notre équipe lit toutes vos lettres avec la plus grande attention. Nous ne pouvons pas répondre individuellement à tous ceux qui nous écrivent, mais vos commentaires sont transmis aux auteurs concernés. Tous les lecteurs qui prennent la peine de nous communiquer des informations sont remerciés dans l'édition suivante, et ceux qui nous fournissent les renseignements les plus utiles se voient offrir un guide.

Pour nous faire part de vos réactions, prendre connaissance de notre catalogue et vous abonner à notre newsletter, consultez notre site Internet : **www.lonelyplanet.fr**

Nous reprenons parfois des extraits de notre courrier pour les publier dans nos produits, guides ou sites web. Si vous ne souhaitez pas que vos commentaires soient repris ou que votre nom apparaisse, merci de nous le préciser. Notre politique en matière de confidentialité est disponible sur notre site Internet.

À nos lecteurs

Merci à tous les lecteurs qui ont utilisé la précédente édition du guide *Namibie* et nous ont écrit pour nous faire part de leurs remarques et conseils :

Kahina Ait-Mansour, Olivier Gatti, Julie Helluy, Catherine Hemon, Françoise Margelidon, Alexis Parde, Hélène Patermo, Claudine Van Meensel, Pascal Vienne

UN MOT DES AUTEURS

Anthony Ham

Un grand nombre de personnes m'ont aidé tout au long de ce périple, apportant savoir et sagesse à la rédaction de ce guide. Comme toujours, un grand merci à Andy Raggett de Drive Botswana, et à Paul Funston, Lise Hansson, Luke Hunter, Charlotte Pollard, Rob Reid, Eva Meurs, Daan Smit, Jacob Tembo, Induna Mundandwe, Kasia Sliwa, Lara Good, Ying Yi Ho, ainsi qu'à Frank, Juliane, Tim et Ann-Sophie. Chez Lonely Planet, je remercie du fond du cœur mon éditeur Matt Phillips – personne ne connaît l'Afrique aussi bien que lui ! Un grand merci aussi à Marina, Carlota et Valentina – j'ai adoré partager certains de mes endroits préférés en Afrique avec vous.

Trent Holden

Tout d'abord, un grand merci à Matt Phillips pour m'avoir envoyé dans cette magnifique région du monde. Merci à toute l'équipe de production pour avoir mis ce guide en œuvre. Je remercie chaleureusement Kim de Livingstone et Joy de Victoria Falls, au Zimbabwe, pour leur aide et le temps accordé pour garantir la justesse des informations. Enfin, je tiens à témoigner tout mon amour à ma famille, en particulier à ma compagne, Kate, qui me laisse toujours m'échapper dans des contrées lointaines.

REMERCIEMENTS

Données climatiques adaptées de la carte "Updated World Map of the Köppen-Geiger Climate Classification", *Hydrology and Earth System Sciences*, 11, 1633-1644, de Peel MC, Finlayson BL & McMahon TA (2007).

Photographie de couverture : Gemsboks dans le désert du Namib, Namib-Naukluft Park ; Martin Harvey/GettyImages©

À propos de cet ouvrage

Cette 4e du guide Namibie est une traduction-adaptation du guide *Botswana & Namibia* (en anglais), mise à jour par Anthony Ham et Trent Holden. L'édition précédente avait été rédigée par Alan Murphy, Trent Holden, Kate Morgan et David Lukas.

Traduction
Florence Guillemat-Szarvas, Lucie Marcusse
Direction éditoriale Didier Férat
Adaptation française
Carole Haché

Responsable prépresse
Jean-Noël Doan
Maquette
Caroline Donadieu
Cartographie Cartes originales de Diana Von Holdt, Corey Hutchinson et Rachel Imeson, adaptées en français par Eduardo Yanes-Blanch
Couverture Couverture originale de Naomi Parker, adaptée par Laure Wilmot pour la version française

Remerciements à Claire Gourié et Marie Lavallée pour leur précieuse contribution au texte. Un grand merci aussi à Dolorès Mora pour sa relecture. Mes remerciements également à Ludivine Bréhier pour la comparaison des textes, et à l'équipe du bureau de Paris, notamment à Dominique Spaet, Dominique Bovet et Dorothée Pasqualin pour leur soutien. Merci aussi à Clare Mercer, Joe Revill, Sarah Nicholson, Luan Angel et Becky Henderson du bureau de Londres et à Darren O' Connell, Andy Nielsen, Chris Love, Jacqui Saunders, Glenn van der Knijff et Claire Murphy du bureau australien.

EN COULISSES

Index

Référence des cartes
Référence des photos

Référence des cartes
Référence des photos

Légende des cartes

À voir

- Château
- Monument
- Musée/galerie/édifice historique
- Ruines
- Église
- Mosquée
- Synagogue
- Temple bouddhiste
- Temple confucéen
- Temple hindou
- Temple jaïn
- Temple shintoïste
- Temple sikh
- Temple taoïste
- Sentô (bain public)
- Cave/vignoble
- Plage
- Réserve ornithologique
- Zoo
- Autre site

Activités, cours et circuits organisés

- Bodysurfing
- Plongée/snorkeling
- Canoë/kayak
- Cours/circuits organisés
- Ski
- Snorkeling
- Surf
- Piscine/baignade
- Randonnée
- Planche à voile
- Autres activités

Où se loger

- Hébergement
- Camping

Où se restaurer

- Restauration

Où prendre un verre

- Bar
- Café

Où sortir

- Salle de spectacle

Achats

- Magasin

Renseignements

- Banque
- Ambassade/consulat
- Hôpital/centre médical
- Accès Internet
- Police
- Bureau de poste
- Centre téléphonique
- Toilettes
- Office du tourisme
- Autre adresse pratique

Géographie

- Plage
- Refuge/gîte
- Phare
- Point de vue
- Montagne/volcan
- Oasis
- Parc
- Col
- Aire de pique-nique
- Cascade

Agglomérations

- Capitale (pays)
- Capitale (région/État/province)
- Grande ville
- Petite ville/village

Transports

- Aéroport
- Poste frontière
- Bus
- Téléphérique/funiculaire
- Piste cyclable
- Ferry
- Métro
- Monorail
- Parking
- Station-service
- Station de métro
- Taxi
- Gare/chemin de fer
- Tramway
- U-Bahn
- Autre moyen de transport

Les symboles recensés ci-dessus ne sont pas tous utilisés dans ce guide

Routes

- Autoroute à péage
- Voie rapide
- Nationale
- Route secondaire
- Petite route
- Chemin
- Route non goudronnée
- Route en construction
- Place/rue piétonne
- Escalier
- Tunnel
- Passerelle
- Promenade à pied
- Promenade à pied (variante)
- Sentier

Limites et frontières

- Pays
- État/province
- Frontière contestée
- Région/banlieue
- Parc maritime
- Falaise
- Rempart

Hydrographie

- Fleuve/rivière
- Rivière intermittente
- Canal
- Étendue d'eau
- Lac asséché/salé/intermittent
- Récif

Topographie

- Aéroport/aérodrome
- Plage/désert
- Cimetière (chrétien)
- Cimetière (autre)
- Glacier
- Marais/mangrove
- Parc/forêt
- Site (édifice)
- Terrain de sport

LES GUIDES LONELY PLANET

Une vieille voiture déglinguée, quelques dollars en poche et le goût de l'aventure, c'est tout ce dont Tony et Maureen Wheeler eurent besoin pour réaliser, en 1972, le voyage d'une vie : rallier l'Australie par voie terrestre via l'Europe et l'Asie. De retour après un périple harassant de plusieurs mois, et forts de cette expérience formatrice, ils rédigèrent sur un coin de table leur premier guide, *Across Asia on the Cheap*, qui se vendit à 1 500 exemplaires en l'espace d'une semaine. Ainsi naquit Lonely Planet, dont les guides sont aujourd'hui traduits en 12 langues.

LES AUTEURS

Anthony Ham

Namibie, auteur coordinateur Anthony est rédacteur et photographe indépendant, spécialisé dans l'Espagne, l'Afrique de l'Est, l'Afrique australe, l'Arctique et le Moyen-Orient. Quand il n'écrit pas pour Lonely Planet, Anthony rédige des articles sur des régions du monde qui lui sont chères, telles que l'Espagne, l'Afrique et le Moyen-Orient, et publie des photos pour des journaux et magazines en Australie, au Royaume-Uni et aux États-Unis.

En 2001, après des années passées à parcourir le monde, Anthony trouve enfin la ville faite pour lui, tombant éperdument amoureux de Madrid dès sa première visite. Moins d'un an plus tard, il y revient avec un billet aller simple, sans connaître ni un mot d'espagnol. Quand il quitte la ville dix ans plus tard, il parle la langue avec l'accent madrilène et a épousé une Espagnole. Il vit désormais en Australie et continue d'arpenter le monde à la recherche de belles histoires à raconter.

Pour en savoir plus sur Anthony, consultez :
lonelyplanet.com/profiles/anthony_ham

Trent Holden

Chutes Victoria Basé à Geelong, à proximité de Melbourne, Trent travaille pour Lonely Planet depuis 2005. Auteur prolifique, il a déjà participé à plus de 30 guides sur l'Asie, l'Afrique et l'Australie.

Avec un penchant pour les mégapoles, Trent se sent dans son élément dans la capitale d'un pays – plus c'est chaotique, mieux c'est – afin de dénicher les meilleurs bars et lieux artistiques, savourer la cuisine de rue et s'imprégner de culture underground. Il écrit aussi des livres sur les îles tropicales asiatiques, entre deux safaris dans les splendides parcs nationaux d'Afrique. Quand il ne voyage pas, Trent travaille comme éditeur et réviseur free-lance. Vous pouvez le suivre sur Twitter : @hombreholden.

Pour en savoir plus sur Trent, consultez :
lonelyplanet.com/profiles/hombreholden

Namibie

4e édition

Traduit et adapté de l'ouvrage *Botswana & Namibia, 4th edition, Sep 2017*

© Lonely Planet Global Limited 2017
© Lonely Planet et Place des éditeurs 2017
Photographes © comme indiqué 2017

Dépôt légal Octobre 2017
ISBN 978-2-81616-561-6

Imprimé par Pollina, Luçon, France - 46102
Réimpression 05, février 2023

En Voyage Éditions | un département édi8